21 世纪应用型本科金融系列规划教材

国 际 金 融

刘艺欣　　赵炳盛　　李玉志　　主　编

王　宁　　张鼎立　　副主编

东北财经大学出版社
Dongbei University of Finance & Economics Press

大　连

ⓒ 刘艺欣 赵炳盛 李玉志 2013

图书在版编目（CIP）数据

国际金融／刘艺欣，赵炳盛，李玉志主编．—大连：东北财经大学
出版社，2013.11
（21 世纪应用型本科金融系列规划教材）
ISBN 978-7-5654-1352-0

Ⅰ．国… Ⅱ．①刘… ②赵… ③李… Ⅲ．国际金融–高等学校–教材
Ⅳ. F831

中国版本图书馆 CIP 数据核字（2013）第 271678 号

东北财经大学出版社出版
（大连市黑石礁尖山街 217 号 邮政编码 116025）
教学支持：（0411）84710309
营 销 部：（0411）84710711
总 编 室：（0411）84710523
网 址：http：//www.dufep.cn
读者信箱：dufep @ dufe.edu.cn

大连永盛印业有限公司印刷 东北财经大学出版社发行

幅面尺寸：170mm×240mm 字数：358 千字 印张：16 1/2
2013 年 11 月第 1 版 2013 年 11 月第 1 次印刷

责任编辑：田玉海 吴 焕 魏 巍 责任校对：孙 萍
封面设计：张智波 版式设计：钟福建

ISBN 978-7-5654-1352-0
定价：30.00 元

前　言

金融全球化、一体化的形势愈演愈烈，国际资本的流动对世界的影响巨大。在这种情况下，我们有必要全面了解和掌握国际金融知识。

为更有针对性地培养应用型人才，我们着意编写了本书。本书内容凝练、难易适中。本书突出特色在于，最大限度地方便教与学，通过引导案例引出主旨内容，通过各章小结和综合训练收拢各章，以帮助学生复习和检验学习情况。另外，本书还配备教学课件，请登录 www. dufep. cn 免费下载，以方便教师授课。

本书具体内容包括国际收支、外汇与汇率、外汇交易、汇率制度与外汇管制 、国际储备、国际资本流动、国际金融市场、国际货币制度、国际金融机构。本书体系完整、内容精炼，能使学生掌握现代国际金融的理论体系和内容，熟练掌握外汇交易、国际融资和外汇风险防范的基本知识与技能，为参加与国际金融相关的工作打下坚实的基础。

本书可作为经济管理各专业本科生的必修课教材或参考书，也可作为其他各专业本科生的公共选修课教材。此外，本书还可供对国际金融市场有兴趣的读者参阅。

本书由刘艺欣博士编撰大纲，由赵炳盛、李玉志总纂全书定稿。各章节编写分工如下：刘艺欣编写第五章；赵炳盛编写第六章、第九章；李玉志编写第四章、第八章；王宁编写第一章、第二章、第七章；张鼎立编写第三章。

由于我们水平有限，书中疏漏和错误之处在所难免，恳请专家学者和广大读者给予指正。本书在写作过程中参考并借鉴了国内外已出版的有关著作的部分内容，后面列出了主要的参考文献，在此向文献作者表示衷心的感谢！

编　者

2013 年 10 月

目　录

第一章

国际收支

引导案例

　　国家外汇管理局 2013 年 7 月 31 日发布的 2013 年第二季度我国国际收支平衡表初步数据显示，我国国际收支经常项目呈现顺差 482 亿美元，而资本与金融项目逆差（含错误与遗漏，下同）16 亿美元。这是继 2012 年第二季度和第三季度之后，国际收支资本与金融项目再现逆差。

　　国家行政学院咨询部研究员陈炳才表示，上半年的资本项目逆差主要产生在 5 月和 6 月，而这种变化的产生受政策影响巨大。国家外汇管理局 5 月初发布《关于加强外汇资金流入管理有关问题的通知》，从加强银行结售汇综合头寸管理、严查虚假贸易、加大外汇管理核查检查力度等多方面严控外汇资金流入。"监管当局严查虚假贸易，大大限制了流入境内的套利资金。由于套利资金以开贸易信用证的境外融资方式进入境内，因此这类资金的减少，体现为了资本项目下流入资金的减少。"陈炳才说。

　　……国家外汇管理局指出，1 至 4 月份，受全球流动性充裕、我国经济基本面保持稳定、人民币汇率升值预期增强等因素的影响，跨境资金延续了 2012 年 10 月下旬以来外汇流入较多的格局，银行结售汇月均顺差约 321 亿美元。5 月份以来，受国内外经济环境变化和国内相关政策调整等多种因素影响，我国外汇净流入明显放缓。其中，5 月份银行结售汇顺差 104 亿美元，6 月份银行结售汇小幅逆差 4 亿美元。

　　业内人士认为，这种国际收支的格局在未来可能将是常态。若回顾去年的国际收支情况，就已初步形成"经常项目顺差、资本与金融项目逆差"的国际收支平衡新格局，其中，资本与金融项目在第一季度呈现顺差，第二、三季度转为逆差，第四季度又重现顺差。

陈炳才指出，在2013年下半年，资本项目有可能还会出现逆差，但不必过于担心，"资本项目逆差体现了正常的资金的流入流出，目前并不存在资金外逃的压力"。

那么，国际收支有着怎样的含义？国际收支平衡表的内容有哪些？又是什么因素影响着国际收支的状态？本章将针对这些问题给出详细的介绍。

资料来源　张莫．国际收支资本项目再现逆差［N］．经济参考报．2013-08-01。

第一节　国际收支平衡表

一、国际收支定义

根据国际货币基金组织（International Monetary Fund，IMF）的解释，一国的**国际收支（balance of payments）是指一国（或地区）的居民在一定时期内（一年、一季度、一月）与非居民之间的全部经济交易的系统记录**。进行国际收支统计的主要目的是使政府当局了解本国的国际债权债务地位，从而为制定货币政策提供信息。

正确把握国际收支的概念，需要注意以下几点：

（一）流量概念

国际收支是一个流量的概念，即一国在一定时期内发生的所有对外经济交易的总和，通常一定时期是指一年。它与国际投资头寸（international investment position，IIP）的区别在于：国际投资头寸是指一国（或地区）在一定时点上的对外资产与对外负债的总和，是一个存量的概念。任何流量的变化都可能导致存量的变化，而存量的变化也可归结为流量的变化。国际收支为因，国际投资头寸为果。

（二）居民与非居民

交易的主体是居民与非居民。在国际收支的定义中，只有居民与非居民之间的经济交易才是国际经济交易。居民既可以是自然人，也可以是政府机构和法人，具体包括以下几类：

（1）个人居民。个人居民包括长期居住在本国的自然人；移民属于其工作所在国的居民；逗留时间超过一年的留学生、旅游者属于所在国的居民；官方外交使节、驻外军事人员属于所在国的非居民。

（2）企业居民。企业居民是指在一国境内注册登记的企业。

（3）非营利私人团体。非营利私人团体属于所在国居民。

（4）政府居民。各级政府都属于所属国居民。

（5）国际性机构。联合国、国际货币基金组织、世界银行以及其他国际组织不属于任何国家的居民。

（三）经济交易的内容与特性

国际收支定义中的"经济交易"是指经济价值在不同经济活动之间的转移，它包含的内容十分丰富，根据 IMF 的定义，可以归纳为 5 类：

（1）商品、劳务与商品、劳务间的交换，即易货贸易；

（2）金融资产与商品、劳务的交换，即商品劳务的买卖；

（3）金融资产与金融资产的交换；

（4）商品、劳务由一方向另一方的无偿转移；

（5）金融资产由一方向另一方的无偿转移。

前三种经济交易，都是一方向另一方提供一定数量的经济价值，并从另一方得到价值相等的回报，这是真正的经济价值的交换。但后两种经济交易是，一方向另一方提供的经济价值并未得到补偿与回报，这在本质上是无偿转移。因此，经济交易根据交易的方式也可以分成两类：双边转移（bilateral transfer）和单边转移（unilateral transfer）。双边转移是指经济价值的转移者会从受让者那里得到相应的经济价值作为补偿；单边转移是指经济价值转移者不能从受让者那里得到经济价值的补偿。除以上 5 种交易外，其他依据推论而存在的交易也应被纳入其中。

另外，在这 5 种国际经济交易中，既包括有外汇收支的经济交易，也包括没有外汇收支的经济交易，如易货贸易、清算协定下的记账贸易等。因此，第二次世界大战后的国际收支概念不再以收支（现金）为基础，而以交易为基础。

（四）事后概念

国际收支是一个事后的概念。定义中的一定时期，一般指过去的一个会计年度，所以它是对已经发生的事实进行的记录。

二、国际收支平衡表及其内容

一国的国际收支状况是以国际收支平衡表来反映的。国际收支平衡表是一国将其一定时期内的全部国际经济交易，根据交易的内容与范围，按照经济分析的需要设置账户或项目编制出来的统计报表。各国由于其国际经济交易的内容与范围不尽相同，经济分析的需要也不完全相同，因而编制的国际收支平衡表也有所不同。为使各国的国际收支平衡表具有可比性，国际货币基金组织出版了《国际收支手册》，对涉及国际收支的概念、定义、分类和标准等都做了规定和说明。国际收支平衡表的内容主要有：

（一）经常项目

经常项目（current account）是经常发生的国际经济交易，反映实际资源在国际间的转移，是国际收支中最重要、最基本的账户。它包括货物、服务、收入和经常转移四个子账户。各项目均按借方总额与贷方总额记录。

1. 货物（goods）

货物，即有形贸易，记录货物的出口和进口。出口记入贷方，进口记入借方，其差额为贸易差额，亦称为有形贸易差额。其"货物"除包括"一般商品"的进口和出口外，还包括用于加工的货物（运到国外进行加工的货物的出口和运到国内进行加工的货物的进口）、货物修理（向非居民支付的或从非居民得到的交通工具的修理费）、各种运输工具在港口购买的货物（居民与非居民从岸上采购的燃料与物资）和非货币性黄金（不作为储备资产的黄金的进出口）。

2. 服务（services）

服务，即无形贸易，记录服务的出口和进口。服务出口记入贷方，服务进口记入借方。服务贸易的内容非常广泛，它主要包括运输、旅游、通信、建筑、保险、金融、计算机和信息、文化、娱乐、专有权利使用和特许费等服务。

3. 收入（income）

收入记录因生产要素在国际间流动而引起的要素报酬收支，其计算公式为：

所有要素报酬收入－所有要素报酬支出＝净要素收入（NFI）

收入下设"职工报酬"和"投资收入"两个子账户。

"职工报酬"记录居民和非居民在国际间取得的劳动报酬（即工资）收支，即受雇在国外工作、时间不超过一年的短期工作的工人，以及在外国使馆、国际组织驻本国机构工作的工作人员的工作报酬与其他报酬记入贷方，反之记入借方。

"投资收入"记录居民与非居民资本在国际间流动取得的收入，包括直接投资收入（股本收入：红利、利润和再投资收益）、证券投资收入（股本收入：红利；债务收入：利息）、其他投资收入（贷款利息）。非居民凭借其所持有的本国直接投资资本所有权、证券和债券所得股利、利润和利息记入借方，反之记入贷方。

4. 经常转移（current transfer）

转移即无偿给予。经常转移包括政府间的转移（政府间的合作与援助、政府捐赠和赔款等）和其他部门转移（侨民汇款、私人的捐赠等）。从本国向外国的无偿转移记入借方；反之，记入贷方。

（二）资本与金融项目

资本与金融项目反映金融资产在居民与非居民之间的转移，即国际资本流动。它包括资本流出和资本流入。资本流出表示本国对外资产的增加，或本国对外负债的减少；资本流入表示本国对外资产的减少，或本国对外负债的增加。这个账户表明本国两个时点之间的时间段内资产与负债的增减变化。它包括资本账户和金融账户，按借贷方净额记录。

1. 资本账户（capital account）

资本账户包括资本转移和非生产、非金融资产的收买或放弃。

资本转移（capital transfer）：主要是指投资捐赠和债务注销，既可以是现金形式也可以是实物形式。它包括固定资产所有权的资产转移；同固定资产收买或放弃相联系的或以其为条件的资产转移；债权人不索取任何回报而取消的债务及各级政府间的转移（主要是债务豁免）和私人的转移（主要是移民的转移和债务豁免）。它与经常账户下的经常转移不同，资本转移不经常发生，规模较大，不直接影响双方当事人可支配的收入和消费；但经常账户的转移则经常发生，规模较小，直接影响捐助者与受援者的可支配收入和消费。

非生产、非金融资产的收买或放弃：它包括不是由生产创造出来的有形资产和无形资产的收买或出售。这里需要特别指出的是，经常账户下的无形资产指的是由于无形资产的使用所引起的收支，而资本账户的无形资产指的是由于无形资产所有权的买卖所引起的收支。

2. 金融账户（financial account）

金融账户反映居民与非居民之间对外资产和负债所有权变更的所有交易。它同资本账户一样是按净额记录的。居民对非居民的投资和提供的信贷的净增加记入借方，反之记入贷方。包括直接投资、证券投资、其他投资等项目。

（1）直接投资（direct investment）：反映投资者为拥有对非居民企业的控制权而进行的投资。它可以采取三种形式：直接在国外建立企业、购买国外企业一定比例（IMF 规定为 10%）的股票、投资利润再投资。

（2）证券投资（portfolio investment）：反映投资者为取得一笔预期的货币收入而进行的投资。它包括股本证券投资（如股票）和债务证券投资（如中长期债券、货币市场工具和衍生金融工具）。

（3）其他投资（other investment）：包括所有直接投资、证券投资中未包括的资本交易，如贸易贷款、货币和存款（指居民持有外币和非居民持有本币）、其他（如租赁本金的收回等）。

（三）储备资产

储备资产（reserve assets）是指一个国家的货币当局持有的、可以随时用于平衡国际收支、干预汇率的金融资产。它包括黄金、外汇、特别提款权和在国际货币基金组织的储备头寸和其他债权。

储备资产记录的是储备的变化。每个编表日，国家货币当局将持有的储备资产与去年同期相比后的净差额记入储备资产项目之中。另外，在处理这个项目的符号时，因出于平衡整个账户的需要，人为地把储备资产的增加用负号表示，把储备资产的减少用正号表示，因恰恰与一般意义上正负号的含义相反，所以，该项目也称为平衡项目。

（四）错误与遗漏

错误与遗漏（errors and omissions account）是一个人为设计的平衡项目，作为余项在编表的最后才计算。理论上来说，经常账户和资本与金融账户之和（借贷双方）应该相等，但这种情形是很少出现的。因为每个国家的国际收支平衡表的统计数据总会出现一些遗漏。首先，一国在编制国际收支平衡表时所汇集和应用的原始资料来自许多渠道，如海关统计、银行报告、企业报表等资料，这种统计口径的不同容易造成错误与遗漏；其次，某些数字，如商品走私、资金外逃、私自携带现钞出入境等，虽然也属于国际收支范畴，但因资料不全，难以掌握；最后，有关单位提供的统计数字也不是完全准确无误，有的仅仅是估计数字，这使错漏在所难免。

因此，一般而言，一国经常项目加上资本与金融项目之后，借方与贷方间会有"缺口"，此时，国际收支平衡表上"错误与遗漏"项目的数字，就是该"缺口"数目，方向（正负号）相反。

国际收支平衡表的基本结构如表 1-1 所示。

表 1-1　　　　　　　　　　　　　国际收支平衡表简表

项目	差额	贷方	借方
一、经常项目			
1. 货物			
2. 服务			
3. 收益			
（1）职工报酬			
（2）投资收益			
4. 经常转移			
二、资本与金融项目			
1. 资本项目			
2. 金融项目			
（1）直接投资			
（2）证券投资			
（3）其他投资			
三、储备资产			
1. 货币黄金			
2. 特别提款权			
3. 在基金组织的储备头寸			
4. 外汇			
5. 其他债权			
四、错误与遗漏			

资料来源　国家外汇管理局。

三、国际收支平衡表的编制

（一）国际收支平衡表的编制原理与记账方法

国际收支平衡表是按照复式记账法来编制的。复式记账法是国际会计的通行准则，其基本原理是：任何一笔交易发生，均需在借方（debit）和贷方（credit）同时记录，即有借必有贷，借贷必相等。因此，任何一笔交易都要以同一数额记两次，一次记在借方，一次记在贷方。凡是资产减少、负债增加都列入贷方，称正号项目（plus items）；凡是资产增加、负债减少，都列入借方，称负号项目（minus items）。

1. 记账规则

根据前述已知，在国际收支平衡表中，记入贷方的是货物、劳务的出口和资本流入；记入借方的是货物、劳务的进口和资本流出。可以简单理解为，贷方记录的是本国从国外取得收入的交易，借方记录的是本国向外国进行支付的交易。具体地说：

（1）出口商品属于贷方项目，进口商品属于借方项目。

（2）本国居民为外国人提供劳务或从外国取得收入，属于贷方项目，外国人为本国居民提供劳务或从本国取得收入，属于借方项目。

（3）本国居民收到的国外单方面转移属于贷方项目，本国居民对外国人单方面转移属于借方项目。

（4）外国居民获得本国资产或对本国投资为贷方项目，本国居民获得外国资产或对外投资属于借方项目。

（5）外国人偿还债务属于贷方项目，本国居民偿还外债属于借方项目。

（6）官方储备减少属于贷方项目，官方储备增加属于借方项目。

2. 计价和记录的时间原则

对于各项实际资源、金融债权和债务等各项交易，在国际收支平衡表以成交的市场价格作为交易计价的基础，对于进出口的商品，除商品本身的价格外，还包括运输和装卸以及保险费用，即以离岸价格（FOB）计算。在没有市场价格的情况下，利用同等条件下形成的市场价格推算。国际收支项目的记录时间遵循权责发生制原则，即以所有权变更日期为准，每一笔交易的两笔账目都要在同一时间记录。

（二）国际收支平衡表编制举例

下面以我国为例，列举8笔交易，来说明国际收支的记账方法。

【例1-1】美国某公司向我国某公司购买价值100万美元的服装，用纽约银行的美元支票付款。

【分析】这笔经济交易是我国的商品出口，应该记入贸易项目的贷方下。同时中国在纽约银行的美元存款增加，即我国私人对外短期债权增加，应记录在金融账户的其他投资项目的借方项目中。会计分录①如下（单位：万美元，下同）：

借：金融账户——其他投资 100
  贷：货物——商品出口 100

【例1-2】我国某公司向英国商人购买价值50万美元的食品，付款方式是从中国银行提出美元存款支付货款。

【分析】这笔交易包含的两项内容是：一方面是我国商品进口，应记录在贸易项目的借方中；另一方面是我国商人的美元存款减少，也就是我国私人对外短期债权减少，应记入金融账户其他投资的贷方项目中，会计分录②如下：

借：货物——商品进口 50
  贷：金融账户——其他投资 50

【例1-3】德国游客在我国旅游，支付了40万美元的费用，旅游者所需的美元是在我国银行用欧元兑换的。

【分析】这项国际交易所涉及的内容有两项：其一，我国为外国居民提供了服务，为劳务收入，应在服务项目的贷方记录；其二，我国银行在德国的欧元存款增加，即我国私人对外短期资产增加，应在金融账户其他投资项目的借方中记录。会计分录③如下：

借：金融账户——其他投资　　　　　　　　　　　　　　　40
　　贷：服务——旅游　　　　　　　　　　　　　　　　　　　40

【例 1-4】我国政府向朝鲜提供了 30 万美元的援助。

【分析】这笔交易涉及的两方面内容是：其一，我国政府的对外单方向转移，应在经常转移项目的借方下记录；其二，我国官方对外资产减少，应在储备资产的贷方项目下记录。会计分录④如下：

借：经常转移　　　　　　　　　　　　　　　　　　　　30
　　贷：官方储备　　　　　　　　　　　　　　　　　　　　　30

【例 1-5】我国公民购买美国某公司发行的价值 20 万美元的债券，用其在美国银行的美元存款支付。

【分析】这笔交易所涉及的两项内容是：其一，我国的资本输出，即国外长期资产增加。应在证券投资项目的借方下记录；其二，是我国公民支取美国银行的美元存款购买债券，因此是我国私人对外短期资产减少，应在金融账户其他投资项目的贷方中记录。会计分录⑤如下：

借：金融账户——证券投资　　　　　　　　　　　　　　20
　　贷：金融账户——其他投资　　　　　　　　　　　　　　　20

【例 1-6】英国公民购买我国发行的价值 1 000 万美元为期 10 年的公债。

【分析】这笔交易涉及两项内容是：其一，我国的长期资本流入，故官方储备增加，应在官方储备项目的借方记录；其二，英国公民提取在我国银行的美元存款购买公债，是我国私人对外负债的减少，应在金融账户的其他投资项目的贷方记录。会计分录⑥如下：

借：官方储备　　　　　　　　　　　　　　　　　　　1 000
　　贷：金融账户——其他投资　　　　　　　　　　　　　　1 000

【例 1-7】我国某企业在越南进行直接投资，年终将 200 万美元的投资利润汇回国内，结售给银行。

【分析】这笔交易所涉及的内容是：其一，我国直接投资的收益汇回，应在收入项目的贷方中记录；其二，我国官方储备增加，应在借方记录。会计分录⑦如下：

借：官方储备　　　　　　　　　　　　　　　　　　　200
　　贷：投资收益——海外投资利润收入　　　　　　　　　　200

【例 1-8】中华慈善总会向非洲某国捐款 50 万美元。

【分析】这笔交易是我国的无偿转让，涉及两项内容：其一是我国的资本流出，应在经常转移项目的借方记录；其二是非洲国家银行的美元存款增加，即我国对外私人短期负债增加，应在金融账户的其他投资项目的贷方记录。会计分录⑧如下：

借：经常转移　　　　　　　　　　　　　　　　　　　　50
　　贷：金融账户——其他投资　　　　　　　　　　　　　　　50

假设一定时期之内，我国居民与非居民之间只发生了以上 8 笔交易，则根据上述交易的会计分录，可编制成一个国际收支平衡表，见表 1-2。

表 1-2 　　　　　　　　　　　　 国际收支平衡表 　　　　　　　　　　 单位：万美元

项目	差额	贷方	借方
一、经常项目	+210	340	130
1. 货物	+50	①100	②50
2. 服务	+40	③40	
3. 收益	+200	⑦200	
4. 经常转移	−80		④30+⑧50
二、资本与金融项目	+960	1 120	160
1. 资本账户	0		
2. 金融账户	+960		
（1）直接投资	0		
（2）证券投资	+20	⑤20	
（3）其他投资	+940	②50+⑥1 000+⑧50	①100+③40+⑤20
三、储备资产	−1 170	④30	⑦200+⑥1 000
四、错误与遗漏	0		
总计	0	1 490	1 490

第二节　国际收支分析

一、国际收支的平衡与均衡

（一）概念

1. 国际收支的平衡

国际收支平衡表是按照会计学的复式记账法原理编制的。每一笔交易都同时记入借方和贷方，因而原则上借方和贷方的总额是相等的，净余额为零。但这只是人为的账面平衡，并非真实的平衡。国际收支平衡表中包含的各项，按其性质可以划分为自主性交易（或称事前交易）和调节性交易（或称事后交易）。**自主性交易是经济实体或个人出自某种经济动机和目的独立自主进行的交易，具有自发性，完全出于供求双方意愿进行，其交易的结果不可能完全平衡**。不是借方大于贷方，就是贷方大于借方。这种交易的不平衡必然会导致国内外汇供求的不平衡，从而引发汇率的波动，对国内经济产生一系列的不利影响。如果任由其发展下去，将变成持续的、不可控制的因素，剧烈时会导致人们信心不足、国家信用崩溃等恶果。所以，各国货币当局总是运用**调节性交易，即弥补自主性交易不平衡造成的外汇供求缺口，通过增减外汇储备**

来实现外汇供求的平衡，以维持合理的汇率水平和国内经济稳定的交易。

从理论上说，**如果一国国际收支平衡表中的自主性交易部分借方与贷方总额平衡或基本平衡，则称该国实现了国际收支平衡或基本平衡。如果自主性交易中的借贷方总额相差较大，则称国际收支不平衡。**如果贷方余额大于借方余额，则称国际收支顺差；反之，则称国际收支逆差。无论是国际收支顺差还是逆差，都是国际收支不平衡。

国际收支的不平衡在国际收支平衡表中表现为经常项目与资本项目差额不为零或国际储备资产的增减。显然，国际收支总差额为正会导致国际储备资产增加；相反，国际收支总差额为负会导致国际储备资产减少。

2. 国际收支的均衡

如果将国际收支平衡与国内经济均衡联系起来考察，便产生了国际收支均衡这一更深刻的概念。所谓国际收支均衡，是指国内经济处于均衡状态下的自主性国际收支平衡。

（二）国际收支平衡与否的判别标准

国际收支是否平衡，实际上是看自主性交易所产生的借贷金额是否相等。由此，如果我们在国际收支平衡表上划出一条水平线，在这一水平线上放上所有的自主性交易项目，在此线之下放上所有的调节性交易项目，那么当线上差额为零时，我们即称国际收支处于平衡状态。当线上项目借方金额大于贷方金额时，我们称国际收支出现了赤字，而当线上项目贷方金额大于借方金额时，则称国际收支出现了盈余。由于会计上的国际收支是一个恒等式，自主性交易差额与调节性交易差额之和为零，我们对国际收支不平衡的判断也可以使用调节性交易项目，即线下项目的借贷金额，来对比进行。如果补偿性交易项目的借方金额大于贷方金额，就可以说国际收支处于盈余，反之则称国际收支赤字。

尽管理论上将国际经济交易区分为自主性交易和调节性交易是十分有益的，但实际上作此区分往往会面临难以逾越的技术困难。比如，一国货币当局因自主性交易不平衡而向国外私人金融市场借款，从本国的角度看，应属调节性交易，但从对方国家的立场来看，这一短期资本流出是为了追逐利润，则被视为自主性交易。这样就出现了国与国之间的不一致。再如，一国为弥补自主性交易赤字，采取紧缩货币、提高利率的政策，导致了短期资本流出的减少和流入的增加，同样从货币当局的角度来看，这些交易是有意识的政策作用结果，应属调节性交易，但从私人交易主体的立场看，这些交易的动机是为了获得更大的收益。

因此，尽管将国际交易划分为自主性交易和调节性交易，并由此确定国际收支平衡与否及不平衡的程度，但实际上各国往往无法完全运用。事实上，许多国家不是采用单一的尺度，而只是按此思路同时采用几种线上差额来相互补充地分析本国的国际收支状况。

二、国际收支平衡表的差额

一般而言，各国政府和国际经济组织都将国际收支平衡作为开放经济运行良好的指标，而把国际收支不平衡作为政策调整的重要对象。但是，我们不能仅仅依据国际收支不平衡的总量定义来"对症下药"，还需要进行结构分析，即按照国际收支不平衡的结构口径进行政策决断。口径的选取需要考虑统计的可能性和一国的具体特点。按照人们的传统习惯和国际货币基金组织的做法，国际收支不平衡的结构口径主要包括以下几种：

（一）贸易差额

贸易差额（trade balance）是一国在一定时期内商品出口与进口的差额，是衡量一国实际资源转让、实际经济发展水平和国际收支状况的重要依据，它反映一国创汇能力和国际竞争力，所占比重较大，且数据易于收集，因而应用广泛。

（二）经常项目差额

经常项目差额（current account balance）包括有形货物收支、无形货物收支（即服务）、收入和经常转移收支，前两项构成经常项目收支的主体。经常项目差额表示所有一经发生就不可逆转的交易差额，反映实际资源在国际间的转让净额，以及该国的实际经济发展水平。当经常项目为盈余时，就要通过资本的净流出或官方储备的增加来平衡；当经常项目为赤字时，就要通过资本的净流入或官方储备的减少来平衡。

根据宏观经济学基础知识，一国商品和劳务总产出可以用支出法和收入法两种方法进行衡量，即：

$$Y = C+I+G+X-M = C+SP+T$$

整理上式可得：

$$X-M = SP-I+T-G = （SG+SP）-I = S-I$$

在经常项目差额中，商品贸易差额起着决定性作用，因为它比劳务收支和经常转移的数额要大得多，加之贸易差额的数据易于搜集，所以在实际分析中，经常用商品贸易差额来近似地替代经常账户差额，于是有：

$$CA = X-M = S-I$$

这一等式表明，开放条件下一国投资与储蓄不必相等，当本国储蓄不足以支持本国投资时，可以通过产生经常项目赤字的方法来以产品的净进口满足投资需要，形成国内资产。同时，这还会产生对外债务，实际上就是利用国外资本弥补本国的储蓄缺口。因此，各国出现的经常项目赤字或盈余，就意味着资本从经常项目盈余国家流入赤字国家，为后者国内资本存量的增加提供融资。从这一角度看，决定经常项目状况的主要因素是各国储蓄、投资状况之间的差异，各国商品和服务的进出口状况则是对这一差异的反映。

进一步而言，通过区分私人部门与政府部门，有助于加深理解经济体对内部门与对外部门之间的关系，即：

$$CA = （SP-I）+（T-G）$$

上式表明，如果政府部门的赤字不能由私人部门的净储蓄加以抵消的话，就会出现经常项目赤字。具体地说，就是政府预算状况（T-G）是影响经常项目差额的重要因素。

需要说明的是，上述分析中所利用的都是会计恒等式，只能说明这些变量之间存在的联系，而不能从这些关系式本身推出各个经济变量之间必然的因果关系。

（三）基本差额

基本差额（basic balance）包括经常项目差额和长期资本流动（包括直接投资、证券投资与其他投资账户中偿还期限在一年以上的金融资产），由于长期资本较稳定，因而反映一国国际收支的长期趋势和一国在国际经济中的地位和实力，能反映出一国国际收支的基本状况。如果一国国际收支的基本差额为盈余，那么即使其综合差额暂时为赤字，从长期看，该国仍有较强的国际经济实力。但当今资本长短期界限不明，其意义有所弱化。

（四）官方结算差额

官方结算差额（official settlements balance）是经常项目交易、长期资本流动和私人短期资本流动的结果，它将官方短期资本流动和官方储备变动作为线下交易。官方结算差额为盈余时，可以通过增加官方储备或本国官方向外短期贷款来加以平衡；当官方结算差额为赤字时，可以通过减少官方储备或本国官方向外短期借款来加以平衡，因而反映了国际收支不平衡对官方借贷和储备变动的压力。

（五）资本与金融项目差额

资本与金融项目差额（capital and financial account balance）是直接投资、证券投资和其他投资交易及储备资产交易的差额，它记录了世界其他地方对本国的投资净额或贷款、借款净额。假设不存在统计误差和遗漏，根据复式记账原则，资本与金融项目差额和经常项目差额的数额相等、方向相反。若经常项目为赤字，则资本与金融项目必为盈余，这意味着一国利用金融资产的净流入为经常账户赤字融资。因此，经常项目中实际资源的转移和资本与金融项目中金融资本的流动是同一问题的两个方面。

我们已经知道，经常项目赤字在国内经济中反映为国内投资大于国内总储蓄，这时国内金融市场上资金需求大于资金供给，国内利率上升，引起自发性金融资产的净流入为经常项目赤字提供融资。另一方面，当不存在自发性金融资产的净流入或净流入不足时，利用储备资产为经常项目赤字融资也不失为一种方法，尤其是利用这种方法为外汇收支的季节变化提供融资，或对由国内暂时性供给冲击造成的暂时性超过收入水平的支出融资起到缓冲作用。但由于一国储备资产是有限的，利用储备资产为经常项目赤字进行融资也具有局限性，这时就需要采取吸引外资的政策或采取调整国际收支的措施。

无论采取哪一种方法为经常项目赤字融资，都有必要先分析经常项目赤字的原因，再针对具体引起赤字的项目采取措施。因此，对国际收支账户差额的分析有助于一国政府明确差额产生的原因，并结合使用有关措施来调整国际收支状况。

（六）综合差额

综合差额（overall balance）是指经常项目和资本与金融项目中的资本转移、直接投资、证券投资、其他投资账户所构成的余额，也就是将国际收支账户中的官方储备账户剔除后的余额（如果考虑基本账户差额的话，综合账户差额可以理解为是基本账户差额加上短期资本流动账户差额）。由于综合账户差额必然导致官方储备的反向变动，所以可以用它来反映国际收支不平衡对储备持有的压力。当综合差额为盈余或赤字时，就要通过增加或减少官方储备来平衡。综合差额的状况直接影响该国的汇率稳定，而官方储备的变动又会影响一国的货币发行量。因此，综合差额非常重要，IMF倡导使用综合差额概念。故通常，国际收支的盈余和赤字是就综合差额而言的。

通过对以上六个账户的分析，会发现国际收支不平衡是经常发生的。有的国家发生的频率高、程度严重；有的国家发生的频率低、程度轻；有的国家按这个定义经常发生国际收支逆差，有的国家按那个定义经常发生国际收支顺差。国际交往的主体成千上万，影响的因素也纷繁复杂。在一定时期内，所有的国际收入正好等于国际支出是很少见的。既然国际收支的不平衡是绝对的，就有必要采取措施减少不平衡的程度，这就产生了国际收支的调节问题。具体可参见本章第三节。

三、国际收支不平衡的成因

经济学家按发生国际收支不平衡原因的不同，将国际收支不平衡分为以下六种类型。

（一）周期性不平衡

周期性不平衡（cyclical disequilibrium）是一国经济周期波动引起的国际收支不平衡。在经济发展过程中，各国经济不同程度地处于周期波动之中，周而复始出现繁荣、衰退、萧条、复苏，而经济周期的不同阶段对国际收支会产生不同的影响。在经济衰退阶段，国民收入减少、总需求下降、物价下跌，会促使出口增长、进口减少，从而出现顺差；而在经济繁荣阶段，国民收入增加、总需求上升、物价上涨，则使进口增加、出口减少，从而出现逆差。周期性不平衡是各国国际收支不平衡最常见的原因。

（二）货币性不平衡

货币性不平衡（monetary disequilibrium）是指当一国货币增长速度、商品成本和物价水平与其他国家相比发生较大变化时所引起的国际收支不平衡。例如，一国发生通货膨胀，出口商品成本上升，使用外币计价的本国出口商品的价格上涨，其结果是削弱本国商品在国际市场上的竞争力，导致出口下降。与此同时，由于在通胀期间国内物价水平普遍上升，进口商品相对显得便宜，这将刺激外国商品的进口，从而导致贸易收支的逆差。这种由于货币价值变化所引起的国际收支不平衡被称为货币性不平衡。

（三）结构性不平衡

结构性不平衡（structural disequilibrium）是指国内经济、产业结构不能适应世界市场变化产生的国际收支不平衡。这种不平衡通常反映在贸易账户或经常账户上。当世界市场中出现了新技术、新材料、新发明，或者采用了新资源、采取了新经济政策时，都会引起各国经济结构的变化。同时，世界各国由于地理环境、资源分布、技术水平、劳动生产率差异等经济条件和历史条件不同，形成了各自的经济布局和产业结构，从而形成了各自的进出口商品结构。如果世界市场对某国的出口需求或对该国进口的供给发生变化，则该国势必要改变其经济结构以适应这种国际变化，即原有的相对平衡和经济秩序受到冲击。若该国经济结构不能灵活调整以适应国际分工结构的变化，则会产生国际收支的结构性不平衡。譬如，20 世纪 70 年代石油价格猛涨，各国的消费者不愿意购买耗油量大的美国汽车，而选择日本、意大利等国的汽车，所以美国贸易赤字越来越大，致使它的国际收支出现持续性逆差。

改变结构性不平衡需要重新组织生产，并对生产要素的使用进行重新组合，以适应需求和供给的新结构，否则这种不平衡现象难以克服，而生产要素的重新组合阻力较大，进展缓慢。因此，结构性不平衡具有长期性，扭转起来相当困难。

（四）收入性不平衡

收入性不平衡（income disequilibrium）是指由于一国国民收入因经济周期性波动或经济增长率变化而发生较大变动，从而引起的国际收支不平衡。其中，因经济周期性波动所导致的国民收入变动进而引起的国际收支不平衡，属于周期性不平衡。而经济增长率的变化产生的国际收支不平衡，因具有长期性，故而称作持久性不平衡。一般来说，国民收入增加，全社会消费水平就会提高，贸易及非贸易收支都会增加，具体表现为进口增加，出口减少，从而导致国际收支出现逆差；反之，国民收入减少时，国际收支出现顺差。

（五）临时性不平衡

临时性不平衡（temporary disequilibrium）是指短期的由非确定或偶然因素引起的国际收支不平衡。例如，1990 年伊拉克入侵科威特，国际社会对伊拉克实行经济制裁，世界各国一度中止与伊拉克的一切经济往来，伊拉克的石油不能输出，引起出口收入剧减，贸易收入恶化，导致严重的国际收支逆差。这种性质的国际收支不平衡，持续时间不长，具有可逆性，因此，可以认为是一种正常现象。

（六）冲击性不平衡

冲击性不平衡（attack disequilibrium）是指由于国际游资的逐利流动所引起的国际收支不平衡。这是 20 世纪 90 年代以来出现的新不平衡形式。这些国际游资常常有意狙击某些国家或地区的资本和货币市场，造成这些国家和地区的金融动荡，以获取巨额投机利润，从而给被狙击国造成国际收支不平衡。

需要说明的是，上述引起国际收支不平衡的原因并不适合于所有国家。不同类型的国家，国际收支不平衡的原因是各有差异的。上述原因中只有结构性和收入性不平衡具有长期性，故被称为持久性不平衡。其他类型只具有临时性，故被称为暂时性不平衡。

四、国际收支不平衡的影响

国际收支是一国对外经济关系的综合反映，随着各国经济日趋国际化，对外经济与对内经济关系日益密切，国际收支不平衡对一国经济的影响范围越来越广，程度也越来越深。

（一）国际收支逆差对一国经济的影响

1. 导致官方储备流失

如果一国长期处于逆差状态，就需要货币当局动用官方储备来弥补逆差，这不仅会严重消耗一国的储备资产，影响其金融实力，而且还会使该国的偿债能力降低。

2. 不利于对外经济交往

存在国际收支持续逆差的国家会增加对外汇的需求，而导致外汇的供给不足，从而促使外汇汇率上升、本币贬值。本币的国际地位降低，可能导致短期资本外逃，如果陷入债务困境又会进一步影响本国的经济和金融实力，并失去在国际上的信誉，从而给本国的对外经济交往带来不利影响。

3. 影响经济增长

当一国长期处于巨额逆差状态时，一般会在本国形成通货紧缩的形势，促使利率水平的上升，影响本国经济的增长，从而导致失业的增加和国民收入增长率的相对或绝对下降。如果该国已存在通货膨胀，由于无法减少逆差而导致本币贬值，会引起进口商品价格和国内物价上涨，加重通货膨胀的程度。一旦形成较为严重的通货膨胀就会引起资本大量外逃，国内资金短缺，同样会影响国内投资和金融市场稳定，阻碍经济增长。

（二）国际收支顺差对一国经济的影响

1. 引发通货膨胀

一方面，如果一国国内大量商品被用于出口，国际贸易出现持续性顺差，就可能导致国内市场商品供应短缺，带来通货膨胀的压力。另一方面，出口公司将出售大量外汇兑换本币收购出口产品，从而增加了国内市场货币投放量，带来通货膨胀压力。如果资本项目出现顺差，大量的资本流入，该国政府就必须投放本国货币来购买这些外汇，从而会增加该目的外汇占款，也将加重通货膨胀。

2. 影响出口贸易

持续性顺差会使一国所持有的外汇增加，导致本币坚挺，进而会引发大规模的套汇、套利和外汇投机交易，迫使本币进一步升值，这就必然使本国货币需求量异常增加，进一步推动本国货币对外国货币的汇价上涨，从而不利于本国商品的出口，对本国经济的增长和就业形势产生不良影响。

3. 不利于正常的国际经济交往

一国国际收支持续顺差容易引起国际摩擦，因而不利于国际经济关系的发展。这是因为，一国国际收支出现顺差也就意味着其他国家的国际收支出现逆差。大量的顺差说明该国出口极多、进口极少。他国却进口多、出口少，从而影响这些国家的经济发展，于是要求顺差国调整国内政策，以调节过大的顺差，这就必然导致国际摩擦。例如，20 世纪 80 年代美日贸易摩擦，以及当前我国和欧美之间的贸易争端，都是典型的例子。

一般来说，一国的国际收支越是不平衡，其不利影响也越大。虽然国际收支逆差和顺差都会产生种种不利影响，但相比之下，逆差所产生的影响更为恶劣，因为它会造成国内经济的萎缩、失业的大量增加和外汇储备的枯竭，因而对逆差采取调节措施要更为紧迫些。对顺差的调节虽不如逆差紧迫，但从长期来看，也还是有必要的。

无论是逆差还是顺差，对国内经济都是不利的，都应加以调节，使国际收支保持基本平衡。

第三节　国际收支的调节

根据前文的分析，国际收支的不平衡是绝对的，而无论是顺差性质的不平衡还是逆差性质的不平衡，都会对一国经济造成一定的负面影响，因此有必要对国际收支进行调节。根据调节的作用机制不同，可以分为自动调节和政策调节两类。

一、国际收支的自动调节机制

国际收支的自动调节，是指利用市场经济自身存在的机制自发地调节国际收支的不平衡。

（一）国际金本位制度下的国际收支自动调节机制

国际金本位制度下的国际收支自动调节机制，就是大卫·休谟的"价格−铸币流动机制"。在金本位制度下，一国国际收支出现赤字，就意味着本国的黄金净输出。由于黄金外流，国内黄金存量下降，货币供给就会减少，从而引起国内物价水平下跌。物价水平下跌后，会提高本国商品在国际市场上的竞争力，外国商品在国际市场上竞争力下降，于是出口增加、进口减少，使国际收支赤字减少或消除。同样，国际收支盈余也是不能持久的，因为顺差造成的黄金内流导致国内扩大货币供给，造成物价水平上涨，从而不利于出口、有利于进口，结果使得盈余趋于消失。"价格−铸币流动机制"的调节过程可用图1−1来表示。

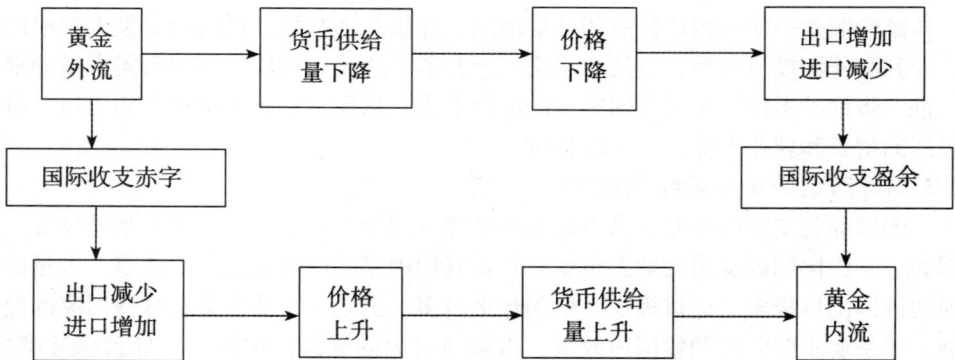

图1−1　价格—铸币流动机制

（二）纸币本位固定汇率制度下的国际收支自动调节机制

在纸币本位的固定汇率制下，一国货币当局通过变动外汇储备来干预外汇市场，以维持汇率不变。在这种制度下，当一国国际收支出现不平衡时，仍有自动调整机制发生作用，但自动调节的过程较复杂一些。国际收支失衡后，外汇储备、货币供给量发生变化，进而影响国民收入、物价和利率等变量，使国际收支趋于平衡，如图1−2所示。

本国   外国

```
┌──────────────┐                                                    ┌──────────────┐
│  外汇储备减少   │                                                    │  外汇储备增加   │
└──────┬───────┘                                                    └──────┬───────┘
       │                                                                   │
┌──────▼───────┐                                                    ┌──────▼───────┐
│  货币供给减少   │                                                    │  货币供给增加   │
└──────┬───────┘                                                    └──────┬───────┘
       │      ┌──────────────┐  ┌──────────────┐  ┌──────────────┐        │
┌──────▼───────┤  增加资本流入  │  │  利率效应     │  │  增加资本流出  ├────────▼───────┐
│  提高利率     ├──────────────►│  改善国际收支  │◄─┤              │  │  降低利率     │
└──────┬───────┘               └──────────────┘  └──────────────┘  └──────┬───────┘
       │      ┌──────────────┐  ┌──────────────┐  ┌──────────────┐        │
┌──────▼───────┤  减少进口需求  │  │  收入效应     │  │  增加进口需求  ├────────▼───────┐
│  国内支出减少  ├──────────────►│  改善国际收支  │◄─┤              │  │  国内支出增加  │
└──────┬───────┘               └──────────────┘  └──────────────┘  └──────┬───────┘
       │                       ┌──────────────┐                           │
┌──────▼───────┐               │  本国对外国相   │                   ┌──────▼───────┐
│  工资物价下降  ├──────────────►│  对价格下降    │◄──────────────────┤  工资物价上升  │
└──────┬───────┘               └──────────────┘                   └──────┬───────┘
       │                       ┌──────────────┐                           │
┌──────▼───────┐               │  价格效应     │                   ┌──────▼───────┐
│  进口需求减少  ├──────────────►│  改善国际收支  │◄──────────────────┤  进口需求增加  │
└──────────────┘               └──────────────┘                   └──────────────┘
```

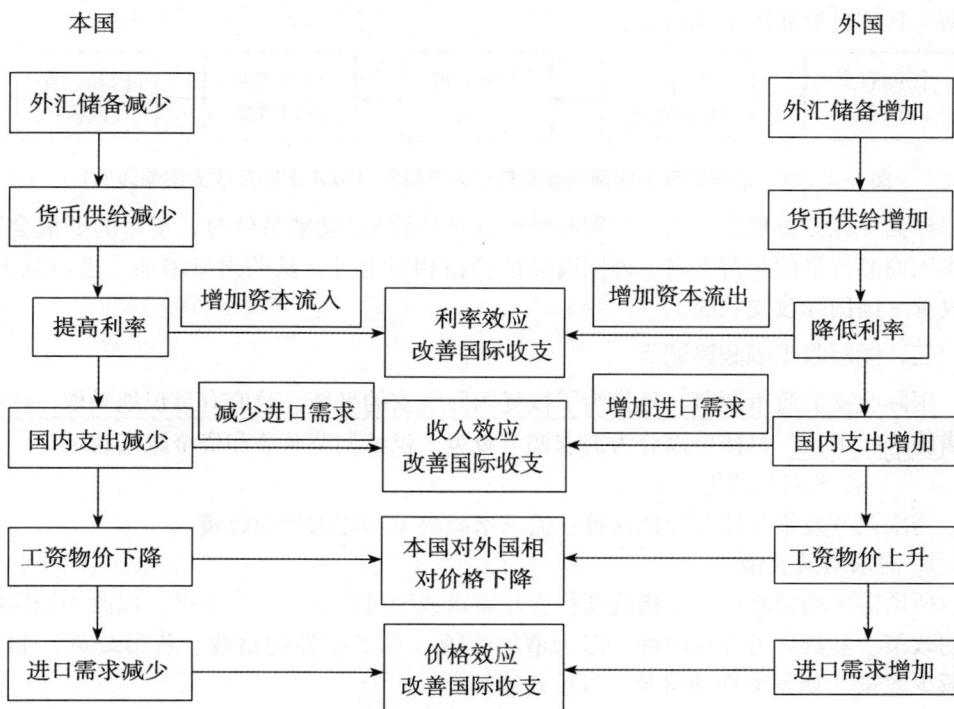

图 1-2　固定汇率制度下国际收支的自动调节机制（以本国国际收支逆差为例）

1. 利率效应

当一国国际收支出现赤字时，为了维持固定汇率，一国货币当局必然减少本国的外汇储备，造成本国货币供给量减少，从而带来市场银根的紧缩、利息率上升，导致资本外流减少，外国资本流入增加，结果改善了资本账户；反之亦然。

2. 收入效应

当一国国际收支出现赤字时，货币供给量减少，这会直接减少国内支出，同时利息率的上升又会进一步减少国内支出。而国内支出的一部分是用于进口的，这就必然导致进口需求也会减少。同样，盈余也可以通过国内支出增加造成的进口需求增加而得到自动消减。

3. 价格效应

物价的变动在国际收支自动恢复调整中也发挥着重要的作用。当一国国际收支出现赤字时，货币的供给量下降通过收入效应会引起国内价格水平下降，使本国商品相对价格下降，增加出口需求，减少进口需求。同样，盈余通过物价的上升也得到自动消减。

（三）纸币本位浮动汇率制度下的国际收支自动调节机制

在浮动汇率制度下，一国货币当局不必通过储备变动来干预外汇市场，汇率水平由市场的外汇供求决定。在这种制度下，国际收支不平衡将引起外汇供求变动，进而影响汇率水平变动、影响进出口商品的相对价格，从而进出口变动促使国际收支恢复平衡。具体过程如图 1-3 所示。

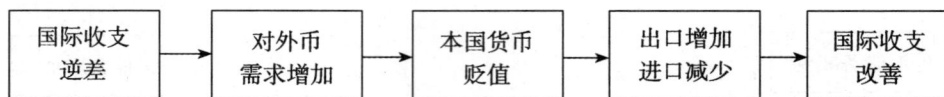

| 国际收支逆差 | → | 对外币需求增加 | → | 本国货币贬值 | → | 出口增加进口减少 | → | 国际收支改善 |

图 1-3　浮动汇率制度下的国际收支自动调节机制（以本国国际收支逆差为例）

根据弹性分析理论，当一国贸易弹性满足马歇尔-勒纳条件时，本币的贬值会造成本国商品价格的相对下降、外国商品的价格相对上升，从而出口增加、进口减少，会改善一国国际收支状况。

二、国际收支的政策调节

国际收支的政策调节，是指为了恢复国际收支的平衡，政府有意识地采取一些政策措施进行干预，具体可以分为需求调节政策、供给调节政策和资金融通政策。

（一）需求调节政策

需求调节政策具体可分成两种：需求增减政策和需求转换政策。

1. 需求增减政策

所谓需求增减政策，是指改变社会总需求或国民经济支出总水平，以改善国际收支的政策。其具体可分成两种：需求增加政策（如扩张性的财政、货币政策）和需求减少政策（如紧缩性的财政、货币政策）。

（1）财政政策

财政政策是指一国政府通过调整税收和政府支出，控制或改变总需求和物价水平以调节国际收支的公共政策。例如，当某国国际收支发生逆差时，政府可以采取紧缩性财政政策，削减财政预算、压缩财政支出，使国民收入减少，国内社会总需求下降，物价下跌，增强出口商品的国际竞争力，减少进口需求，从而减少国际收支逆差；也可以提高税率，促使国内投资利润率下降，减少个人可支配收入，继而使国内投资和消费需求降低，这也同样可以降低国民收入，降低国内物价水平，使商品出口增加和进口减少，从而缩小逆差。反之，当国际收支出现顺差时，政府宜采取扩张性财政政策。

（2）货币政策

货币政策是指一国货币当局通过调整再贴现率、改变法定存款准备金率和公开市场业务等手段来影响银根的松紧和利率的高低，引起国内货币供应量、总需求以及物价水平的变化，以实现对国际收支调节的政策。

（3）再贴现政策

再贴现率是指中央银行对商业银行等金融机构所持有的未到期票据进行再贴现时所收取利息的比率。当一国国际支出现逆差时，政府或货币当局可以通过提高再贴现率以影响市场利率。利率的提高，一方面使资本流入增加、资本流出减少，使资本与金融项目收支改善；另一方面抑制国内投资和私人消费，减少进口支出，改善贸易收支，从而使国际收支逆差减少或消除。在顺差的情况下，中央银行就调低再贴现率，从而起到与上述情况相反的作用，以降低顺差规模。

（4）准备金政策

准备金是商业银行等金融机构依法按其吸收存款的一定比率，向中央银行缴存保证储户提现和中央银行控制货币量的特定基金。中央银行要求的存款准备金占其存款总额的比例就是存款准备金率，准备金率的高低决定着商业银行等金融机构用于贷款的资金规模，因而决定着信用的规模和货币量，从而影响总需求和国际收支。

（5）公开市场业务

公开市场业务是指中央银行在金融市场上公开指定交易商进行有价证券和外汇的交易，以控制货币供给和利率的政策行为。当某国国际收支出现逆差时，可采取紧缩政策，抛售证券，收回基础货币，减少流通中的货币供应量，抑制总需求并调节国际收支，当某国国际收支出现顺差时，该国应采取扩张性的货币政策，中央银行可以通过在公开市场上购进有价证券，抛出基础货币，增加货币供给量，扩大总需求，从而调解国际收支。

2. 需求转换政策

所谓需求转换政策，是指不改变社会总需求和总支出，而改变需求和支出方向的政策。主要是通过改变支出的流向，鼓励用于购买商品和劳务的支出由国外转向国内，具体包括：汇率政策、补贴政策、关税政策和直接管制。

（1）汇率政策

汇率政策是指一国通过调整汇率来实现国际收支平衡的政策措施。汇率水平的高低直接影响到该国贸易收支状况。一般说来，一国货币贬值，该国出口产品竞争力提高，出口增加，有利于减少贸易收支逆差；相反，若本币升值，则会起到扩大进口、抑制出口的作用，导致贸易顺差减少。在不同的汇率制度下，各国制定汇率政策的方式是不一样的，在固定汇率制度下，政府是通过直接制定汇率水平来实施其汇率政策的。当国际收支出现严重逆差时，实行本国货币法定贬值，以改善国际收支；当国际收支出现巨额顺差时，政府实行法定升值，减少国际收支盈余。在浮动汇率制度下，汇率是由外汇市场的供求关系决定的，政府的汇率政策是通过对外汇市场的干预实现的，包括在外汇市场上抛售本币或外币，调整存款利率水平等。但是，汇率政策能否奏效，还要视其他具体情况而定。著名的马歇尔-勒纳条件，即出口商品的国外需求弹性与进口商品的国内需求弹性之和大于1，是本币贬值改善贸易收支的前提，并且，只有在各国没有贸易限制和不采取报复措施的条件下，货币贬值才能扩大出口。

（2）补贴政策

补贴政策是指国家运用财政手段，对某些特殊行业或企业进行财政补贴，以提高其产品的出口竞争能力，增加相关产品的出口，最终实现对国际收支的调节。

（3）关税政策

关税政策是指国家针对不同进口商品征收不同等级的关税以增加进口成本，以此限制某些商品的进口，进而鼓励国内居民将支出从国外转移到国内，并达到调节国际收支的目的。

（4）直接管制

直接管制是指政府通过发布行政命令，对国际经济交易进行干预的政策，包括贸易管制和外汇管制两种。其中，贸易管制是一国政府对该国进出口商品的数量、价格、来源地、销售对象等进行直接的行政管理，使得贸易的进行符合本国经济发展的利益和要求。目前，各国实施贸易管制的基本形式主要有许可证制度和配额制度。

外汇管制是通过对外汇交易和国际结算进行限制来维持国际收支的均衡，主要包括对外汇收入的管制、对外汇支出的管制及对资本输出入的管制等形式，实现促收节支。

直接管制较其他政策来说更具有时效性，因为它是根据本国国际收支的具体情况，对贸易收支和资本项目区别对待，针对国际收支出现的局部不平衡，选择相应的政策措施进行调整。但是，直接管制和其他行政措施一样，容易遭到其他国家的抵制和报复，加剧国与国之间的贸易摩擦。

（二）供给调节政策

供给调节政策是指调节社会总供给，旨在改善一国的经济结构和产业结构，提高产品质量，降低生产成本，增强社会产品的供给能力，包括产业政策、科技政策、制度创新政策等。供给政策的特点是长期性，在短期内难以有显著的效果。但它可以从根本上提高一国的经济实力和科技水平，从而为实现国际收支的平衡创造条件。

（三）资金融通政策

资金融通政策是指以筹措资金的方式来填补国际收支不平衡的缺口，包括内部融资和外部融资两方面。

1. 内部融资

内部融资，又称外汇缓冲，即当一国持有充足的官方储备时，可直接用官方储备，或动员和集中国内居民持有的外汇来满足对外支付的需要。

外汇缓冲政策是指一国的政府为了应对国际收支不平衡，把该国的外汇储备作为缓冲体，通过中央银行在外汇市场上买卖外汇，消除因国际收支不平衡产生的外汇供求缺口，从而使国际收支不平衡带来的影响仅限于外汇储备的增减，以避免汇率的剧烈波动及其可能给国内经济带来的一系列影响。

外汇缓冲政策的优点是简单易行，但它也存在一定的局限性，即该政策只适用于短期、轻度不平衡的调节，通过外汇缓冲机制，化解收支不平衡产生的影响，避免国内经济受到冲击。它不适用于应对持续巨额逆差，因为一国的外汇储备有限，完全依靠动用外汇储备来补充外汇供给，必然导致外汇储备的枯竭，引起支付困难。在这种情况下，倘若通过国际借贷弥补储备的不足，又面临借款条件苛刻、利率极高和增加外债及利息负担，陷入国际收支进一步恶化的恶性循环。而且，使用外汇缓冲政策对付持续、巨额的国际收支不平衡是无效的，因为中央银行在外汇市场上买卖外汇的同时，本币投放量也随之发生变化，如果变化量相对较小，则很容易被国内经济自身的增长吸收而不易发挥作用。但是，长期、大规模的货币量变动势必引起商品价格、劳动力价格等相关因素发生变化，国内经济将无法保持稳定发展的局面，进出口及国际收支的平衡又将面临严峻的考验。

因此，在长期且大规模国际收支不平衡的条件下，最好不要单独使用外汇缓冲政策，而须与冲销政策并用，以保证因此带来的不利影响最小。

2. 外部融资

外部融资，又称国际借贷，即通过从外国政府、国际金融机构或国际金融市场融通资金，以弥补国际收支逆差。

一般而言，当一国国际收支出现逆差时，可以通过借用国外资金的方法来平衡国际收支；当一国国际收支出现顺差时，可以通过对外投资、贷款等方式平衡国际收支。国际收支逆差严重而又发生支付危机的国家，常常采取国际借贷的方式暂缓国际收支危机。但这种情况下的借贷条件一般比较苛刻，势必增加将来还本付息的负担，使国际收支状况恶化，因此运用国际借贷方法调节国际收支不平衡仅仅是一种权宜之计。

总之，调节国际收支不平衡的每一种政策措施都有其局限性，都不能从根本上消除有关国家的国际收支不平衡，应当根据国际收支不平衡产生原因的不同来选择适当的调节方式。假如，一国国际收支不平衡是经济周期性波动所致，说明这种不平衡是短期的，因而可以用本国的国际储备或通过从国外获得短期贷款来弥补，以达到平衡的目的，但这种方式用于持续性巨额逆差的调整不起作用。如果国际收支不平衡是由于货币性因素引起的，则可采取汇率调整方法。如果国际收支不平衡是因为总需求大于总供给而出现的收入性不平衡，则可实行调节国内支出的措施，如实行财政金融的紧缩性政策。如果发生结构性的不平衡，则可采取直接管制和经济结构调整方式来调节。

三、中国的国际收支

（一）我国的国际收支统计发展历程

新中国成立60多年来，我国的国际收支统计取得了显著成就：统计制度建设取得长足发展，统计理念、统计制度建设与时代同步，统计手段实现电子化，统计数据质量不断提高，尤其在亚洲金融危机、拉美金融危机和美国次贷危机等国外金融危机的冲击下，我国的国际收支统计有效地发挥了监测和预警的重要作用。目前我国的国际收支统计已开始使用IMF《国际收支手册》（第五版）的概念和标准进行分类，经历了以下发展阶段。

1. 国际收支统计的萌芽阶段（1949—1979）

新中国成立后的头30年，在传统的计划经济体制下，忽视商品经济和市场调节的作用，加之主要资本主义国家的封锁，我国对外经济的范围和程度极其狭小，只有少量的外贸和经济援助（无息或低息的），没有对外资本往来。这样，我国不存在也无须关注国际收支问题，也没有相应的国际收支概念，在实践中只要注意外汇收支平衡，只需编制"国家外汇收支平衡表"。

2. 国际收支统计的创建阶段（1980—1991）

1978年十一届三中全会后，我国对外贸易和非贸易收支取得了巨大发展。从引进外资开始到对外投资的出现，我国与国外私人、政府、国际金融机构已有广泛的金融关系。这样，国际收支中的资本项目日益重要，完整的国际收支概念产生了，通过国际收支平衡表全面考察我国对外经济关系和国际经济地位成为必要。加之我国于

1980 年 4 月和 5 月分别恢复了在 IMF 和世界银行的合法地位，依照 IMF 的要求，我国有义务向其报送国际收支平衡表。于是，1981 年 6 月，中国国家进出口管理委员会、国家外汇管理总局、中国银行总行、国家统计局等单位联合制定并公布了《国际收支统计制度》，在以往"国家外汇收支平衡表"的基础上，增加了资本项目，编制了我国国际收支平衡表。这是我国认识和处理国际收支问题的开端，标志着我国已进入编制国际收支平衡表的阶段。

3. 国际收支统计的发展阶段（1992—2000）

1992 年十四大召开以后，为了在社会主义市场经济条件下加强国际收支的宏观管理，中国人民银行 1993 年 12 月 28 日发布了《关于进一步改革外汇管理体制的公告》，明确规定要加强对外汇收支和国际收支平衡情况及变化趋势的分析、预测，逐步完善我国国际收支的宏观调控体系。1996 年 12 月，我国按照 IMF 第八条款的要求，实现了经常项目下的货币可兑换。这一时期国际收支统计申报制度的实施、国际收支统计监测系统的开发运行与全面上线，标志着我国的国际收支统计数据采集方法逐步走向规范化，采集手段逐渐实现电子化。

4. 国际收支统计的完善阶段（2001—今）

这一阶段，尽管存在跨境资金的大量流入，人民币汇率升值压力加大以及美国次贷危机的冲击，但由于国际收支统计与分析产品的不断推出，贸易信贷调查、企业出口换汇监测、边境贸易汇率监测和外汇金宏系统等多个系统的开发与推广，国际收支统计信息的监测预警功能不断发挥，服务宏观决策的功能不断增强。早在 1998 年，我国就开始按季度编制国际收支平衡表，随着我国加入世界贸易组织，融入全球化经济，客观上要求我国加快国际收支统计产品利用与开发的步伐。为履行好基金组织成员的职责，从 2001 年起国家外汇管理局试编了 1999 年以来历年国际投资头寸表，并按半年公布国际收支平衡表。2002 年，我国加入国际货币基金组织数据公布通用系统（GDDS）。2003 年，国家外汇管理局正式开始运行国际收支风险预警系统，按季对我国国际收支风险状况进行评估，从而有效监测我国国际收支状况、及时发出预警信号、为宏观经济调控提供决策依据。2004 年建立贸易信贷抽样调查制度，通过对 4 000 多家中外资贸易企业的调查，测算出了我国贸易信贷存量，从而为分析判断国际收支形势奠定了基础。2005 年，我国首次公布中国国际收支报告，并实施出口换汇成本监测制度，开展边贸地区人民币汇兑、清算、支付及流通等情况监测。2006 年 5 月，我国首次向社会发布 2004 年末和 2005 年末中国国际投资头寸表，标志着我国对外部门统计信息的完整发布。2006 年 12 月，国家外汇管理局推出新版国际收支统计监测系统。2008 年又组织对全国国际收支统计一系列制度和法规进行重新修订，2009 年全面推广外汇金宏系统，可有效监测跨境资金的异常流动，大大提高了国际收支统计工作效率。

（二）我国的国际收支基本状况

我国自 1982 年开始正式编制国际收支平衡表，1985 年起向社会发布。通过梳理 1982—2012 年我国国际收支平衡表中的主要项目，可以发现改革开放以来我国国际收支状况呈现以下特征：

1. 国际收支交易总规模呈明显的阶段性加速增长特征

1982 年，我国国际收支交易总规模为 540 亿美元，占当年 GDP 的 19%，此后我国国际收支交易总规模逐年增长，占 GDP 的比例也逐年提高。2012 年，我国国际收支交易总规模已达 75 001 亿美元，占 2012 年 GDP 的 14.44%，如表 1-3 所示。

表 1-3　　　　　　　　　　1982—2012 年我国国际收支变化　　　　　　　　　单位：亿美元

年份	经常项目差额	资本和金融项目差额	储备资产	错误和遗漏
1982	57	-17	-42	3
1983	42	-14	-27	-2
1984	20	-38	5	12
1985	-114	85	54	-25
1986	-70	65	17	-12
1987	3	27	-17	-14
1988	-38	53	-5	-10
1989	-43	64	-22	1
1990	120	-28	-61	-31
1991	133	46	-111	-68
1992	64	-3	21	-83
1993	-119	235	-18	-98
1994	77	326	-305	-98
1995	16	387	-225	-178
1996	72	400	-317	-155
1997	370	210	-357	-223
1998	315	-63	-64	-187
1999	211	52	-85	-178
2000	205	19	-105	-119
2001	174	348	-473	-49
2002	354	323	-755	78
2003	431	549	-1 061	82
2004	689	1 082	-1 901	130
2005	1 324	953	-2 506	229
2006	2 318	493	-2 848	36
2007	3 532	942	-4 607	133
2008	4 206	401	-4 795	188
2009	2 433	1 985	-4 003	-414
2010	2 378	2 869	-4 717	-529
2011	2 017	2 211	-3 878	-350
2012	1 931	-168	-966	-798

改革开放以来，我国国际收支交易总规模变化呈现比较明显的阶段性加速特征：

（1）1985—1991年为平稳运行阶段：国际收支交易总规模从1 044亿美元上升到1 671亿美元，增长60%，占GDP的比例由由36.97%上升到40.73%。

（2）1992—2002年为小幅增长阶段：国际收支交易总规模从2 338亿美元上升到9 640亿美元，增长312%，占GDP的比例由47.82%提高到67.02%。

（3）2003—2007年为急剧增长阶段：国际收支交易规模从13 798亿美元提高到43 343亿美元，占GDP的比例由84.52%提高到132.01%，提高了47个百分点，且2005—2007年连续3年我国国际收支交易总规模超过GDP。

（4）2008—2012年，受国际环境影响，我国国际收支交易活动总体上放缓。2008年，我国国际收支交易总规模为4.5万亿美元，增幅较2007年回落25个百分点，占同期GDP的比例为105%；2009年我国国际收支交易总规模为4万亿美元，较2008年下降12%，占同期GDP的比例为81.9%；2012年，国际收支状况继续改善，初步形成"经常项目顺差、资本与金融项目逆差"的国际收支平衡新格局，外汇储备增长明显放缓。

我国经常项目、资本与金融项目收支状况可如图1-4所示。

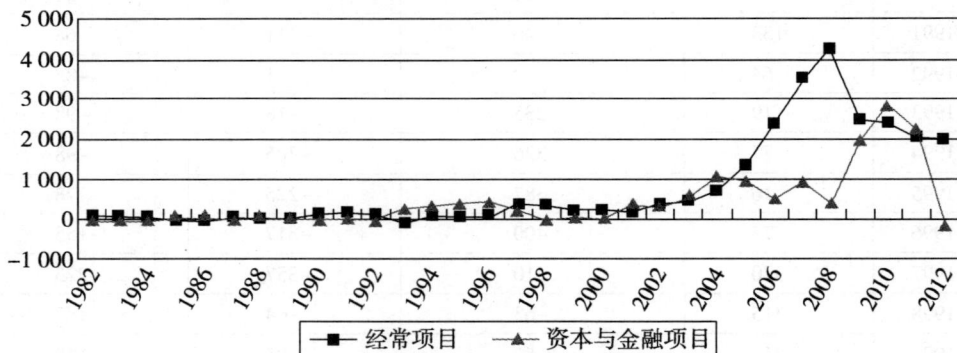

图1-4 我国经常项目、资本与金融项目收支状况（单位：亿美元）

2. 1994年以来我国国际收支开始呈现双顺差特征

改革开放30多年来，我国经常项目逆差年份只有5年（1985、1986、1988、1989和1993年）；资本与金融项目逆差年份只有7年（1982、1983、1984、1990、1992、1998和2012年）；储备资产只有4年（1984、1985、1986和1992年）为减少。而且，1994—2011年（除1998年偶发性出现资本与金融项目逆差外）我国国际收支呈现双顺差特征。其中，经常项目顺差的主要来源为贸易顺差，1995—2002年连续8年贸易顺差占经常项目顺差的比例都超过100%；资本与金融项目的顺差则主要来自于直接投资。

2008年以来，受国际环境影响，我国国际收支交易活动总体上放缓。2012年，国际收支形成"经常项目顺差、资本与金融项目逆差"的新格局，经常项目顺差1 931亿美元；资本与金融账户逆差168亿美元，主要是非直接投资项目逆差较大，反映了境内主体境外资产运用的增加和对外负债的减少。

我国国际收支持续较大顺差有着深刻的经济原因。首先，我国是一个高储蓄国家，长期以来国内储蓄大于投资，这是经常项目收支顺差的根本性基础。其次，我国经济稳定、外资政策优惠、资源和劳动力成本低廉以及市场前景广阔，吸引了外商直接投资持续大量流入。外商直接投资的增加，强化了我国贸易和投资"双顺差"的国际收支平衡格局。再次，在很长一段时间内，我国对外经济政策的基本点是对外贸易"奖出限入"、资本流动"宽进严出"。最后，人民币升值预期，不仅导致境内机构与个人持汇和购汇动机减弱，结汇意愿增强，而且引发逐利的国际短期资本流入。

（三）我国的国际收支统计申报制度

国际收支统计体系是我国宏观经济监测体系的重要组成部分，主要反映我国与世界其他国家或地区经济交往的基本状况和趋势，是开放经济条件下进行宏观经济决策的主要信息来源之一。改革开放以来，随着我国对外交往的不断扩大，经济生活中的市场化程度日趋提高，我国从1996年开始实行《国际收支统计申报办法》。在1996年推出金融机构间接申报国际收支的基础上，1997年又推出了直接投资、证券投资、金融机构对外资产及损益、汇兑等四项直接申报工作。现在已经建立起完整、科学的国际收支申报、统计体系，国际收支的统计申报和分析预测工作在中国宏观经济调控体系中日益发挥重要的作用。

在我国国际收支的统计申报有两种方式：直接申报和间接申报。直接申报是申报人向政府部门直接申报的办法。间接申报是申报人通过金融机构向政府部门申报。申报的办法难以覆盖所有涉外交易，还需要采取抽样调查或普查的方式收集信息，如在国外旅游遇到的旅游支出的抽样调查就是为国际收支统计服务的。

我国根据发展的需要以及国际货币基金组织对成员的要求，于1996年开始依据《国际收支统计申报办法》陆续推出一系列新的国际收支统计申报制度，建立了一套较为完整、系统的数据收集体系。目前我国的国际收支统计数据收集框架如下：

1. 我国居民通过金融机构进行的逐笔间接申报

居民通过境内金融机构进行收付汇时，需向国际收支统计部门申报每一笔与非居民发生交易的内容。国际收支统计部门将申报信息进行汇总用于编制国际收支平衡表。

2. 金融机构汇兑统计

除代客进行逐笔间接申报外，金融机构还单独汇总统计通过其进行的金额较小、频繁发生的现金、旅行支票及信用卡的兑换数据，作为国际收支统计数据的补充。

3. 金融机构对境外资产负债及损益的申报

金融机构除代客户进行国际收支交易申报外，对于特殊企业，应向国际收支统计部门直接申报其自身的资产负债及损益变化情况。

4. 直接投资企业的直接申报统计

由于直接投资企业存在大量的关联交易及内部交易，因此对直接投资企业的经营状况设计了单独的统计制度，即中国境内外商投资企业以及对境外有直接投资的企业，需直接向国际收支统计部门申报其投资者权益、直接投资者与直接投资企业间的债权债务状况以及分红派息情况。

5. 证券投资统计

证券投资统计包括两方面内容：一是中国境内的证券交易所及其机构，须向国际收支部门申报居民与非居民之间发生的证券交易以及相应的分红派息情况；二是中国在境外的上市公司须直接申报有关其证券的交易情况和分红派息情况。

6. 境外账户统计

中国居民在境外开立账户，须直接向国际收支统计部门申报其账户变动及余额情况。

第四节　国际收支理论

一、弹性分析理论

弹性分析理论产生于 20 世纪 30 年代，是一种适用于纸币流通制度的国际收支理论。它是由英国经济学家马歇尔提出，后经英国经济学家琼·罗宾逊和美国经济学家勒纳等发展而形成的。这个理论紧紧围绕进出口商品的供求弹性来论述国际收支问题，因而得名为弹性分析理论。

弹性论（elasticities approach）的基本假设是：

（1）其他条件不变，只考虑汇率变化的影响。

（2）没有资本流动，没有劳务的进出口，国际收支等于国际贸易收支。

弹性分析理论主要研究货币贬值对贸易收支的影响。我们知道，贸易收支是出口值与进口值之差，而"出口值=出口商品数量×出口商品价格"，"进口值=进口商品数量×进口商品价格"。进出口值均以外币表示。价格的变动会影响需求和供给数量的变动。需求量变动的百分比与价格变动的百分比之比，称为需求对价格的弹性，简称需求弹性。供给量变动的百分比与价格变动的百分比之比，称为供给对价格的弹性，简称供给弹性。在进出口方面，就有四个弹性，它们分别是：

进口商品的需求弹性（E_M），其公式为：

$$E_M = \frac{\text{进口商品需求量的变动率}}{\text{进口商品价格的变动率}}$$

出口商品的需求弹性（E_X），其公式为：

$$E_X = \frac{\text{出口商品需求量的变动率}}{\text{出口商品价格的变动率}}$$

进口商品的供给弹性（S_M），其公式为：

$$S_M = \frac{\text{进口商品供给量的变动率}}{\text{进口商品价格的变动率}}$$

出口商品的供给弹性（S_X），其公式为：

$$S_X = \frac{\text{出口商品供给量的变动率}}{\text{出口商品价格的变动率}}$$

因此，所谓弹性，实际上就是一种比例关系。当这种比例关系的值越高，我们就称弹性越高；反之，比例关系的值越低，就称弹性越低。

一国货币贬值，会使出口价格下跌而促进出口，进口商品价格提高而使进口受到抑制。但这并不意味着贸易收支逆差必然会减少，其是否减少最终取决于两个因素：一是由贬值引起的进出口商品的单位价格的变化；二是由进出口商品的单位价格引起的进出口商品数量的变化。出口值增大只发生在出口商品数量的增长率大于出口价格下跌的比率时，亦即国外需求弹性大于 1 时。

马歇尔-勒纳条件是指货币贬值后，只有出口商品的需求弹性和进口商品的需求弹性之和大于 1，贸易收支才能改善，即贬值取得成功的必要条件是：

$E_M + E_X > 1$

此外，弹性分析理论还认为，当 "$E_M + E_X = 1$" 时，货币贬值对贸易收支不发生作用；当 "$E_M + E_X < 1$" 时，货币贬值会使贸易收支逆差扩大。

弹性分析理论的重要贡献在于，它的分析纠正了货币贬值一定有改善贸易收支作用与效果的片面看法，而正确地指出了只有在一定的进出口供求弹性条件下，货币贬值才有改善贸易收支的作用与效果。将弹性理论运用于国际贸易，揭示了汇率与商品相对价格和国际收支的关系，说明贬值对改善国际收支是有条件的，因此对发展中国家有警示意义。

但是，它也有很大的局限性：

（1）假设收入和非贸易品价格不变、马歇尔-勒纳条件中供给弹性无穷大，这都与现实不符。

（2）忽略汇率对资本流动的影响。

（3）只分析结果，不分析原因。

（4）采用静态分析，不考虑时滞的影响。

弹性分析理论忽视了汇率变动效应的"时滞"问题。实际上，汇率变动在贸易收支上的效应并不是"立竿见影"的，而是呈"J 形曲线"（J curve）的。这是因为：其一，在货币贬值后，初期以本币表示的进口价格会立即提高，但以本币表示的出口价格却变化较慢。同时，出口量要经过一段时间才能增加，而进口量也要经过一段时间才能减少。其二，即使在贬值后签订的贸易协议，出口增长仍要受认识、决策、生产周期等因素的影响。进口方有可能会认为现在的贬值是以后进一步贬值的前奏，从而加速订货。这样，在货币贬值后，初期出口值会小于进口值，贸易收支仍会恶化，只有经过一段时间之后，贸易收支才会逐渐好转。一般认为出口供给的调整时间需要半年到一年，整个过程用曲线描述出来，呈字母"J"形，故在马歇尔-勒纳条件成立的情况下，贬值对贸易收支的时滞效应，称为 J 曲线效应，如图 1-5 所示。在图 1-5 中，逆差值 B>A，表示贸易收支首先恶化，逆差扩大，随着时间推移，再经过 C 点得到改善。

（5）只分析微观因素，没分析宏观因素，采用的是局部均衡分析。所谓"局部均衡"，就是假定"其他条件不变"。然而，实际上其他条件并非不变，前述的继发性通货膨胀，以及国民收入与利率等都在变。

（6）在应用弹性论时，可能存在技术上的困难。

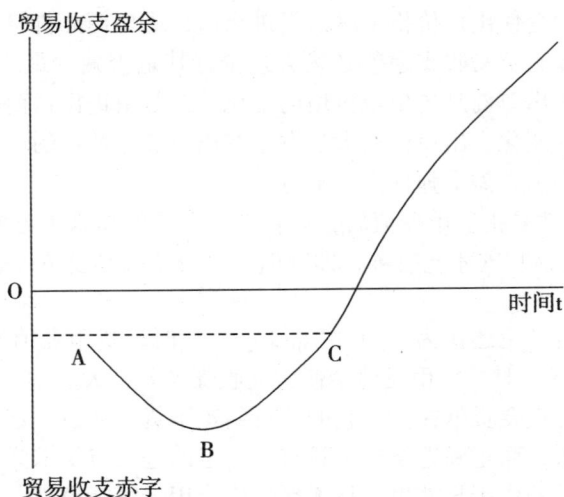

图 1-5　J 曲线效应

二、贸易乘数理论

贸易乘数理论（multiplier approach）又称为收入分析法，分析的是在汇率和价格不变的条件下收入变动在国际收支调整中的作用。与弹性理论类似，乘数理论假定没有资本流动，将国际收支等同于国际贸易收支，假定进口支出是国民收入的函数，贸易差额也就受到国民收入的影响，则国际收支差额（贸易收支差额）可表示为：

$$TB = X - (M_0 + mY)$$

由凯恩斯的乘数原理，一国国民收入会因自主性支出的变动而发生多倍的变动，因此有：

$$TB = X - M_0 - \frac{1}{1-c+m} (C_0 + I + G + X - M_0)$$

该式表明，一国可以通过需求管理政策来调节国际收支。当一国出现国际收支赤字时，政府可以采取紧缩性财政货币政策，降低国民收入，以减少进口支出，改善国际收支。这种通过改变国民收入来调节国际收支的效果，取决于本国边际进口倾向（m）的大小，也就是取决于进口需求收入弹性和一国开放程度的高低。当一国开放程度越大、进口需求收入弹性越大时，一定规模的紧缩性政策所带来的国际收支改善程度就越大。

所以出口和自主性进口的变动除了直接影响国际收支以外，还会通过国民收入的变化进一步影响国际收支状况。因此，一些西方学者将贬值引起的替代效应与这一收入效应相结合，修正了马歇尔-勒纳条件，得到更严格的哈伯格条件：

$$E_M + E_X > 1 + m$$

乘数理论阐述了国际贸易与国民收入之间的关系，补充了弹性论的一些不足，在一定程度上有利于我们理解现实经济状况。但是这一理论建立在凯恩斯乘数原理的基础之上，没有考虑货币量和价格因素的作用，同样也没有考虑国际资本的流动，因此它关于国际收支调节的分析仍然不全面。

三、吸收分析理论

吸收分析理论（absorption approach）是 20 世纪 50 年代初美国经济学家亚历山大提出来的。这一理论强调收入和吸收在国际收支中的关键作用，是以凯恩斯的国民收入方程式"$Y=C+I$"（国民收入＝消费＋投资）为前提，假定在封闭型经济条件下，如果引入对外贸易，即在开放型经济条件下，则会有"$Y=C+I+X-M$"（X 与 M 分别表示出口与进口），并由此导出"$X-M=Y-（C+I）$"（国际收支＝总收入－总支出）。

亚历山大把总支出称为总吸收（A），因此，吸收分析理论也被称为支出分析理论。吸收分析理论认为，一国的国际收支差额（B），就是国民收入与国内吸收的差额，即"$B=Y-A$"。

如果总吸收等于总收入就是国际收支平衡；如果总吸收大于总收入就是国际收支逆差；如果总吸收小于总收入就是国际收支顺差。既然国际收支逆差是总吸收大于总收入，调节国际收支的方法无非或是增加收入、或是减少支出、或是增加收入与减少支出二者兼用。

吸收分析理论者提出了两种目标、两种工具的理论模式：内部平衡目标——非贸易商品市场处于供求相等的平衡状态；外部平衡目标——贸易商品的供求相等，要同时达到内部平衡和外部平衡这两种目标，就必须同时运用转换政策和吸收政策这两种工具。运用吸收政策主要是指通过紧缩性的货币政策和财政政策来减少对贸易商品的过度需求，纠正国际收支逆差。但吸收政策也会减少对非贸易商品的需求，由于价格刚性，需求的减少将导致供给过多，所以还要运用转换政策来消除非贸易商品的过度供给，抵消吸收政策的不利影响。这样，贸易商品与非贸易商品供求都相等，就整个国家来讲，总吸收等于总收入，从而达到内部平衡和外部平衡。

吸收分析理论在强调一国最终要通过改变收入或吸收来调节国际收支的同时，也重视货币贬值对国际收支的影响。但他们认为这种影响也是通过贬值对国民收入和吸收的影响而起作用的，贬值的效果取决于贬值对实际国民收入所引起的变化、贬值对吸收的直接影响等因素。在非充分就业的情况下，贬值刺激国外对出口商品的需求，使闲置资源转向出口部门，从而扩大出口、改善国际收支。同时，出口增加引起国民收入和国内吸收的增加，只要吸收的增加小于收入的增加，国际收支就可以得到改善。在充分就业的情况下，由于没有闲置的资源来扩充生产，国民收入不能增加，因而贬值只能通过压缩吸收来改善贸易收支。吸收减少，可以促使进口商品的国内需求下降，从而减少进口；使出口商品的国内需求下降，从而增加出口商品的数量，最终达到扭转国际收支逆差的目的。但吸收减少会减少对非贸易商品的需求，就需要采用支出转换政策使非贸易商品的供需相等，以保持内部平衡。

吸收分析理论的重要贡献在于，它把国际收支同国内经济联系起来，为实施通过调整国内经济来调整国际收支的对策奠定了理论基础，这一理论具有强烈的政策配合的含义，一般地说，贬值一定要通过货币政策和财政政策的配合来压缩国内需求，把资源从国内吸收中解放出来转向出口部门，才能成功地改善国际收支；吸收分析理论把国际收支调节的重点放在国内需求水平上而不是相对价格水平上，这是它同弹性分析理论的主要区别。同时，吸收分析理论是建立在一般均衡基础上的，比弹性分析理论建立在局部均衡的基础上前进了一步。吸收分析理论的主要局限性在于，只以国际收支的贸易项目为主要研究对象，忽视了在国际收支中处于重要地位的国际资本移动等因素。同时，这一分析将贬值作为出口增加的唯一原因，并作为其理论的假设前提，也不符合实际状况。

四、货币分析理论

货币分析理论（monetary approach）的基本假设是：

（1）货币供给不影响收入；货币需求是收入、价格、利率的稳定函数。

（2）一价定律成立；$MD = p \cdot f(y, i)$。

（3）货币供给变动不影响实物产量。

货币分析理论产生于 20 世纪 60 年代，其代表人物有蒙代尔、约翰逊、弗兰克尔。其理论基础是 20 世纪 60 年代兴起的货币主义学说。该理论认为，国际收支是一种货币现象，因而强调货币供给与货币需求之间的状况在形成国际收支不平衡及其调节过程中的作用，即货币需求大于货币供给，会导致国际收支出现顺差；货币需求小于货币供给，会导致国际收支出现逆差；货币需求与货币供给处于平衡状态，将使国际收支平衡。

货币论用公式表达为：

$$MS = MD$$

式中：MS 为名义货币的供应量，MD 为名义货币的需求量。从长期看，可以假定货币供应与货币需求相等。

$$MD = p \cdot f(y, i)$$

式中：p 为本国价格水平，f 为函数关系，y 为国民收入，i 为利率，$p \cdot f(y, i)$ 为对名义货币的需求，$f(y, i)$ 为对实际货币存量（余额）的需求。

$$MS = m(D+R)$$

式中：D 为国内提供的货币供应基数，R 为来自国外的货币供应基数，它通过国际收支盈余获得，以国际储备作为代表，m 为货币乘数，指银行体系通过辗转存放创造货币，使货币供应扩大的倍数。现取 $m = 1$，可得；

$$MD = MS = D+R$$

$$\Delta R = \Delta MD - \Delta D$$

上式是货币论的最基本方程式，ΔR、ΔMD 和 ΔD 分别表示国际储备的变动（即国际收支）、名义货币需求量的变动和国内名义货币供应量的变动。它表明国际收支是一种货币现象。

一国的货币供给有两个来源：国内银行体系创造的信用；由经常项目收支顺差所形成的国外资金流入。货币需求只能从这两个方面得到满足。如果国内货币供给不能满足货币需求，就只能从国外取得资金来满足。这时，国外资金会流入，直到货币供给与货币需求恢复平衡，而使国际收支平衡。随着国外资金流入和货币供给增加，货币供给会大于货币需求，国际收支也会出现顺差。这时，人们就会扩大商品进口和对外投资，把资金移到国外。这样，国内的货币供给便会减少。随着这些活动的增加，国际收支将出现逆差。用图 1-6 表示就是：

$$\text{国内信贷} \atop \text{总量变化} \to \text{货币供求} \atop \text{变化} \to \text{国际收支} \atop \text{失衡} \to \text{外汇储备} \atop \text{变化} \to \text{货币供求} \atop \text{平衡} \to \text{国际收支} \atop \text{平衡}$$

$$\text{国内信贷} \atop \text{总量增加} \to MS>MD \to \text{外币资产↑} \to \text{国际收支逆差} \to \text{外汇储备↓} \to MS↓ \to \text{国际收支平衡}$$

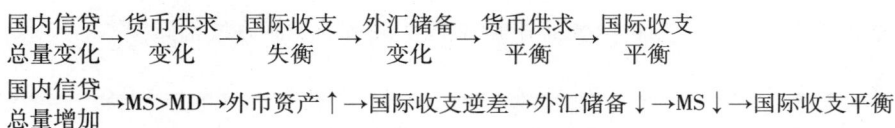

图1-6　货币供给与国际收支平衡

由此，货币分析理论得出结论：国际收支是一种货币现象；货币政策是调节国际收支的主要手段和工具，影响国际收支的根本因素是货币供应量，国际收支逆差是由于国内信贷扩张所致，应采用紧缩性的货币政策调节。为使国际收支平衡，货币供给应与经济增长保持一致。

从货币分析理论的上述主要论点可以看出：

（1）它实际上是休谟的"物价-铸币流动机制"理论在现代条件下的进一步发展，是新的国际收支自动平衡理论。货币分析理论唤起人们在国际收支分析中对货币因素的重新重视；它对长期内国际间资金流动的分析具有一定的说服力。

（2）它较弹性分析理论和吸收理论的进步之处是，它考虑到了资本在国际收支上的平衡效果，即长期的国际收支调节问题。但它忽视短期国际收支不平衡所带来的影响，这是货币分析理论的一个缺陷。它假定货币需求函数是相当稳定的。但在短期内，货币需求往往是很不稳定的，也很难不受货币供给变动的影响；货币论还假定货币供给变动不影响实物产量；它强调一价定律的作用，但从长期来看，由于垄断因素和商品供求弹性的存在，一价定律往往是不能成立的。

本章小结

1. 国际收支是一国居民在一定时期内与国外居民之间的全部经济交易的系统记录。

2. 国际收支平衡表是一国根据交易内容和范围设置项目及账户，并按照复式记账的原理对一定时期内的国际经济交易进行系统记录，对各笔交易进行分类、汇总而编制出的分析性报表。国际收支平衡表包括经常账户、资本与金融账户、储备资产账户、错误与遗漏账户。经常账户反映国与国之间实际资源的转移，因此与一国的国民收入具有密切联系。资本与金融账户反映国与国之间金融资产的转移，包括资本流入和资本流出，它与一国的国际投资状况有密切联系。

3. 突发事件、经济周期、结构性因素、货币因素、汇率和投机等因素都会引起国际收支不平衡。在国际金本位制度下，国际收支自动调节机制发挥作用可以使国际收支自动恢复平衡；在浮动汇率制度下，通过汇率变动来调节国际收支差额；在固定汇率制度下，货币当局可以通过国际储备的变动来影响国际收支。另外，一国政府还可以使用对外融资、财政与货币政策、汇率政策或直接管制等来调节国际收支。

4. 国际收支理论主要分析国际收支的决定因素和国际收支的调节问题。弹性分析理论分析一国实行货币贬值对国际收支逆差的影响，并得出贬值改善国际收支的马歇尔-勒纳条件。贸易乘数理论（multiplier approach）又称为收入分析法，分析的是在汇率和价格不变的条件下收入变动在国际收支调整中的作用。吸收分析理论分析收入和支出对国际收支的调节作用。货币分析理论以货币数量论为依据，把国际收支作为一个整体来对待，认为国际收支不平衡是货币供求不平衡的结果。

关键概念

1. 国际收支　2. 经常项目　3. 资本与金融项目　4. 储备资产　5. 国际收支平衡　6. 自主性交易　7. 调节性交易　8. 国际收支自动调节机制　9. 国际收支政策调节机制

复习思考题

一、单项选择题

1. 反映经常账户差额和长期资本流动情况差额的是：（　　　　）。

A. 基本差额　　　　　　　　　　B. 经常账户差额

C. 贸易差额　　　　　　　　　　D. 综合差额

2. 在国际收支的政策调节中，扩张的货币政策属于：（　　　　）。

A. 需求增加政策　　　　　　　　B. 需求减少政策

C. 供给调节政策　　　　　　　　D. 需求转换政策

3. 下列组织中不属于任何国家居民的是：（　　　　）。

A. 地方政府　　　　　　　　　　B. 私营企业

C. 学校　　　　　　　　　　　　D. 联合国

4. 货物属于（　　　）的内容。

A. 经常项目　　　　　　　　　　B. 资本与金融项目

C. 储备资产项目　　　　　　　　D. 错误与遗漏项目

5. 国际收支的平衡是指：（　　　　）。

A. 国际收支平衡表的平衡　　　　B. 不存在错误与遗漏

C. 调节性交易的平衡　　　　　　D. 自主性交易的平衡

二、多项选择题

1. 下列说法中正确的是：（　　　　）。

A. 国际收支是个流量的概念

B. 国际收支定义中的居民，既包括自然人居民，也包括法人居民

C. 国际收支是以交易为基础的

D. 国际收支是事后的概念

2. 国际收支平衡表包括的内容有：（　　　　）。

A. 经常项目　　　　　　　　　　B. 资本与金融项目

C. 储备资产项目　　　　　　　　D. 错误与遗漏项目

3. 下列各项需要记入国际收支平衡表借方的项目是：（　　　　）。

A. 货物的出口　　　　　　　　　B. 服务的进口

C. 对外直接投资　　　　　　　　D. 对外无偿援助

4. 国际收支不平衡的原因包括：（　　　　）。

A. 周期性不平衡　　　　　　　　B. 货币性不平衡

C. 临时性不平衡　　　　　　　　D. 结构性不平衡

5. 下列各项属于需求转换政策的是：(　　　)。

A. 财政政策　　　　　　　　　　B. 汇率政策

C. 补贴政策　　　　　　　　　　D. 关税政策

三、简答题

1. 什么是国际收支？

2. 简述国际收支平衡表的结构与内容。

3. 如何测度一国国际收支的不平衡？

4. 一国金融管理部门可以采用哪些措施来调节国际收支？

5. 简述国际收支的弹性论、乘数论、吸收论和货币论。

6. 人民币升值对进出口有何影响？影响程度如何？

第二章

外汇与汇率

引导案例

　　来自中国外汇交易中心的最新数据显示，9 月 2 日人民币兑美元汇率中间价报 6.1702，较前一交易日反弹 7 个基点。值得一提的是，刚刚过去的 8 月，在新兴经济体货币普遍大幅贬值的背景下，人民币汇率依然保持坚挺走势。

　　对此，昨日接受记者采访的专家普遍认为，人民币汇率保持渐进式的稳中有升态势对我国实体经济来说是最有利的。

　　在 7 月平稳运行之后，8 月人民币汇率月度再现升值。人民币兑美元汇率中间价 8 月累计升值 0.13%，人民币即期汇价首次突破 6.12 关口，并刷新历史新高。相对的是，8 月 28 日，印度卢比兑美元汇率创下 68.36 的历史新低，8 月以来贬值幅度达到 10.78%；8 月以来印尼卢比兑美元则贬值了 6.1%。年初至今，巴西雷亚尔兑美元已下跌 15%。甚至有分析认为金融危机大有卷土重来之势，部分新兴经济体显然已经招架不住了。

　　对此，昨日接受记者采访的专家普遍认为，这与中国经济复苏迹象明显、中国的资本账户还未完全开放以及央行对于汇率定价的控制权不无关系，即使在其他新兴市场国家因本币持续贬值，巴西和印尼已经不得已地祭出加息利器并打响货币保卫战的背景下，人民币未来仍然有望独善其身。

　　但是，人民币的坚挺对我国制造业的冲击是巨大的，影响是惨重的。

　　对此，国家信息中心预测部世界经济研究室副主任张茉楠对记者表示，当前人民币保持一种坚挺的走势，与国家为了实现中长期金融稳定的战略目标有一定的关系，由于国家已经意识到美元霸权地位是中国最大的风险，于是把通过加速人民币国际化等一系列金融改革作为我国中长期发展战略，以达到金融体系稳定的目标。

那么，什么是外汇和汇率？汇率是如何决定的？哪些因素影响了汇率的波动？汇率波动后又在哪些方面产生了影响？本章将针对这些问题展开详细的介绍。

资料来源　傅苏颖．新兴市场打货币保卫战　人民币靠提振内需应对［N］．证券日报．2013-09-03。

第一节　外汇与汇率的基本概念

一、外汇

世界各国都有自己本国的货币，但一国的货币通常情况下不能在另一国内自由流通。如果一国居民需要清偿由于国际经济交易而引起的对外债务，就需要将本国货币兑换成债权国货币。该兑换过程实际上就是外汇交易的过程。

（一）外汇的概念

外汇有动态和静态之分。

1. 动态外汇

动态外汇是国际汇兑（foreign exchange）的简称，指一国货币兑换成另一国货币，以清偿国际间债权债务关系的一种专门性的经营活动。其中"汇"是指资金的转移，"兑"是指通过金融机构进行的货币交换。"汇"与"兑"相结合就是把一国货币换成另一国货币，然后以一定的方式（如汇款和托收），借助于各种流通工具，对国际间的债权债务关系进行非现金结算的经营活动。从这个意义上说，外汇就是国际结算活动。

世界各国都有本国的流通货币，如中国有人民币，日本有日元，美国有美元，英国有英镑等等。这些货币在其本国具有自由流通性，然而一旦跨越国境，这些货币便失去了自由流通性。日本人拿着日元现钞在美国或其他国家买东西会受到限制，同样，在日本市场上买东西也不能用美元等其他国家的货币直接支付。

世界上的货币收付活动并非仅限于在一国境内进行，国际贸易结算业务、国际间的资金借贷以及由此而发生的本息收付业务、国内总部与国外分支机构之间的汇款业务等都需要与外国进行钱币的交往。这种跨越国境的钱币交往就叫外汇。外汇交易的最基本特征是在某个交易场所进行不同货币的"交换"。例如日本向美国支付货款时，以日元为支付手段，则美国的收款人在收到货款后不能直接在美国国内使用这笔资金，必须将其收到的日元换成美元后再使用。相反，当以美元为支付手段时，日本付款人必须事先将日元换成美元。而当以第三国货币为支付手段时，日本付款人和美国的收款人均需用本国货币与第三国货币进行交换。它与在一国国内收付截然不同，金融术语将其表述为"以某种货币表示的债权同其他货币表示的债权的交换"，因而称为国际汇兑，这就是动态意义上的外汇。

2. 静态外汇

静态外汇是指可以在国际结算中使用的各种支付手段和各种对外的债权，从这个意义上说，外汇等同于外币资产。静态的外汇有广义和狭义之分。

（1）广义外汇

各国外汇管制法令所称的外汇就是广义的静态外汇。例如，2008年8月1日国务院第20次常务会议修订通过《中华人民共和国外汇管理条例》，新条例第3条规定：外汇，是指下列以外币表示的可以用作国际清偿的支付手段和资产：

①外币现钞，包括纸币、铸币；

②外币支付凭证或者支付工具，包括票据、银行存款凭证、银行卡等；

③外币有价证券，包括债券、股票等；

④特别提款权；

⑤其他外汇资产。

（2）狭义外汇

狭义的静态外汇是指以外币表示的、随时可以用于国际结算的支付手段。按照该定义，不是所有的外国货币都能成为外汇，只有为各国普遍接受的支付手段，才能用于国际结算。因此，以外币表示的有价证券由于不能直接用于国际间的支付，故不属于外汇。在这个意义上，只有存放在国外银行的外币资金，以及将对银行存款的索取权具体化了的外币票据，才构成外汇。

具体地说，外汇主要指以外币表示的银行汇票、支票、银行存款等。其中，银行存款是狭义外汇概念的主体，原因之一是，各种外币支付凭证都是对外币存款索取权具体化了的票据；原因之二是，外汇交易主要是运用国外银行的外币存款来进行的。人们通常就是在该狭义意义上使用外汇的概念。

（二）外汇的特征

从理论上说，世界上任何一个国家发行的货币对于其他的国家来说，都可以当做外汇来使用。但是在现实中，能够为国际上所承认并广泛使用的外汇，在180多个不同国家的货币当中，只有10余种。那么，为什么有的国家或地区的货币（如欧元、英镑、美元、日元等）可以当做外汇在世界范围内流通，而有些国家的货币（如泰铢、卢布、人民币等）还不能在国际经济交易中流通呢？事实上任何一种货币要被世界各国广泛接受，进而成为能够在国际上流通的外汇，必须具备外汇的几个特点。它主要包括：

1. 自由兑换性

外汇必须是能够自由兑换成其他形式资产或支付手段的工具。这是外汇的一个基本特点。一国货币只有当它能够自由兑换成另一国货币时，才能将一国购买力转化为另一国购买力，从而清偿国际债务，不同国家的居民也才会接受它作为国际支付和国际汇兑的手段，这种货币才能称得上是外汇。

2. 可偿付性

也就是说，外汇资产是一种能够在国外得到偿付的货币债权。如果它是银行拒付的汇票或一张空头支票，它就不能完成国际汇兑的整个过程，尤其是在目前多边结算体制下，在国外得不到偿付的债权不能用以清偿本国对第三国的债务。因此，在国外得不到偿付的债权或资产不能被视为外汇。

3. 非本币性

也就是说，外汇必须是外国货币。即使本国货币及其支付凭证和有价证券等能够用作国际结算的支付手段或完成国际汇兑，但它对于本国居民来说也不能被称为外汇。例如，英国的进口商用英镑购买法国的商品，并且用英镑作为支付手段，此时的英镑对英国居民来说就不是外汇，而对法国出口商来说则是外汇。

4. 国际性和普遍接受性

外汇既然要成为国际清偿手段的货币或资产，那么它必须要得到国际上的承认。另外，一国货币要被其他国家当做外汇，它往往要能够被世界各国普遍接受或运用。一种货币及以该货币所表示的各种票据或有价证券能否成为国际支付手段，并不取决于其币值的大小（如日元的币值并不大，但它也是外汇），而是以其是否被国际承认并被普遍接受为前提。因此，并非所有外国货币或资产都可以称为外汇，只有那些能自由转入一般商业银行账户内的外国货币或资产才可被称为外汇，即当它能够被一国政府、工商界或居民、非居民普遍接受时，才能承担起国际汇兑的责任，进而被称为外汇。

（三）外汇的种类

按照不同的划分标准，外汇可以划分为不同的种类。

1. 自由外汇和记账外汇

从对外汇的管制程度或是否可以自由兑换的角度来划分，外汇可以分为自由外汇和记账外汇两种，这是与两种国际结算制度相联系的。

自由外汇对应于自由的多边国际结算制度，这类外汇不需要货币发行国的外汇管理当局批准，就可以随时使用，自由兑换成其他国家货币或直接向第三国进行支付。例如美元、英镑、日元等均属于自由外汇，这些货币的发行国基本取消外汇管制，以这类货币计价的支付凭证也有同样的效力。而且，自由外汇还具备储备的功能，可作为一国外汇储备而被积存。

记账外汇也称协定外汇、双边外汇或清算外汇，对应于管制的双边国际结算制度。这类外汇不经货币发行国货币管理当局批准，不能兑换成他国货币或对第三国进行支付。由于记账外汇是在协定双方银行账户上记载并计量和结算双方贸易额，即以记账方式充当国际支付手段，因此在性质上可作为外汇看待。这类外汇可以由本币、外币或第三国货币来表现，通过协定来决定其汇率、记账方法与运用范围，收支差额在一定时间内相抵后，通过转账结算。目前这种外汇已很少被使用。

2. 贸易外汇和非贸易外汇

从外汇的来源与用途的角度划分，外汇可以分为贸易外汇和非贸易外汇两种。

贸易外汇是指由于国际间商品的交换而收入或支付的外汇。出口商品可以收入外汇，进口商品则要支付外汇。伴随进出口贸易的外汇收支，就是贸易外汇收支。贸易外汇收入通常是一国外汇的主要来源，贸易外汇支出则是外汇的主要用途。

非贸易外汇是由非商品输入输出的其他贸易往来而收支的外汇。非贸易外汇实际上是非商品贸易外汇，主要由劳务外汇、旅游外汇和侨汇等组成。除侨汇外，非贸易外汇实际上是服务贸易外汇，如在运输、保险、银行、旅游、对外工程承包等方面收入和支出的外汇，这类外汇随着世界服务贸易的迅速发展，也显得越发重要。

3. 即期外汇和远期外汇

从外汇的交割期限来划分，外汇可以分为即期外汇和远期外汇两种。

即期外汇又称现汇，是指外汇买卖成交后，买卖双方在两个营业日内交割完毕的外汇。远期外汇又称期汇，是指在外汇买卖成交后，买卖双方预约在未来某一时刻办理交割手续的外汇。

4. 外币现钞和现汇

按外汇的形态可分为外币现钞和现汇。

外币现钞是指纸币、铸币等外国货币。现钞主要由境外携入。现汇是指外汇实体在货币发行国的银行存款账户中的自由外汇，现汇主要由国外汇入，或由境外携入、寄入的外币票据，经银行收妥后存入。常用货币名称与符号请见表2-1。

表2-1 　　　　　　　　　　常用货币名称与符号

国家或地区名称	货币名称	货币符号	ISO 国际标准代码
英国	英镑	£	GBP
欧元区国家	欧元	€	EUR
瑞士	瑞士法郎	SF	CHF
瑞典	瑞典克朗	SKr	SEK
挪威	挪威克朗	NKr	NOK
美国	美元	$	USD
加拿大	加元	Can $	CAD
日本	日元	JP ¥	JPY
新加坡	新加坡元	S $	SGD
澳大利亚	澳元	A $	AUD
韩国	韩元	W	KRW
泰国	泰铢	B	THB
中国香港	港元	HK $	HKD
中国	人民币	RMB ¥	CNY

二、汇率及其标价方法

（一）汇率的概念

一个国家在清算国际收支时，必然要发生本国货币与外国货币的折合兑换，这就产生了外汇汇率问题。汇率（foreign exchange rate）是指一个国家的货币折算成另一个国家的货币的比率，也就是说，在两国货币之间，用一国货币所表示的另一国货币的价格。国际结算就是通过经常的、大量的外汇买卖来进行的，外汇买卖必须有一个兑换比率，即汇率或汇价。简而言之，汇率就是两种不同货币之间的比价。

外汇汇率对一国的对外贸易、资金存放移动、外汇储备、国际收支、国民收入、利率、物价、就业等一系列重大经济问题，都有着直接或间接的影响。外汇汇率不仅对一个国家如此，对世界范围内经济的平衡、稳定和发展也都有着重要的作用，甚至会影响国际间的政治关系。因此，外汇汇率是一个举足轻重的问题，是国际金融中的一个核心问题。

（二）汇率标价法

外汇汇率具有双向表示的特点，因此在确定两种不同货币之间的比价时，首先应该确定的是以哪个国家的货币作为标准，由于确定的标准不同，便产生了不同的外汇标价方法。

1. 直接标价法

直接标价法（direct quotation）又称应付汇价法，是指以一定单位（一个、一百个、一万个或十万个）的外国货币（简称外币）作为标准，折算成一定数额的本国货币（简称本币）来表示其汇率的标价方法。 例如，2013 年 8 月 10 日，中国银行间外汇市场美元等交易货币对人民币汇率的中间价为：1 美元兑换人民币 6.1215 元，1 欧元兑换人民币 8.1633 元，100 日元兑换人民币 6.3646 元，1 港元兑换人民币 0.7893 元，1 英镑兑换人民币 9.4789 元，这些都是直接标价法。

在直接标价法下，外币数额固定不变，汇率涨跌都以本币数额的相对变化来表示。一定单位外币折算成本币的数量增加，说明外币汇率上涨，即外币升值，或本币汇率下跌，本币贬值。反之，则说明外币汇率下跌，外币贬值，或本币汇率上升，本币升值。

目前，除英国和美国等少数国家以外，国际上绝大多数国家都采用直接标价法。美国长期以来也一直采用直接标价法，但在二战后，美元在国际支付和国际储备中逐渐占据主导地位，为与国际外汇市场上对美元的标价一致，美国从 1978 年 9 月 1 日起，除对英镑继续使用直接标价法以外，对其他货币的汇价一律改用间接标价法公布。我国国家外汇管理局公布的外汇牌价，也采用直接标价法。

2. 间接标价法

间接标价法（indirect quotation）又称应收汇价法，是指以一定单位的本币作为标准，折算成一定数额的外币来表示其汇率的标价方法。 在间接标价法下，本币数额固定不变，汇率涨跌都以外币数额的相对变化来表示。一定单位本币折算成外币的数量增加，说明本币汇率上涨，即本币升值，或外币汇率下跌，外币贬值。反之，则说明本币汇率下跌，即本币贬值，或外币汇率上升，外币升值。英国一直使用间接标价法，此外，美元（对英镑除外）、欧元、澳元等少数货币也使用间接标价法。

由于在这两种汇率标价法下，汇率涨跌的含义正好相反，因此在说明某种货币的汇率涨跌时，必须标明是在哪个外汇市场上，即采用哪种标价方法，以免混淆。

需要指出的是，首先，两种标价法下的汇率互为倒数，它们的乘积等于 1。若用

e 表示直接标价法下的汇率，则间接标价法下的汇率就等于 $\frac{1}{e}$。其次，两种标价方法是相对而言的，在本国是直接标价法的汇率，将其拿到相应的外国就是间接标价法，反之亦然。

3. 美元标价法

（1）美元标价法出现的背景。

第二次世界大战后，由于布雷顿森林体系的建立和国际金融市场的扩展，外汇市场迅速发展，外汇交易呈全球化趋势，对于外汇交易的双方来说，一笔交易所涉及的两种货币可能没有一种属于本币，如英国某银行与德国某银行进行一笔外汇交易，而买卖的货币分别是美元和日元，这时就很难准确地用直接标价法或间接标价法的概念对报价进行规范，全球化的外汇交易需要一种统一的汇率表示方式。

二战后，由于美元成为世界货币体系的中心货币，于是国际外汇市场上逐步形成了以美元为基准货币来表示其他国家货币价格的新型标价方法——美元标价法。

（2）美元标价法和非美元标价法。

当前，国际外汇市场上，大多数国家都以美元作为基准货币，本国货币作为标价货币进行汇率标价，而英镑、澳大利亚元、新西兰元、欧元和南非兰特等几种货币仍沿袭习惯上的标价方法，即以本币作为基准货币，以美元作为标价货币。这一惯例已被全世界的市场参与者所接受。

美元标价法（U. S. dollar quotation）是指以 1 个单位的美元为基准，折合为一定数额的其他国家货币来表示汇率的方法。例如从瑞士苏黎世向日本银行询问日元汇率，东京外汇银行的报价不是直接报瑞士法郎兑日元的汇率，而是报美元兑日元的汇率。世界各金融中心的国际银行所公布的外汇牌价都是美元对其他主要货币的汇率，其他国家货币之间的汇率则通过各自对美元的汇率套算，作为报价的基础。比如 2013 年 8 月 10 日，国际外汇市场上，1 美元 = 0.9782 瑞士法郎，1 美元 = 1.0285 加拿大元，1 美元 = 96.18 日元等。在这种标价法中，美元是基准货币，作为计价标准，其他国家的货币是标价货币，作为计算单位。所以，在汇率变化时，美元标价法中美元的数额不变，其他国家货币的数额随汇率的高低而变化。

非美元标价法是指以 1 个单位的非美元货币为基准货币，折合为一定数额的美元来表示汇率的方法。非美元货币作为基准货币，美元是标价货币。如 1 欧元 = 1.3335 美元，1 澳元 = 0.9198 美元等。非美元标价法中基准货币主要指英镑、欧元、澳大利亚元、新西兰元和南非兰特等几种货币。在汇率发生变化时，非美元标价法中，非美元货币的数额不变，美元的数额随着汇率的高低而变化。

在统一外汇市场惯例标价法下，市场参与者不必区分直接标价法还是间接标价法，都按市场惯例进行报价和交易。货币升值或贬值都会通过各种标价法中标价货币数额的增减直接反映出来。

三、汇率的种类

（一）即期汇率与远期汇率

按照外汇买卖成交后资金交割期限来划分，汇率可分为即期汇率和远期汇率。这里的交割（delivery）是指买卖双方履行交易合同相互交换所购买货币的行为。

即期汇率（spot rate）也称现汇汇率，是指银行在进行即期外汇交易（或称现汇交易）时采用的汇率。买卖双方成交后，在两个营业日内办理交割的交易为即期外汇交易。

远期汇率（forward rate）也称期汇汇率，是指银行在进行远期外汇交易（也称期汇交易）时所使用的汇率。远期外汇交易是指买卖双方成交后，不立即进行交割，而是先签订远期合约，按合约规定的交割期实施交割的交易。合约中约定的在未来交割时所使用的汇率就是远期汇率。交割期不同，汇率就不同。

在外汇市场上，经营外汇的银行通常都直接报出即期汇率的买价与卖价。但对于远期汇率的报价，世界各国银行的做法则不尽相同，主要有两种报价方式：

1. 直接报价法

这种报价方法与即期汇率的报价方法相同，亦即直接报出远期汇率的买入价和卖出价。该方式经常用于银行对客户（如进出口商）的报价上，在银行同业交易中，瑞士、日本等少数国家也采用这种报价方式。

2. 掉期率或远期差价报价法

该方法不直接报出远期汇率的买入价和卖出价，而是报出远期汇率高于或低于即期汇率的点数，该方式流行于英、美、法、德等国。远期汇率与即期汇率间的差价就称为掉期率或远期差价。按照远期汇率与即期汇率之间的大小关系，可将远期差价分为升水、贴水和平价三种情况。升水（at premium）表示远期汇率高于即期汇率；贴水（at discount）表示远期汇率低于即期汇率；平价（at par）表示远期汇率与即期汇率相等。

汇率的标价方法不同，则利用掉期率计算远期汇率的方法也有所不同。具体计算公式如下：

在直接标价法下：远期汇率＝即期汇率+升水点数
远期汇率＝即期汇率−贴水点数

在间接标价法下：远期汇率＝即期汇率−升水点数
远期汇率＝即期汇率+贴水点数

因此，利用掉期率报价法的关键在于，要能识别出远期差价是升水还是贴水，然后根据即期汇率和上述公式求出远期汇率。根据风险与收益的关系，外汇买卖成交后交割的期限越远，风险越大，则银行的兑换收益要求也就越高。所以，远期外汇的买卖差价总是大于即期外汇的买卖差价。依据该原则，按照远期点数的排列关系，即可判断是升水还是贴水。在直接标价法下，远期点数按"小/大"排列则为升水，按"大/小"排列则为贴水；在间接标价法下则恰好相反，远期点数按"小/大"排列则为贴水；按"大/小"排列则为升水。

在对远期汇率进行分析时，还经常使用升（贴）水年率的概念，即把远期差价转换成年率来表示，计算时一般使用中间汇率，公式为：

$$基准（报价）货币的升（贴）水率 = \frac{远期汇率 - 即期汇率}{即期汇率} \times \frac{12}{远期月数} \times 100\%$$

（二）基本汇率与套算汇率

按照本币对不同外币确定汇率的顺序的不同，汇率可分为基本汇率与套算汇率。

基本汇率（basic rate）是指本国货币与关键货币对比而制定出来的汇率。所谓关键货币（key currency）是指在国际贸易或国际收支中使用最多、在各国外汇储备中所占比重最大、自由兑换性最强、汇率行情最为稳定、事实上普遍被各国所接受的货币。一般地，一国的基本汇率只作为内部掌握并起主导作用，而不对外公布。一国在一定时期内采用哪种货币作为关键货币不是一成不变的。例如，在一战前，英镑是关键货币；而在二战后的布雷顿森林体系时代，美元是关键货币；从 1973 年布雷顿森林体系崩溃至今，世界上同时存在着几种关键货币，如美元、英镑、日元、欧元等，但美元仍然是最主要的关键货币。因此，目前世界各国都把本币同美元的汇率当做基本汇率。

套算汇率（cross rate）也称交叉汇率，是指两种货币通过各自对第三国货币的汇率而算得的汇率。它有两种含义：一是各国在制定出基本汇率后，本币对其他外币的汇率就可以通过基本汇率套算出来；二是由于世界主要外汇市场只按美元标价法公布汇率，不能直接反映其他货币之间的汇率，因而美元以外的其他货币之间的汇率，只有通过这些货币各自对美元的汇率来进行套算。

当根据中间价计算套算汇率时，过程较为简单，但得到的套算汇率也是中间价。若根据有关汇率的买入价与卖出价计算出套算汇率的买入价和卖出价，计算过程稍微复杂一些。具体分为两种情况：若两个汇率以同种货币作为单位货币或计价货币，则用交叉相除法；若两个汇率中，一个以某货币作为单位货币（或计价货币），而另一个以同种货币作为计价货币（或单位货币），则用同边相乘法。

（三）买入汇率、卖出汇率、中间汇率和现钞汇率

从外汇银行买卖外汇的角度划分，汇率可分为买入汇率、卖出汇率、中间汇率和现钞汇率。特别需要注意的是，这里的买入或卖出是从报价银行的角度来说的，必须与客户或询价银行区别开来。"贱买贵卖"是银行进行外汇交易的基本原则，其间的差额即为银行买卖外汇的收益。

买入汇率（buying rate 或 bid rate）是指银行在购买外汇时所使用的汇率，又称买入价。在外汇市场上，银行报价通常都采用双向报价，即同时报出买入价和卖出价，在所报的两个汇率中，前一个数值较小，后一个数值较大。在直接标价法下，一定数量外币折合本币数量较少的那个汇率，即前一个数值，就是银行对外汇的买入汇率。在间接标价法下，一定数量本币折合外币数量较多的那个汇率，即后一个数值，就是银行对外汇的买入汇率。

卖出汇率（selling rate 或 offer rate）是指银行在出售外汇时所使用的汇率，又称卖出价。根据"贱买贵卖"的基本原则，在直接标价法下，一定数量外币折合本币数量较多的那个汇率，即后一个数值，就是银行对外汇的卖出汇率。在间接标价法下，一定数量本币折合外币数量较少的那个汇率，即前一个数值，就是银行对外汇的卖出汇率。

中间汇率（middle rate）是指买入汇率与卖出汇率之间的算术平均值，也称中间

价。国际货币基金组织所公布的各国汇率表，都是采用的中间汇率，国外的一些报刊在公布汇率时，也大多采用中间汇率报价。

现钞汇率（bank note rate）是指外币现钞的价格，又称钞价。钞价又分为现钞买入价和现钞卖出价。银行在买入外币现钞后必须运送到货币发行国后才能使用，因此，银行现钞买入价要在外汇买入价基础上，扣除现钞运送费、保险费等费用，即现钞买入价要略低于外汇买入价；但银行卖出外币现钞则无须支付这些费用，故现钞卖出价与外汇卖出价相同。

（四）固定汇率与浮动汇率

从国际货币制度的演变这一角度来划分，汇率可分为固定汇率和浮动汇率。

固定汇率（fixed rate）是指一国货币对另一国货币的汇率由该国货币管理当局制定，同时将汇率的波动幅度限定在一个特定的范围内。例如，在金本位制下的固定汇率，货币含金量是决定汇率的基础，汇率的波动幅度被局限在黄金输送点这一极小的范围内。

浮动汇率（floating rate）是指一国货币与其他各国货币之间不规定固定的兑换比例，也不规定汇率波动的上下限，而是根据外汇市场的供求状况任其自由涨落。外币供过于求，则外币贬值而本币升值，称为外汇汇率下浮；外币供不应求，则外币升值而本币贬值，则称外汇汇率上浮。

（五）单一汇率与复汇率或多种汇率

从汇率是否统一的角度划分，汇率可分为单一汇率与复汇率或多种汇率。

单一汇率（single rate）是指一个国家的货币对某种外国货币仅有一个汇率，该汇率通用于这两个国家之间的所有经济交往中，即各种收支都按这个汇率结算。

复汇率（dual rate）或多种汇率（multiple rate）是指一个国家的货币对某种外国货币，因用途或交易种类不同，规定两种或两种以上的汇率，在同一时间内，针对不同的对外交往活动采用不同的汇率。目的是为了区别对待不同的进出口商品，在汇率上或鼓励或限制。它是外汇管制的一种产物。

（六）贸易汇率和金融汇率

从资金的性质和用途来划分，汇率可分为贸易汇率和金融汇率。

贸易汇率（commercial rate）是指应用于对外贸易及其相关费用支付时所使用的汇率。一些实行外汇管制的国家，对出口收入外汇的卖出、进口支出外汇的买进以及由于进出口贸易所发生的相关费用，如中间商的佣金、货物样品费的收入或支出，专门规定一种交易汇率，从汇率上进行限制或鼓励，以改善国际收支。

金融汇率（financial rate）也称非贸易汇率，是指适用于资本流动及旅游等方面的汇率。一些实行外汇管制的国家通常给非贸易往来所发生的外汇收支规定另外一种汇率，如对旅游、通讯、驻外机构经费、运输、银行、保险、邮电等业务收支的外汇买卖实行特殊的汇率，以此来控制非贸易资本的随意流动，以维护本国利益。

（七）开盘汇率和收盘汇率

按照外汇市场每日开市与收市的时间划分，汇率可分为开盘汇率和收盘汇率。

开盘汇率（opening rate）是指外汇市场上每日开市后某种货币首次成交时所报

出的汇率。开盘汇率通常是由报价银行根据正在营业的异地外汇市场的汇率报出。

收盘汇率（closing rate）是指外汇市场每日营业结束或即将结束时成交的最后一笔交易所采用的汇率。收盘汇率往往是在外汇市场交易结束前 30 秒或 60 秒的汇率。若在市场交易结束前 30 秒或 60 秒内，市场上的某种货币存在着几种汇价，则可以把这几种汇价加权平均后作为该货币的收盘汇率。

一个外汇市场的某种货币的收盘汇率，往往是在时间上紧接其后的另一个外汇市场的该货币的开盘汇率的重要参考汇率。

（八）官方汇率、市场汇率和黑市汇率

按照汇率是否由货币管理当局进行管制或管制的宽严程度划分，汇率可分为官方汇率、市场汇率和黑市汇率。

官方汇率（official rate），是指由一国的货币金融管理机构如中央银行或外汇管理当局制定并予以公布的汇率，它具有法定的性质，故又称官定汇率或法定汇率。在实行严格外汇管制的国家，一切外汇交易由外汇管理机构统一管理，外汇不能自由买卖，一切外汇交易都必须按官方汇率进行，即一切外汇收入均须按官方汇率结售给外汇银行，所需外汇均须向国家或其指定的银行申请购买。在这些国家，没有市场汇率，官方汇率就是实际买卖外汇的汇率。它和固定汇率相比，虽然都是由货币管理当局制定并公布，但两者的性质是不同的。固定汇率只是一个基础汇率，实际交易汇率仍受外汇市场供求关系影响而变化，即固定汇率并不一定是实际交易汇率。

市场汇率（market rate），是指在没有外汇管制时，在自由外汇市场上买卖外汇的实际汇率，它是由外汇市场上的供求关系自发决定的汇率，并随供求关系的变化而自由浮动。在外汇管制较松的国家，官方公布的汇率往往只起中心汇率的作用，只具有象征性的意义，实际外汇交易则按市场汇率进行。若某可兑换货币在一定时期内汇率相对稳定，并有升值趋势，该货币被称为硬货币；若某可兑换货币在一定时期内汇率相对不稳定，并不断贬值，该货币被称为软货币。一般而言，市场汇率高于官方汇率，但由于市场干预，市场汇率不会偏离官方汇率太远。

黑市汇率是指在外汇黑市市场上买卖外汇时所使用的汇率。在严格实行外汇管制的国家，外汇交易一律按照官方汇率进行。一些持有外汇的人以高于官方汇率的汇价在黑市市场上出售外汇，以换回更多的本国货币，他们是外汇黑市的外汇供给者；另外一些不能以官方汇率获得或获得少于需求的外汇需求者便以高于官方汇率的价格从外汇黑市购买外汇，形成外汇黑市的外汇需求者。由此，对黑市外汇的供求形成了黑市汇率，有严格的外汇管制就必然会产生屡禁不绝的外汇黑市交易。

（九）名义汇率和实际汇率

按照汇率与实际经济的联系程度划分，汇率可分为名义汇率与实际汇率。

名义汇率（nominal exchange rate）是指由官方公布的或在外汇市场上进行交易时银行买卖外汇的汇率或一般市场汇率。它表示一单位某国货币在名义上等于多少单位的另一国货币，但兑换到的另一国货币在实际中能购买多少商品和劳务，则未能表示出来。

实际汇率（real exchange rate）是指与实际经济增长、物价水平、国际收支密切相关的汇率。各国政府为达到"奖出限入"的目的,通常会对出口商品给予财政补贴或税收减免,而对进口商品则征收各种类型的附加税。

确定实际汇率的一种方法就是用名义汇率加减这些补贴和税收。用公式表示为:

实际汇率=名义汇率±出口财政补贴和税收减免

实际汇率=名义汇率±进口附加税

这种实际汇率通常用于研究汇率调整、倾销调查和反倾销措施。

确定实际汇率的另一种方法是用名义汇率扣除通货膨胀率。这种实际汇率能反映通货膨胀对名义汇率的影响,同时可用于研究货币的实际购买力。

（十）电汇汇率、信汇汇率和票汇汇率

按照外汇汇款方式的不同,汇率可分为电汇汇率、信汇汇率和票汇汇率。

电汇汇率（T/T rate）是指经营外汇业务的银行以电报方式买卖外汇（电汇）时所使用的汇率。所谓电汇,即指银行卖出外汇时用电报通知国外分支行或代理行付款。电汇凭证就是经营外汇业务的商业银行的电报付款委托。由于电汇付款的速度较快（一般不超过两个营业日）,银行无法占用客户资金,且国际间电报费用较高,故电汇汇率一般较高。

信汇汇率（M/T rate）是指银行以信函方式买卖外汇（信汇）时所使用的汇率。所谓信汇,即付款人委托其所在国有关银行用邮政通讯的方式,委托收款人所在国的有关银行向收款人付款。信汇的凭证是邮局（一般通过航空传递）出具的信汇委托书。由于信汇委托书的邮递需要一定时间,银行可在该段时间内利用客户的汇款,因此信汇汇率低于电汇汇率,其差额与邮程期间的利息大致相当。

票汇汇率（D/D rate）是指银行在买卖外汇汇票、支票和其他票据时所使用的汇率。所谓票汇,即银行在买卖外汇时,开立一张由其国外分支机构或代理行付款的汇票交给汇款人,由其自带或寄往国外取款。由于票汇从卖出外汇到支付外汇有相当一段时间的间隔,银行同样可在该段时间内利用客户的资金头寸,因而票汇汇率一般也较电汇汇率低。由于汇票又分为即期汇票和远期汇票,因此,票汇汇率又可分为即期票汇汇率和远期票汇汇率。即期票汇汇率与信汇汇率基本持平,远期票汇汇率是以即期票汇汇率为基础,扣除票据远期付款的贴现利息后所得的汇率,且远期票据的付款期限越长,汇率就越低。

第二节　汇率的决定与变动

一、汇率的决定

汇率是以一种货币表示的另一种货币的价格,其本质是两国货币各自所代表或所具有的价值的比率。因此各国货币所具有或所代表的价值是汇率决定的基础。但由于在不同货币制度下,货币发行基础、货币种类和形态各异,因而决定汇率的基础、各国货币价值的具体表现形式也很不一样,所以应按照不同的货币制度,分别研究汇率的决定问题。

（一）金本位制下的汇率

1. 金本位制下汇率的决定基础

金本位制度是以黄金作为本位货币的货币制度，它包括金币本位制、金块本位制和金汇兑本位制。第一次世界大战前，国际上盛行的是金币本位制，它是典型的金本位制。英国于1816年率先实行金币本位制，随后，德国、法国、俄国、日本也相继实行，美国于1900年颁布了金本位法案。

在金本位制度下，用一定重量和成色的黄金铸造的金币为法定通货；金币可以作为一种世界货币，金币在国际结算中可以跨国境自由输出入。金币中所含有的一定成色和重量的黄金叫做含金量，两个实行金本位制度的国家的货币单位可根据他们各自的含金量多少来确定他们之间的比价，即汇率。**两种货币的含金量的比值叫做铸币平价，它是决定两种货币汇率的基础。**

如在实行金币本位制度时，英国规定1英镑的重量为123.27447格令，成色为22开金，即含金量113.016格令（约7.32238克）纯金；美国规定1美元的重量为25.8格令，成色为90%，即含金量23.22格令（约1.50463克）纯金。根据两种货币的含金量对比，英镑与美元的铸币平价为：

$$\frac{113.0016}{23.22} = 4.8665$$

也就是说，1英镑的含金量是1美元的4.8665倍，因此1英镑=4.8665美元。

2. 金本位制下汇率的变动

尽管铸币平价是两种货币决定的基础，但是，外汇市场上的国际汇率水平仍然要受到当时外汇供求关系的影响。因此，随着外汇供求状况的变化，外汇汇率也会偏离铸币平价上下波动。当外汇供给大于需求时，外汇汇率将下浮，本币汇率将上浮；当外汇供给小于需求时，外汇汇率将上浮，本币汇率将下浮。

在金本位制度下，汇率总是围绕铸币平价上下波动，并且受到黄金输送点（gold transport points）的制约。由于黄金可以自由输出入，因此，当汇率对一国有利时，它就采用外汇进行国际结算；而当汇率对该国不利时，它就采用黄金进行支付。这种做法就会将汇率的波动局限在黄金输送点范围之内。

我们知道，在两国间输送黄金进行结算，通常需要支付包装费、运输费、保险费、检验费以及利息等等。第一次世界大战前，在英国和美国之间运送1英镑黄金的各项费用以及利息，约为0.03美元，那么，4.8665±0.03就是英镑与美元两种货币的黄金输送点，外汇市场上英镑与美元的汇率就会在此范围内波动，既不会超过4.8965的上限，也不会低于4.8365的下限。

如果英镑对美元的汇率超过了4.8965（比如达到4.8985），对美国进口商而言，在外汇市场上兑换英镑的成本为4.8985美元，而购买价值1英镑的黄金的成本为4.8665美元，输出黄金结算的单位成本为4.8665+0.03美元，显然，在这种情况下以美元兑换黄金并输出黄金结算更为合算；反过来，美国出口商这时却更愿意以英镑结算。外汇市场上对英镑需求的减少和英镑供给的增加将促使英镑汇率下浮到4.8965以下。

同样，如果英镑对美元的汇率低于 4.8365（比如达到 4.8335），对美国出口商而言，1 英镑出口收入只能兑换 4.8335 美元，而 1 英镑出口收入可以兑换成价值 4.8665−0.03 美元，仍然大于 4.8335 美元，显然，在这种情况下以英镑兑换黄金并输入黄金结算更为合算，反过来，美国进口商这时却更愿意以英镑结算。外汇市场上英镑供给的减少和需求的增加将促使英镑汇率上升到 4.8365 以上。

综上所述，可知英镑与美元之间的汇率，4.8665+0.03 的上限为美国向英国输出黄金的黄金输出点，4.8665−0.03 的下限为美国从英国输入黄金的黄金输入点。由于国际间运送黄金的费用占所运送黄金价值的比重很小，因此，相对说来，在金币本位制度下，各国货币汇率的波动幅度很小，基本上是固定的。

第一次世界大战爆发后，交战国家的金本位制度纷纷瓦解。战后，各国除美国外均实行金块本位制度和金汇兑本位制度，金币不再自由流通，从而使金本位制度失去了稳定的基础。在 1929—1933 年发生的经济危机中，这种不完全的金本位制度土崩瓦解，金本位制度彻底崩溃。

（二）纸币制度下的汇率

1. 纸币制度下汇率的决定

在金本位制度崩溃后，各国先后实行了纸币制度。在纸币制度下，各国发行纸币作为金属货币的代表，并且参照过去的做法，以法令规定纸币的含金量，称为金平价。因此，纸币制度下，两国纸币所规定的金平价的对比是两国货币汇率的决定基础。但是，纸币尽管规定了含金量，然而却都不能兑换黄金，因此，纸币的法定含金量往往形同虚设。

各国实行纸币流通后，经历了一个从浮动汇率制到固定汇率制再到浮动汇率制的过程。在这些制度下，汇率作为两国货币的比价，是受到外汇市场上两国货币供求状况影响的。在固定汇率制度下，各国货币当局为了维持汇率稳定，有义务对外汇市场进行干预，汇率水平受人为干预的影响而被限制在一个较小范围内波动。在浮动汇率制度下，各国货币当局不再承担维持汇率的义务，外汇供求力量对汇率的影响更为明显。然而，为了本国经济利益，各国货币当局仍然不时对外汇市场进行干预。因此，在固定汇率制度下，货币当局对外汇市场的干预出于汇率稳定的被动义务，而在浮动汇率制度下，货币当局对外汇市场的干预则是出于汇率稳定的客观要求。

2. 纸币制度下汇率的变动

法定升值（revaluation）是指政府通过提高货币含金量或明文宣布的方式，提高本国货币对外的汇价。

升值（appreciation）是指由于外汇市场上供求关系的变化造成的货币对外汇价的上升。

法定贬值（devaluation）是指政府通过降低货币含金量或明文宣布的方式，降低本国货币对外的汇价。

贬值（depreciation）是指由于外汇市场上供求关系的变化造成的货币对外汇价的下降。

当某货币的汇价持续上升时，习惯称之为"趋于坚挺"，称该货币为"硬通货"；

反之则习惯称之为"趋于疲软"和"软通货"。

二、影响汇率变动的因素

由于汇率是以一种货币表示的另一种货币的价格，所以影响汇率最直接的因素是外汇供求关系的变化。具体而言，影响外汇供求关系的因素主要有经济因素、政策因素和其他因素。

（一）影响汇率变动的经济因素

1. 国际收支

一国的国际收支状况会使其汇率发生变化。一国国际收支持续顺差，在其他条件不变时，该国货币币值就会上升，外汇汇率就会下降；反之，一国国际收支持续逆差，就会导致该国对外汇需求的增加，使本国货币币值下跌，外汇汇率上升。但需要指出的是，国际收支状况是否必然会直接影响到汇率发生变动，还要看国际收支差额的性质。长期的巨额国际收支逆差，一般会导致本国货币汇率下降，而暂时的、小规模的国际收支差额可以比较容易地为国际资本流动等有关因素所抵消或调整，不一定会最终影响到汇率发生变动。

2. 相对通货膨胀率

货币对外价值的基础是对内价值。如果货币的对内价值降低，其对外价值即汇率则必然随着下降。自从纸币在全世界范围内取代金属铸币流通后，通货膨胀几乎在所有国家都发生过。根据购买力平价理论，国内外通货膨胀率差异是决定汇率长期趋势的主导因素。其影响汇率的传导机制包括两个方面：

（1）当一国通货膨胀率高于其他国家时，该国商品出口竞争力下降，引起贸易收支逆差，从而导致本币贬值。

（2）通货膨胀使一国实际利率下降，资本流出，引起资本项目逆差，从而引起本币贬值。

因此，在考察通货膨胀率对汇率的影响时，不仅要考虑本国的通货膨胀率，还要比较他国的通货膨胀率，即要考虑相对通货膨胀率。一般说来，相对通货膨胀率持续较高的国家，由于其货币的国内价值下降持续地相对较快，则其货币汇率也随之下降。

3. 经济状况

当一国处在经济增长过程中的时候，由于生产率的提高、投资机会的增加以及货币升值预期的出现，会促进本币的升值。但如果经济增长带来的内需增加超过了自身的供给能力，则反而会带来本币的贬值。

4. 资本流动

资本在不同国家间大量流动会使汇率发生重大变动。资本的大量流入，会增加对流入国货币的需求，使流入国的外汇供应增加，外汇供应相对充足和对流入国货币需求的增长，会使本币币值上升，外汇汇率下降；相反，一国资本大量流出，就会出现外汇短缺，对本币需求下降的情况，使本币币值下降，外汇汇率上升。

5. 财政收支

财政赤字的增加或减少，也会影响汇率的变动方向，财政赤字往往导致货币汇率的下降，但如果财政赤字增加的同时伴有利率上升，则其对货币汇率的影响就难说了。

6. 外汇储备

较多的外汇储备，表明政府干预外汇市场、稳定货币汇率的能力较强。因此，储备增加能加强外汇市场对本国货币的信心，因而有助于本国货币汇率的上升。反之，储备下降则会诱发本国货币汇率下降。

（二）影响汇率变动的政策因素

1. 利率政策

利率作为使用资金的代价或放弃使用资金的收益，也会影响到汇率水平。利率对汇率的影响尤其在短期极为显著。它影响汇率的传导机制包括：

（1）提高利率会吸引资本流入，在外汇市场上形成对该国货币的需求，从而导致该国货币升值。当前国际金融市场上存在着大量对利率变动异常敏感的国际游资。所以从短期来看，诱发资本流动是利率影响汇率的主要途径。

（2）提高利率意味着信用紧缩，会抑制通货膨胀和总需求，导致进口减少，从而有助于该国货币升值。从上述两个方面来看，利率的上升会推动本国货币汇率的上升。

但是，如前所述，在考察利率变动的影响时，也要注意比较。一是比较外国利率的情况，二是比较本国的通货膨胀率。如果本国利率上升，但其幅度不如外国利率的上升幅度，或其幅度不如国内通货膨胀率的上升幅度，则不能导致本国货币汇率的上升。

利率对长期汇率的影响是十分有限的。与国际收支、通货膨胀等因素不同，利率属于政策工具的范畴，它具有一种被动性，因而，它对短期汇率产生的影响较大。

2. 汇率政策

汇率政策是指一国政府通过公开宣布本国货币贬值或升值的办法，即通过明文规定来宣布提高或降低本国货币对外国货币的兑换比率来使汇率发生变动。本币升值是一国调整基本汇率使其货币的对外价值提高；本币贬值是一国使其货币的对外价值降低。

3. 外汇干预政策

外汇干预政策是指一国政府或货币当局通过利用外汇平准基金介入外汇市场，直接进行外汇买卖调节外汇供求，从而使汇率朝着有利于本国经济发展的方向变动。外汇平准基金是专门为稳定汇率而设立的一笔外汇资金。20世纪80年代以来，西方主要工业国家为避免因汇率变动造成对国内经济的不利影响，协调相互之间的宏观经济政策，往往采取联合干预的措施，共同影响汇率的变动，以达到稳定外汇市场的目的。需要强调的是，这种干预政策不是靠行政性的硬性管制或干涉来实现的，而是靠介入外汇市场，通过外汇买卖活动这一经济行为来实现的。

4. 宏观经济政策

各国实施的宏观经济政策对本经济增长率、物价上涨率和国际收支等情况会产生一定的影响，这样势必会影响到汇率的变动。如1981年法国密特朗政府实行"双松"的财政政策，导致国内通货膨胀加剧，国际收支发生逆差，资金外流，从而引起法国法郎汇率节节下滑。

（三）影响汇率变动的其他因素

1. 政治因素

重大的国际政治因素对汇率变动也有影响。重大政治事件和重大政策改变，会影响国际经济交易和资本流动，从而引起汇率变化。如 1991 年 8 月原苏联发生非常事件，当时的总统戈尔巴乔夫被扣押在克里米亚后，德国马克对美元的汇率急剧下降，在几天之内由 1 美元＝1.7170 德国马克下降为 1 美元＝1.8600 德国马克。这是由于德国在原苏联有大量投资，如果苏联政策变化，会对德国投资产生不利影响。

2. 心理因素

市场对各种价格信号的预期会影响汇率，预期因素是短期内影响汇率变动的主要因素之一。而心理预期有时候能对汇率产生重大影响。心理预期多种多样，包括经济的、政治的和社会的。就经济方面而言，心理预期包括对国际收支状况的预期，对相对物价水平和通货膨胀率的预期，对相对利率或相对的资产收益的预期，以及对汇率本身的预期等。心理预期通常是捕捉刚刚出现的某些信号，从而改变心理预期的方向。

3. 投机因素

大规模的外汇投机活动，特别是跨国公司的外汇投机活动，有时会使汇率发生剧烈动荡。

4. 其他因素

除以上因素外，自然灾害、战争及其他资产价格的变化都会影响汇率的变动。

上述诸多因素对汇率的影响不是绝对的、孤立的，它们可能反方向地交叉起来对汇率产生影响，加之汇率变动还受其他许多因素的影响，从而使分析汇率变动的任务困难化和复杂化。上述因素对汇率的实际影响，只有在假定"其他条件都不变"的情况下才能显示出来。但是，在一定时期内（如 1 年）国际收支是决定汇率基本走势的主导因素；通货膨胀与财政状况、利率水平和汇率政策会助长或削弱国际收支所起的作用；预期与投机因素不仅是上述各项因素的综合反映，而且在国际收支状况所决定的汇率走势的基础上，起推波助澜的作用，加剧汇率的波动幅度。从最近几年来看，在一定条件下，利率水平对一国货币汇率涨落起重要作用，而长期看来，相对经济增长率和货币供给增长率决定着汇率的长期走势。

三、汇率变动的经济后果

（一）汇率变动对一国涉外经济的影响

1. 贸易收支

一国货币汇率变动会使该国进出口商品价格相应涨落，抑制或刺激国内外居民对进出口商品的需求，从而影响进出口规模和贸易收支。例如，一国货币对外汇率下跌（即对外贬值），则以本币所表现的外币价格高涨，出口收汇兑换本币后的数额较前增多。与此同时，一国货币汇率下跌，以本币所标价的进口商品的价格上涨，从而抑制本国居民对进口商品的需求。在一般情况下，出口的扩大、进口的减少，有利于汇率下跌、国家贸易收支的改善。如果一国货币汇率上涨，其结果则与上述情况相反。

2. 劳务收支

如果一国货币汇率下降，该国的劳务商品价格下降，旅游等收入增加，扩大了非贸易收入的来源；如果一国货币汇率上升，该国的劳务商品价格上升，旅游等收入萎缩，减少了非贸易收入的来源。如一国货币贬值后，外币的购买力相对提高，对外国游客而言，本国的商品、劳务、住宿、交通等服务费用都相对便宜，增加了对外国游客的吸引力；而对本国居民而言，其出国旅游的成本相对提高了，从而抑制了出国旅游。如一国货币升值后，则有利于出国旅游，而不利于吸引外国游客。对其他非贸易收支的影响也大体如此。

3. 资本流动

贬值对一国资本项目的影响情况，取决于贬值如何影响市场对该货币今后变动趋势的预期。资本从一国流向国外，主要是追求利润和避免受损，因而汇率变动会影响资本的流出与流入。当一国货币贬值而尚未到位时，国内资本的持有者和外国投资者为避免该国货币再贬值而受损失，会将资本调出该国，进行资本逃避。若该国货币贬值，并已到位，在具备投资环境的条件下，投资者不再担心贬值受损，外逃的资本就会抽回国内。当然，货币贬值过头，当投资者预期汇率将会反弹时，就会纷纷将资本调到该国，以牟取汇率将会上升的好处。关于货币升值对于资本流动的影响，一般情况下与此相反。需要说明的是，汇率变动对资本流动的上述影响，是以利率、通货膨胀等因素不变或相对缓慢变动为前提的。

4. 外汇储备

这种影响分为两个方面：一是汇率变动会引起外汇储备实际价值的变动，储备货币汇率上升，则会增加外汇储备的实际价值；反之，则会减少。二是汇率变动可以通过对资本流动和进出口贸易的影响间接使该国的储备增加或减少。如一国货币汇率下降后处于偏低状态，会吸引外资，增加外汇储备；反之，则会减少外汇储备。如该国货币汇率下降，会有利于出口贸易，不利于进口贸易，最终增加外汇储备，反之，则会减少外汇储备。

5. 国际债务

当债务货币汇率下跌时，债务的实际价值就会下降，这无形当中会减轻债务国的负担，但同时也损害了债权国的利益。

（二）汇率变动对一国国内经济的影响

1. 国民收入

一国货币汇率下跌，由于有利于出口而不利于进口，将会使闲置资源向出口商品生产部门转移，并促使进口替代品生产部门的发展。这将使生产扩大，国民收入和就业增加。这一影响，是以该国有闲置资源为前提的。如果一国货币汇率上升，就会产生减少生产、减少国民收入和就业的影响。

2. 物价

汇率贬值的一个直接后果就是对物价水平的影响。贬值通过货币工资机制、生产成本机制、货币供应机制和收入机制，可能导致国内同类工资和物价水平的循环上升，并最终抵消它贬值可能带来的全部好处。

（1）货币工资机制。进口物价的上升，会推动生活费用的上涨，从而导致工资收入者要求更高的名义工资。更高的名义工资又推动货币生产成本和生活费用的提高，如此循环不已，最终使出口商品和进口替代品以及整个物价水平上升，抵消汇率下跌可能带来的好处。

（2）生产成本机制。当进口商品构成生产出口商品的重要原材料时，贬值会直接导致出口商品价格的上升，并可能最终恶化本国的贸易收支。

（3）货币供应机制。贬值后，由于货币工资机制和生产成本机制的作用，货币供应量可能增加。另外，在外汇市场上，政府在结汇方面也将付出更多的本国货币，从而导致本国货币供应的增加，进而带来物价的上涨。

（4）收入机制。如果国内对进口商品的需求弹性较低，汇率下降不能减少进口总量，外国对本国的出口商品的需求弹性较低，汇率下跌不能增加本国出口总量，在这种情况下，本国的收入会减少，支出会增加，从而导致贸易收支恶化和物价水平的上升。

综上所述，货币贬值会不会引起国内物价水平的上升，除了取决于进出口商品的弹性外，还取决于国内的经济制度、经济结构和人们的消费习惯和消费心理等。

3. 利率

一方面，汇率下跌导致的出口增加与进口减少使国内出现外汇收入增加而支出减少的现象，会使国内资金供给大于需求，而引起利率下跌。另一方面，汇率下跌引起的资本外逃同样会导致国内出现资金供给增加的情况，也会促使利率下跌。

4. 市场

本币升值会带来资本的流入，如果资本流入实际生产领域，会促进经济的健康发展。但如果流入股市等虚拟经济领域，则会通过制造经济泡沫而带来不小的负面影响。

5. 资源配置

货币贬值后，出口品本币价格由于出口数量的扩大而上涨，进口替代品价格由于进口品本币价格上升的带动而上涨，从而整个贸易品部门的价格相对于非贸易品部门的价格就会上升，由此会引发生产资源从非贸易品部门转移到贸易品部门。

（三）汇率变动对国际经济的影响

1. 汇率不稳，加剧国际市场竞争，影响国家贸易正常发展。

某些发达国家汇率不稳，利用汇率下跌、扩大出口、争夺市场，引起其他国家采取报复性措施，或实行货币对外贬值，或采取保护性贸易措施，从而产生贸易战和货币战，破坏了国际贸易的正常发展，对世界经济的发展产生不利影响。

2. 汇率不稳，影响某些储备货币的地位和作用，促进国际储备货币多元化的形成。

由于某些储备货币国家的国际收支恶化，通货不断贬值，汇率不断下跌，影响它的储备货币的地位和作用，如英镑和美元；而有些国家由于情况相反，其货币在国际结算领域中的地位和作用日益加强，如港元，因而促进国际储备货币多元化的形成。

3. 汇率不稳，加剧国际金融市场的动荡，但又促进国际金融业务的不断创新。

由于汇率不稳，促进了外汇投机的发展，造成国际金融市场的动荡与混乱，如1993 年夏，欧洲汇率机制危机就是由于外汇投机造成的。与此同时，汇率不稳与动荡，加剧了国际贸易与金融的汇率风险，进一步促进期权、货币互换和欧洲债券等业务的出现，使国际金融业务形式与市场机制不断创新。

4. 汇率不稳，会引起大宗商品价格以及资本流向发生变化。

5. 汇率不稳，使以不同货币计值的财富不断变化，导致世界财富出现再分配现象。

四、人民币汇率走势

总体说来，我国名义汇率的变动与汇率制度的变革休戚相关。我国汇率制度改革的时间，也是名义汇率变动的重要时点。除了个别时段外，我国名义汇率大致经历了震荡—大幅贬值—平稳—小幅升值等阶段。下面，具体分析各个时段的特点：

（一）国民经济恢复时期（1949 年 1 月—1952 年底）

该时期汇率变动频繁且波动幅度很大。从 1949 年 3 月 18 日人民币汇率为 1 美元兑换 300 元人民币（旧币），到 1950 年 3 月 10 日降为 1 美元兑 42 000 元人民币（旧币），再到 1 美元兑换 26 170 元人民币（旧币），人民币对美元汇率上涨约 60.5%。汇率政策也由"奖出限入、照顾侨汇"变为"鼓励出口、兼顾进口、照顾侨汇"，汇率变动曲线为先大幅下降后逐渐回升。当时人民银行负责制定汇率，汇率价格以国内外物价对比法为参考，其变动一定程度上反映了国内外物价水平变化。

（二）中央计划经济时期（1953 年初—1973 年 1 月）

这个时期的汇率变动的主要特征是汇率稳定、币值高估，与西方个别国家货币挂钩（主要是英镑），缺乏灵活性与主动性。汇率由 1955 年币制改革后的 1 美元兑 2.4618 元新人民币一直保持到 1971 年 12 月 17 日，直到 12 月 18 日美元兑黄金官价宣布贬值 7.89%，人民币汇率才相应上调为 1 美元兑换 2.2673 元人民币。这段时期币值稳定的主要原因，一是 1953 年我国进入社会主义建设初期，对外贸易实行计划性管理，要求汇率保持稳定以利于计划的编制与执行；二是国际货币制度是以美元为中心的布雷顿森林制，汇率固定、稳定，大部分货币汇率都较少变动。币值高估的主要原因，一是我国为实现国内重工业发展的目标，降低使用外汇成本而高估；二是我国同西方发达国家的直接贸易和借贷少，国内外汇储备严重不足，币值高估有利于解决外汇不足及外汇成本等问题。

（三）计划经济向市场经济过渡时期（1973 年 2 月—1985 年底）

这时期的主要特点是人民币汇率不断下调，仍然采取钉住一篮子货币制，汇率制度由单一走向双重再到单一。

1973—1980 年，人民币汇率实行钉住一篮子货币的"钉住汇率制"，汇价频繁调整。随着 1973 年布雷顿森林体系的瓦解，西方国家普遍采用浮动汇率制，为了促进外贸的正常开展，保持主要贸易伙伴国货币的稳定，同时避免国外的通货膨胀及汇率变动对国内造成的冲击，我国变原来的国内外物价对比法为钉住一篮子货币计价法，其中主要伙伴国的美元、日元、英镑、联邦德国马克、法国法郎和瑞士法郎在其中占有重要地位。

1981—1985 年是单一汇率走向双重汇率，最后重新回归到单一汇率的时期。为解决贸易部门与非贸易部门在汇率安排上的矛盾，我国从 1981 年 1 月 1 日起实行外汇"内部结算价"，即在官方汇率作为非贸易外汇结算价外（汇率随着美元的变动而变动，由 1980 年的 1 美元兑 1.448 元人民币上升到 1985 年 10 月 30 日的 1 美元兑 3.20 元人民币），另外制定贸易内部结算价，为 1 美元兑 2.8 元人民币。双重汇率制一定程度上解决了贸易部门亏损的问题，增强了国际竞争力，但这种显失公平的汇率制度不仅遭到了国际上的批判，同时也给国家财政造成了负担。另外，贸易业务与非贸易业务不能完全厘清的状态造成外汇管理的混乱，最终使得过渡时期应急措施的"内部结算价"走向消亡。1985 年 1 月 1 日，我国废除内部结算价，使用统一汇率。

（四）双轨制管理浮动时期（1986 年 1 月 1 日—1993 年 12 月 31 日）

这一时期汇率变化的主要特点是汇率不断下调；汇率制度由钉住一篮子货币改为钉住美元的管理浮动制，具有一定弹性；汇率双轨制下多重汇率并存：官方牌价、调剂价和黑市价相互影响制约，官方汇率高估。

1986 年 1 月 1 日起，我国开始实行管理浮动制。1988 年，开始设立外汇调剂市场，确立外汇调剂管理体制，形成了官方牌价与各地调剂市场不同汇价并存的新双轨制。产生新的双轨制，是因为在计划经济体制向市场经济体制转变过程中，价格没有完全理顺，需要由此过渡。从汇价上来看，官方牌价由 1986 年的 1 美元兑 3.2 元人民币逐步下跌到 1993 年的 1 美元兑 5.7 元人民币左右；外汇调剂价由 1988 年的 1 美元兑 2.66 元人民币到 1993 年最低时的 1 美元兑 11 元到 12 元人民币；黑市价格在1991 年官方价格为 1 美元兑 5.3 元人民币、外汇调剂市场价格为 1 美元兑 5.7 元人民币时，就达到了 1 美元兑 7 元到 8 元人民币，三种价格相差甚远。

产生以上价格差距的原因：一是官方汇率严重高估。二是经济快速增长与出口创汇不足，导致市场上对外汇需求旺盛，而供给远远不能满足。例如 1993 年上半年，经济的高速增长促进了进口增长，进口比上年同期增加 23.2%，但出口只增加4.4%，国际收支逆差，对外汇需求增加。三是国内通货膨胀严重使得居民持有外汇意愿加强；四是上级管理部门对外汇调剂市场实行限价措施，使得外汇调剂市场上"有价无市"。1993 年 6 月 1 日，相关当局取消限价，7 月央行入市平抑汇价。外汇管理制度上严格用汇审批，同时货币上紧缩信贷，财政上紧缩支出，控制外汇需求。多管齐下之下，三种价格才逐步走出背离，走向合理、稳定。

（五）十年单一汇率稳定时期（1994 年—2005 年 7 月）

这一时期的特点是人民币汇率重新走向单一制，汇率由初期大幅贬值步入缓慢升值期，并相对稳定。

1994 年 1 月 1 日，我国将人民币官方汇率与外汇调剂市场汇率统一，实行以市场供求为基础的、单一的、有管理的浮动制。此后，人民币汇率由市场供求关系决定，由中国人民银行根据前一日银行间外汇交易市场形成的价格，并参照国际外汇市场的变化，每日公布人民币兑美元及其他主要货币的汇价。并轨后的人民币汇率由1993 年 12 月 31 日的 1 美元兑 5.7 元人民币调整为 1994 年 1 月 1 日的 1 美元兑 8.7

元人民币，一次性贬值52.63%。此后，人民币进入缓慢升值的稳定阶段。到1997年，人民币汇率水平达到1美元兑8.3元人民币左右。1997年东南亚金融危机，亚洲货币纷纷贬值，为维护亚洲地区经济稳定，中国承诺人民币不贬值。从1997年至2003年，人民币汇率始终保持在8.28上下1%的窄幅范围内波动，是人民币汇率相对稳定的十年。

（六）人民币汇率安排的新阶段（2005年7月至今）

这一阶段的特点是人民币持续缓慢升值，2008年全球金融危机后出现汇率双向波动的趋势。

2005年7月21日，我国宣布实行以市场供求为基础、参考一篮子货币进行调节、有管理的浮动汇率制度。这在我国外汇管理体制的进程中，是一次意义深远、影响较大的改革。至此，我国开始人民币汇率不再钉住单一美元，形成了更富弹性的人民币汇率机制。这一时期人民币汇率的走势大体又可分为三个阶段。

第一阶段：2005年7月—2008年6月。人民币对美元总体上处于渐进升值状态。从2005年7月21日到2006年5月15日，首先放弃了8.27的平价水平，将其一次性调整为8.11。之后，人民币对美元汇率中间价突破8，并在8左右震荡调整。2006年7月19日，人民币进入7的轨道，开始加速升值。

第二阶段：2008年7月—2010年6月。由于受美国次贷危机及其引发的全球金融危机的影响，事实上重新进入钉住美元的状态。人民币对美元汇率波幅收窄，中间价始终在6.82~6.84之间窄幅波动，隔日波幅回落0.5%。

第三阶段：2010年6月至今。2010年6月19日人民银行宣布进一步推进人民币汇率形成机制改革，增强人民币汇率弹性。人民币汇改重启，人民币对美元汇率总体上处于升值状态。尤其在2010年9月至10月，人民币兑美元的有效汇率升值速度明显加快。截止到2013年8月10日，人民币兑美元汇率中间价已经达到6.1215。汇改以来人民币对美元累计升值达到25.98%。2005年7月—2013年7月人民币汇率走势如图2-1所示。

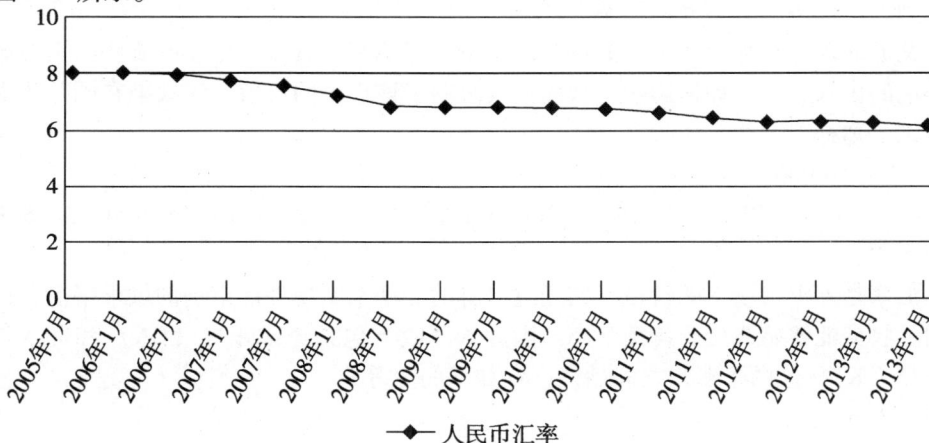

图2-1　人民币汇率走势图（2005年7月—2013年7月）

第三节　汇率决定理论

一、国际收支说

国际收支说（balance of payment theory of exchange rate）是从国际收支角度分析汇率的一种理论，其理论渊源可以追溯到 14 世纪。1861 年英国学者戈逊（G. L. Goshen）出版了《外汇理论》一书，第一次较完整地论述了汇率与国际收支之间的关系，以其为代表的这一类观点被称为"国际借贷理论"（theory of international indebtedness）。二战后，随着凯恩斯主义宏观经济分析的广泛应用，很多学者应用凯恩斯模型来说明影响国际收支的主要因素，并在此基础上分析这些因素是如何通过国际收支与汇率发生联系的。

（一）基本观点

国际收支说的基本观点是：

（1）一国汇率的变动取决于外汇市场的供给与需求对比，而外汇的供给与需求取决于该国对外流动借贷的状况。国与国之间存在的借贷关系，必然发生一定金额的外汇的收入与支出。因此，一国对他国的债权、债务关系即国际借贷关系是汇率变动的主要依据。

（2）一国的经常项目和资本项目的差额，构成一国的国际借贷差额。国际借贷分为固定借贷和流动借贷。前者是指借贷关系已经形成，但尚未进入实际支付阶段的借贷；后者是指已进入实际支付阶段的借贷。其中只有流动借贷才对外汇供求关系产生实际影响。

（3）一国的流动借贷相等，表明外汇供求平衡、汇率不会变动。若一国的流动债权大于流动债务，表明外汇供大于求，外汇汇率就会下跌；若流动债务大于流动债权，则外汇供不应求，外汇汇率上升。

戈逊的理论实际上是汇率的供求决定论，但他并未具体地论述有哪些因素会影响到外汇的供求，以及如何影响，从而大大限制了该理论的价值。该缺陷在国际收支说中得到了弥补。

（二）国际收支说分析

在以下的分析中，我们假定汇率能够完全自由地浮动，政府不会对外汇市场进行任何干预。

汇率是外汇市场上的价格，它通过自身的变动来实现外汇市场的供求平衡，进而使国际收支能够始终处于均衡状态。因为国际收支包括经常账户（CA）和资本与金融账户（K），这两个账户之间始终存在如下的恒等式：

$$CA+K=0$$

为了便于下面的分析，在这里我们将经常账户简单地视为贸易账户，那么它主要是由商品与劳务的进出口决定的。其中，进口主要是由本国国民收入（Y）和实际汇率（$\frac{e \cdot P^*}{P}$）决定的，出口主要是由外国国民收入（Y^*）和实际汇率决定的。从而，影响经常账户收支的主要因素可表示为：

$$CA = f (Y, Y^*, P, P^*, e)$$

我们假设资本与金融账户的收支取决于本国利率 i、外国利率 i^* 以及对未来汇率水平变化的预期 $\frac{Ee^f - e}{e}$。将这些因素与上式综合，得到影响国际收支的主要因素有：

$$BP = f (Y, Y^*, P, P^*, i, i^*, e, Ee^f)$$

若将除汇率以外的其他变量均看做是外生变量，则汇率将在这些因素的作用下发生变化，以平衡国际收支（即令上式为零）。从而得到：

$$e = g (Y, Y^*, P, P^*, i, i^*, Ee^f)$$

从该式中，我们可以发现：

首先，国民收入的变动。在其他条件不变的情况下，本国国民收入的增加将通过边际进口倾向带来进口的增加，从而导致对外汇需求的增加，外币升值，本币贬值。同样地，外国国民收入的增加将带来本国出口的增加，从而导致对本币需求的增加，本币升值，外币贬值。

其次，价格水平的变动。本国价格水平的上升将带来实际汇率的减小，本国产品竞争力将下降，经常账户恶化，进而使得本币贬值；反之，外国价格水平的上升将带来实际汇率的增加，本国产品竞争力将增加，本国经常账户改善，从而使得本币升值。

再次，利率的变动。本国利率的提高将吸引更多的资本流入，使得本币升值；反之，外国利率的提高将造成本币贬值。

最后，对未来汇率预期的变动。若预期本币在未来将贬值，资本将会流出以避免未来的汇率损失，这将造成本币的即期贬值。反之，若预期本币在未来将升值，则将造成本币的即期升值。

以上各变量对汇率的影响分析是在其他条件不变的情况下得出的，但在现实经济生活中，这些变量之间也存在着复杂的关系，因此它们对汇率的影响也是难以简单确定的。

（三）对国际收支说的评价

国际收支说是有着凯恩斯主义色彩的汇率决定理论，它是凯恩斯的国际收支理论在浮动汇率制下的变形，在 20 世纪 70 年代实行浮动汇率制的早期占有重要地位。

首先，国际收支说指出了汇率与国际收支之间的关系，这对于分析汇率的决定因素特别是在短期内分析汇率变动是非常重要的。国际收支是宏观经济的重要变量，将汇率和国际收支联系在一起意味着对汇率以一种新的视角进行分析，即从宏观经济角度而非货币数量角度研究汇率，这是现代汇率理论的重要分支。

其次，与购买力平价说和利率平价说相类似，国际收支说也并非完整的汇率决定理论，它只是论述了汇率与其他经济变量之间存在联系。从国际收支说来看，影响国际收支的变量之间以及这些变量与汇率之间的关系都是错综复杂的，该理论并未对其进行深入分析、得出明确结论，因此它也是不完整的。

最后，国际收支说是关于汇率决定的流量理论。该特征主要体现在它认为是国际收支引起的外汇供求流量决定了汇率水平及其变动，但并未对此进行更深入的分析，这使得它很难被用来解释现实生活中的一些经济现象。例如，利率上升可能并不一定能持续吸引资本流入而引起汇率相应变动。再如，在外汇市场上常在交易流量变动很小的情况下，汇率发生大幅波动，且变动更剧烈、更频繁。

二、购买力平价说

购买力平价说（theory of purchasing power parity，PPP）是由瑞典经济学家卡塞尔（G. Cassel）于 1922 年提出的。它是一个历史悠久的汇率决定理论，其理论渊源可追溯到 16 世纪。其基本思想是：货币的价值在于其所具有的购买力，所以，不同货币间的兑换比例取决于其各自的购买力的对比。换句话说，即汇率与各国价格水平之间有着直接的联系。

（一）一价定律

购买力平价理论成立的基础是一价定律。该定律成立的前提是：

首先，不同地区间的相同商品是同质的，即不存在质量或其他方面的差别。

其次，该商品的价格可以灵活调整，即不存在价格上的黏性。在此基础上将一国商品分为两类，即可贸易商品和不可贸易商品。前者的区域间价差可通过套利活动消除，而后者的区域间价差不能通过套利活动消除，一般包括不动产和个人劳务项目。

一般地，当某商品在不同地区间存在差异时，就可能发生套利行为。套利行为是否发生取决于商品自身的性质和交易成本的高低。对于不可移动的商品及套利活动交易成本较高的商品，即不可贸易商品，它们在不同地区间的价差无法通过套利活动消除。对于可贸易商品，套利活动使其地区间价差维持在较小范围内。**若不考虑交易成本的因素，同种可贸易商品在不同地区的价格应该是基本一致的，我们将这种现象称为"一价定律"（the law of one price）。**

当我们的研究对象转到开放经济时，可贸易商品在不同国家之间价格的联系与上述分析有一定区别。主要表现在以下几个方面：第一，不同的国家所使用的货币是不同的，因此在比较两国商品的价格时要折算成统一的货币后再进行。第二，在进行套利活动时，除了商品的买卖以外，还必须进行不同货币之间的买卖，也就是说，套利活动产生了外汇币场上相应的买卖活动。第三，国际间的套利行为还存在着许多特殊的障碍，这些障碍使得国际间的套利活动与国内套利活动相比更加困难，其交易成本也更高。

同样地，若不考虑交易成本等其他因素，则以同种货币衡量的不同国家的某种可贸易商品的价格应当是一致的，即：

$$p=e \cdot p^*$$

其中，p 表示某可贸易商品在本国的价格；p^* 表示该商品在外国的价格；e 表示以直接标价法表示的汇率，上式即为开放经济下的一价定律。

（二）购买力平价的基本形式

1. 绝对购买力平价

绝对购买力平价的前提包括：

首先，对任一可贸易商品，一价定律都成立。

其次，在编制两国物价指数时，各种可贸易商品所占的权重相等。在此前提下，两国的物价水平间存在下列关系：

$$\sum_{i=0}^{n} \alpha_i p_i = e \cdot \sum_{i=0}^{n} \alpha_i p_i^*$$

在上式中，α_i 表示第 i 种可贸易商品的价格在两国物价指数中所占的权数。若将两国物价指数分别用 P 和 P^* 表示，则有：

$$P = e \cdot P^*$$

该式的含义是，不同的国家的可贸易商品的物价水平在以同种货币计量时是相等的。将上式变形得：

$$e = \frac{P}{P^*}$$

上式就是绝对购买力平价的一般形式。**绝对购买力平价意味着两国货币的汇率水平取决于两国可贸易商品的物价水平之比，即取决于不同货币对可贸易商品的购买力之比。**

2. 相对购买力平价

在实际生活中，由于各国间的贸易存在着交易成本，在各国物价水平的计算中，不同商品的权重又有所不同，各国物价水平中可贸易商品和不可贸易商品的口径和权重也有所不同，所以各国的物价水平很难用同一种方法来比较，从而汇率水平的绝对值也就缺少比较的基础。于是，经济学家又提出，把汇率的变动幅度和物价变动的幅度联系起来，这就是相对购买力平价，其公式为：

$$e_t = \frac{PI_t}{PI_t^*} \cdot e_0$$

上式中：PI_t 和 PI_t^* 分别是本国和外国在 t 期的物价指数；e_0 是基期的汇率；e_t 是计算期的汇率。

相对购买力平价一般形式的含义是：汇率的升值或贬值是由两国通货膨胀率的差异决定的。 若本国通胀率超过外国通胀率，即 $PI_t > PI_t^*$，则 $e_t > e_0$，即外币升值本币贬值；反之，外币贬值本币升值。与绝对购买力平价相比，相对购买力平价更具有应用价值，因为其假定条件更接近现实，且通货膨胀率的数据很容易获得。

（三）对购买力平价说的评价

首先，该理论是从货币的基本功能（具有购买力）出发分析货币交换问题，这样更符合逻辑、易于理解，其表达形式也比较简单，它是对汇率决定问题最为简洁的描述。

其次，购买力平价理论中涉及的主要问题都是汇率决定中的基本问题，因此对该理论的争论最为激烈，使之始终处于汇率决定理论的核心位置，是所有汇率理论的基础。

最后，购买力平价理论被作为汇率的长期均衡标准而被广泛应用于其他汇率理论的分析中，这也从另一个侧面说明了购买力平价理论的影响力之大。

很多专家认为，购买力平价理论并非完整的汇率决定理论，其不完整性体现在很多方面。如汇率与价格水平之间的因果关系，并没有在购买力平价理论中被阐述清楚，至今仍争论不休。

购买力平价理论的理论意义还在于，它开辟了从货币数量角度分析汇率的先河。汇率是一国货币的对外价格，它既受到各种货币方面因素的影响，同时也会对现实宏观经济的变化作出反应，这是汇率的两种主要分析角度，绝大多数汇率决定理论都可归入这两个范畴。购买力平价理论是前一范畴的代表，从货币数量角度分析汇率始终是汇率理论的主流。

三、利率平价说

开放经济下一国与另一国的金融市场间的联系更为紧密，国际间资金的流动使汇率与金融市场上的价格——利率之间也存在密切的关系。从金融市场角度分析汇率与利率的关系，称为汇率的利率平价说。

利率平价说（theory of interest parity）的基本思想产生于 19 世纪下半叶，并在 20 世纪 20 年代由凯恩斯等人进行了完整的阐述。利率平价说可具体分为套补的利率平价（covered interest rate parity，CIP）与非套补的利率平价（uncovered interest rate parity，UIP）两种，下面分别对套补的利率平价与非套补的利率平价予以介绍。

（一）套补的利率平价

为了便于问题的分析，假设有甲、乙两个国家，且甲国的 A 投资者有一笔可以自由支配的资金，可以不受限制地进出本国与乙国的金融市场。假定资金在国际间的流动不存在任何交易成本或限制。

若 A 投资者想把该笔资金投资于一年期存款，则他有两种选择方案：投资于甲国的金融市场或是投资于乙国的金融市场。若其他条件不变，则他的选择依据必然是看哪种投资方式的收益更高。

假设甲国金融市场上一年期存款利率为 i，乙国金融市场上一年期存款利率为 i^*，即期汇率为 e（直接标价法）。

若 A 投资者投资于本国金融市场，则 1 单位本国货币的到期总收益为：

$$1 \times (1+i) = 1+i$$

若 A 投资者投资于乙国金融市场，则该投资行为要分为三个步骤：首先，将本国货币兑换为乙国货币；其次，将乙国货币在乙国金融市场上投资于一年期存款；最后，存款到期后，再将以乙国货币表示的到期总收益兑换成本国（即甲国）货币。下面具体分析该投资方式的获利情况。

首先，1 单位甲国货币，可以在外汇市场上按照即期汇率兑换为 $\frac{1}{e}$ 单位的乙国货币。再将这 $\frac{1}{e}$ 单位的乙国货币投资于一年期存款，则其到期总收益为：

$$\frac{1}{e} \times (1+i^*)$$

假设在到期时的汇率为 e^f，则 A 投资者在乙国投资于一年期存款的到期总收益可兑换成的甲国货币数量为：

$$\frac{1}{e} \times (1+i^*) \times e^f = \frac{e^f}{e} \times (1+i^*)$$

由上式可知，由于一年后的即期汇率 e^f 是不确定的，因此该投资方式的最终收益也是不确定的，换句话说，一年后的即期汇率的变动将使这笔投资的到期总收益存在较大风险。为消除此不确定性，A 投资者可在开始时购买一年后交割的远期合约。假设该合约中约定的协议汇率为 f，从而将不确定的一年后即期汇率 e^f 锁定为 f。由此，A 投资者在乙国投资于一年期存款的到期总收益可兑换成的甲国货币数量为：

$$\frac{f}{e} \times (1+i^*)$$

如前所述，若 $1+i > \frac{f}{e} \times (1+i^*)$，则 A 投资者将投资于甲国金融市场；若 $1+i < \frac{f}{e} \times (1+i^*)$，则 A 投资者将投资于乙国金融市场；如果 $1+i = \frac{f}{e} \times (1+i^*)$，则投资于两国金融市场将没有区别。

同样处在这种环境下的其他投资者也面临着同样的选择。如果 $1+i < \frac{f}{e} \times (1+i^*)$，则逐利行为会使大量投资者将资金投资于乙国金融市场，这会导致外汇市场上出现大量购入即期乙国货币、卖出远期乙国货币的行为，从而使即期汇率 e 增大，远期汇率 f 减小，即本币即期贬值，远期升值。这使得投资于乙国金融市场的到期总收益 $\frac{f}{e} \times (1+i^*)$ 下降。只有当这两种投资方式的到期总收益完全相同时，市场才会处于均衡状态。所以，当投资者采取持有远期合约的套补方式交易时，市场会最终使利率与汇率间形成下列关系：

$$1+i = \frac{f}{e} \times (1+i^*)$$

整理得到：$\frac{f}{e} = \frac{1+i^*}{1+i}$

令即期汇率与远期汇率之间的升（贴）水率为 ρ，则：

$$\rho = \frac{f-e}{e} = \frac{i-i^*}{1+i^*}$$

从而 $\rho + \rho \cdot i^* = i - i^*$

因为 $\rho \cdot i^*$ 数值很小可以忽略，故得到：

$$\rho = i - i^*$$

上式即为套补的利率平价的一般形式。**套补利率平价的经济含义是：汇率的远期升贴水率等于两国的利率之差。**若本国利率高于外国利率，即 ρ>0，则有 f>e，也就是说，远期汇率大于即期汇率，在直接标价法下，就意味着，本币在即期有升值趋势，在远期有贬值趋势。反之则情况相反。也就是说，汇率的变动会抵消两国间的利率差异，从而使金融市场处于平衡状态。

（二）非套补的利率平价

在关于套补利率平价的分析中，我们假定投资者的策略是以远期交易来规避风险的。事实上还有另一种交易策略，即投资者根据对未来汇率变动的预期而计算出预期收益率，在承担一定风险的情况下进行投资。

在以下的分析中，我们假定投资者是风险中立的。所谓风险中立，是指投资者对风险持中立态度，即对提供相同的利率而风险不同的资产不加区分。

在不进行远期交易的情况下，投资者是通过对未来汇率的预期来计算其投资活动的收益的。若投资者预期一年后的汇率为 Ee^f，则 A 投资者在乙国金融市场上的投资活动的到期收益为：

$$\frac{Ee^f}{e} \times (1+i^*)$$

若该收益与其投资于本国（即甲国）金融市场的收益存在差异，则投资者们会在外汇市场上进行与前面类似的操作以使两者相等。因此，在外汇市场处于均衡状态时，应有如下等式成立：

$$1+i = \frac{Ee^f}{e} \times (1+i^*)$$

对该式进行整理可得：

$$E_\rho = i - i^*$$

其中，E_ρ 表示预期的汇率远期变动率，该式即为非套补利率平价的一般形式。**非套补利率平价的经济含义是：预期的汇率远期变动率等于两国货币利率之差。**在非套补利率平价成立的情况下，若本国利率水平高于外国利率水平，则意味着市场上预期本币在远期将贬值。

（三）对利率平价说的评价

首先，利率平价说研究问题的角度从商品流动转移到资金流动，表明了汇率与利率之间存在着密切关系，这对于正确认识外汇市场，尤其是外汇市场上的利率形成机制是相当重要的。由于利率平价（尤其是套补的利率平价）是在资金迅速而频繁流动的条件下成立的，因此利率平价说运用得更为广泛。

其次，同购买力平价一样，利率平价理论并非独立的汇率决定理论，它只是描述了汇率与利率之间的关系，但汇率与利率之间是相互影响、相互发生作用的，利率差异会影响汇率的变动，汇率的变动也会反过来通过资金流动而影响不同市场上的资金供求关系，进而影响到利率。而且，利率和汇率有可能同时受到更为基本的因素（如货币供求等）的影响而发生变化，而利率平价理论只单单表现了利率与汇率两者之间的联系。因此，利率平价理论常被作为基本关系式应用于对其他汇率决定理论的分析中。

最后，利率平价理论有一定的实践价值。由于利率与汇率之间存在一定的关系，这就为各国中央银行对本国外汇市场进行灵活调节提供了一条有效途径：培育一个发达有效的货币市场，从而在该市场上利用利率尤其是短期利率的变动对汇率进行调解。如当市场上存在本币贬值的预期时，就可以相应提高本国利率水平以抵消该贬值预期对外汇市场的压力，保持汇率的稳定。

四、资产市场说

汇率的资产组合分析法（portfolio approach）形成于 20 世纪 70 年代，该理论的代表人物是美国普林斯顿大学的教授布朗森（W. Branson），他最早对该理论进行了最系统、最全面的阐述。

资产组合分析理论的特点是：

第一，假定本币资产与外币资产是不完全的替代物，风险等因素使非套补的利率平价不成立，从而需要对本币资产与外币资产的供求平衡在两个独立的市场上分别考察。

第二，资产组合分析理论将本国资产总量直接引入模型的分析，本国资产总量直接制约各种资产的持有总量，而经常账户的变动会对一国资产总量造成影响。该模型将流量因素与存量因素进行了有机结合。

（一）资产组合分析法的基本思想

为了建立模型和便于分析，我们将以下假定作为分析前提：

首先，本国居民持有三种资产——本国货币（记为 M）、本国政府发行的以本币为面值的债券（记为 B）、外国发行的以外币为面值的债券（记为 F）。外币债券的供给在短期内被看做是固定的，其本币价值等于 F·e（e 为直接标价法下的汇率）。

其次，在短期内不考虑持有本国债券以及外国债券的利息收入对资产总量的影响。

最后，假定预期未来汇率不发生变动，从而影响持有外国债券的收益率的因素仅是外国利率的变动。

在上述分析前提下，一国资产总量（总财富）在任何时候都由下式构成：

$$W = M + B + e \cdot F$$

这就是资产组合模型的基本形式。由该式不难看出，影响一国资产总量（W）的原因之一是各种资产供给量的变动，另一个原因是本币汇率的变动，通过影响既定数量的外国债券资产的本币价值而影响到以本币价值衡量的一国资产总量。由此可见，该模型可将汇率引入分析的原因一是短期内（即经常账户不发生变动时）汇率与资产总量间存在的这种财富效应；二是长期内汇率可以引起的经常账户调整也作用于资产总量。

（二）资产组合失衡对汇率的影响

当各种资产的供给存量发生变化，或其预期收益率发生变动时，居民实际持有的资产组合比例与其愿意持有的组合比例不相一致，这就需要人们对持有的资产进行调整，以使资产组合符合要求，使资产市场得到平衡。这种调整会引起本国资产与外国资产的替换，进而引起外汇供求的变化，并导致汇率发生变动。资产市场失衡及其调整对汇率的影响如下：

（1）当外国资产市场失衡引起外国利率上升时，其预期收益率会提高，居民以外国证券形式持有的财富比例会增加，这使得居民以本国货币和本国证券形式持有的财富比例减少。由此，在原组合中，国内资产出现超额供给，本国利率下降，本币汇率下跌，直至资产市场重新达到平衡，形成新的符合意愿的资产组合。反之，当外国利率下降时，则会引起外汇汇率下降。

（2）当一国国际收支经常项目出现顺差，居民持有的净外国资产增加，实际持有外国资产的比例较大,超出人们愿意持有的比例。于是,人们会将多余的外国资产转换为本国资产,从而导致外汇汇率下跌。反之,经常项目若出现逆差,外汇汇率则会上升。

(3)当一国政府增发国债时,本国证券供给量增加,引起资产组合失衡,居民对外国资产需求增加,从而引起外汇汇率上升。但与此同时,由于本国债券供给增加,而使债券价格下降,利率提高,诱使人们将资产需求转向本国,从而使外汇汇率下跌。

(4)当一国中央银行收购政府债券增加货币供给量时,本币供过于求,人们愿意以多余的货币去购买本国证券,使利率下降,这又会引起对外国资产需求的增加,从而导致外汇汇率的上升。

(5)当多种因素引发居民预期汇率发生变动时,他们会相应增加或减少外国资产。在资产重新组合过程中,人们会以本国资产去交换外国资产,或以外国资产交换本国资产,从而导致外汇汇率的上升或下降。

从上述资产组合调整过程中不难看出利率、预期等因素的重要影响,它们刺激资产持有人对各资产存量进行瞬间大幅调整,迅速重建资产组合以符合自己的意愿,这必然引起汇率在短期内的大幅波动,从而体现该模型的核心,即调整资产组合以重建组合均衡是汇率短期大幅频繁波动的根本原因。该分析方法还认为,资产存量的瞬间大幅调整与贸易流量的缓慢而小幅变化形成鲜明对照。因为贸易流量调整涉及生产结构、资源配置等因素,这些因素不可能在短期内达到调整所需目标。在短期内,汇率变动主要取决于金融资产存量的调整。但在长期,贸易流量或真实市场的变化则在汇率变动中占主导地位,即长期均衡汇率的达成要求经常账户处于平衡状态。

(三)对资产组合分析法的评价

与其他汇率决定理论相比,资产组合分析法的优点体现在它从一个新的角度——"收益—风险"分析法展开研究,并将经常账户这一流量因素纳入存量分析中,同时体现了本国资产与外国资产的不完全替代性这一现实特点,使该模型成为综合性最强的模型。此外,该理论还有特殊的政策分析价值,为许多政府决策提供了全新依据。

该分析法的不足之处在于过于复杂,从而制约了其实际应用和实证检验,同时对流量因素的分析又过于简单。

本章小结

1. 外汇是指可以在国际结算中使用的各种支付手段和各种对外的债权,是为满足国际商品流通和劳务交换的需要而发展起来的。

2. 汇率是一种货币用另一种货币表示出来的价格,是两种货币进行兑换的比价。汇率的表示方法有直接标价法、间接标价法和美元标价法。

3. 汇率决定问题与汇率制度的性质有着密切联系。在金币本位制下,汇率的决定基础是铸币平价,其波幅受制于黄金输送点。在金块本位和金汇兑本位制下,汇率由法定平价决定,汇率波幅由政府来规定和维护。

4. 影响汇率变动的因素大体上可以分为三大类,即经济因素、政策因素和其他因素。经济因素包括国际收支、通货膨胀、资本流动、财政收支、国际储备等。政策因素包括利率政策、汇率政策、外汇干预政策、宏观经济政策等。

5. 汇率一旦发生变化，反过来对一国的涉外经济、国内经济，以及国际经济都会产生一定的影响，包括贸易收支、劳务收支、资本流动、国际储备、国际债务、国民收入、物价、利率、市场、资源配置等。

6. 购买力平价是历史悠久的汇率决定理论，它从开放经济下各国商品市场间存在联系的角度对汇率决定问题进行研究，认为货币间的兑换比率取决于它们各自具有的购买力的对比。

7. 利率平价是从开放经济下各国金融市场之间存在联系的角度对汇率决定问题进行研究，认为汇率的变动是由利率差异决定的。

8. 国际收支说是从外汇市场上供给与需求流量的变动角度认识汇率决定问题，认为汇率是由国际收支状况决定的。

9. 20 世纪 70 年代以来，国际资金流动因素主宰了汇率的变动，这导致汇率决定的资产市场分析法取代了汇率的国际收支流量分析，成为汇率决定理论的主流。

关键概念

1. 外汇　2. 汇率　3. 直接标价法　4. 间接标价法　5. 铸币平价　6. 购买力平价　7. 利率平价　8. 一价定律

复习思考题

<u>一、单项选择题</u>

1. 以一种货币表示的另一种货币的价格是：（　　　）。

A. 外汇　　　　　　B. 汇率　　　　　　C. 利率　　　　　　D. 收益率

2. 下列说法正确的是：（　　　）。

A. 在直接标价法下：远期汇率＝即期汇率－升水点数

B. 在直接标价法下：远期汇率＝即期汇率＋贴水点数

C. 在间接标价法下：远期汇率＝即期汇率＋升水点数

D. 在间接标价法下：远期汇率＝即期汇率＋贴水点数

3. 金币本位制度下，决定汇率的基础是：（　　　）。

A. 利率平价　　　　　　　　　　　B. 铸币平价

C. 绝对购买力平价　　　　　　　　D. 相对购买力平价

4. 购买力平价理论成立的前提是：（　　　）。

A. 一价定律　　　B. 铸币平价　　　C. 利率平价　　　D. 大数定律

5. 套补利率平价的含义是：（　　　）。

A. 预期的汇率远期变动率等于两国货币利率之差

B. 汇率的远期升贴水率等于两国的利率之差

C. 同一种可贸易品在不同地区的价格应该是相等的

D. 两种货币含金量之比决定汇率

二、多项选择题

1. 根据《中华人民共和国外汇管理条例》规定，下列属于外汇的是：（   ）。

A. 外币现钞　　　　　　　　　　B. 外币支付凭证

C. 外币有价证券　　　　　　　　D. 特别提款权

2. 外汇的特点包括：（   ）。

A. 自由兑换性　　　B. 可偿性　　　C. 非本币性　　　D. 国际性

3. 下列说法正确的是：（   ）。

A. 直接标价法以外币为基准

B. 间接标价法以本币为基准

C. 直接标价法中外币是报价货币

D. 间接标价法中本币是报价货币

4. 影响汇率变动的经济因素包括：（   ）。

A. 国际收支　　　　B. 资本流动　　　　C. 经济状况　　　　D. 货币流通

5. 汇率变动对国际经济的影响包括：（   ）。

A. 汇率不稳加剧国际市场竞争

B. 汇率不稳会引起大宗商品价格以及资本流向发生变化

C. 汇率不稳使以不同货币计值的财富不断变化

D. 汇率不稳促进国际储备货币多元化的形成

三、简答题

1. 简述影响汇率变动的主要因素。

2. 汇率变动带来的经济后果有哪些？

3. 简述购买力平价理论的内容。

4. 简述利率平价理论的内容。

第三章

外汇交易

引导案例

　　全球第二大银行集团——汇丰控股表示，由于2003年汇市波动幅度较大而导致避险资金流动增加，该集团上半年的外汇交易获利较2002年同期增长14%，达6.69亿美元。该集团同时表示，包括股票和债券在内的总体交易获利大幅上升95%，至12.58亿美元，交易获利的增长远远超过佣金收入的减少。该集团在声明中称，"外汇交易方面的营业收入维持强劲态势，汇市波动较大，且以美元疲软为特征的市场趋势明显。"交易量大幅增加。因市场波动较长，客户对汇市部位进行避险操作。2003年全球汇市最大银行调查结果显示，汇丰控股名列第七，市场份额为3.89%。全球外汇市场每日成交达1.2兆（万亿）美元。汇丰控股称，南美业务方面，以巴西货币进行的即期交易业务为公司的交易获利较前一季增长贡献颇大。该行称，"交易获利增长，主要是因为在巴西汇率波动较大的情况下，在巴西的即期交易获利成长。"该公司稍早表示，截至6月30日的上半年税前获利升至61.1亿美元，去年同期为50.6亿美元。

　　上述报道涉及什么是外汇交易？外汇交易有哪些类型？在进出口贸易中如何根据汇率的变化调整报价？这是本章要讲述的内容。

　　资料来源　郭红蕾，孙海洋. 国际金融实务. 北京：北京师范大学出版社，2009.

第一节 外汇市场概述

一、外汇市场的概念及类型

（一）外汇市场的概念

外汇市场（foreign exchange market）是以外汇银行为中心，由外汇需求者、外汇供给者或买卖中间机构组成的外汇买卖的场所或交易网络，是国际金融市场的组成部分。

（二）外汇市场的类型

外汇市场按交易主体、交割时间或组织形态等方面来划分，有这样几种类型：

1. 按交易主体划分

（1）外汇批发市场，也称狭义外汇市场。外汇批发市场是指银行同业（inter-bank）之间的外汇市场。包括同一外汇市场上各银行之间的外汇交易；不同市场上各银行之间的外汇交易；中央银行同商业银行之间的外汇交易；各国中央银行之间的外汇交易。银行同业之间外汇交易的目的在于弥补银行业务经营时产生的外汇短缺头寸，避免汇率风险。中央银行参与外汇交易则是由于对市场的政策性干预或为了降低国际储备币种的风险。这个市场的特点是交易额度大、交易起点高，所以称为批发市场。

（2）外汇零售市场。外汇零售市场是银行同一般客户之间的外汇买卖，包括银行同因商品进出口而产生的贸易外汇供求者、一般金融交易者、资金跨国间的汇赠者等进行的外汇交易。相对于银行同业市场而言，这个市场的交易规模较小。

外汇批发市场同外汇零售市场构成了广义的外汇市场。人们通常所说的外汇市场多指狭义的外汇市场。

2. 按交割时间划分

（1）即期外汇市场（spot transaction）。**即期外汇市场又称现汇交易，按照目前国际外汇市场的交易惯例，是指外汇买卖成交后，在两个营业日内办理交割的外汇业务。**进行即期外汇交易的场所构成了即期外汇市场。即期外汇交易一般没有固定的场所，通常是在经营外汇业务的银行、大公司、外汇经纪人和客户之间通过电话、电传、电报或计算机网络进行。

即期外汇市场是外汇市场最重要的组成部分，它的主要作用是在最短的时间内，实现不同货币的交易和结算，完成国际购买力的转移。

（2）远期外汇市场（forward transaction）。**远期外汇市场又称期汇交易，是指外汇交易时，买卖双方根据买卖数量、价格、货币币种等签订合同，然后在约定的将来某个时日，按合同规定的汇率和金额进行实际的交割。**进行远期外汇交易的场所构成了远期外汇市场。远期外汇市场的主要功能有：回避汇率变动的风险，固定进出口贸易和国际借贷的成本，进行大规模的外汇投机。

3. 按组织形态划分

(1) **有形外汇市场。有形外汇市场是指具有固定的、具体的交易场所的外汇市场。**这种市场一般由外汇业务经营的各方，在规定时间内，集合于证券交易所 (exchange house) 内进行外汇交易。

由于欧洲大陆国家的外汇市场多数采用这种交易方式，所以又称"欧洲大陆式外汇市场"。较经典的有德国的法兰克福外汇市场、法国的巴黎外汇市场、意大利的米兰外汇市场、荷兰的阿姆斯特丹外汇市场。一般交易所内进行的外汇交易项目仅限于对客户交易的公定汇率，或调整交易各方的即期外汇交易的余缺额。实际的外汇交易大部分还是在有形市场之外进行。

(2) **无形外汇市场。相对于有形外汇市场而言，无形外汇市场是指没有固定的交易场所，也没有确定的交易时间，供需双方采用现代化电子设备和计算机终端完成外汇交易。**在这种市场中，所有的交易都是通过连接银行与外汇经纪人或客户的电话、电报、电传或计算机网络进行。

伦敦外汇市场、纽约外汇市场、苏黎世外汇市场、东京外汇市场以及加拿大外汇市场都是以无形市场为主的市场。所以，又称"英美式外汇市场"。英美式外汇市场没有固定的开盘、收盘时间，也没有货币汇率的行情牌，市场参与者都是通过某种电信工具来询价、报价并安排成交的。由于伦敦、纽约、东京是目前世界上最大的外汇市场所在地，所以，一般意义上，人们将典型的外汇市场理解为这种抽象的无形外汇市场。

4. 按外汇市场的经营范围划分

(1) 国际外汇市场。国际外汇市场和无形外汇市场基本上是一种市场的两个角度，是发达的、基本上完全自由的外汇交易市场，不受所在国金融管制，实行货币自由兑换并且容许各国交易方自由参与买卖。其基本特征是：①交易货币包括多种国际上自由兑换的货币，可以是本国货币和外国货币之间的自由交易，也可以是外国货币和外国货币之间的自由交易；②交易主体可以是本国的供需方，也可以是外国的凭借现代通讯设施参与的交易方。世界上著名的国际外汇市场有纽约、伦敦、东京、法兰克福、新加坡、苏黎世、中国香港等。

(2) 国内外汇市场。国内外汇市场是指本国金融管制较严的外汇市场。这种市场一般是发展中国家的外汇市场。其基本特征是：①交易币种较少，限于本币和少数几种外币的交易；②交易主体限于境内国家容许的金融和非金融机构。

二、外汇市场的主体

(一) 外汇银行

外汇银行是指由各国中央银行指定或授权经营外汇业务的银行。它通常包括：经营外汇为主要业务的本国银行；兼营外汇业务的本国银行和在本国的外国银行分行；经营外汇业务的其他金融机构。

外汇银行是外汇买卖、国际结算、资金融通和资金调拨的中心环节。外汇银行主要在三个层次上进行外汇业务运营，以获取利润，回避风险。

第一层次是外汇银行代理客户买卖外汇并全面提供银行服务。外汇银行在客户要求买卖某种外汇时报出的外汇价格，是在市场价格的基础上加减一定的差额，该价差就是外汇银行的利润。这种零售业务是比较灵活的：交易量小，价差率就高；交易量大，价差率就低。由于外汇市场业务竞争激烈，报价往往会接近于市场价格，有时为了头寸的需要，甚至低于市场价格。

第二层次是外汇银行在同业市场上的买卖。外汇银行在经营过程中，不可避免地出现买卖数量或时间上的不平衡。因为银行在柜台上与客户的外汇交易，原则上是以自己的账户进行的，假如客户出售外汇，银行的外汇余额就会增加；反之，客户购买外汇，银行持有的外汇就会减少。在某个营业时点上，如果银行出现买进多于卖出，则是"外汇多头寸"，或称为"多头"（long position）；如果是卖出多于买进，则是"外汇缺头寸"，也称为"空头"（short position）。为避免汇率波动的风险，外汇银行一般遵循买卖平衡的原则，当出现不平衡的时候，会进入同业市场，对不同货币的买卖数量和时间进行冲抵轧差，通过抛售和补进某种外汇轧平（square）头寸。

当然，银行如果为了获取风险利润，也可以使自己处于独立的多头或空头地位，即进行第三层次的交易。

第三层次是外汇银行进行投机交易。当外汇银行预期某种外汇将升值或贬值时，会有意保留自己的不平衡地位，甚至积极制造多头头寸或空头头寸，如果外汇变动真如预期那样，就会获得投机利润。这是一种风险投资方式。既然是冒险，就会有失败的时候，西方银行因为外汇投机而被兼并和收购甚至倒闭的案例有很多。所以，各国政府在金融管理上对外汇银行都有一定的限制。如使外汇银行的交易在一定的限额和参数内进行，或规定"敞口"头寸（open position）。所谓"敞口"头寸，是指尚未平盘的头寸，有日间头寸和隔夜头寸之分。在一天营业过程中的头寸数，是日间头寸，一般在营业终了时，要进行平盘，不容许持盘过夜。隔夜头寸是日营业终了时可以持有的多头或空头头寸，一般管理很严。外汇银行的整体额度和交易员个人的"敞口额度"是外汇银行管理的重要手段。

（二）外汇经纪人

外汇经纪人指为外汇交易双方介绍交易以获取佣金的中间商，其主要任务是利用所掌握的外汇市场各种信息及与外汇银行所建立的长期密切关系，向外汇买卖双方提供信息，以促进外汇交易的顺利进行。外汇经纪人一般有三类：（1）一般经纪人，即那些既充当外汇交易中介又亲自参与外汇买卖以赚取利润者；（2）跑街经纪人，即那些本身不参与外汇买卖而只充当中介赚取佣金的经纪人；（3）经纪公司，指那些资本实力较为雄厚，既充当商业银行之间外汇买卖的中介又从事外汇买卖业务的公司。随着现代科技的不断发展，尤其是计算机技术和互联网技术的发展，传统的人工经纪市场日渐萎缩，取而代之的是电子经纪服务。电子经纪改变了外汇市场的分散局面，增加了市场透明度，提高了外汇市场的效率。

（三）中央银行

中央银行是外汇市场上另一个重要的参与者。这是因为作为管理一国货币流通和控制一国金融体系的官方机构，要在外汇市场上实现其管理和监督经济的功能。

1. 通过外汇买卖直接干预汇率

中央银行经常通过购入或抛出某种国际性货币，而对外汇市场进行直接干预，此举的目的是为了把本币汇率稳定在一个希望的水平上或幅度内，也是为了实现本国货币金融政策的意图。为此，各国中央银行都持有相当数量的外汇余额作为国际储备。

2. 通过政策和法规间接干预汇率

中央银行通过制定和颁布一系列法规和条例，甚至一些临时的管理办法，来防止外汇市场的违法和操纵行为，以维持正常的市场秩序。这方面由于各国的金融管制程度不同，差别是很大的。

（四）外汇投机者

外汇投机者是外汇市场上的重要角色，是众多的不可缺少的大规模资本的运作者和供求者。外汇市场上90%以上的交易量是由于外汇投机形成的。投机者利用不同的金融工具及汇率在不同市场和不同时间的差异，套取投机利润，在承担了外汇市场的风险的同时也制造风险，是使外汇市场充满活力的基本因素。特别是在经济全球化、资本自由流动的今天，国际投机基金的规模动辄成百上千亿元，而且可以利用金融衍生工具的高杠杆性放大多倍，其风险和对经济的摧毁力是不容忽视的，也是现代国际金融研究的重要课题。

在外汇市场从事外汇投机交易的可以是国家容许的任何机构和个人。如商业银行、其他金融和非金融机构、国际贸易集团、跨国公司、自然人等。

（五）外汇的实际供求者

外汇的实际供求者，是指外汇的真正供应者和需求者。主要包括：（1）在国际贸易中，为了进行国际结算而进行外汇买卖的进出口商；（2）国与国的对外投资、向外筹资者；（3）其他国际交易活动，如国际工程承包、跨国技术转让等产生的外汇供求者；（4）个人为了非贸易的需要而产生的外汇买卖，如国际旅游、侨民汇款、财产继承、个人捐赠等。

三、外汇市场的功能

（一）实现购买力的国际转移

国际贸易和国际资金融通至少涉及两种货币，而不同的货币对不同的国家形成购买力，这就要求将本国货币兑换成外币来清理债权债务关系，使购买行为得以实现，而这种兑换就是在外汇市场上进行的。外汇市场所提供的就是使这种购买力转移交易得以顺利进行的经济机制，它的存在使各种潜在的外汇售出者和外汇购买者的意愿能联系起来。当外汇市场汇率变动使外汇供应量正好等于外汇需求量时，所有潜在的出售和购买愿望都得到了满足，外汇市场处于平衡状态之中。这样，外汇市场提供了一种购买力国际转移机制。同时，由于发达的通讯工具已将外汇市场在世界范围内联成一个整体，使得货币兑换和资金汇付能够在极短的时间内完成，购买力的这种转移变得迅速和方便。

（二）提供资金融通

外汇市场向国际上的交易者提供了资金融通的便利。外汇的存贷款业务集中了各国的社会闲置资金，从而能够调剂余缺，加快资本周转。外汇市场为国际贸易的顺利进行提供了保证，当进口商没有足够的现款提货时，出口商可以向进口商开出汇票，允许延期付款，同时以贴现票据的方式将汇票出售，拿回货款。外汇市场便利的资金融通功能也促进了国际借贷和国际投资活动的顺利进行。美国发行的国库券和政府债券中很大部分是由外国官方机构和企业购买并持有的，这种证券投资在脱离外汇市场的情况下是不可想象的。

（三）提供外汇保值和投机的机制

在以外汇计价成交的国际经济交易中，交易双方都面临着外汇风险。由于市场参与者对外汇风险的判断和偏好的不同，有的参与者宁可花费一定的成本来转移风险，而有的参与者则愿意承担风险以实现预期利润。由此产生了外汇保值（hedge）和外汇投机（speculation）两种不同的行为。在金本位和固定汇率制下，外汇汇率基本上是平稳的，因而就不会形成外汇保值和投机的需要及可能。而在浮动汇率下，外汇市场的功能得到了进一步的发展，外汇市场的存在既为套期保值者提供了规避外汇风险的场所，又为投机者提供了承担风险、获取利润的机会。

第二节　外汇交易

一、外汇交易的含义

（一）基本概念

外汇交易（foreign exchange transaction）也称外汇买卖或货币兑换，是指在外汇市场上以外汇银行为中心，交易双方对外汇进行买卖，或者用给定货币去兑换另一种货币的活动。 外汇交易的特点是买入一对货币组合中的一种货币的同时卖出另一种货币，因而外汇交易是以货币对的形式进行的。外汇交易产生于国际贸易结算，但已成为国际经济与金融活动的基本过程和重要工具。在外汇市场上，每天都要发生数额巨大的外汇交易。这些外汇交易发生的原因是多方面的。

（二）外汇交易的主要目的

一般来讲，在外汇市场进行外汇交易的主要目的有以下几个方面：

1. 国际清算。由于外汇是清偿国际间由于经济往来而形成的债权债务的支付手段，所以国际清算是外汇市场最基本的作用。

2. 货币兑换。在外汇市场买卖货币，把一种货币兑换成另一种货币作为支付手段，实现了不同货币在购买力方面的有效转换。国际外汇市场的主要功能就是通过完备的通讯设备和先进的经营手段提供货币转换机制，将一国的购买力转移到另一国交付给特定的交易对象，实现国与国之间货币购买力或资金的转移。

3. 提供授信。由于银行经营外汇业务，它就有可能利用外汇收支的时间差为进出口商提供信贷支持。

4. 套期保值。它是指为了使外汇收入或支出不会因日后汇率的波动而遭受损失所采取的外汇交易，这对于进出口商来说具有非常重要的作用。

5. 投机获利。它是指通过在外汇市场上的低买高卖，以及对未来汇价的合理预期，通过投机来谋取利润的外汇交易行为。

总之，从外汇交易的目的来看，外汇交易可以概括为以下两种类型。其一是为满足客户的真实贸易、资本交易需求而进行的基础的外汇交易；其二是在基础外汇交易之外，为规避和防范汇率风险或出于外汇投资、投机需求而进行的外汇衍生工具交易。

二、外汇交易的规则与程序

（一）外汇交易的主要规则

1. 由于美元在国际金融领域的特殊地位，外汇市场采用的是以美元为中心的报价法，除非特别说明，所有的货币汇率报价都是针对美元的。

2. 除了英镑、美元、欧元、澳大利亚元及新西兰元采用间接标价法外，为了使外汇交易能迅速地进行，其他货币的交易一律采用直接标价法。

3. 外汇交易讲究效率，在报价时力求精简。尤其是银行同业间进行外汇买卖时，按交易惯例一般只报汇率的最后几位数；对于远期汇率的报价也不完整，只报出远期汇率与即期汇率的差价，又称掉期率，即升水、贴水或平价。

4. 银行同业间外汇交易由于具有批发性质，所以此时电脑终端显示的参考汇率都是以100万美元（或更大金额）为交易单位的。假如一般进出口商或投资者感兴趣的是适用于小规模外汇交易的汇率，必须在询价时预先讲明，并具体报出买卖金额。此时，银行会对其原先报价进行适当调整，买卖差价可能会大些，因而对客户来说，汇率变得对其不利。

5. 在接受客户询价之后，一般说来，银行有道德义务作出报价。若客户未说明他想询问某种汇率（即期汇率和远期汇率）的买价或卖价时，银行都应报出买入和卖出两个价格。在采用直接标价法时，买入价总是先于卖出价报出，在采用间接标价法时，则卖出价在前，买入价在后。

6. 银行对外报出某种货币的买入价和卖出价之后，按照商业惯例，它就应承担以这些价格买进和卖出这种货币的义务。只要询价者愿意按所报出的汇率进行交易，不管这笔交易对该行是否合适都必须同意。但这里有个交易时间和成交金额的限制，即交易一方不能要求另一方按照其在10分钟以前给出的报价成交；交易金额一般在100万~500万美元（或其等值）之间。

7. 外汇交易用语必须规范化。在外汇交易的磋商过程中常出现一些俚语或简语，以使在汇率变动频繁的环境中迅速无误地成交，在使用"行话"时必须注意规范，以免产生误解。例如，交易中"one dollar"表示100万美元。交易额通常是100万美元的整倍数。低于100万美元的交易应事先说明。

8. 交易双方必须恪守信用，共同遵守"一言为定"的原则和"我的话就是合同"的惯例。一般外汇交易都是先通过电话、电报或电传等电讯谈妥细节、达成协议，随后再用书面文件对交易内容加以确认。买卖一经成交即不得反悔，不得变更或撤销合同。

（二）外汇交易的程序

1. 自报家门。即主动发起交易接触、进行询价的当事人，首先说明自己的单位名称，以便让报价银行知道交易对手是谁，并决定交易对策。

2. 询价。即询问有关货币即期汇率或（和）远期汇率的买入价和卖出价。询价内容必须简洁而又完整，一般包括交易的币种、交割日、交易金额和交易类型。

3. 报价。银行专门负责从事外汇交易的外汇交易员在接到询价后，立即报出该货币即期汇率或远期汇率的买入价和卖出价。这是外汇买卖的基础。

4. 成交。询价当事人首先表示买卖金额，然后由报价银行承诺。

5. 确认。一旦报价银行的交易商说"成交了"（OK，done），合同即告成立，双方要受合同的约束。但在外汇交易的实践中已形成这样一种惯例，即当报价银行作出交易承诺之后，无论双方多么繁忙，都应不厌其烦地相互证实一下买卖货币的汇率、金额、交割日及结算办法等。

6. 交割。这是外汇买卖交易的最后一个程序，也是最重要的一个环节，即交易双方各自按照对方当事人的要求将卖出的货币及时准确地划入对方指定的银行存款账户中。

三、外汇交易方式

外汇交易有许多种类，其交易技术也纷繁复杂。最常见的有即期外汇交易、远期外汇交易、套汇交易、套利交易和外汇期货、外汇期权等交易方式。

（一）即期外汇交易

1. 即期外汇交易的概念

即期外汇交易（spot exchange transaction）又称现汇交易，是指买卖双方约定于成交后两个营业日内交割的外汇交易。即期交易是外汇市场上最普遍的交易形式，其基本作用在于满足临时性的付款需求，实现货币购买力的转移，调整货币头寸，进行外汇投机等。即期交易的汇率构成整个外汇市场的汇率基础。一般而言，在国际外汇市场上进行外汇交易时，除非特殊指定日期，一般都视为即期交易。

2. 即期外汇交易的交割日

交割日又称结算日，也称有效起息日（value date），是指买卖双方将资金交予对方的日期。即期外汇交易的交割日（spot date）包括三种情况：

（1）标准交割日（value spot，VAL SP）：指在成交后第二个营业日交割。目前大部分的即期外汇交易都采用这种方式。

（2）隔日交割（value tomorrow，VAL TOM）：指在成交后第一个营业日交割。某些国家，如加拿大由于时差的原因采用这种方式。

（3）当日交割（value today，VAL TOD）：指在成交当日进行交割。如以前在香港外汇市场用美元兑换港元的交易（T/T）可在成交当日进行交割。

在外汇市场上，由于涉及两种不同的货币，交割日必须是两种货币共同的营业日，因为只有这样才能将货币交付对方。即期交割日的规则如下：

（1）此交割日必须是两种货币共同的营业日，至少应该是付款地市场的营业日。

（2）交易必须遵循价值抵偿原则，即一项外汇交易合同的双方必须在同一时间进行交割，以免任何一方因交割不同时而蒙受损失。

（3）第一天、第二天若不是营业日，则即期交割日必须向后顺延。

3. 即期外汇交易的报价

（1）采用双向报价，即同时报出买入价和卖出价。

报价排列是"前小后大"（在直接标价法下为：买入价/卖出价；间接标价法下为：卖出价/买入价）。不论直接标价还是间接标价，斜线上面为买入标准货币价格，斜线下面为卖出标准货币价格。除特殊标明以外，所有货币的汇率都是针对美元的，即采用以美元为中心的报价方法。

对于外汇银行来说，贱买贵卖是它们的经营原则，买入价卖出价之间的差额为1‰～5‰，买卖价的差额是银行经营外汇业务的利润。差价幅度一般随外汇市场的稳定程度、交易币种、交易地点以及外汇交易量的不同而发生波动。外汇市场越稳定、交易额越大、越常用的货币，差价幅度越小；市场越不稳定、交易量越小、外汇市场位置相对于货币发行国越远，则差价幅度越大。

（2）交易用语规范化。

为节约交易时间，交易者们常使用规范化的简语，交易额是 100 万美元的整数倍。例如，在银行同业交易中，"one dollar"表示 100 万美元，"six yours"表示"我卖给你 600 万美元"，"three mine"表示"我买入 300 万美元"。

（3）通过电话、电传等报价时，报价银行只报汇率的最后两位数字。

汇率的标价通常为 5 位有效数字，由于银行的外汇交易人员对各种货币兑美元的汇率很清楚，银行间报价时，只报最后两位数字。例如，德国某银行打电话向日本某银行询价时，日本银行的即期汇率为 USD1 = JPY（118.30～118.60），该行回答询价时只报 30/60。如果英镑兑美元的汇率为 GPB1 = USD（1.5510～1.5520），报价行交易员只报 10/20。

4. 即期外汇交易的种类

（1）电汇。

电汇指外汇汇款人向当地银行交付本国货币后，由该行用电报或电传的方式通知其在海外的分行或代理行立即支付外汇的业务。电汇的凭证就是电汇汇款委托书。

在浮动汇率制度下，汇率会经常剧烈波动，而电汇时间短，在实际操作中出口商为了减少风险，大多开出带有电报索汇条款的信用证，即开证行允许议付行在议付后，以电报方式通知开证行，说明各种单证与信用证相符。开证行在接到上述电报后，有义务立即将货款以电汇的方式划拨给议付行。这样，出口商能在较短的时间内收回货款，可以加速资金的周转，从而较好地规避风险。此外，商业银行为了平衡外汇买卖头寸，投机者为了进行外汇投机，也大多使用电汇汇率。因此，电汇汇率已成为外汇市场的基本汇率，是制定其他汇率的基础。

在电汇汇款方式下，银行在国内收进本国货币，在国外支付外汇的时间相隔不过一两日，由于银行占用资金的时间较短，获得的邮程利息较少，所以电汇汇款较贵。电汇汇率在国际贸易中使用很广，尤其是在大宗商品贸易的货款金额结算及在急需货款项目的金额结算时多使用电汇汇款方式。在信用证结算方式下，付款行偿付议付行垫款时，也经常使用电汇汇款方式，即电索条款。

（2）票汇。

票汇是指汇出行应汇款人申请，开立以汇入行为付款人的汇票，列明收款人的姓名、汇款金额等，交由汇款人自行寄送给收款人或亲自携带出国的一种汇款方式。票汇的凭证是银行的汇票。

票汇的特点是汇入行无须通知收款人取款，而是由收款人上门自取，收款人可以将汇票背书后转让。在国际贸易中，进出口商在支付佣金、回扣、寄售货款、小型样品、展品出售和索赔支付时，常采用票汇的方式进行。

（3）信汇。

信汇是指汇款人向当地银行交付本国货币，由银行开具付款委托书并将其航寄给国外代理行，以办理外汇支付业务。在进出口贸易合同中，如果规定凭商业汇票"见票即付"，则议付行会把商业汇票和各种单据用信函寄往国外，进口方银行见汇票后，将用信汇（航邮）向议付行拨付外汇，这就是信汇方式在进出口结算中的应用。为了推迟支付货款的时间，进口商常在信用证中加注"单到国内，信汇付款"条款，一方面是为了避免自身资金的占压，另一方面也是为了在国内验单后，在保证进口商品质量的前提下再付款。信汇汇款凭证是信汇付款委托书，其内容与电汇委托书内容相同，只是汇出行在信汇委托书上不加注押密，而以负责人签字代替。

5. 交叉汇率的计算

由于目前主要的外汇市场和大银行的外汇汇率报价采用的都是美元标价法，因此，非美元货币之间的买卖就需要通过美元汇率进行套算。通过套算得出的汇率叫做交叉汇率。交叉汇率的计算方法如下：

（1）如果两个即期汇率同为直接标价，汇率的套算是交叉相除。

USD/JPY　　　121.22/121.88

USD/CHF　　　1.6610/1.6631　　　CHF/JPY：72.8880/73.3775

（2）如果两个即期汇率同为间接标价，汇率的套算也是交叉相除。

EUR/USD　　　0.9100/0.9110

GBP/USD　　　1.4660/1.4670　　　EUR/GBP：0.6203/0.6214

（3）如果一个是直接标价法，一个是间接标价法，汇率的套算应为同边相乘。

GBP/USD　　　1.4288/98

USD/CHF　　　1.6610/31　　　GBP/CHF：2.3732/2.3779　　　EUR/US $
　　　　　　　　　　　　　　　　　　　　　　　　　　　　GBP/US $

（二）远期外汇交易

1. 远期外汇交易的概念

远期外汇交易又称期汇交易，是指买卖双方在成交时先就交易的货币种类、汇率、数量以及交割期限等达成协议，并以合约的形式将其确定下来，然后在规定的交割日再由双方履行合约，结清有关货币金额的收付。

在远期外汇交易中买卖双方签订的合约称为远期合约。根据成交日与交割日之间的间隔，远期外汇交易有一月期、二月期、三月期、六月期、一年期等几种。最多的是三月期的远期外汇交易，一年期以上的称为超远期外汇买卖，比较少。

2. 远期外汇交易的特点

（1）远期外汇交易是银行通过电话、电传等通信工具与其他银行、外汇经纪人和客户之间进行。

（2）在远期外汇合约中，汇率、货币种类、交易金额、交割日期等内容因时因地因对象而异，由买卖双方议定，无通用的标准和限制。远期外汇合约到期时实际支付金额大抵是全额交收的。

（3）远期外汇交易是无限制的公开活动，任何人都可以参加，买卖双方可以直接进行交易，也可通过经纪人进行交易。如果不通过外汇经纪人，则不需要支付手续费。

（4）远期外汇交易主要在银行之间进行，个人和小公司参与买卖的机会较少。买卖价格由各银行报出，并且交易中没有共同清算机构，交易的盈亏在规定的交割日结算。

（5）远期外汇交易除银行偶尔对小客户收一点保证金外，没有缴纳保证金的规定。绝大多数交易不需缴纳保证金，款项的交收全凭对方的信用，所以有一定的风险。

3. 远期外汇交易的交割日

远期外汇交易的交割日的推算，通常按即期交割日（即起息日）后整月或整月的倍数，而不管各月的实际天数差异。例如，即期外汇交易如在6月8日达成，交割日是至6月10日为止。假如在6月8日达成1个月和2个月远期交易，则交割日或起息日分别为7月10日和8月10日。进一步分析，假如7月10日不是有效营业日，而是节假日，则按前述惯例顺延至下一个有效营业日，即7月11日或7月12日，或再以后的日期，直到延至下一个有效营业日。但有一个例外，如果加上一个或更多的整月后，发现不是有效日，往下推算直到出现有效日，有可能已推到下一个月，这种情况下，往下推算的惯例不再适用，而是相反地往回推算，直到"触及"第一个有效日为止。显然，往回推算到的第一个有效日必为远期交割月的最后一个有效营业日。这种远期交割日的处理原因是显而易见的，跨月无论是在概念上还是在计算上都可能会产生问题。

远期外汇交易交割日推算还有一个所谓"双底"惯例。假如即期交割日为当月的最后一个营业日，则所有的远期交割日是相应各月的最后一个营业日。假如即期交易的交割日到4月28日（星期五），则两个月远期的交割日为6月份的最后一个营业日，比如6月30日或6月29日。

4. 远期外汇交易的类型

（1）固定交割日的远期外汇交易。

固定交割日的期汇交易（fixed forward transaction）是指交易的交割日期是确定的，交易双方必须在约定的交割日期办理外汇的实际交割，此交割日既不能提前也不能推后。在国际贸易交往中，进出口商为了防范从贸易合同签署日到货款实际收付日的外汇风险，通常都会进行外汇的套期保值活动，即为远期收付一笔货币，就在期汇市场上卖或买一笔期汇，以求安全。这种套期保值一般都是固定交割日的期汇买卖。

（2）选择交割日的远期外汇交易。

选择交割日的期汇交易（optional forward transaction），又称择期交易，是指交易没有固定的交割日，交易一方可在约定期限内的任何一个营业日要求交易对方按约定的远期汇率进行交割的期汇交易。这类交易在交割日期上具有较大的灵活性，通常适用于难以确定收付款日期的对外贸易。在择期交易中，询价方有权选择交割日，而且询价方也可以根据对市场的预测，选择对自身最有利的择期日期，如6个月的择期，就意味着该客户在该笔期汇交易中可能选择的最早交割日是第6个月的第一天，最迟是第六个月的最后一天。由于报价银行必须承担汇率波动风险和资金调度的成本，因此报价银行必须报出对自己有利的价格。即报价银行在买入被报价货币时报出较低的汇率；在卖出被报价货币时，报出较高的汇率。基本上，报价银行对于任选交割日的远期汇率的报价遵循以下两条原则：

第一，报价银行买入被报价货币，若被报价货币升水，按选择期内第一天的汇率报价；若被报价货币贴水，则按选择期内最后一天的汇率报价。

第二，报价银行卖出被报价货币，若被报价货币升水，按选择期内最后一天的汇率报价；若被报价货币贴水，则按选择期内第一天的汇率报价。

【例3-1】某年美国某进口商以择期远期交易购买了10万英镑，择期在第一个月和第二个月，即该进口商可以在合约签订后的第一个月、第二个月两个月中的任何一天购买所需英镑。有关银行的卖出价见表3-1。

表3-1　　　　　　　　　　　　　　　　　外汇汇率

情况	外汇升水	外汇贴水
即期	GBP1 = USD1. 7520	GBP1 = USD1. 7520
一月期	GBP1 = USD1. 7620	GBP1 = USD1. 7420
二月期	GBP1 = USD1. 7720	GBP1 = USD1. 7320

从择期开始到结束的三个汇率，第一种情况是 GBP1 = USD1. 7520，GBP1 = USD1. 7620，GBP1 = USD1. 7720，对顾客不利的是 GBP1 = USID1. 7720；第二种情况是 GBP 1 = USD 1. 7520，GBP1 = USD 1. 7420，GBP1 = USD 1. 7320，对顾客不利的是 GBP1 = USD 1. 7520。

由此可以得出原则：当银行卖出择期远期外汇升水时，择期交易适用的是最接近择期结束时的汇率；若远期外汇贴水则适用的是最接近择期开始的汇率。同理可得：当银行买入择期远期外汇升水时，择期交易适用的是最接近择期开始的汇率；若远期外汇贴水则适用的是最接近择期结束时的汇率。

5. 远期汇率的标价方法及计算

（1）标价方法。

①直接标明远期汇率。

直接标明远期汇率也称"全额报价"，报出买卖价的全部数字，或称直接远期汇率、完全远期汇率。瑞士、日本采用这种方法。

例如：某日东京外汇市场：USD/JPY

即期汇率	103.60～70
1个月远期汇率	103.37～49
3个月远期汇率	102.82～96
6个月远期汇率	101.01～18

②间接标明远期汇率。

标明远期汇率与即期汇率的差价，简称远期差价。远期差价用升水、贴水、平价表示，升水与贴水是相对概念，在一个标价中，如果标准货币升水，标价货币就是贴水。升贴水合称为远期汇水。远期汇水可用点数或币值表示。

（2）远期汇率与即期汇率的关系。

由于标价方法不同，计算远期汇率的原则也不同。

①直接标价法下：远期汇率＝即期汇率+升水

远期汇率＝即期汇率-贴水

②间接标价法下：远期汇率＝即期汇率-升水

远期汇率＝即期汇率+贴水

在实际交易中，远期汇水也有两个数值，如果同时标出买入价/卖出价，且没有说明远期是升水还是贴水，则根据如下规则计算远期汇率。如果远期汇水前小后大，表示标准货币的远期汇率呈升水，计算远期汇率时应把即期汇率和远期汇水相加；如果远期汇水前大后小，表示标准货币的远期汇率呈贴水，计算远期汇率时，应用即期汇率减去远期汇水。此规则，不论直接标价法还是间接标价法都适用。即期汇率、远期汇水和远期汇率的关系如下：

即期汇率		远期汇水		远期汇率
小╱大	+	小╱大	=	小╱大
小╱大	-	大╱小	=	小╱大

符合实际交易的规律是：无论即期汇率还是远期汇率，前一数字总小于后一数字，即标准货币的买入价总是小于标准货币的卖出价；与即期汇率相比，远期汇率的买入价与卖出价之间的汇差总是更大。

【例3-2】即期汇率 USD/CAD 1.5369/79

6个月远期 300/290

12个月远期 590/580

则：6个月直接远期汇率 USD/CAD 1.5069/89

12个月直接远期汇率 USD/CAD 1.4779/99

【例3-3】即期汇率 USD/HKD 7.7930/7.7948

3个月远期 100/88

则：3个月直接远期汇率 USD/HKD 7.7830/7.7860

6. 远期汇率升贴水的计算

造成远期汇率升贴水的因素很多，但主要是由有关的两个国家的利率高低决定。当然还有其他因素，如国际政治、经济形势的变化，国际经济交易的消长，国际收支的变化，一国的政府政策等。

在正常的市场条件下，远期汇率的升贴水主要取决于两国货币短期市场利率的差异，并且大致与利率差异保持平衡。一般情况下，利率较高的货币的远期汇率表现为贴水，利率较低的货币的远期汇率表现为升水。远期汇率的升贴水率大约等于两种货币的利率差，这是我们已经学过的"利率平价理论"的内容，它又可称为"远期汇率决定理论"。

例如，美国某商业银行卖出远期美元较多即超卖，不能平衡。为了避免汇率波动的风险，它用英镑买进即期美元，准备在远期交易到期时办理交割。该银行以即期英镑换取即期美元，如果存放于纽约的美元存款利率低于伦敦的英镑存款利率，则该银行将在利息上蒙受损失。因此，该银行将把由于远期外汇业务所引起的利息损失转嫁到远期美元的购买者身上，那么客户购买远期美元的汇率应高于即期美元的汇率。升贴水的数额原则上等于两种货币的利率差，若两国利差发生变化，则远期差价也会相应变动。远期汇率、即期汇率、利息率之间存在的内在联系，可以通过即期汇率和两种货币的利差计算。

一种货币兑另一种货币升贴水的数值，其公式为：

外币升贴水数值＝即期汇率×两国利差×月数/12

或：外币升贴水数值＝即期汇率×两国利差×天数/360

若交割期为一年，上式实际为利率平价公式：$f=(F-S)/S=i-i_f$，$F-S$ 为升贴水数，其中，汇率用直接标价法表示。一种货币对另一种货币升水（或贴水）的具体数字不便于比较，不能直接指明其高于（或低于）即期汇率的幅度，折成年率则可方便地进行比较。

$$SFPM=(FM-E)/E×360/M×100\%$$

或：$SFPm=(Fm-E)/E×12/m×100\%$

其中，SFPM（SFPm）表示标准货币 M 天（m 个月）远期汇率升/贴水折年率；SFPM（SFPm）为正表示标准货币升水，SFPM（SFPm）为负表示标准货币贴水；FM（Fm）表示 M 天（m 个月）远期汇率；E 表示即期汇率，用直接标价法表示。

【例3-4】伦敦外汇市场即期汇率£1＝＄1.5500，伦敦市场利率为9%，纽约市场利率为7.5%，求：3个月后，美元远期汇率是升水还是贴水？3个月后，美元远期汇率的升/贴水值是多少？

方法一：将美元视为外币

解：（1）因为 $i\$ < i£$

所以美元远期升水

（2）美元升水值=1/1.5500×（9%–7.5%）×100%×3/12＝0.0024（£）

（3）3个月美元远期汇率为：1US＄=1/1.5500+0.0024＝0.6476（£）

或：1£＝1.5442 US＄

方法二：将英镑视为外币

解：（1）因为 $i\$ < i£$

所以美元远期升水

（2）英镑贴水率=1.5500×（9％－7.5％）×100％×3/12 ＝0.0058（US＄）

（3）3个月美元远期汇率为：￡1＝1.5500－0.0058＝1.5442（US＄）

【例3-5】美国某公司因进口用汇，从远期外汇市场购入1个月远期瑞士法郎。已知即期汇率＄1＝SFr1.5341，1个月后美元贴水50点，问该公司因进口用汇（瑞士法郎）升值而遭受的损失折成年率是多少？

解：美元贴水50点，即瑞士法郎升水50点（0.0050 SFr）

则瑞士法郎升水值折年率为：0.0050/1.5341×12×100％＝3.91％

7. 远期外汇交易的应用

（1）利用远期外汇交易套期保值。

这里套期保值是指买进或卖出一笔等值于在国外的远期负债或资产的外汇，使这笔负债或资产免受汇率变动的影响，从而达到保值的目的。从事国际贸易的进出口商，经营外汇业务的银行都可以通过远期外汇交易规避风险。对于进出口商来说运用远期外汇交易可以得到两方面的好处：第一，在将来某一特定时间以合约中规定的汇率或购买合约中规定数量的外汇，而不管在支付或收到外汇货款时汇率怎样变化，从而避免了外汇风险；第二，虽然外汇货款的收付要在将来才发生，但通过远期外汇交易，出口商或进口商在签订贸易合同时就可以精确地计算出贸易合同的本币价值，有利于成本核算。

【例3-6】某美国进口商从日本进口价值500万日元的商品，以日元计价支付，3个月后结算。签订合同时即期汇率为USD1＝JPY125.00。若3个月后由于各种原因美元贬值，汇率变为USD1＝JPY110，该美国进口商由于汇率的这种变动将蒙受损失。若汇率不变，他只需支付4万美元（即5 000 000/125）就可以买到500万日元给日本出口商，现在由于汇率已变动，他不得不支付45 454美元（即5 000 000/110）才能买到500万日元，多付出了5 454美元。此外，在签订贸易合同时，该进口商并不知道3个月后汇率变不变，是上升还是下降。总之，美国进口商并不知道3个月后的汇率到底会是多少，将支付的是4万美元，还是45 454美元，因而无法在订立贸易合同时就同时准确地核算进口成本。但是，如果该进口商在与日本出口商订立贸易合同时就同时和外汇银行签订远期合约，约定以USD1＝JPY120的三月期汇率购买500万日元，那么无论3个月后汇率发生什么变化都与进口商无关，他可以根据远期合约花41 666美元买到500万日元支付给对方。同理，出口商可以在签订出口合同时与银行签订远期合约，将其在未来某时取得的外汇货款以远期外汇的形式卖出，以避免外汇风险。

但是，进出口商在利用远期外汇交易避免汇率不利变动造成损失的同时，也失去了汇率有利变动可能带来的经济利益。按上述例子，若3个月后的即期汇率高于120日元，假定为122日元，那么不签订远期合约，在交割日只需约41 000美元（5 000 000/122）即可买到所需日元支付给对方，远期合约的订立无疑排除了获取此种利益的可能性，这就要求当事人权衡利弊作出选择。

那么，外汇银行接受进出口商的要求承做远期外汇交易是否就承担了外汇风险并将蒙受损失呢？一般情况下不会。理由是：第一，银行作为外汇交易的中介，同时与许多客户、外汇银行进行外汇交易。若一个客户想卖出三月期美元买进英镑，而另一个客户则相反，想卖出同样数量的三月期英镑买进美元，银行同时从事这两笔远期交易，将客户转嫁来的风险再加以抵消。通过赚取买卖差价和交易手续费，银行仍可得利。当然，若银行的远期业务较少，远期外汇的数量、币种期限、交易方向等不匹配，可能有很大一部分差额不能轧平。但对大银行来说，问题不大，因为它们有大量的远期外汇业务，可以通过综合调整轧平头寸。第二，银行还可能采取其他一些办法，积极地保护自己。

（2）用远期外汇交易进行外汇投机。

投机可在各种市场上进行，外汇市场也包括在内。外汇投机即是在预测外汇汇率将要上升时先买进后卖出外汇，在预测外汇汇率将要下降时先卖出后买进外汇的行为。

外汇投机既可在现汇市场上进行也可在远期外汇市场上进行。两者的区别在于，在现汇市场上投机时，由于现汇交易要求立即交割，投机者手中要有十足的现金或外汇而不管其资金来源如何。在期汇市场上投机由于不涉及现金或外汇的收付，因而在该市场上投机不必持有十足的现金或外汇，只需支付少量的保证金即可。

【例3-7】在现汇市场上的投机。假定美元的即期汇率为 USD 1 = CHF 5.6525。一投机者认为，1 个月后美元的即期汇率将上升，于是，该投机者入市买入 10 万美元，支付 565 250 瑞士法郎。如果 1 个月后汇率变动果如他所料，他再入市卖出 10 万美元，汇率为 USD 1 = CHF 5.6535，结果得 565 350 瑞士法郎，这一投机行为所得利润为 100 瑞士法郎。当然，如果预测错误（即不是美元升值而是美元贬值）他将为此而蒙受损失。总之，无论怎样，该投机者在现汇市场购买 10 万美元时，手头必须要持有 565 250 瑞士法郎。

【例3-8】在期汇市场上的投机。假定在香港外汇市场上，某年 3 月 1 日三月期美元的远期汇率为 USD 1 = HKD8.9625。一投机者预测美元以后 3 个月内将会贬值，美元的远期汇率将随之下降。于是他在远期外汇市场抛出三月期美元 100 万，交割日为 6 月 1 日。在 3 月 1 日成交时，他只需支付少量保证金，不需实际支付美元。如果在交割之前，美元的汇率果真下降，假如 5 月 1 日时一月期美元的汇率为 USD 1 = HKD8.9525，该投机者再次进入远期市场，买入同额远期美元（100 万），交割日期和卖出的远期美元的交割日期相同。这一卖一买可使他获得 1 万港元（1 000 000× 8.9625 −1 000 000×8.9525）。如果投机者预测是错误的，美元的汇率不但没有下降反而上升，他将蒙受损失。

例3-8中，投机者的投机以抛售为基础，且在抛售外汇时，实际上手中并无此项外汇，他只是签订了一份远期合约，保证在规定日期以规定的汇率卖出一定数额的外汇，这与现汇市场上的投机极不相同。这种以在远期外汇市场上抛售远期外汇为前提，抛售时手中并无外汇的投机称为卖空，即做空头。

与卖空相对应的是买空，这种投机是以购买远期外汇为基础，在购买时实际上并不需要立即付款，同时也没有立即取得所购买的外汇，只是签订了一个远期合约，保证到期以规定的汇率购买一定量的外汇。因此，投机者从事的这种买空投机，又称做多头。

必须强调的是，远期外汇投机交易必须具备两个条件：一是有远期外汇市场存在；二是汇率必须有变动。由于即期外汇市场投机与远期外汇市场投机的做法有很大区别，所以一般说来，进行远期外汇投机交易的可行性较大，成交量也较大，但单纯的远期外汇买卖的风险比即期外汇买卖的风险更大。

8. 即期外汇交易与远期外汇交易的区别

（1）交割日不同。凡是交割日在两个营业日以后的外汇交易均属于期汇交易。一般情况下确定期汇交易交割日的规则有：①任何外汇交易都以即期交易为基础，远期交割日是以即期交割日加上天数、星期数或月数来加以确定的；②远期交割日如果不是营业日，则顺延到下一个营业日，且顺延后跨月的，需要提前到当月的最后一个营业日，作为交割日；③远期交割日存在"双底"惯例，即假定即期交割日为当月的最后一个营业日，则相对应的远期交割日也应该是各月的最后一个营业日。

（2）汇率不同。远期外汇交易用远期汇率交割，即期外汇交易使用即期汇率交割。由于远期汇率是由银行事先报价的，并不是到期日的即期汇率，那么就存在远期汇率究竟是如何得来的问题。

（三）套汇交易

套汇交易（arbitrage）就是指利用不同的外汇市场，不同的货币种类，不同的交割时间以及一些货币汇率和利率上的差异，进行从低价一方买进，高价一方卖出，从中赚取利润的外汇买卖。套汇通常可以分为地点套汇、时间套汇和利息套汇三种形式。

1. 地点套汇

地点套汇（space arbitrage）是指利用不同地点的外汇市场之间在某一时点上某种货币汇率的差异，贱买贵卖，赚取汇率差价的外汇交易。地点套汇又分为以下两种形式：

（1）直接套汇（direct arbitrage）。直接套汇也称为两角套汇（two-point arbitrage），是指利用两个不同地点的外汇市场之间的某一货币汇率的差异，同时在这两个外汇市场上一边买进该货币，一边卖出该货币，以赚取汇率差额的一种交易。直接套汇是最简单的一种套汇方式。

【例3-9】设纽约外汇市场和中国香港外汇市场在某一时间的汇率分别为：

纽约市场：USD1 = HKD7.8010/25

香港市场：USD1 = HKD7.8030/45

从以上两地的汇率情况可以看出，纽约的美元比香港便宜，因此，套汇者可以选择在纽约买入美元，同时在香港卖出美元。具体操作如下，在纽约外汇市场买进1美元，支付7.8025港币；同时在香港的外汇市场卖出1美元，则能够收入7.8030港币。说明通过在两地套汇，可以从一买一卖中获得0.0005港币的利润。可见，正是由于套汇交易的存在，使得不同市场上的汇率差异迅速缩小。

（2）间接套汇（indirect arbitrage）。间接套汇也称为三角套汇（three-point arbitrage），是指利用三个不同外汇市场之间的货币汇率差异，同时在这三个外汇市场上进行套汇买卖，从汇率差额中牟取利润的一种外汇交易。由于间接套汇涉及三地市场和三种货币，因此三角套汇交易比两角套汇更为复杂。一是套汇机会难以直接判断；二是需要进一步确定套汇路径。

【例 3-10】假设在某一时刻，纽约、伦敦、中国香港三地外汇市场出现以下行情：

纽约：GBP1 = USD1.6410/50（中间汇率 1.6430）

伦敦：GBP1 = HKD12.6800/900（中间汇率 12.6850）

香港：USD1 = HKD7.7710/50（中间汇率 7.7730）

首先，判断三个市场是否存在套汇机会。原理是：在其中某一个市场投入一单位货币，经过中介市场的买卖，最后收入的货币不等于一个单位时，即说明三个市场汇率存在差异。判断方法分为三步：第一步，计算各个市场的中间汇率；第二步，将三个市场中的本币按相同的标价方法表示；第三步，将各个中间汇率相乘，如果值不等于 1，则存在套汇机会，等于 1，则不存在套汇机会。

在本例中，将伦敦外汇市场英镑与港币之间的汇率标价方法改为直接标价法，则结果为 $1.6430 \times (1/12.6850) \times 7.7730 = 1.0068 \neq 1$，说明存在套汇机会。

其次，寻找套汇路径。根据上式，可以试着在纽约外汇市场投入 1 英镑，则可以兑得 1.6410 美元；再将美元在香港外汇市场兑为 12.7522 港币；最后将港币在伦敦外汇市场换回原先投入的货币英镑，可得 1.0049 英镑。以上分析表明套汇的路径可以是：纽约—香港—伦敦，经过套汇，每英镑获得的利润为 0.0049 英镑。

从交易的情况来看，地点套汇交易具有以下特点：第一，大型国际商业银行是最大的套汇业务投机者；第二，套汇买卖的数额一般较大，套汇利润收益非常可观；第三，套汇业务采用银行电汇方式交易。事实上，不同外汇交易市场中出现较大套汇的可能性极低，普通投资者难以参与。这是因为市场中一旦出现套汇机会，大商业银行即动用巨额资金进行套汇交易，而交易本身又会引起外汇市场货币供求的变化，最终使套汇机会稍纵即逝，即在全球范围内的外汇市场中形成一个统一的单一汇率。因此进行套汇时，需要在第一时间拥有存在套汇可能的信息，才能抢占市场先机。

2. 时间套汇（掉期套汇）

（1）掉期交易的概念和特点。

掉期交易（swap transaction）也叫时间套汇，是指在外汇市场上买进或卖出一种货币的同时，卖出或买进金额相等但交割日期不同的该种货币的外汇交易行为。

掉期交易的特点是，掉期交易实际上由两笔外汇业务组成，两笔外汇业务的买和卖同时进行，货币相同，数额相等，但期限不同，因而所依据的汇率不同。掉期交易不会改变交易者的外汇持有额，改变的只是交易者所持有的外汇的期限结构，故名"掉期"。它实质上也是一种套期保值的做法，但又不同于一般的套期保值。掉期交易强调买入和卖出的同时性，两笔交易必须同时进行，而一般套期保值两笔交易有先有后。掉期交易绝大部分是针对同一对手进行的。

进行掉期交易的目的主要是为了轧平外汇头寸，以避免外汇风险。采用掉期交易最多的情形是，银行为抵补已购入或售出的某种外汇所可能发生的汇率风险而进行反向的远期外汇交易。例如，银行为向企业提供 1 个月的日元贷款，将其美元资产兑换成日元；同时为防止日元收回时汇率下跌，须将日元的本金和利息用远期交易方式卖出，以确保将来的美元资产金额。银行同业之间也常用掉期交易，以使某种货币头寸在某一特定日期为零。此外，可以通过掉期交易，贱买贵卖，赚取买卖差价收益。

（2）掉期交易的类型。

①即期对远期的掉期交易。

它是指买进或卖出某种即期外汇的同时，卖出或买进同种货币的远期外汇。这是外汇市场上最常见的掉期交易形式，应用范围较广。国际投资者的投资保值、进出口商的远期交易展期、外汇银行筹措外汇资金及调整外汇头寸等都可以利用这种掉期交易。

【例3-11】美国某公司因业务需要，以美元购买欧元10万元存放于巴黎法国银行，期限1个月。为防止1个月后欧元汇率下跌，导致存放于法国银行的欧元不能换回如数的美元而蒙受损失，该公司在买进欧元现汇的同时，卖出10万欧元的1个月期汇。假设纽约外汇市场欧元即期汇率为EUR/USD 1.5073/75，1个月远期汇率为30/28。那么，该公司的损益情况如何？

由上述外汇牌价可知，1个月的远期汇率是EUR/USD 1.5043/47。该美国公司买进10万欧元现汇需支付150 750美元（10万×1.5075），卖出10万欧元期汇可收回150 430美元（10万×1.5043）。这样该公司只需支付即期汇率与远期汇率之间十分有限的买卖差额320美元（150 750−150 430）就可固定成本，不管1个月后欧元如何下跌，都不会再蒙受更多损失。

②即期对即期的掉期交易。

即期对即期的掉期交易也称"一日掉期"，是指同时做两笔金额相同、交割日相差一天、交易方向相反的即期外汇交易。这种形式的掉期交易常见的安排有：今日对明日的掉期，即将第一笔即期交易的交割日安排在成交的当天，将第二笔反向即期交易的交割日安排在第二天（即成交后的第一个工作日）；明日对后日的掉期，即将第一笔即期交易的交割日安排在成交后的第一个营业日，将第二笔反向即期交易的交割日安排在成交后的第二个营业日。这类掉期交易一般用于银行同业之间的隔夜资金拆借。

③远期对远期的掉期交易。

它是指对交割期限不同而货币种类和金额相同的两笔期汇结合起来进行方向相反的交易。即在买进或卖出较短期限的远期外汇的同时，卖出或买进较长期限的远期外汇。比如，在买进或卖出3个月后交割的某种外汇的同时，再卖出或买进6个月交割的等额外汇，其好处是可以利用有利的汇率机会获利。

【例3-12】美国某银行在3个月后应向外支付100万英镑，同时在1个月后又将收到另一笔100万英镑的收入。此时，若市场上的汇率较为有利，它可以进行一笔远期对远期的掉期交易。

假定此时纽约外汇市场上的汇率为：

即期汇率1英镑 = 1.6960 ~ 1.6970美元

1个月远期汇率1英镑 = 1.6868 ~ 1.6880美元

3个月远期汇率1英镑=1.6729~1.6742美元

此时该银行有两种掉期方法可供选择：第一，进行两次"即期对远期"的掉期交易。即，将3个月后应支付的英镑，先在远期市场买入（期限也为3个月，汇率为1.6742美元），再在即期市场上将其卖出（汇率为1.6960美元）。这样，每英镑可获益0.0218美元。同时，将1个月后将要收到的英镑，先在远期市场上卖出（期限为1个月，汇率为1.6868美元）。这样每英镑须贴出0.0102美元。两笔掉期交易合起来总计，每英镑可获净收益0.0116美元。第二，直接进行"远期对远期"的掉期交易即买入3个月的远期（汇率为1.6742美元），再卖出1个月期的远期（汇率为1.6868美元），其能获得的净收益为每英镑0.0126美元。可见，用这种"远期对远期"的掉期交易，比用两笔"即期对远期"交易更为有利。

（四）套利交易

套利交易（interest arbitrage）也称利息套汇，是指两个国家短期利率不同时，投资者将资金从低利率国家调往高利率国家，以赚取利差收益的外汇交易。

根据投资者是否对套利交易涉及的外汇风险进行弥补，套利交易分为未抵补套利和抵补套利两种。

1. 未抵补套利

未抵补套利也叫无抛补套利，是指资金持有者利用两个金融市场上存在的短期利率差，将资金从利率低的国家或地区调往利率高的国家或地区进行投资，以获取利差收益，而不同时进行反方向交易轧平头寸的交易活动。

未抵补套利由于在买进利高货币现汇的同时不做卖出其期汇的对冲交易，因而在赚取利差收益的同时承受了汇率变动的风险，要么获得利高货币汇率上升的收益，要么遭受利高货币汇率下跌的损失，具有投机性质。这种套利形式适用于汇率比较稳定的情况，或者需建立在对利高货币未来汇率看涨预期的基础上。

【例3-13】美国金融市场1年定期存款利率是3%，而英国金融市场1年定期存款利率是5.25%。纽约外汇市场即期汇率为GBP/USD=1.9880/85。一美国投资者手中有闲置资金100万美元，欲进行1年投资。在这种情况下，该投资者可有两种选择：一是在本国投资，以获取3%的利息收益；二是将美元兑换成英镑，再投资于英国，以获取5.25%的高利息，到期后再换成美元抽回。

假设不套利，一年后在美国可获得投资本利和为：

1 000 000×（1+3%）=1 030 000（美元）

假设套利，先将美元按即期汇率换成英镑，再投资到英国。如果美元与英镑的汇率在这一年中保持不变，则一年后该投资者可获得本利和为：

1 000 000÷1.9885×（1+5.25%）×1.9880=1 052 235（美元）

由此可见，在不考虑汇率变动的情况下，套利要比不套利多收入22 235美元（1 052 235-1 030 000）。

但是一般情况下，1年后汇率都会有所波动，因此当美国投资者把在英国获得的英镑收益换回美元时，将面临较大的不确定性，有遭受汇差损失或获得额外汇差收益的可能。

假设一年后英镑相对美元升值，GBP/USD＝2.0080/85，则美国投资者可获得本利和为：

1 000 000÷1.9885×（1+5.25%）×2.0080＝1 062 821（美元）

该投资者不仅获得了利差收益，而且获得了汇差收益，获利总额是：

1 062 821－1 030 000＝32 821（美元）

其中汇差收益为：32 821－22 235＝10 586（美元）

或1 000 000÷1.9885×（1+5.25%）×（2.0080－1.9880）＝10 586（美元）

假设一年后英镑相对美元贬值，GBP/USD＝1.9600/85，则投资者获本利和为：

1 000 000÷1.9885×（1+5.25%）×1.9600＝1 037 415（美元）

显然，该美国投资者遭受了汇差损失，但此时利差收益仍大于汇差损失，仍可获得7 415美元（1 037 415－1 030 000）的利润。

但如果市场汇率变为GBP/USD＝1.9400/85，则1 000 000÷1.9885×（1+5.25%）×1.9400＝1 026 829（美元），该美国投资者遭受了较大的汇率损失，套利的结果是－3 171美元（1 026 829－1 030 000）。

可以看出，只有当两国利率差异大于高利率货币的汇率下跌幅度时，进行未抵补套利才能获利，因而这种纯粹的套利行为面临着汇率变动的不确定性所带来的风险。所以，在进行套利活动中，往往要考虑汇率因素，通常的做法是将套利活动与掉期交易结合在一起，进行抵补套利。

2. 抵补套利

抵补套利也叫抛补套利，是指投资者为防范投资期间的汇率变动风险，在进行套利交易的同时进行掉期抛补，即在买进利高货币的现汇的同时，在远期外汇市场上卖出利高货币的期汇，以获得毫无风险的利差收益。

按照一般原理，利率高的货币，其远期汇率是贴水。这就可能使投资者在赚取利差收益的同时，蒙受远期汇率下跌的损失。而进行抵补套利不涉及任何汇率风险，因此套利交易一般多为抵补套利。

【例3-14】承前例，假设1年期英镑/美元的远期汇率为1.9830/45，美国投资者进行抵补套利。它在即期市场将美元换成英镑投放于英国金融市场获取高利息的同时，在远期外汇市场卖掉与本息相同金额与期限的英镑，获得的本利和为：

1 000 000÷1.9885×（1+5.25%）×1.9830＝1 049 589（美元）

则投资者获得的利差收益为：1 049 589－1 030 000＝19 589（美元）

由于英镑远期贴水，投资者进行抵补套利付出了相应的掉期成本2 646美元（1 052 235－1 049 589）（或掉期成本＝22 235－19 589＝2 646美元），但其19 589美元的收益已不存在任何汇率风险。

关于套利交易的几点说明如下：

（1）套利交易以有关国家对货币兑换和资金转移不加任何限制为前提，即在严格外汇管制国家之间一般不会发生套利交易。

（2）货币市场上不同国家有不同利率，套利是针对同一性质或同一种类金融工具的名义利率的高低不同进行的，否则不具有可比性。

（3）套利的前提条件是两国货币利差大于升贴水年率（即掉期成本年率）。因为如果存在套利机会，套利活动必将源源不断地出现，引起利高货币与利低货币间的汇率发生变更：高利率货币的即期汇率上升和远期汇率下跌，使远期差价不断扩大，直至高利率货币的 1 年期贴水率约等于两国货币的利率差，此时套利活动因无利可图而停止。由此可见，在金融全球化的今天，各国间的利率与汇率有着非常密切的联动关系。因此，套利活动需要考虑升贴水年率与利率差异率的关系问题。如果升贴水年率大于两地利差，说明套利成本太高，无利可图；如果升贴水年率小于利差，说明利差没有完全被掉期成本抵消，有利可图，可以进行抵补套利。当两者相等时，套利活动终止，外汇市场与货币市场处于均衡状态。计算升贴水年率可用下面的公式：

$$升贴水年率（或掉期成本年率）= \frac{升水或贴水具体数字}{即期汇率} \times \frac{12}{远期月数} \times 100\%$$

（4）套利的结果使利率在世界范围内趋向一致，套利交易使利率高的货币存在汇率下浮趋势，而利率低的货币有汇率上升趋势。原因是高利率国家会吸引大量资金流入，使货币供给增加，市场利率必然下跌。在利率下跌的预期下，套利者必然选择在远期外汇市场卖出高利率货币，其结果是高利率货币远期供给增加、汇率下跌。在高利率国家资金大量流入的同时，低利率国家资金大量流出、资金供应减少、市场利率上升。在利率上升的预期下，套利者在远期外汇市场上又兑换成低利率货币，其结果是低利率货币远期需求增加、汇率上浮。

（5）因为套利资金是源源不断的，所以市场上两国货币的利率差总是约等于即远期汇率差，不存在抵补套利机会，换言之，抵补套利机会是短暂的。另一方面，两国货币市场上又总是存在着明显的利率差，导致投资者试图获取这利率差，所以未抵补套利机会与活动总是存在的。在上述例子中，如果一年后英镑汇率下跌至 1.9460（此时，美国投资者的收益为 1 000 000÷1.9885×（1+5.25%）×1.9460＝1 030 004.76 美元，几乎等于在美国投资），美国投资者可以不急于将英镑兑换成美元，而是继续在英国市场投资，直到英镑汇率上升。

（6）套利存在交易成本，如外汇经纪人做即期和远期外汇买卖时所收取的佣金；资金借贷中除了利息以外，有时还涉及诸如管理费、手续费、杂费等费用；去外国投资比在国内投资在纳税方面增加的支出。这些都需要在做套利交易时统筹考虑。

（五）外汇期货交易

1. 外汇期货交易的产生

自 1972 年 5 月，芝加哥商品交易所（chicago mercantile exchange，CME）的国际货币市场（international monetary market，IMM）分部推出了第一张外汇期货合约，揭开了期货市场创新发展的序幕。1976 年以来，外汇期货市场迅速发展，交易量激增数十倍。1978 年纽约商品交易所也增加了外汇期货业务；1979 年，纽约证券交易所亦宣布，设立一个新的交易所来专门从事外币和金融期货；1981 年 2 月，芝加哥商业交易所首次开设了欧洲美元期货交易。随后，澳大利亚、加拿大、荷兰、新加坡等国家和地区也开设了外汇期货交易市场。从此，外汇期货市场便蓬勃发展起来。目前，外汇期货交易的主要品种有：美元、英镑、欧元、日元、瑞士法郎、加拿大元、澳大利亚元等。

从世界范围内看，外汇期货的主要市场在美国，基本上集中在芝加哥商品交易所的国际货币市场（IMM）、中美洲商品交易所（MCE）和费城期货交易所（PBOT）。国际货币市场主要进行澳大利亚元、英镑、加拿大元、欧元、日元和瑞士法郎的期货合约交易；中美洲商品交易所进行英镑、加拿大元、欧元、日元和瑞士法郎的期货交易；费城期货交易所主要交易欧元、英镑、加拿大元、澳大利亚元、日元、瑞士法郎。此外，外汇期货的主要交易所还有伦敦国际金融期货交易所（LIFFE）、新加坡国际货币交易所（SIMEX）、东京国际金融期货交易所（TIFFE）、法国国际期货交易所（MATIF）等，每个交易所基本都有本国货币与其他主要货币交易的期货合约。

随着国际贸易的发展和世界经济一体化进程的加快，外汇期货交易一直保持着旺盛的发展势头。它不仅为广大投资者和金融机构等经济主体提供了有效的套期保值的工具，而且也为套利者和投机者提供了新的获利手段。

2. 外汇期货交易的含义及特征

外汇期货交易亦称外币期货交易，是指在有形的交易市场内根据成交单位、交割时期标准化的原则，签订在未来某个确定的日子买入或卖出一项外汇，有效期间每天结清市价差额的一种交易方式。或者说，是指在期货交易所买进或卖出某种外币，而在未来一定的时间交割的交易。外汇期货交易具有以下特征：

（1）外汇期货合约是一种标准化合约。

在合约里，交易币种、交易时间、交易金额以及结算都有统一规定，只有价格是变动的。合同价格的变动代表交易双方对外汇汇率变动的预测，影响汇率的一切因素都会影响到外汇期货合同的价格。

（2）外汇期货交易实行保证金交易制度。

外汇期货交易需按一定比例交纳保证金，客户无需按合约规定的数额全部付清，只需根据交易后的盈亏情况计算差额。买卖双方在开立账户进行交易时，都必须交纳一定数量的保证金。保证金也称垫头，目的是为确保买卖双方很好地履行义务。

（3）外汇期货交易是在交易所通过经纪人，并运用公开叫价的方式进行。

外汇期货交易是在交易所内的会员之间通过经纪人进行交易，非会员如欲参加交易，必须委托会员才能进行，交易双方互不了解。场上价格随时公开报道，进行交易的人可以根据场上价格的变化随时调整出价和要价。外汇期货交易对价格波动有严格限制，每种货币都规定有每日的最低波动价和最高限价。

3. 外汇期货交易的程序

外汇期货交易市场一般是由期货交易所、结算所、期货佣金商和市场参与者构成。市场交易的基本程序一般为：

（1）客户首先选择经纪人公司即期货佣金商，开立期货账户，存入保证金，然后通过填写购买或出售期货合约订单，向经纪人公司发出买卖指令。

（2）经纪人收到客户的订单指令后，将指令通过电话、电传或计算机终端传送到交易所大厅，该公司派驻交易所大厅里的经纪人或收发处接到指令后填写订单并记录时间，再由信使或跑单员将订单送给专门交易场所内的场内经纪人，由他们通过公开喊价或手势的拍卖方式使买卖成交，并在订单上记录成交时间、成交价、成交量以及成交对手所属结算会员名称。

（3）场内经纪人将订单交给信使，信使将其带回给候机人，候机人通知经纪人公司确认指令的执行。

（4）经纪人公司再向客户确认指令已被执行，并向清算所报告确认。

4. 外汇期货交易与远期外汇交易的区别

（1）交易者不同。

外汇期货交易，只要按规定缴纳保证金，任何投资者均可通过外汇期货经纪商从事交易，对委托人的限制不如远期外汇交易，因为在远期外汇交易中，参与者大多为专业化的证券交易商或与银行有良好业务关系的大厂商，没有从银行取得信用额度的个人投资者和中小企业极难有机会参与。

（2）交易保证金不同。

外汇期货交易双方均须缴纳保证金，并通过期货交易所逐日清算，逐日计算盈亏，而补交或退回多余的保证金。而远期外汇交易是否缴纳保证金，视银行与客户的关系而定，通常不需要缴纳保证金，远期外汇交易盈亏要到合约到期日才结清。

（3）交易方式不同。

外汇期货交易是通过在期货交易所公开喊价的方式进行的。交易双方互不接触，而各自以清算所为结算中间人，承担信用风险。期货合约对交易货币品种、交割期、交易单位及价位变动均有限制。货币局限于少数几个主要币种。而远期外汇交易是在场外，以电话或传真方式，由买卖双方互为对手进行，而且无币种限制，对于交易金额和到期日均由买卖双方自由决定。在经济不景气时，对方违约风险会增大，其他如交易时间、地点、价位及行情揭示方面均无特别的限制。

（4）交易场所不同。

外汇期货交易是一种场内交易，即在交易所内，按规定的时间，采用公开喊价形式进行，且场内交易只限于交易所会员之间。而远期外汇交易主要通过电话、电报、电传等现代化通信工具进行，交易双方彼此了解，且对交易人没有资格限制，一般不通过经纪人。

（5）交易清算不同。

外汇期货交易由于以清算所为交易中介，金额、期限均有规定，故不实施现货交割。对于未结算的金额，逐日计算，并通过保证金的增减进行结算。期货合约上虽标明了交割日，但在此交割日前可以转让，实行套期保值，以减少和分散汇率风险。当然，实际存在的差额部分应进行现货交割，而且这部分所占比例很小。而在远期外汇交易时，要在交割日进行结算或履约。

（6）佣金支付不同。

外汇期货交易买方或卖方都需要交纳佣金，其数额由客户和经纪人自行协商，在合约平仓时付清。远期外汇交易一般不收佣金，只有通过经纪人进行交易时才支付佣金。

（7）标准化程度不同。

外汇期货合约是一种标准化合约，合约对交易品种、交易金额、交割月份、交割方式、交割地点以及交割波动的范围都有严格规定，而远期交易则由双方根据需要自行商定合约细则。

5. 外汇期货交易的应用

外汇期货交易和远期外汇交易的原理是一样的，是外汇交易者进行套期保值、规避风险和单纯投机的金融工具。外汇期货交易使得交易对手或得到收益，或蒙受损失，而且损益的绝对量相等，是一种"零和交易"。外汇期货市场参加者可大致分为套期保值者（hedger）、投机者（speculator）和套期图利者（arbitrageurs）三类。套期保值者是那些希望减少某项资产价格变动的风险而加入市场交易的参加者。投机者指的是甘冒价格波动风险，通过从事低价买进、高价卖出的买空卖空活动来赚取收益的交易者。套期图利者则指的是那些利用期货之间价格差的变化来获得收益的交易者。与之相对应，套期保值、投机和套期图利，是期货交易中经常运用的三个主要原理。

（1）外汇期货的套期保值。

在汇率波动的情况下，将来有外汇收入或支出的企业或机构，都希望能够固定风险，锁定利润。所以，外汇期货的套期保值已成为许多企业和机构进行外汇风险管理的主要工具。外汇期货套期保值交易主要有两种形式：卖出套期保值和买进套期保值。

①卖出套期保值（short hedge，selling hedge）。卖出期货套期保值，又称空头外汇期货套期保值。交易者的某种外汇将来在现货市场处于多头地位，或预测其外汇汇率将下跌，于是在期货市场上卖出，进行空头套期保值。

一般是在外汇市场有外汇资金流入者，或是拥有外汇债权的人，为了防止外汇贬值而进行卖出套期保值交易。

【例3-15】2001年6月1日，美国某进出口公司向日本出口商品，收到3个月后到期的日元远期汇票2 500万元，当时现汇市场汇率为 \$/J¥ = 120.10，该公司担心在此期间日元兑美元汇率下跌，就在芝加哥外汇期货市场做了卖出套期保值交易。交易过程见表3-2。

表3-2 　　　　　　　　　　　　　**交易过程、外汇期货**

现货市场	期货市场
6月1日	
收到日元远期汇票2 500万元	卖出两份9月到期的日元期货合同
\$/J¥ = 120.1	价格1 J¥ = \$ 0.008400
折2 500÷120.1 = \$ 20.82万	合同价值：2 500×0.008400 = \$ 21万
9月1日	
汇票到期卖出2 500万日元	买进两份日元合同，进行对冲
汇率为 \$/J¥ = 125.00	价格1 J¥ = \$ 0.007900
则仅换得 \$ 20万	合同价值：\$ 19.75万
亏损：\$ 20 - \$ 20.82 = - \$ 0.82万	盈利：\$ 21 - \$ 19.75 = \$ 1.25万
现货和期货市场套做净盈利：\$ 1.25万 - \$ 0.82万 = \$ 0.43万	

从该例中，我们看到的仅仅是最简单的套期保值原理。由于期货市场的价格与现货市场的价格具有平行性变动关系，所以期货市场对现货市场具有套期保值功能。套期保值虽然能避免汇率风险，但并不是每一笔交易都适合套期保值，在实际业务操作中，要进行成本与风险的比较，要计算成本。外汇期货套期保值成本还包括佣金费、保证金利息和其他费用等，这就需要对保值的成本和规避的风险进行评估。如果保值的成本比较高，超过了避险的意义，就没有必要进行保值和对冲。

②买进套期保值（long hedge, buying hedge）。买进套期保值，又称多头外汇期货套期保值。交易者的某种外汇将来在现货市场上处于空头地位，或预测其外汇汇率将上升，于是在期货市场上买进，进行多头套期保值。

一般是在将来有外汇支出者，或拥有外汇债务的人，为了防止外币升值加大自己的资金成本，而进行多头套期保值的购买。

【例3-16】美国某公司从澳大利亚进口价值300万澳元的农产品，3个月后付款。当时市场汇率为A ＄/US ＄ = 0.5100，美国公司为了防止澳元升值，在期货市场上买进30份澳元期货合同进行保值避险，交易过程见表3-3。

表3-3   美元和澳元外汇交易过程

现货市场	期货市场
3个月前	
A ＄ /US ＄ = 0.5100	价格 1A ＄ = ＄0.5160
需要 ＄300×0.5100 = ＄153万	合同价值：＄300×0.5160 = ＄154.8万
3个月后	
在现货市场买进300万澳元	卖出30份澳元合同，进行对冲
汇率为A ＄/US ＄ = 0.5180	价格 1A ＄ = ＄0.5190
需要付出 ＄300×0.5180 = ＄155.4万	合同价值：＄300×0.5190 = ＄155.7万
多付出：＄153万 – ＄155.4万 = – ＄2.4万	盈利：＄155.7万 – ＄154.8万 = ＄0.9万
现货和期货市场抵补后净亏损：＄1.5万	

在该例中，现货市场的升值幅度超过了期货市场期货价格的升值幅度，所以该美国公司在现货市场的亏损超过了期货市场的盈利，呈现净亏损。如果情况相反，澳元兑美元不升值反而贬值，则该美国公司就不会亏损1.5万美元，反而会盈利，但它的盈利又会被多头期货合约的亏损所抵消。所以，期货套期保值只能分散风险，却不能获得额外的好处。从例子中我们也可以看到，保值不能够达到完全保值，还有净风险暴露部分，这也是说期货套期保值是需要估算和预测的。

（2）外汇期货的投机交易。

外汇期货投机交易是指交易者在预测汇率波动的基础上，通过低价买进、高价卖出的买空卖空活动来赚取收益的交易。投机交易者与外汇保值者不同，他在未来没有具体的外汇需要保值，他只是在期货市场上单向操作，在某种外汇价格的波动之中，进行冒险性的带有赌博性质的交易。

外汇期货投机者是期货市场上必不可少的参与者，他们承担了套期保值转移的风险，使得市场交易得以顺利进行。投机交易是在预测汇率变动方向的前提下操作的，面临着盈利和亏损的两种可能性，投机者总是在合同到期前做一个相反的交易，对冲掉手里的合约，以免除实际交割的责任。他们的参与使期货市场的交易量增大，使套期保值者能更方便地建立期货头寸或实际交割头寸。

外汇投机，一方面具有助涨助跌的作用，使得巨额国际游资对外汇市场产生冲击，引起价格剧烈波动；另一方面又使得市场价格回归理性，是期货市场上平抑价格波动的重要力量。当市场价格跌到谷底时，外汇投机者预期价格会回升，就买进期货，从而使市场价格回归；当价格涨得很高时，投机者预期价格会下降，就卖出期货，从而使价格回落。可以说，投机活动在一定程度上是一种自动熨平价格波动的机制。

外汇投机交易在实际操作中就是买空卖空。当预测某种外币的汇率上涨，就买入期货合约，当预测汇率下跌，就卖出期货合约。如果市场走势和投机者预期的方向相同，就获得利润；反之就产生亏损。

【例 3-17】某投机商预测欧元兑美元汇率将呈现上升趋势，就在 3 月 5 日，以 1EUR＝USD0.8900 的价格，买入 9 月份到期的欧元期货合约 20 份。6 月 18 日，投机商觉得获利比较可观，就以 1EUR＝＄0.8960 的价格卖出，将合约对冲。如果每份合同的佣金和其他支出是 100 美元，则获利过程见表 3-4。

表 3-4　　　　　　　　　　　　　　**某期货市场**

| 3 月 5 日 | 买进欧元期货合约 20 份，1EUR＝＄0.8900 |
| 6 月 18 日 | 卖出欧元期货合约 20 份，1EUR＝＄0.8960 |

获毛利：125 000×（0.8960-0.8900）×20＝15 000（美元）
净利：15 000-（20×100）＝13 000（美元）

在该例中，如果市场汇率变动的方向和投机者预测的方向相反，即汇率不仅没有上涨反而下跌，而且下跌的幅度和本例相同，则投机者的亏损就是该例中的盈利外加佣金支出。

（3）套期图利交易。

套期图利是利用期货之间价格差的变化来获得收益的。一般是同时买进和卖出两种不同种类的期货合约，由于不同种类期货价格变动不同，从而产生差价获取利润。

套期图利和单方向的投机活动不同，它的风险相对较小。因为单方向的投机活动是利用同一种类期货价格的变动而获得，当汇率发生意外的剧烈变动时，风险较大。而套期图利是利用同种外汇不同交割月份的期货合约在价格的运动方向上的一致性，进行双向操作，风险较小。套期图利要在同一时间进行买进和卖出两种操作，并且要在买卖之间的价格差异中获取利润。进行这种交易时，投机者注重的是合约之间的相互价格关系，而不是绝对价格水平，他们买进自认为便宜的合约，卖出价格高的合约。只要合约价格的变动方向与预测的一致，投机者就可以从两种合约之间的价格关系变动中获利。

套期图利交易的履约保证金率比单纯做多头或空头小，使得交易者在融通资金方面更为灵活，加上这种交易方式风险较低，所以大多数投机者更愿意进行套期图利交易。

套期图利交易主要有跨期套利、跨市套利和跨品种套利三种形式。

①跨期套利。跨期套利是指交易者同时买进和卖出相同币种但交割月份不同的外汇期货合约，利用两个或多个合约价格差的变化来赚取利润。

②跨市套利。跨市套利是指利用同一外汇期货合约在不同的交易所存在的价格差异而套取利润的行为。其具体做法是：套利者根据对不同外汇期货市场价格走势的预测，同时在两个交易所买卖两种相似的但交易方向相反的外汇期货合约，以赚取中间的差价。

③跨品种套利。跨品种套利是指利用两种不同的但是互相关联的外汇期货合约之间的价差进行的套利交易。这种交易的价格变动的方向并不重要，重要的是在这段时间内价格变动幅度的宽与窄。因为跨品种套利的损益大小，是由开始套利的价格及最后清算的价格两者之间的相对差异程度决定的。只要是两种互相关联的外汇期货合约的价格呈同一方向变动，但变动幅度不同，其中一种外汇期货合约的上涨幅度或下跌幅度比另一种合约大，就可以通过同时买进和卖出相同交割月份但不同种类的外汇期货合约进行套利。

（六）外汇期权

1. 外汇期权的概念及种类

期权是在期货的基础上产生的一种金融工具。期权是指在未来一定时期可以买或者卖的权利，由合约买方向合约卖方支付一定数量的金额，也称为期权费（option premium），然后拥有的在未来一段时间内或未来某一特定日期以事先约好的价格向提供期权合约方购买或出售一定数量特定标的物的权利，但不负有必须买进或卖出的义务。从其本质上讲，期权是在金融领域中将权利和义务分开进行定价，使得权利的受让人在规定时间内有权决定是否进行交易，但是义务方必须履行。在期权交易时，购买期权的合约方称作买方，而出售合约的一方则叫做卖方；买方即是权利的受让人，而卖方则是必须履行买方行使其买或卖的权利时的义务人。

外汇期权（currency options）也称为货币期权，指合约购买方在向出售方支付一定期权费后，所获得的在未来约定日期或一定时间内，按照规定汇率买进或者卖出一定数量外汇资产的选择权。相对于股票期权、指数期权等其他种类的期权来说，外汇期权买卖的是外汇，即期权买方在向期权卖方支付相应期权费后获得一项权利，即期权买方在支付一定数额的期权费后，有权在约定的到期日，按照双方事先约定的汇率和金额同期权卖方买卖约定的货币，同时权利的买方也有权不执行上述买卖合约。

外汇期权最早产生于 1982 年 12 月，它是由美国的费城证券交易所（philadelphia stock exchange）率先推出的。作为 20 世纪 80 年代最主要的国际金融创新工具之一，外汇期权目前已具有很多种类型：

（1）从权利性质上看，可分为买方期权或看涨期权（call option）和卖方期权或看跌期权（put option）。前者是指合约持有者将来有权买入某种货币的期权；后者是指合约持有者将来有权卖出某种货币的期权。

（2）从行使权利的时间上看，可分为欧式期权（european option）和美式期权（american option）。前者指只能在期权到期日履约的期权；后者指可在到期日或到期日之前任何一天履约的期权。

（3）从市场类型看，外汇期权可分为场外期权（over-the-counter option，OTC option）或场内期权（exchange traded option）。场外期权的金额、期限等规格和履约价格均由交易双方根据需要商定，其交易主要在银行同业或银行与大客户之间进行，交易金额巨大，货币种类较多，因而场外期权交易较为灵活，有些类似于远期交易；场内期权指在交易所内实行集中交易的期权，其交易金额、期限和价格等都是标准化的，并且通过清算中心集中清算。因此，从一定程度上讲，场内期权交易有些类似于期货交易。

（4）从外汇期权的标的物来看，外汇期权可分为两种形式：一是现汇期权（option on spot exchange），指期权买方有权在到期日或到期日之前以约定价格买或卖一定数量的某种货币的现汇。二是期货期权（option on foreign currency futures），指期权买方有权在到期日或到期日之前，以约定价格买或卖一定数量的某种货币的期汇。

2. 外汇期权的特点

（1）期权交易双方的收益风险不对称。

期权交易是在期货交易的基础上发展起来的。期权合同和期货合同在概念上很相似，所交易的金融工具也很相近，但是两者最明显的或最根本的区别在于期货合同赋予合同买方的是一种义务，无论合同到期时市场形势对他有利还是不利，都必须如约履行合同，如果预期错误，只能承受损失。而期权交易恰恰避免了这一点，如果合同成交后形势一直对合同买方不利，则买方可以不行使合同，让合同自然过期失效，损失的仅是签订合同时付出的期权价格。因此购买期权合同很像为自己持有的金融资产保险，若没有发生意外，损失的仅是付出的保险费（期权价格）。可见，期权交易双方的收益与风险是不对称的。期货交易的买卖双方面对同样的潜在风险，当市场价格变动时，买卖双方都有可能遭受同等的收益与损失，因此，期货交易被称为"双刃剑"，期权交易则是"单刃剑"。

对于期权买方，也称合约持有人，其承受的最大风险是事先就确知的期权保险费，而他可能获得的收益从理论上说则是无限的，但由于汇率变动受到市场供求的影响，对于竞争性很强的外汇市场，某种货币的汇率一般不会单方向无限增大。对于期权卖方，也称合约承做人，他所能实现的收益是事先确知的、有限的，即为期权保险费收入，而他因签发期权所承担的风险却是无限的，因为期权是否执行、何时执行是不确定的，一旦期权被执行，不管当时的行情对期权卖方多么不利，他都有义务履行合约，因此期权卖方须交纳保证金，而期权买方在交纳期权费后无须交纳保证金。

（2）保险费无追索权。

保险费（premium）又称期权费、期权价格、权利金，是买方购买期权的费用，在期权合约成交时，一次付清，不论期权购买者在有效期内是否执行该权利，都不能索回。

（3）外汇期权风险小、灵活性强。

外汇期权交易是在远期外汇交易和期货交易基础上的延伸。但其保值功能与远期交易和期货交易存在明显区别。远期外汇合约订立后，若汇率出现有利变化，也必须按合约预定的价格成交，从而坐失本可得到的汇率变动的利益。外汇期货合约订立后，虽在汇率出现有利变动时，可通过反向交易对冲原合约，而不至于坐失汇率变动利益，但期货合约须交纳保证金，并且每日计算盈亏，必要时需追加保证金，否则已进行的期货合约会被拍卖掉。外汇期权购买者无须交纳保证金，不必每日清算盈亏，而且有执行或不执行的选择权，灵活性大，常常作为可能发生但不一定实现的资产或收益的最理想的保值工具。

3. 影响期权费高低的因素

在外汇期权交易中，期权买方要向期权卖方交付期权费，通常以执行价格的百分比或直接以单位外汇的美元数表示。影响保险费高低的因素包括：

①期权的类型。欧式期权由于期权买方行使期权的时间严格，保险费较低；美式期权由于期权买方行使期权的时间灵活，选择余地大，保险费较高。

②到期日。一般来说，合同到期日越远，合同有效期越长，期权卖方承担的风险就越大，保险费就越高；相反则保险费就越低。但有时也有例外，合同有效期越长，保险费反而越低，这主要是受市场预期的影响。

③汇率的易变性。这是指期权交易相关币种汇率的变化是否剧烈。一般来说，交易相关币种的汇率变动剧烈，期权卖方的风险大，则保险费高；反之，则保险费就低。

④利率走势。如果其他条件不变，交易相关币种利率上升，并高于其他币种，保险费就高；反之，保险费就低。

⑤协定价格。对看涨期权来说，协定价格越低，期权买方获利的可能性越大，其行使期权的可能性越大，因而保险费就越高；协议价格越高，则保险费就越低。对看跌期权来说，情况与看涨期权恰好相反。

⑥供求状况。外汇期权供过于求，保险费低；供不应求，保险费高。

4. 外汇期权的应用和损益分析

外汇期权交易和外汇期货交易一样，都是为了达到保值避险和赚取投机利润的目的。在国际贸易中，进出口商为了防范汇率风险，可以在预测外汇汇率上升或下跌的基础上，购买看涨期权或看跌期权，固定进口成本。如果预测正确，就为进出口贸易进行了保值或获得额外利润，如果预测失误，就可以放弃行使期权，损失有限的期权费。从这一点上说，外汇期权比外汇期货有更大的灵活性。当然，投机者也可以单纯买卖期权进行投机。下面我们进行一下实例分析。

（1）买入看涨期权。

【例3-18】美国某公司从英国进口商品，货款是312.50万英镑，3个月后付款。为了避免3个月后英镑汇率升值造成损失，美国公司购入了100份费城英镑看涨期权，期权费为￡1＝＄0.0100，协议价格为￡1＝＄1.4500。购入期权后，美国公司获得一项权利，允许该公司在今后3个月内，按协议价格购买312.50万英镑。那么3个月后，英镑兑美元汇率将会出现四种情况，我们一一进行分析：

英镑的上限价格：￡1＝＄1.4500＋＄0.0100＝＄1.4600

保险费：312.50×0.0100＝3.13（万美元）

美国公司的损益＝市场价格－1.4600

①如果英镑升值，并且£1＞$1.4600，高于上限价格，美国公司将执行期权。如£1＝$1.4700。

如果美国公司没有购进看涨期权，须支付312.50×1.4700＝459.38（万美元）

但由于该公司购买了期权，并执行期权，按协议价格£1＝$1.4500购买英镑。上限价格：£1＝$1.4600，须支付312.50×1.4600＝456.25（万美元）。比不购买期权时节约成本459.38－456.25＝3.13（万美元）。

②如果英镑市场价格等于上限价格。即£1＝$1.4600。美国公司执行期权。损益和不购买期权的结果一样，达到盈亏平衡。

③如果英镑汇率在协议价格和上限价格之间，即$1.4500＜£1＜$1.4600。美国公司也要行使期权，但要比不购买期权多付出一部分成本。如£1＝$1.4550。

不购买期权所付出的成本是312.50×1.4550＝454.69（万美元）。

购买了期权付出的成本是312.50×1.4600＝456.25（万美元）。

多付出456.25－454.69＝1.56（万美元）。

但如果放弃执行期权将损失期权费3.13万美元。

④如果£1＝$1.4550。美国公司执行和放弃期权都可以。执行成本是£1＝$1.4600。而放弃也需要支付£1＝$0.0100的期权费。

⑤如果英镑贬值，且£1＜$1.4500，如£1＝$1.4400，该公司将放弃执行期权：如果执行期权，总支付是456.25万美元；如果放弃期权，按市场价格购入英镑，只需支出312.50×1.4400＝450（万美元）。加上损失的保险费312.50×0.0100＝3.13（万美元），总支付453.13万美元。

不购买期权所付出的成本是312.50×1.4550＝454.69（万美元）。

购买了期权付出的成本是312.50×1.4600＝456.25（万美元）。

多付出456.25－454.69＝1.56（万美元）。

但如果放弃执行期权将损失期权费3.13万美元。

以上四种情况如图3-1所示。

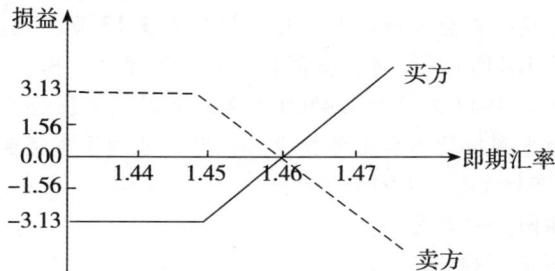

图3-1 看涨期权损益

从该例中我们可以看到，当美国公司购买了英镑看涨期权后，面对3个月内的英镑汇率变化，无非有两种选择：一是当英镑市场汇率大于协议价格时，实施期权；二是当英镑市场汇率小于等于协议价格时，不实施期权。无论是哪种选择都要付出期权费，而且期权费是无法收回的。只有在实施看涨期权时，外汇升值后带来的收益可以大于期权费的损失；而放弃实施期权时，纯粹损失了期权费。但这是期权购买者转移汇率风险的成本，或者说是为将来的外汇付出以期权费为代价购买了一份保险。

（2）买入看跌期权。

看跌期权买入者支付期权费后，获得了在到期日之前按协定价格出售合约规定的某种外汇的权利。买入看跌期权者一般预测市场价格将下跌。当市场价格下跌时，他的收益可能是无限大的；但如果市场价格上升，他的损失则是有限的，最多只是期权费，当市场价格变化到协定价格减期权费时，购买者达到盈亏平衡。协议价格减去期权费称为下限价格，下限价格是买入看跌期权者的成本价。

下限价格＝协议价格－期权费

购买者收益＝下限价格－市场价格

【例3-19】我们仍以上例进行分析。不过美国公司是向英国出口商品而不是进口商品，货款仍然是312.50万英镑，3个月后收款。为了避免3个月后英镑汇率贬值造成损失，美国公司购入了100份费城英镑看跌期权，期权费为￡1＝＄0.0100，协议价格为￡1＝＄1.4500。购入期权后，美国公司获得一项权利，允许该公司在今后3个月内，按协议价格卖出312.50万英镑。具体分析如下：

买入英镑看跌期权，美国公司要想获得净收益，需要预测方向和实际汇率变动方向一致。那就是英镑市场价格越下跌，越有利可获。

英镑的下限价格：￡1＝＄1.4500－＄0.0100＝＄1.4400（盈亏平衡点）

保险费：312.50×0.0100＝3.13（万美元）

美国公司的损益＝1.4400美元－市场价格

①当英镑贬值，市场价格低于1.4400美元时，美国公司将行使期权，因为他们的出口货款如果按市场价卖出，将呈现亏损状态。但由于购买了看跌期权，就可以以协定价格卖给期权的卖方，进行保值。保值的标的为：

312.50万英镑×（1.4400美元－市场价格）

②当英镑升值，市场价高于1.4500美元协议价格时，美国公司将放弃期权，因为他们直接到市场上卖价格会更高。此时损失期权费3.13万美元。

③当市场价等于1.4400美元时，美国公司可达到盈亏平衡。

④当市场价介于1.4400美元和1.4500美元之间时，美国公司也将行使期权。这时他们有亏损，但仍比到市场上卖出亏损少。此时，他的亏损额为：

312.50万英镑×（市场价格－1.4400美元）

以上四种情况如图3-2所示。

（3）用外汇期权进行投机。

用外汇期权进行投机交易，其原理和我们前面分析的用期权进行外汇实物保值避险的原理是一样的。不同之处，是投机者进行外汇期权交易时，不是对将来的外汇收入或支出进行反方向的保值套作，而是完全建立在预测汇率变动方向的基础上，承担外汇变动的风险，进行单向投机。如果预测正确，就获得盈利，如果预测失败，就损

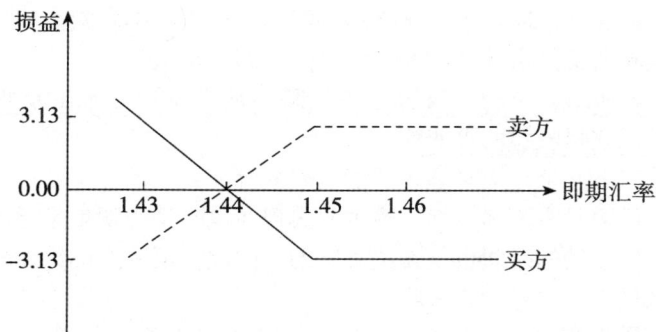

图3-2 看跌期权损益

失期权费。一般情况下，投机者如果预测外汇汇率将上涨时，就买入看涨期权做"多头"投机交易；相反，如果预测汇率下跌时，则买入看跌期权做"空头"投机交易。

【例3-20】某投机者预期1个月后欧元兑美元汇率将上升，于是按协议价格1EUR＝＄0.8900购买10份美式欧元看涨期权，合同金额是62.5万欧元。期权价格为每欧元0.009美元。

该投机者支付的保险费是62.5万欧元×0.009美元＝5 625美元。

1个月后，如果该投机者的预期正确，欧元汇率上升到1EUR＝＄0.9190，他即执行欧元期权，买入62.5万欧元合同，其上限价格1EUR＝＄0.8900＋＄0.009＝＄0.8990。

投机者再按外汇市场欧元汇率1EUR＝＄0.9190卖出欧元，每欧元净赚200点。

如果忽略其他成本不计，获毛利62.5×0.0200＝1.25（万美元）。

如果1个月后，欧元汇率没有变化或反而下跌，该投机者将放弃执行合同，损失期权费5 625美元。

在国际金融市场中，期权是一种独特的交易工具，它有随意舍弃的特点。他将权利和义务分开，不同于其他金融交易。期权在避免对交易者不利结果的同时，保留了获得对自身有利的结果的权利，允许买入者在市场上获益而不承担损失。

近年来，期权的研究和运用已经有了巨大的发展，它在不同的领域如债券、股票、股票指数、利率、汇率，甚至有形商品被广泛应用。在金融工程学中，期权具有理论复杂、应用灵活、功能齐全的特点。在不同的金融工具和资产组合中，期权可以形成不同的组合，也可和其他金融产品一起，达到保值和增值的目的。由于期权的灵活性和完备的功能，期权已经日益成为一种应用广泛的、控制和管理风险的金融工具。

第三节　外汇风险及其管理

一、外汇风险的含义

外汇风险有广义和狭义之分。广义的外汇风险包括汇率风险、利率风险、信用风险、流动性风险以及国家风险等；狭义的外汇风险仅指汇率风险。理论界和实际操作中所说的外汇风险通常是指狭义上的外汇风险，即汇率风险。

外汇风险（exchange risk），又称汇率风险，是指经济主体在涉外业务中因汇率波动而蒙受损失或获得收益的可能性。

我们应当从以下几个方面来理解外汇风险的含义：

第一，外汇风险具有不确定性。这主要表现在风险是否发生是无法确定的，汇率变动方向以及发生变动的时间也是无法确定的。因此，汇率变动给涉外业务中的经济主体既可能带来损失，也可能带来收益。

第二，外汇风险的构成包含三个要素，即两种以上货币的兑换、时间和敞口头寸。外汇风险是由汇率波动引起的，因此只有涉及两种以上货币的兑换，即与汇率相互关联时，才产生获得收益或遭受损失的可能性。同时，外汇风险的大小与时间因素一般呈现正的相关关系，随着外汇债权债务关系的发生与清偿之间的时间间隔的拉长，汇率波动的可能性就越大，遭受外汇风险的可能性就越高。并且，外汇风险是针对经济主体持有外汇的敞口头寸而言的，并非经济主体的全部外汇资产与负债都要承受汇率波动带来的风险。只有当企业存在外汇的敞口头寸时，该企业的现金流才会受到不确定的汇率变化的影响，而承担相应的风险损失或者获取额外的风险收益。所谓的敞口头寸指经济主体所持有的外汇资产和外汇负债的差额，包括多头（long position）和空头（short position）两部分。前者指经济主体持有的外汇资产大于外汇负债，后者指经济主体持有的外汇负债大于外汇资产。

第三，外汇风险的发生是由许多原因引起的，包括宏观经济形势的变化、投机资本的流动、个人的投资决策与投资行为等。因此，外汇风险或者说汇率波动是一种很常见、很自然的现象，涉外交往中的经济主体必须牢固树立外汇风险意识，从而采用有效手段规避风险。

二、外汇风险的种类

根据定义，外汇风险是企业外汇头寸不平衡时，因汇率波动而可能产生损益的一种不确定性，因此，按照外汇风险产生的原因和对企业影响的不同，通常可将外汇风险分为三类：

（一）交易风险

交易风险（transaction exposure）是指由于汇率变化导致企业应收账款和应付债务的价值发生变化的风险，反映汇率变动对企业交易过程中所发生的资金流量的影响。交易风险的产生是由于企业达成了以外币计价的交易，其以外币计算的现金流量已定，而交易还没有结束，账目还没有了结，因而汇率变化会使以本币计算的现金流量发生变化。交易风险从签订交易合同确定以外币计价交易金额时产生，一直持续到最终实际结算时为止。

交易风险又可分为外汇买卖风险和交易结算风险。

1. 外汇买卖风险

外汇买卖风险又称金融性风险，产生于本币和外币之间的反复兑换。这种风险产生的前提是交易者一度买进或卖出外汇，后来又反过来卖出或买进外汇。外汇银行所承担的外汇风险主要就是这种外汇买卖风险，工商企业所承担的外汇买卖风险主要存在于以外币进行借贷或伴随外币借贷而进行的外贸交易的情况之中。

【例3-21】某家美国公司在国际金融市场上以3%的年利率借入1亿日元，期限1年。借到款项后，该公司立即按当时的汇率 $\$1=¥100$，将1亿日元兑换成100万美元。1年后，该公司为归还贷款的本息，必须在外汇市场买入1.03亿日元，而此时如果美元对日元的汇率发生变动，该公司将面临外汇买卖风险。假设此时的汇率已变为 $\$1=¥90$，则该公司购买1.03亿日元需支付114.44万美元，虽然该公司以日元借款的名义利率为3%，但实际利率却高达 $(114.44-100)\div100\times100\%=14.44\%$。

2. 交易结算风险

交易结算风险**又称商业性风险，当进出口商以外币计价进行贸易或非贸易的进出口业务时，即面临交易结算风险**。进出口商从签订进出口合同到债权债务的最终清偿，通常要经历一段时间，而这段时间内汇率可能会发生变化，于是，以外币表示的未结算的金额就成为承担风险的受险部分。因此，交易结算风险是由进出口商承担的，基于进出口合同而在未来通过外汇交易将本币与外币或外币与本币进行兑换时，由于未来进行外汇交易时汇率的不确定性所带来的风险。

【例3-22】中国某公司签订了价值10万美元的出口合同，3个月后交货、收汇。假设该公司的出口成本、费用为75万元人民币，目标利润为8万元人民币，则3个月后当该会司收到10万美元的货款时，由于美元兑人民币的汇率不确定，该公司将面临交易结算风险。3个月后，若美元与人民币的汇率高于8.3，则该公司不仅可收回成本，获得8万元人民币的利润，还可获得超额利润；若汇率等于8.3，则该公司收回成本后，刚好获得8万元人民币的利润；若汇率高于7.5、低于8.3，则该公司收回成本后所得的利润少于8万元人民币；若汇率等于7.5，则该公司刚好只能收回成本，没有任何利润；若汇率低于7.5，则该公司不仅没有获得利润，而且还会亏本。

同样，进口商从签订合同到结清货款之间也有一段时间，也要承担交易结算风险，原理与出口商相同，只是汇率变动的方向与出口商刚好相反。

（二）折算风险

折算风险（translation exposure）是指由于汇率变动导致资产负债表中某些外汇项目的价值发生变化的风险，又称会计风险、账面风险、换算风险等。当跨国企业编制统一的财务报告时，将其以外币计量的资产、负债、收入和费用折算成以本币表示的有关项目，汇率变动就有可能给公司造成账面损益，这种账面损益即是由转换风险所带来的。可见，会计风险的产生是由于换算时使用的汇率与当初入账时使用的汇率不同，从而导致外界评价过大或过小。会计风险是与经济事务的会计处理过程联系在一起的，它的产生有一个前提条件，就是将要合并的财务报表是用不同的货币表示的。

【例3-23】中国某公司持有银行往来账户余额100万美元，汇率为 $\$1=¥8.7$，折成人民币为870万元。如未来美元贬值，人民币升值，汇率变为 $\$1=¥8.3$，该公司100万美元的银行往来账户余额折成人民币后只有830万元了。在两个折算日期之间，该公司这 100 万美元的价值，按人民币折算减少了 40 万元。

同一般的企业相比，跨国公司的海外分公司或子公司所面临的折算风险更为复杂。一方面，当它们以东道国的货币入账和编制会计报表时，需要将所使用的外币转换成东道国的货币，面临折算风险；另一方面，当它们向总公司或母公司上报会计报表时，又要将东道国的货币折算成总公司或母公司所在国的货币，同样也面临折算风险。

（三）经营风险

经营风险（operating exposure）又称经济风险，是指由于未预料到的汇率变化导致企业未来的纯收益发生变化的外汇风险。风险的大小取决于汇率变化对企业产品的未来价格、销售量及成本的影响程度。 一般而言，企业未来的纯收益由未来税后现金流量的现值来衡量，这样，经济风险的受险部分就是长期现金流量，其实际国内货币收益受汇率变动的影响而具有不确定性。对于一个企业来说，经济风险比会计风险和交易风险更为重要，因为其影响是长期性的，而会计风险和交易风险的影响是一次性的。

【例 3-24】 当本币贬值时，某企业一方面由于出口货物的外币价格下降，有可能刺激出口额增加；另一方面因该企业在生产中所使用的主要是进口原材料，本币贬值后又会提高以本币所表示的进口原材料的价格，出口货物的生产成本因此而增加，结果该企业将来的纯收入可能增加，也可能减少，这就是经济风险。

值得注意的是，经济风险中所说的汇率变动，仅指意料之外的汇率变动，不包括意料之中的汇率变动。因为企业在预测未来的获利状况而进行经营决策时，已经将意料到的汇率变动对未来产品成本和获利状况的影响考虑进去了，因而排除在风险之外。对于企业来说，经济风险的影响比交易风险和折算风险更大，因为折算风险和交易风险的影响是一次性的，而经济风险的影响则是长期的，它不仅影响企业在国内的经济行为和效益，而且还直接影响企业在海外的经营效果和投资收益。

三、外汇风险管理

（一）外汇交易风险管理

对外汇交易风险的管理，主要有以下几种方法。

1. 选择恰当的计价货币和组合

外汇交易风险产生的一个重要原因，在于经济主体对外经济交往中采用外币计价，因此要承受汇率波动的风险。经济主体在交易中如果能选择恰当的计价货币，可以在一定程度上减少外汇交易风险。具体而言，应掌握以下几点：

第一，尽量坚持"收硬付款"的原则来选择计价货币，即对于构成债权、形成收入的国际经济交易应尽量采用硬币计价；对构成债务、对外支付的交易尽量采用软币计价。

第二，可以选择本币作为对外经济交往的计价货币，没有货币兑换，就不会产生外汇交易风险。但由于我国目前人民币尚未实现自由兑换，因此在对外经济交易中采用人民币计价存在着巨大的障碍，一般仅在双边记账贸易的非现汇结算中使用。

第三，根据对汇率波动趋势的预测，恰当地选择提前收付或拖延收付。当预测某种货币汇率将上升时，具有该种货币债权的经济主体可以延期收汇，而拥有该种货币债务的主体可以提前付汇；当预测某种货币汇率将下降时，具有该种货币债权的交易者可以提前收汇，而拥有该种货币债务的主体可以延迟付汇。

第四，采用多种货币组合法规避外汇交易风险，即在对外经济合同中采用两种或两种以上货币来计价，从而消除外汇汇率波动风险的办法。多种货币组合中既有硬币，也有软币，因而在付款或收款时，若某种货币升值，另一种货币相对贬值时，汇率波动的风险收益与风险损失相互抵消，从而使风险降低。

2. 利用金融市场进行套期保值

（1）货币市场套期保值。

货币市场套期保值（money market hedge）是指通过在货币市场上借款来规避交易风险的办法。具体做法是，当经济主体有一笔远期外币应收款时，可先在货币市场按照境外利率借入一定数额的该种外币，所借外币的数额加上利息刚好等于外币应收款的数额，同时将其在即期外汇市场上兑换成本国货币，投入另一个货币市场进行投资，投资收益率按照本国货币利率计算。在外币应收款到期时，将收回的等额外币应收款用于偿还外币借款利息，同时收回本币投资的本息。

同理，当经济主体有一笔外币应付款时，可以先从本国货币市场借入一定数额的本币，同时将其在即期外汇市场上兑换成外国货币，投资于国际货币市场，投资收益按照外币的境外利率计算，使其投资本金和收益之和与外币应付款相等，并用于偿还该外币应付款。

由于在上述过程中，短期借款、即期外汇交易和投资同时发挥作用，因此，货币市场套期保值又称 BIS（borrow-spot-invest）法。总之，通过货币市场套期保值，建立配比性质或抵消性质的债权、债务，可以达到抵补外币应收应付款项所涉及的汇率风险的目的。

（2）远期外汇市场套期保值（forward market hedge）。

从以外币计价的债权债务产生到结算，通常需要一段时间，而此间汇率变动可能给经济主体带来一定的损失。在远期外汇交易中，通过签订具有抵消性质的远期外汇合约进行套期保值，可以将成本和收益固定下来，得到完全确定的现金流量价值，避免或降低外汇风险。

（3）外汇期货市场套期保值（futures market hedge）。

利用外汇期货市场进行套期保值来规避外汇交易风险，是指在现汇市场某笔交易的基础上，同时在外汇期货市场作一笔买卖方向相反、金额和期限相同的交易。这样也可以起到与远期外汇交易相似的保值效果。

（4）外汇期权市场套期保值（option market hedge）。

与远期外汇交易和期货交易相比，外汇期权交易较为灵活、成本也较低，而且具有投机和保值双重作用。经济主体可以通过购买看涨期权或看跌期权来达到避险目的。如果拥有外汇债权的企业预测交易货币将贬值，可以买入该种货币的看跌期权，获得以协定价格出售该种货币的权利。如果到期该种货币的确发生了贬值，可以行使期权，减少损失；如果到期后该种货币没有贬值反而升值了，则可以选择放弃执行期权，仅需要支付一定的期权费即可。如果经济主体不能确定未来现金流量是否发生变化或何时发生变化，那么，外汇期权市场套期保值是最理想的保值工具。

3. 使用保值条款

（1）黄金保值条款。

在签订合同时，按照当时的黄金价格将应收付的款项折合成相应数量的黄金，到实际支付时，再按照当时黄金的市场价格折算成相应的收付货币的金额。由于黄金是贵金属，价值相对稳定，将收付款项与黄金挂钩，在一定程度上消除了汇率波动的风险。当然黄金价格也会有波动，但通常黄金价格的波动幅度要远远小于汇率的波动幅度，因此还是相对比较稳定的。

（2）外汇保值条款。

在签订合同时，按照当时软币与硬币的汇率，将合同货款折算成相应数量的硬币，到实际支付时，按照结算日的汇率再折算为相应的软币来结算合同款项。采用此方法时，一般要在合同中对硬软币之间的汇率波动幅度作出规定，如果现实汇率的波动在合同规定的范围内，则合同货币金额保持不变；如果现实汇率的波动超过了合同中规定的范围，合同货币金额应做相应的调整。

（3）"一篮子"货币保值法。

"一篮子"货币保值法是指交易双方选择特别提款权或其他货币篮子对合同货币进行保值。原理与上述两个方法是相同的，即在签订合同时规定合同货币与选定的"一篮子"货币之间的汇率，并规定汇率变化的调整幅度，当合同到期时，按照实际汇率变化对合同货币进行相应的调整。由于"一篮子"货币是由一定比重的硬币与软币加权平均组成，因而其价值相对稳定，可以充当减少外汇风险的保值工具。

4. 平衡法和组对法

平衡法指在同一时期内利用一笔与存在外汇风险的交易具有相同币种、相同金额、相同期限但资金流动方向相反的交易，来消除外汇交易风险的方法。例如，某日本公司 3 个月后有一笔应付的 1 万英镑款项，为了避免汇率波动的风险，该公司应该设法出口价值 1 万英镑的商品，并使两笔交易的结算期限一致，从而消除英镑汇率波动的风险。

组对法是指将某种货币资金流动所产生的风险，通过一笔与其金额相同、期限相同、方向相反的另一种货币的对冲交易来抵消风险的方法。此方法主要是利用不同货币的汇率走势的同向相关性来进行对冲交易。例如，在较长时期内如果美元与日元汇率走势存在正相关关系，则某企业出口一批货物，3 个月后将收回 1 000 万日元的货款。为规避外汇风险，该企业可以进口一批相同价值的货物，但用欧元计价，并尽可能将收回日元与支付欧元的期限安排一致，从而实现对冲，消除外汇风险。

5. 多边净额结算

多边净额结算（multilateral netting）是指跨国公司内部利用相互转划和冲销，对内部各成员单位之间的债务债权进行结算，以减少应收、应付账款外汇风险的一种结算方式。其过程是，综合跨国公司各子公司因相互间内部交易而形成的各种应收应付款项；将各子公司之间结欠的款项进行冲销，债权债务相抵，进而使有些子公司债权债务为零，另一些要么只剩净债权，要么只剩净债务；然后，通知那些负有净债务的子公司直接向持有净债权的子公司清偿。

（二）外汇经济风险管理

对外汇经济风险的管理，主要有以下几种方法。

1. 营销策略

企业可以采取调整售价、市场分布以及改变促销政策和产品政策等措施来减少经济风险的影响。

首先，企业应全面分析调整售价对自身的影响，根据不同国家或地区的市场状况，实行多样化的定价策略，稳定现金流。

其次，企业应该尽量分散产品的销售国别或地区分布，以减少目标市场和结算币种过于单一带来的较高的经济风险，即采用多币种结算，可以使汇率在不同币种之间的变化在不同目标市场之间部分或全部中和，不至于因为市场集中，汇率总朝一个方向变化，而承担汇率单向变动风险，从而达到分散化解风险，稳定企业现金流的最终目的。

再次，企业在制定促销策略时应充分考虑汇率变动的影响，一般来说，生产国货币贬值时，向第三国出口的子公司，应增加广告和培训等促销支出，因为此时可以用低价策略占领市场。反之，生产国货币升值时，促销支出应减少。

最后，企业可以通过产品策略来抵消外汇风险，尤其是应该不断开发新产品，因为无论汇率如何波动，企业对新产品都掌握有定价权，新产品价格对汇率波动不敏感。对于原有产品，当本币贬值时，企业应利用价格优势，增加销量，扩大产品系列，满足消费者更多的需求；当本币升值时，企业应重新定位其产品品种，把目标市场定位在那些收入高、重质量、对价格不太敏感的消费群体。

2. 生产策略

首先，企业应该根据汇率变动对成本的影响以及本企业的全球战略安排，在不同国家间安排生产，当本币升值期间，企业可以选择在贬值国的子公司增加生产，减少升值国的生产，以达到防范汇率波动风险的目的。

其次，企业应尽可能多地在多个国家和地区进行原材料采购，使用多种货币结算。原材料来源地的选择，一是考虑原材料出口国的资源禀赋状况，合理配置生产能力；二是考虑汇率变动趋势，从贬值国进口原材料非常有利于降低成本。此外原材料来源地多元化，意味着以不同的货币购买原料投入，可以减轻汇率冲击对成本的影响。

3. 财务策略

首先，企业可以利用融资策略来分散外汇经济风险。企业可以通过不同渠道、不同币种的投资融资，达到分散汇率风险的目的。企业筹资时，要尽量以多种货币从多个渠道筹资，如企业可发行股票、债券，还可利用银行信贷，既可以利用固定利率的信贷，也可利用浮动利率的信贷；投资时，要尽可能以不同的形式、不同的币种，向不同的对象投资，如企业可办理外币存款、购买外币债券、投资 B 股等。

其次，企业应调整自身的资产负债结构，要使不同币种、不同期限的外币资产与负债数额基本相等，尽量减少受险头寸的暴露。如果外币升值，应使外币负债尽快减少到外币资产的水平，使风险抵消。如果外币贬值，应使外币资产尽快减少到外币负债的水平。

（三）外汇折算风险管理

对外汇折算风险的管理，主要有以下几种方法。

1. 资产负债表保值法

资产负债表保值法是通过调整企业的资产负债表以实现对受险部分的调控从而达到减少或避免外汇风险的方法，即可以通过调整债权债务币种、期限和金额，使同一外币的债权债务在期限、金额上均衡，从而达到防范风险的目的。

采用资产负债表保值法的基本原则是：增加强势货币资产，减少弱势货币资产；增加弱势货币负债，减少强势货币负债。这种方法通过交易活动，调节企业各资产负债账户，使外汇的资产与负债一致，以规避外汇风险。也就是在外汇汇率上升或下跌造成风险资产的升值或贬值时，能够与等量的风险负债的增加或减少相互抵消，使得风险资产和风险负债的总量达到平衡，最终将会计风险化解为零。

2. 远期交易法

远期交易法的目的在于创造一笔与原有风险资产或风险负债具有抵消效应的资产或负债，来化解预计的折算风险。本方法是以预期的折算风险为基础的，并只有在对期末即期汇率准确预测的前提下，方能通过该项套期保值抵消潜在的折算风险。

3. 风险冲销法

当企业拥有两种及两种以上的外币头寸或者同一种货币相反头寸时，可以灵活运用风险冲销的办法。具体操作时，有双边冲销和多边冲销两种形式。双边冲销是具有相互往来结算关系的两家子公司以某种固定的汇率，把彼此到期的往来结算账务相互抵消；多边冲销参与的子公司在两家以上，操作更为复杂，一般需母公司扮演清算中心的角色以协调各子公司的当地货币头寸的冲销，最终达到降低企业总折算风险的目的。

本章小结

1. 外汇市场是以外汇银行为中心，由外汇需求者、外汇供给者或买卖中间机构组成的外汇买卖的场所或交易网络，是国际金融市场的组成部分。外汇市场按交易主体划分为外汇批发市场和外汇零售市场；按交割时间划分为即期外汇市场和远期外汇市场；按组织形态划分有形外汇市场和无形外汇市场；按外汇市场的经营范围划分为国际外汇市场和国内外汇市场。

2. 外汇市场的主体包括外汇银行、外汇经纪人、中央银行、外汇投机者、外汇的实际供求者。

3. 外汇市场具有实现购买力的国际转移、提供资金融通、提供外汇保值和投机的机制等功能。

4. 外汇交易是指在外汇市场上以外汇银行为中心，交易双方对外汇进行买卖，或者用给定货币去兑换另一种货币的活动。在外汇市场进行外汇交易的主要目的有国际清算、货币兑换、提供授信、套期保值、投机获利等。外汇交易主要程序包括：自报家门、询价、报价、成交、确认、交割。

5. 外汇交易有许多种类，其交易技术也纷繁复杂。最常见的有即期外汇交易、远期外汇交易、套汇交易、套利交易和外汇期货、外汇期权等交易方式。

6. 外汇风险有广义和狭义之分。广义的外汇风险包括汇率风险、利率风险、信用风险、流动性风险以及国家风险等；狭义的外汇风险仅指汇率风险。理论界和实际操作中所说的外汇风险通常是指狭义上的外汇风险，即汇率风险。按照外汇风险产生的原因和对企业影响的不同，通常将外汇风险分为交易风险、折算风险、经营风险三类。外汇风险管理包括外汇交易风险管理、外汇经济风险管理、外汇折算风险管理。

关键概念

1. 外汇市场　2. 即期外汇交易　3. 远期外汇交易　4. 外汇掉期　5. 外汇期货
6. 外汇期权　7. 外汇风险　8. 交易风险　9. 折算风险　10. 经营风险

复习思考题

一、单项选择题

1. 外汇期货交易和外汇期权交易都是在(　　)中进行的。
A. 有形市场　　　B. 无形市场　　　C. 场外市场　　　D. 有形市场和无形市场
2. 在即期外汇交易中，人们通常把(　　)称为基本汇率或市场汇率。
A. 电汇汇率　　　　　　　　　B. 信汇汇率
C. 银行同业间的汇率　　　　　D. 票汇汇率
3. 在直接标价法下，汇水的排列前小后大为(　　)，在计算远期汇率时是即期汇率(　　)汇水。
A. 贴水，加上　　B. 贴水，减去　　C. 升水，加上　　D. 升水，减去
4. 出口商与银行订立远期外汇合同是为了(　　)。
A. 防止因外汇汇率上涨而造成的损失
B. 防止因外汇汇率下跌而造成的损失
C. 获得因外汇汇率上涨而带来的收益
D. 获得因外汇汇率下跌而带来的收益
5. (　　)是指由于未曾预料到的汇率变动，影响企业的产品成本、价格和销售量，使得企业收益在未来一定时期内可能发生变化的潜在性风险。
A. 交易风险　　B. 会计风险　　C. 经济风险　　D. 转换风险
6. 由于外汇汇率波动而引起的应收资产与应付债务价值变化的风险即为(　　)。
A. 经济风险　　B. 会计风险　　C. 交易风险　　D. 转换风险
7. 当预测本国货币汇率将上升，外国货币汇率将下降，出口商应(　　)。
A. 提前付款　　B. 提前收款　　C. 推迟付款　　D. 推迟收款
8. 有远期外币债券或债务的公司与银行签订购买或出售远期外汇的合同称为(　　)。

A. 期货保值法　　　　　　　　　B. 期权保值法

C. 即期合同保值法　　　　　　　D. 远期合同保值法

9. 出口商的商品底价为本币，在进行交易时，国外客户要求改用外币报价，则应按本币与该外币的( )折算。

A. 卖出价　　　B. 中间价　　　C. 买入价　　　D. 基本汇率

10. 如果纽约外汇市场美元兑瑞士法郎的即期汇率为：US＄/SF＝1.1900/07，1个月75/60（p），那么 US＄/SF 1个月的远期汇率为( )。

A. US＄1＝SF1.1975－1.1967　　　B. US＄1＝SF1.1825－1.1847

C. US＄1＝SF1.1960－1.1982　　　D. US＄1＝SF1.1840－1.1832

二、多项选择题

1. 外汇市场的参与者有( )。

A. 中央银行　　　　　　　　　　B. 商业银行

C. 其他经营外汇的银行　　　　　D. 经纪人、公司、个人

2. 按照合约中标的物的流向可将期权分为( )。

A. 欧式期权　　　B. 美式期权　　　C. 看涨期权　　　D. 看跌期权

3. 下列属于外汇期货交易与远期外汇交易的差别的有( )。

A. 外汇期货交易是在集中的交易市场中进行的

B. 远期外汇交易实行经纪人制度

C. 外汇期货交易实行标准化合约

D. 外汇期货交易实行逐日浮动保证金制度

4. 外汇期货交易分为( )。

A. 场外交易和场内交易　　　　　B. 空头投机交易

C. 套期保值交易　　　　　　　　D. 多头投机交易

5. 一家拥有一笔美元应付款的国际企业，预计美元将要贬值，它将会采取( )。

A. 买入远期美元　　　　　　　　B. 卖出远期美元

C. 提前支付这笔美元应付款　　　D. 推后支付这笔美元应付款

6. 下列说法中，正确的是( )。

A. 外汇风险头寸是承担外汇风险的外币资金

B. 外汇风险头寸是企业或个人持有的外币资产或负债

C. 外汇风险头寸是企业外币资产与外币负债不相匹配的部分

D. 在外汇买卖中，风险头寸表现为外汇持有额中"超买"或者"超卖"的部分

7. 外汇风险的构成因素有( )。

A. 风险头寸　　　　　　　　　　B. 两种以上的货币兑换

C. 成交与资金清算之间的时间　　D. 汇率波动

8. 根据外汇风险的作用对象和表现形式，外汇风险可以划分为( )。

A. 交易风险　　　B. 换算风险　　　C. 经济风险　　　D. 汇率风险

9. 防范外汇风险可以采取的方法是( )。

A. 优化货币组合　　　　　　　　B. 签订保值条款

C. 选好结算方式　　　　　　　　D. 利用外汇借贷与投资业务

10. 以下合约套期保值的做法中，正确的是(　　　)。

A. 当企业未来有应付外币账款时，买入期货合约

B. 当企业未来有应收外币账款时，买入期货合约

C. 当企业未来有应付外币账款时，卖出期货合约

D. 当企业未来有应收外币账款时，卖出期货合约

11. 假设一家中国企业将在 3 个月后收到美元货款，企业担心 3 个月后美元贬值，该企业可以通过以下哪些手段来实现套期保值的目的(　　　)。

A. 出售远期合约　　B. 买入期货合约　　C. 买入看跌期权　　D. 买入看涨期权

三、简答题

1. 外汇市场的主要参与者及其参与外汇市场的主要目的是什么？

2. 如何理解远期外汇交易的原理？试举例说明远期外汇交易的应用。

3. 外汇期货交易和远期外汇交易有何区别？

4. 阐述远期汇率与利率的关系。

5. 什么是外汇风险？外汇风险可以分为哪几种类型？

6. 什么是外汇风险管理？外汇风险管理有哪些不同的战略？

7. 设香港外汇市场的即期汇率为 USD/HKD = 7.7500/800，纽约外汇市场的即期汇率为 USD/GBP = 0.6400/10，伦敦外汇市场的即期汇率为 GBP/HKD = 12.200/50。如果不考虑相关费用，某投资者动用 1 000 万港元进行三角套汇，试给出其套汇过程，并计算其可获得多少套汇利润。

第四章

汇率制度与外汇管制

引导案例

波兰外汇体制改革的经验

当马佐维耶茨基在 1989 年 9 月担任波兰总理的时候，他的新政府面临世界上最糟糕的金融危机：每月大约 40% 的通货膨胀以及基本生活品的严重短缺。20 世纪 70 年代后期开始的经济衰退造成的长期持续的危机，使波兰人民十分沮丧。在副总统巴尔采罗维奇的领导下，新政府的经济小组推出了一个全面、急剧变革的计划，以试图制止恶性通货膨胀，解决生活品短缺的问题，尽可能迅速地建立市场经济。新经济小组曾选出几种方案，但最重要的是，他们认识到国际贸易将是在经济中引入竞争的最有效的途径，通过一开始就创立一种可兑换的货币，以及通过消除对国际贸易的几乎所有限制，建立在西方进行自由贸易的体制，这样将使波兰能"进口"一个真实的价格体系。由于当时的政治因素，团结工会政府已经在公众的选举中掌权，公众对政府的高度信任和他们在国家危急关头的责任感，使得政府可以充分享有由此而来的不可缺少的行动自由。公众企盼着有力的措施，而政府又有着制定与实施这些措施的政治机会。波兰政府充分利用了"政府承诺"的作用，相信在承诺货币可兑换后，居民不会急于去换外币，事实也确实如此。

在 1990 年的第一天，官方汇率急剧贬值，制定了统一汇率，从 1989 年底的 6 500 兹罗提兑换 1 美元贬值为 9 500 兹罗提兑换 1 美元，作为所有波兰与西方进行贸易的可兑换的稳定汇率。兹罗提同时即成为稳定的可兑换货币。正如人们所希望的那样，固定汇率提供了一个有效的"名义价格的制动器"，该制动器稳定了贸易商品的兹罗提价格。伴随着可兑换货币的确立，波兰政府进一步实行了国际贸易的放开及国内价格的解除控制。同时，实行了严格的财政和货币政策，大幅度提高了利率；为了消除财政赤字，政府大幅度削减了对亏损企业的信贷和财政补贴，大部分残留的补贴迅速消失或完全取消。这些措施导致了一种起校正作用的通货膨胀：根据官方价格统计资料显示，1月份的日用品价格平均比12月份的价格提高了78%。但这种通货膨胀只是一次性地爆发，它很快就消失了，从2月份到3月份，价格上涨不到5%。紧缩措施和固定的、竞争性的兹罗提汇率共同作用的结果，迅速扭转了波兰的对外贸易形势。1990年的前4个月，波兰与西方的贸易顺差是1.2亿美元，为1989年全年贸易顺差的两倍多。特别是出口显著增长，3月份接近10亿美元，几乎要高出上年同期水平20%。作为价格稳定性的关键，稳定的汇率因外汇储备的增加而有了更充分的保证，并进一步减轻了可能产生危机的风险，创造出一个使经济转轨得以推进的比较稳定的环境。引人注目的是，波兰一步到位实行货币在国内可自由兑换，没有导致本国居民大规模地用本币换取外币而使官方外汇储备耗尽。除了政府许诺的作用外，在一定程度上是因为国内金融资产的实际利率相对高于外币金融资产的实际利率。外币存款在国内货币总量中所占的比重从1990年初的63%下降到1990年6月底的42%。

　　问题：1. 从上例中看到一国政府的经济政策在外汇管制方面所起的作用是巨大的，你认为一国的货币是自由兑换还是严格管制对经济的发展更有利？

　　2. 波兰的外汇体制改革在哪些方面值得我国借鉴？

第一节　汇率制度

　　汇率制度是指一国对本币与外币的比价所做出的安排与规定，安排的情况与规定的内容不同，就有不同的汇率制度。第二次世界大战以后，主要发达国家的汇率制度经历了两个阶段。第一阶段是从1945年到1973年春，建立的是固定汇率制度；第二阶段是1973年春以后，建立的是浮动汇率制度。发展中国家仍实行不同形式的固定汇率制度。

一、固定汇率制度

（一）固定汇率制度的概念

所谓固定汇率制度，就是将两国货币比价基本固定，并把两国货币比价的波动幅度控制在一定范围之内的汇率制度。

　　第二次世界大战后，西方国家仍沿袭战前建立起来的纸币流通制度。根据国际货币基金组织的规定，国际货币基金组织的成员方都要规定本国货币的金平价，两国货币金平价的对比是固定汇率的基础。这个比价随外汇市场的供求状况不断波动，波动的幅度，国际货币基金组织有统一的规定：上涨不能超过金平价比率的1%，即上限为1%；下降不能低于金平价对比的1%，即下限为1%，一般以-1%来表示。

（二）维持固定汇率所采取的措施

各国货币当局为维持国际货币基金组织所规定的汇率波动幅度，通常采取以下措施：

1. 提高贴现率

贴现率是利息率的一种，它是各国中央银行用以调节经济与汇价的一种手段。如前所述，在美国外汇市场，如果英镑的价格上涨，接近 4.0703 美元的上限水平，美国货币当局则可提高贴现率，贴现率一提高，其他利率如存款利率，也随之提高，国际游资为追求较高的利息收入，会将原有资金调成美元，存入美国，从而增加对美元的需求，引起美元对外汇价的提高。如果英镑价格下跌至下限水平的 3.9897 美元，则美国货币当局就降低贴现率，其结果则相反。

2. 动用黄金外汇储备

一国黄金外汇储备不仅是国际交往中的周转金，而且也是维持该国货币汇率稳定的后备力量。如伦敦市场的英镑汇率下跌，低于官定下限 3.9897 美元时，则英国动用美元外汇储备，在市场投放美元，从而缓和需求，促进英镑汇率上涨；反之，则收购美元，充实本国美元储备，减少市场供应，促使英镑汇率下降。

3. 外汇管制

若一国黄金外汇储备的规模有限，一旦遇到本币汇率剧烈下跌，就无力在市场上大量投放外汇以买进本币，因此，还会借助于外汇管制的手段，直接限制某些外汇支出。

4. 举借外债或签订货币互换协定

哪种外币在本国外汇市场短缺，则向哪国借用短缺货币投放市场，以平抑汇率。1962 年 3 月以后，美国曾与 14 个国家签订货币互换协议，签约国一方如对某种外汇需求急迫时，可立即从对方国家取得，投放市场，无须临时磋商。

5. 实行货币公开贬值

如果一国国际收支逆差严重，对外汇需求数额巨大，靠上述措施不足以稳定本币汇率时，就常常实行公开贬值，降低本国金平价，提高外币价格。在新的金平价对比的基础上，减少外汇需求，增加出口收入，追求新的汇率的稳定。

（三）固定汇率制度的作用

1. 固定汇率对国际贸易和投资的作用

与浮动汇率相比较，固定汇率为国际贸易与投资提供了较为稳定的环境，降低了汇率的风险，便于进出口成本核算以及国际投资项目的利润评估，从而有利于对外贸易的发展，对某些西方国家的对外经济扩张与资本输出有一定的促进作用。但是，在外汇市场动荡时期，固定汇率制度也易于招致国际游资的冲击，引起国际外汇制度的动荡与混乱。当一国国际收支恶化，国际游资突然从该国转移换取外国货币时，该国为了维持汇率的波动幅度，不得不拿出黄金外汇储备在市场供应，从而引起黄金的大量流失和外汇储备的急剧缩减。如果黄金外汇储备急剧流失后仍不能平抑汇价，该国最后有可能采取法定贬值的措施。一国的法定贬值又会引起与其经济关系密切的国家同时采取贬值措施，从而导致整个汇率制度与货币的极度混乱与动荡。经过一定时期以后，外汇市场与各国的货币制度才能恢复相对平静。在未恢复相对平静以前的一段时间内，进出口贸易商对接单订货常抱观望态度，从而使国际间的贸易往来在某种程度上出现中止或停顿的现象。

2. 固定汇率对国内经济和国内经济政策的影响

在固定汇率制下，一国很难执行独立的国内经济政策，这是因为：

（1）固定汇率制下，一国的货币政策很难奏效。如一国为紧缩投资、治理通货膨胀而采取提高利率的货币政策，会因利率的提高吸引外资的流入，从而达不到紧缩投资的目的。相反，为刺激投资而降低利率，又会造成资金的外流。

（2）固定汇率制下，为维护固定汇率，一国往往需以牺牲国内经济目标为代价。例如，一国国内通货膨胀严重，该国为治理通货膨胀，实行紧缩的货币政策和财政政策，提高贴现率，增加税收等。但由于本国利率的提高，势必会引起资本流入，造成资本项目顺差，由于增加税收，势必造成总需求减少，进口减少，出口增加，造成贸易收入顺差。这就使得本币汇率上涨，不利于固定汇率的维持。因此，该国政府为维持固定汇率，不得不放弃为实现国内经济目标所需采取的国内经济政策。

（3）固定汇率使一国国内经济暴露在国际经济动荡之中。由于一国有维持固定汇率的义务，因此当其他国家的经济出现各种问题而导致汇率波动时，该国就需进行干预，从而也就会受到相应的影响。例如，外国出现通货膨胀而导致其汇率下降，本国为维持固定汇率而抛出本币购买该贬值外币，从而增加本国货币供给，诱发了本国的通货膨胀。

总之，固定汇率使各成员方的经济紧密相联，互相影响，一国出现经济动荡，必然波及他国，同时，也使一国很难实行独立的国内经济政策。

（四）固定汇率制度与法定贬值、法定升值

1. 固定汇率制度与法定贬值

在纸币流通制度下，当纸币贬值十分严重，旧的黄金平价和汇率不能维持，而且勉强维持会进一步削弱其出口产品竞争能力、消耗其有限的黄金外汇储备时，该国政府就会颁布法令，废除纸币原来已经变得过高的黄金平价和汇率，规定新的、较低的黄金平价和汇率。**这种由法律明文规定降低本国货币的金平价，提高以本币所表现的外币价格的措施就叫货币的法定贬值。**例如，1971 年 12 月美元在第二次世界大战后第一次贬值之前，美元的黄金平价为 0.888671 克黄金，美元对黄金贬值 7.89% 之后，美元的黄金平价减少为 0.818 513 克黄金。原来美元对英镑的汇率为 1 英镑 = 2.40 美元，美元第一次贬值时，英镑的金平价未变，所以新的美元对英镑的汇率为 1 英镑 = 2.6057 美元。

在固定汇率制度下，法定贬值能抑制进口、扩大出口。

在固定汇率制度下，有些国际货币基金组织的成员方往往在其出口贸易极其不振、国际收支和失业问题严重的时期，实行法定贬值。其目的在于，利用法定贬值进行外汇倾销，以扩大出口，限制进口，缓和国际收支失衡和失业加剧等问题，使本国垄断集团获得高额利润。所谓外汇倾销就是指在通货膨胀的情况下，一国政府利用汇率上涨与物价上涨的不一致，有意提高外币的行市，使其上涨的幅度大于国内物价上涨的幅度，以便以低于世界市场的价格输出商品，削弱竞争对手，争夺销售市场。

【例4-1】美元对英镑的汇率原为1英镑=2.4美元。假定美国国内每吨钢材售价为240美元（成本216美元，利润9美元），美国出口商向英国出口钢材每吨售价为100英镑，美国出口商将出口所得的100英镑按上述汇率兑换成美元，可得240美元，获利润24美元。假设英国的物价水平未变，而现在美国国内物价上涨50%，而汇率仍维持1英镑=2.4美元，这样，对美国的出口商将产生不利的影响。因为美国国内物价上涨50%后，每吨钢材在美国国内售价上涨至360美元（成本324美元，利润36美元），但出口到英国仍卖100英镑，按1：2.4的汇率只能换回240美元，这样，美国出口商每出口一吨钢材要少收入84美元。这当然要影响美国的出口，导致减产，甚至导致生产停滞。在这种情况下，美国政府一般会采取货币的公开贬值措施，将以美元所表示的英镑的价格至少提高50%，即由1英镑=2.4美元提高至1英镑=3.6美元，美国出口商才不致亏本。如果美国将美元对英镑的价格调高的幅度大于国内物价上涨的幅度，如调高100%，美元与英镑的兑换比例则为1英镑=8美元，在此情况下，美国出口商向英国出口钢材虽然每吨仍卖100英镑，但按1英镑=4.8美元的新汇率折算，可获得480美元，扣除每吨钢材成本324美元后，仍有利润36美元和超额利润120美元。为了扩大出口，夺取英国销售市场，美国出口商可降低在英国的钢材售价，每吨不卖100英镑，只卖90英镑，这就有可能削弱其他竞争对手，将它们排挤出英国市场。美国出口商以每吨90英镑的价格在英国出售钢材后，按4.8：1的汇率，仍可换回432美元，扣除成本324美元、利润36美元后，仍可获得超额利润72美元。有些发达国家常常有意利用货币公开贬值进行外汇倾销，作为获取高额垄断利润、争夺销售市场的一种手段。货币公开贬值后，进口商品的价格就要上涨，所以它起着抑制进口、改善国际收支状况的作用。如前例，美元公开贬值前，在英国国内售价为100英镑的机器，运抵美国后的售价折合为240美元。美元公开贬值，其汇率由1英镑=2.4美元调高至1英镑=4.8美元后，这台机器在美国的售价一定要提高到480美元，英国出口商才不会减少收入。由于英国机器在美国市场售价过高，对美国来讲自然具有限制进口、增加本国商品在国内市场销售的作用。

一国货币法定贬值后，获得扩大出口的利益，其他国家会立即仿效，也随之采取公开贬值的措施，在市场争夺战中进行反击。各货币公开贬值的过程，也就是它们进行货币战的过程。

1973年发达国家实行浮动汇率制后，各国不再公布金平价，也不再采取公开贬值的形式，但它们通过干预或放弃干预外汇市场，有意使本币对外汇率的下浮幅度大大超过本国物价上涨幅度，同样起到在固定汇率制下公开贬值的作用，即扩大出口、抑制进口。20世纪90年代某些时期，美国货币当局曾不断采取这种手段，以达到加强本国出口商品竞争能力，抑制从德国和日本进口的目的。此外，在欧洲货币体系内参加汇率机制的某些成员国，由于本国通货膨胀严重，也宣布公开贬值，变更与其他成员国之间的货币比价。

货币的法定贬值虽一般具有扩大出口的作用，但也有一定的局限性：首先，不是任何商品都能扩大出口，有些商品的出口往往受需求弹性的限制。需求弹性是指随着价格的变化，市场对商品供求的增加或减少的反应程度。反应程度大的商品，则需求弹性大；反之，则需求弹性小。一般而言，工业制成品特别是高档消费品的需求弹性大，初级产品则需求弹性小。发达国家的出口商品结构以工业制成品为主，货币法定贬值的作用大；发展中国家出口商品结构以初级产品为主，货币法定贬值的作用小。其次，受时滞的限制，货币实行法定贬值后一国出口不会立即增加，国际收支也不会立即得到改善。因为从出口到收汇需要一定时间，在此期间内原订进口合同要对外支付，因扩大出口而增加收取的外汇要在一定时间以后才能结汇。这就是贬值的"J曲线效应"。

2. 固定汇率制度与法定升值

在固定汇率制度下，个别通货膨胀程度较轻、国际收支在一定时期内具有顺差的国家，在其他国家的影响与压力下，用法律明文规定提高本币的金平价，降低以本币所表示的外币的价格，就叫货币的法定升值。 如联邦德国政府在 1969 年 10 月，把马克的金平价由 0.222 168 克黄金提高到 0.242 806 克，马克对美元的汇率也相应由 1 美元=4 马克改为 1 美元=3.66 马克，增值幅度为 8.5%。

一国的国际收支发生顺差，则外汇供过于求，引起以本币所表示的外币价格的下跌。在外币汇率跌到官定下限时，该国政府就抛出本币，收购外币，进行干预，以把汇率控制在官定的下限之上。大量外币的涌进，虽可增加外汇储备，但因兑换外币而在流通领域中投放的本币也必然随之增加，从而加剧该国的通货膨胀。因此，某些具有国际收支顺差的国家，在特定的条件下，就采取货币升值的措施，调低本币与外币的兑换比例，以抑制外国货币的大量流入，缓和本国的通货膨胀。

货币法定升值，一般对本国出口贸易不利，而且还会促进进口增加。例如，1969 年 10 月联邦德国马克公开升值，马克对美元汇率从 1 美元=4 马克调到 1 美元=3.66 马克。马克升值前，联邦德国市场售价为 4 000 马克的一台发电机，输出到美国后折合 1 000 美元；马克升值后，如在美国市场再卖 1 000 美元，按新汇率折合，联邦德国出口商只能换回 3 660 马克，即每卖一台发电机比原先的收入要减少 340 马克（4 000-3 660）。所以，马克升值后，联邦德国出口商一定要把发电机在美国的售价提高到 1 092.9 美元（4 000÷3.66）才不致减少收入。这样，发电机出口价格比马克未升值前提高 92.9 美元，这自然要影响联邦德国发电机和其他商品的出口。反之，过去 1 000 美元的空气调节器，在联邦德国售价折合 4 000 马克，现在只折合 3 660 马克。联邦德国商人自然会增加从美国的进口。

一方面，货币的法定升值会给一国出口贸易造成极大的困难，并刺激进口的扩大，所以西方国家都尽量避免。但是，另一方面，货币的法定升值可使本国货币进一步坚挺，提高其威信和地位，扩大在国际范围中的支付与作用，同时也可降低一国对外投资成本，鼓励资本流出。如 20 世纪 90 年代后期，德国马克和日元对美元的汇率急剧上浮，对德国、日本出口不利，因此，德国、日本和美国的货币当局在一定条件下，联合干预国际外汇市场，以减少对各自的不利影响。

（五）汇率的决定与调整

历史上固定汇率制经历了两个发展阶段：一是战前国际金本位货币制度下的固定汇率制；二是战后的纸币流通条件下的固定汇率制。

1. 国际金本位货币制度下的固定汇率制

在金本位制度下，每单位金币规定有一定的含金量，黄金可以自由铸造成金币，金币可以自由流通，自由输出、输入，银行券可以自由兑换成金币或黄金。在金本位货币制度下，两个国家单位货币的实际含金量之比被称作铸币平价，铸币平价是金本位货币制度下决定汇率的基础。例如，英国规定 1 英镑含纯金量为 113.0016 格令（约为 7.32238 克），美国规定 1 美元含纯金量为 23.22 格令（约为 1.50463 克），这样，英镑与美元之间的铸币平价即为：GBP1 = 113.0016/23.22 = USD4.8665，即：1 英镑等于 4.8665 美元。

金本位货币制度下汇率是由铸币平价决定的，但外汇市场上的实际汇率因受外汇供求影响而围绕铸币平价上下波动。当外汇供小于求时，外汇汇率上升；当外汇供大于求时，外汇汇率下降。然而汇率无论如何波动都不是漫无边际的，因为黄金输送点是其上下波动的天然界限，黄金输送点则等于铸币平价加减运送黄金的费用。

为什么说黄金输送点限制了金本位货币制度下汇率的波动幅度？

因为金本位货币制度下黄金可以自由输出、输入，所以国际间的结算既可以选择现金结算方式，也可以选择非现金结算方式；既可以用外汇也可以用黄金。用黄金就涉及一定的结算费用，如包装费、运输费、保险费、检验费、铸造费以及利息等，铸币平价加费用就构成了用黄金结算的成本界限。对一个国家来说，当外汇汇率上涨超过铸币平价加费用时，该国的进口商就会选择用黄金对外清算，黄金替代外汇流向国外。铸币平价加费用就构成黄金输出点，即汇率上涨的上限。反之，当一国外汇汇率下跌至低于铸币平价加费用时，则该国出口商收取黄金比收取外汇更为有利，黄金替代外汇流向国内。铸币平价减去输金费用就构成黄金输入点，即汇率下跌的下限。因此，金本位货币制度下的汇率总在铸币平价加、减费用的幅度内上下波动。例如，英镑与美元的铸币平价为 GBP1 = USD 4.8665，英美之间运送黄金的各项费用以及利息按 6% 计算，在英美两国运送 1 英镑黄金的费用约为 0.03 美元，则汇率变动的上下限为：上限 = 铸币平价 + 运送费用，即 GBP1 = USD4.8665 + USD0.03 = USD4.8965，下限 = 铸币平价 − 运送费用，即 GBP1 = USD4.8665 − USD0.03 = USD4.8365，在外汇市场上，如果英镑对美元汇率高于 4.8965，美国进口商就会选择输出黄金结算，导致美国的外汇市场上英镑需求的减少，英镑价格回落。如果英镑对美元的汇率低于 4.8365，美国出口商就会选择输入黄金，导致美国外汇市场英镑供应的减少，需求增加，英镑价格上升。可见在金本位制度下，由于受黄金输送点的制约，外汇汇率的波动幅度很小，并且总是围绕铸币平价波动，所以金本位制度下的外汇汇率是固定汇率。

2. 布雷顿森林体系下的固定汇率制

布雷顿森林体系是第二次世界大战后建立的一种以"黄金—美元本位制"为核心的国际货币制度。这一时期是以美元为中心的固定汇率制。

布雷顿森林货币制度是一种流通纸币的货币制度，流通货币本身失去了含金量，但各国货币当局都通过法律规定了纸币的含金量。我们将两国纸币的法定含金量之比称为黄金平价，黄金平价成为汇率的决定基础。

根据 1944 年布雷顿森林会议通过的《国际货币基金协定》，布雷顿森林货币制度下的汇率制度的主要内容有：

（1）美元与黄金直接挂钩。国际货币基金组织要求其成员确认 1934 年美元集团时确定的 1 盎司黄金 = 35 美元（即 1 美元的含金量为 0.888671 克）的官价，并协助美国维持黄金的官价水平，以稳定黄金的官价，美国政府则承担各国政府或中央银行按官价用美元兑换黄金的义务。这无疑会使美元同黄金处于同等地位。

（2）各国货币与美元挂钩。基金组织要求成员通过法律规定本国单位纸币的含金量，并比照美国政府规定的 1 美元 = 0.888671 克黄金的美元法定含金量，确定本币与美元的比价关系，即本币与美元的黄金平价。例如，同时期 1 英镑纸币所代表的含金量为 3.58134 克纯金，则英镑与美元的黄金平价为：

GBP1 = 3.58134/0.888671 = USD4.03

（3）不同货币之间汇率的波动幅度不得超过黄金平价±1%的范围。黄金平价一经确立，不得随意变动，汇率只能在规定的幅度内波动，如果某些国家的货币汇率波动超过了上述规定范围，有关国家货币当局应进干预以维持汇率与金平价的稳定。1971 年 12 月的史密森协定将这一范围扩大为黄金平价的±2.25%。

在纸币流通条件下，通货膨胀现象不可避免。一般说来，如果各国货币对内贬值与对外贬值幅度相一致，则不会影响国际收支和汇率；如果幅度不一致，则必然使国际收支发生不平衡，进而引起市场汇率大幅度偏离黄金平价，以致使各国货币当局难以用有限的外汇平准基金有效地干预外汇市场。此种情况迫使有关国家政府调整本币的法定含金量，从而确立一个对外汇的新的黄金平价，不过，这要事先经过国际货币基金组织的批准。

纸币法定贬值是在纸币具有法定含金量时期，一国政府用法令宣布降低本国货币含金量与汇率，借以改善国际收支的措施。引起纸币法定贬值的原因主要有国内通货膨胀严重和国际收支出现巨额逆差。一般地说，一国纸币的法定贬值，可以相应地提高外汇汇率，从而降低以外币表示的出口商品的价格，提高以本币表示的进口商品的价格，有利于扩大出口，限制进口，起到扭转国际收支逆差的作用。

纸币法定升值是在纸币具有法定含金量时期，政府用法令宣布提高本国货币的含金量和汇率。引起纸币法定升值的原因主要是国内通货膨胀较低，或国际收支有巨额顺差，受到其他国际收支逆差较大国家的压力等。纸币法定升值不利于出口，而会增加对外国商品的进口，这就会影响本国国际收支趋向逆差，甚至会抑制本国经济发展。因此，有关国家只有在被迫的状态下才采取这种措施。

二、浮动汇率制度

浮动汇率制度，是在固定汇率制度破产以后，主要西方国家从 1973 年开始普遍实行的一种汇率制度。在浮动汇率制度下，政府对汇率不加以固定，也不规定上下波动的界限，听任外汇市场根据外汇的供求情况，自行决定本国货币对外国货币的汇率。外国货币供过于求时，外国货币的价格就下跌，外币的汇率就下浮；外国货币求过于供时，外国货币价格就上涨，外币汇率就上浮。

（一）浮动汇率制度的类型

1. 按政府是否干预划分

按照政府是否干预汇率变动，可以将浮动汇率制度划分为自由浮动和管理浮动两种。

（1）**自由浮动。自由浮动又称"清洁浮动"，它是指政府对外汇市场不加任何干预，完全听任外汇市场供求的力量，自发地决定本国货币的汇率。**

（2）**管理浮动。管理浮动又称"肮脏浮动"，它是指政府对外汇市场进行或明或暗的干预，以使市场汇率朝有利于自己的方向浮动。**

2. 按汇率浮动方式划分

按汇率浮动方式划分，可划分为单独浮动、联合浮动、钉住汇率和联系汇率制4种类型。

（1）**单独浮动。单独浮动，即一国货币不与其他国家货币发生固定联系，其汇率根据外汇市场的供求变化而自动调整。如英镑、美元、日元等货币均属单独浮动。**

（2）**联合浮动。联合浮动又称共同浮动，是指国家集团在成员方之间实行固定汇率，同时对非成员方货币实行共升共降的浮动汇率。**20世纪70年代，以美元危机为主要内容的资本主义货币危机时断时续，对世界经济的发展产生了不利影响。1973年3月11日，欧洲经济共同体9国财政部长会议达成协议，率先建立联合浮动集团，3月19日开始实行联合浮动。参加国有共同体成员国比利时、丹麦、法国、联邦德国、荷兰、卢森堡及非成员国瑞典和挪威。另外3个共同体成员国英国、爱尔兰和意大利则因货币极不稳定和其他原因，暂不参加联合浮动，继续实行单独浮动。参加联合浮动的国家货币之间仍保持固定比价，汇率上下波动幅度定为2.25%。当成员国间汇率波动超过这一限幅时，有关国家中央银行就要进行干预。对集团以外其他货币的汇率，则随市场供求关系变化任其自由浮动。成员国中任何一国货币汇率一旦受到抛售或抢购等冲击时，参加联合浮动的各国则采取一致行动。

由于参加联合浮动的各国经济实力存在差异，利害关系并不完全一致，联合浮动的基础比较脆弱。例如，法国、挪威和瑞典就先后退出了联合浮动。1979年3月13日，欧洲共同体9国布鲁塞尔会议达成的建立欧洲货币体系的协议正式生效。根据该协议，除英国外的8个共同体成员国都参加联合浮动集团，各成员国货币之间确立中心汇率，其上下总波动幅度仍为2.25%，意大利里拉为6%。1989年6月19日，西班牙正式加入欧洲货币体系，其货币对中心汇率的波幅也规定为6%。欧洲货币体系内部汇率先后多次调整，以保证成员国之间汇率联合浮动的长期稳定。1999年1月欧元启动前，欧洲经济共同体成员国的货币一直实行联合浮动。

（3）钉住汇率。在西方国家普遍采取浮动汇率制的同时，大部分发展中国家都实行钉住汇率制。**钉住汇率制是指一国货币与某种外币保持固定比价关系，随该外币的浮动而浮动。**按钉住货币的不同，钉住汇率制可分为钉住单一货币浮动和钉住合成货币浮动。钉住单一货币，是指有些国家由于历史上的原因，对外经济往来主要集中于某一发达国家，或主要使用某种外国货币。为了使这种贸易金融关系得到稳定发展，这些国家通常使本国货币钉住某发达国家的货币。如巴哈马货币钉住美元等。钉住合成货币，是指有些国家为了摆脱本币受某一种货币支配的状况，将本币与一篮子货币挂钩，这一篮子货币或是复合货币单位，或是以贸易额为权数确定出来的与本国经济联系最为密切的国家的一篮子货币组合。如缅甸、以色列、沙特阿拉伯和阿联酋货币钉住特别提款权。

就 2004 年国际货币基金组织的统计资料看，在 185 个成员方中，有 60 个成员实行钉住汇率制。从这些成员的组成来看，大多数是一些出口结构单一的小国。由于它们的国际贸易伙伴比较单一，因此实行钉住汇率制度可以有效地防止国际贸易中的汇率风险，稳定国际收支。其实行钉住汇率制的主要原因是：①经济实力不强，国际储备少，应付浮动汇率的能力差；②外汇市场不发达，无法由外汇供求关系来决定汇率；③由于出口商品的供求弹性小，汇率变动并不能调节国际收支；④汇率剧烈变动，会增加进出口贸易的风险。⑤国内物价结构与世界市场脱节。

（4）联系汇率。这是一种特殊的钉住汇率制，但又不同于一般的钉住汇率制，最具有典型意义的是港元联系汇率制。联系汇率制源于英联邦成员方的货币发行制度。香港 1983 年 10 月开始实行港元与美元的联系汇率制。港元与美元的联系汇率制也称货币发行局制，是诸多货币发行局制的一种典型形式。

港元联系汇率制包括以下主要内容：

①香港的发钞银行（目前有汇丰银行、渣打银行和中国银行）如发行港钞，要按美元对港元 1：7.8 的固定汇率向外汇基金（现并入金融管理局）交存美元，并换取"负债证明书"，作为港钞的发行准备。

②如发钞银行向外汇基金退回港钞与"负债证明书"，则按美元对港元 1：7.8 的固定汇率赎回美元。

③众多商业银行等金融机构需要港钞也按上述比价，向发钞银行交付美元领取港钞；如退回港钞，则按原比价赎回美元。

上述联系汇率规定的美元对港元 1：7.8 的固定汇率只适用于发钞银行与外汇基金以及商业银行等与发钞银行之间的发钞准备规定，在香港外汇市场上的港元与美元的交易并不受此约束，汇率变动由市场供求力量决定。

由此可见，香港实际存在两种汇率，一种是发钞银行与外汇基金以及商业银行等与发钞银行之间的发行汇率，即 1 美元=7.8 港元的联系汇率；另一种是外汇市场上受供求关系决定的市场汇率。

联系汇率制的作用：

①联系汇率制与货币发行机制和汇率机制较好地结合，因而具有稳定汇率和自动调节国际收支平衡的作用。首先，联系汇率制的推行建立在严格的货币发行准备制的基础上，只有有充足的美元准备才能发行钞票，保证货币的稳定。这就杜绝了滥发钞票，造成货币贬值现象的发生。发行准备充分，是保证货币稳定、汇率稳定的根本。其次，如上所述，当国际收支失衡，外资流出，外币汇率上涨，本币贬值时，则本币发行准备减少，通货紧缩，利率提高，其结果可减少需求，压缩进口，缓解国际收支

逆差，使汇率趋于平稳。而当国际收支暂时保持顺差，外币汇率下跌，本币升值时，则本币发行准备增加，通货增多，利率下降，其结果可促进需求，增加进口，缓解顺差，使汇率趋于平稳。实践证明，联系汇率制在维持港元汇率的稳定、促进香港地区的经济发展中起着重要的作用。

②市场机制作用充分发挥，行政干预大大减少。在严格货币发行的基础上，市场外汇交易完全放开，由市场的供求机制决定汇率，"套汇"、"套利"活动使利率成为汇率稳定的平衡器，从而使市场中的汇价既反映市场的供求关系，又保持相对稳定。

联系汇率制的弊端：

①削弱联系汇率制国家或地区执行货币政策的独立性。维持港元与美元的固定比价的基本条件是港元利率尽可能与美元利率保持稳定水平，这就在客观上使港元利率必须随美元利率变化而变化，因此，独立地利用利率政策作为调节香港地区的经济手段受到一定程度的削弱。

②易于招致国际游资的冲击。港元过度坚挺会诱发国际游资流入，使港元升值；港元过于疲软，则会导致港元贬值。20世纪80年代初以及1994—1995年墨西哥金融危机期间和1997—1998年东南亚金融危机期间都曾发生过这种现象。

③不能利用汇率杠杆进行一定程度的下浮，有时对本地区经济发展不利。在其他国家，特别是东南亚有关国家（地区）货币贬值，汇率下浮，获得扩大出口的好处时，港元为维持联系汇率制，保持稳定与强势货币的势态，不能相应变更汇率，进行下浮，来加强其出口商品的竞争能力，从而不利于本地区经济的发展。

（二）浮动汇率制度的优缺点

1. 浮动汇率制度的优点

第一，汇率随外汇市场的供求变化自由浮动，自动调节国际收支的不平衡。当一国国际收支持续逆差，出口额小于进口额，外国货币供给减少，该国货币汇率呈下降趋势，意味着该国出口商品以外币表示的价格下降，这有利于出口，抑制进口，从而扭转国际收支逆差；相反，当一国国际收支持续顺差，出口额大于进口额，外国货币供给加大，该国货币的汇率呈现上浮趋势，该国出口商品以外币表示的价格上涨，这就会抑制出口，刺激进口，从而使国际收支顺差减缓。

第二，可以防止外汇储备的大量流失和国际游资的冲击。在浮动汇率制度下，汇率没有固定的波动幅度，政府也没有义务干预外汇市场。因此，当本国货币在外汇市场上被大量抛售时，该国政府不必为稳定汇率动用外汇储备，大量抛售外币，吸购本币；相反，当本国货币在外汇市场上被大量抢购时，该国政府不必大量抛售本币，吸购外币。本币汇率的进一步上升，自然会抑制市场对本币的需求，这样就可减少国际游资对某一种货币冲击的可能性。

第三，有助于独立自主选用国内经济政策。与固定汇率相比，浮动汇率下一国无义务维持本国货币的固定比价，因而可以根据本国国情，独立自主地采取各项经济政策。同时，由于在浮动汇率下，为追求高利率的投机资本往往受到汇率波动的打击，因而减缓了国际游资对一国的冲击，从而使其货币政策能产生一定的预期效果。由于各国没有维持固定汇率界限的义务，在浮动汇率制度下，一定时期内的汇率波动不会立即影响国内的货币流通，国内紧缩或放宽的货币政策从而得以贯彻执行，国内经济则得以保持稳定。

2. 浮动汇率制度的缺点

第一，汇率波动不定增加了国际间贸易的风险。在浮动汇率制度下，汇率有可能暴涨暴跌，国际贸易往来无安全感。例如，在以外币计价结算的贸易中，出口商要承受外汇汇率下跌而造成的结汇后本币收入减少的损失；相反，进口商则要承受外汇汇率上涨而造成的进口成本加大的损失。此外，汇率的剧烈波动使得商品的报价、计价货币的选择、成本的核算变得十分困难，这对国际贸易的发展是不利的。

第二，汇率剧烈波动助长了外汇市场上的投机。在浮动汇率制度下，汇率的波动取决于外汇市场的供求关系，汇率波动频繁，波动幅度大，外汇投机者就有机可乘。有些西方国家的商业银行也常常参与外汇市场上的投机活动，通过预测外汇汇率的变化，在外汇市场上低买高卖，牟取暴利。在浮动汇率制度下，汇率的自由升降虽可阻挡国际游资的冲击，但却容易因投机或谣言引起汇率的暴涨暴跌，造成汇率波动频繁和波幅较大的局面。在固定汇率制度下，因国家的干预，汇率波动并不频繁，其波动幅度也不过是平价上下的1%，但在浮动汇率制度下，汇率波动则极为频繁和剧烈，有时一周内汇率波动幅度可达10%，甚至在一天内就可达8%。这进一步促使投机者利用汇率差价进行投机活动，来获取投机利润。但汇率剧跌，也会使他们遭受巨大损失。因投机亏损而引起的银行倒闭之风，在20世纪80年代至90年代曾严重地威胁着西方金融市场，银行因投机亏损而倒闭的事件时有发生。

浮动汇率波动的频繁与剧烈，也会增加国际贸易的风险，使进出口贸易的成本加重或不易核算，影响对外贸易的开展。同时，这也促进了外汇期权、外汇期货、远期合同等有助于风险防范的国际金融业务的创新与发展。

由此看来，浮动汇率制度的利弊互见，优缺点并存。尽管它不是最理想、最完善的国际汇率制度，但仍不失为一种适应当今世界经济的、适时的、可行的汇率制度。

三、汇率制度的选择

（一）影响一国汇率制度选择的主要因素

1. 本国经济的结构性特征

如果一国是小国，那么它就较适宜采用固定性较高的汇率制度，因为这种国家一般与少数几个大国的贸易依存度较高。汇率的浮动会给它的国际贸易带来不便，而且其经济内部价格调整的成本较低。相反，如果一国是大国，则一般以实行浮动性较强的汇率制度为宜，因为大国的对外贸易多元化，很难选择一种基准货币实施固定汇率；同时，大国经济内部调整的成本较高，并倾向于追求独立的经济政策。①经济规模，即国民生产总值（GNP）和人均GNP的规模；②对外贸易依存度，即对外贸易值/GNP；③国内金融市场发达程度及其同国际金融市场一体化程度；④通货膨胀率同世界平均水平的差异；⑤进出口商品结构与外贸的地域分布。一个经济规模宏大、对外贸易依存度较低、国内金融市场发达并与国际金融市场联系密切、通货膨胀率明显不同于世界平均水平、进出口商品结构与外贸地域分布多元化的国家，一般倾向于单独浮动，反之，则倾向于实行固定汇率制或者钉住汇率制。

2. 特定的政策目的

这方面最突出的例子之一就是固定汇率有利于控制国内的通货膨胀。在政府面临着高通胀问题时，如果采用浮动汇率制往往会产生恶性循环。例如，本国高通胀使本国货币不断贬值，本国货币贬值通过成本机制、收入工资机制等因素反过来进一步加剧了本国的通货膨胀。而在固定汇率制下，政府政策的可信性增强，在此基础上的宏观政策调整比较容易收到效果。又如，一国为防止从外国输入通货膨胀而往往选择浮动汇率政策。因为浮动汇率制下一国的货币政策自主权较强，从而赋予了一国抵御通货膨胀于国门之外，同时选择适合本国通胀率的权利。可见，政策意图在汇率制度的选择上也发挥着重要的作用。再如，出口导向型与进口替代型国家对汇率制度的选择也是不一样的。

3. 地区性经济合作情况

一国与其他国家的经济合作情况也对汇率制度的选择有着重要影响。例如，当两国存在非常密切的贸易往来时，两国间货币保持固定汇率比较有利于相互间经济关系的发展。尤其是在区域内的各个国家，其经济往来的特点往往对它们的汇率制度选择有着非常重要的影响。

4. 国际、国内经济条件的制约

一国在选择汇率制度时还必须考虑国际条件的制约。例如，在国际资金流动数量非常庞大的背景下，对于内部金融市场与外界联系非常紧密的国家来说，如果本国对外汇市场干预的实力因各种条件限制而不是非常强，采用固定性较强的汇率制度的难度无疑是相当大的。进出口商品结构与外贸地域分布多元化的国家，一般倾向于让其货币单独浮动。

（二）汇率制度与干预外汇市场

一国货币当局在利用各种政策手段的同时，还必须采取干预外汇市场的方式才能实现汇率政策所追求的目标。

1. 干预外汇市场的概念

干预外汇市场，即一国货币当局基于本国宏观经济政策和外汇政策的要求，为控制本币与外币的汇率变动，而对外汇市场加以直接的或间接的干预，以使汇率的变动符合本国的汇率政策目标。

2. 干预外汇市场的主要目的

（1）阻止短期汇率发生波动，避免外汇市场混乱；

（2）减缓汇率的中长期变动，实行反方向干预，调整汇率的发展趋势；

（3）使市场汇率波动情况不致偏离一定时期的汇率目标区；

（4）促进国内货币政策与外汇政策的协调推行。

3. 干预外汇市场的方式

干预外汇市场的方式主要分为直接干预和间接干预两种。直接干预是指货币当局直接参与外汇市场的买卖，通过在外汇市场上买进或卖出外汇来影响本币的对外汇率。间接干预主要指通过一国货币政策或财政政策的推行，影响短期资本流出流入，从而间接影响外汇市场供求状况和汇率水平。

如果从干预外汇市场的动机角度来划分，又可分为积极干预和消极干预。积极干预是指一国货币当局为使外汇市场的汇率水平接近本国所设定的水平而主动在外汇市场进行操作。消极干预是指外汇市场已发生急剧波动，汇率已偏离本国设定的水平，货币当局采取补救性的干预措施。

一国货币当局若要在外汇市场进行干预，则需保有一定数量的、能在外汇市场进行买卖的外国货币，这类货币称为干预货币。成为干预货币的条件为：（1）国际上被广泛使用和接受的货币；（2）国际贸易中广泛使用的结算和支付货币；（3）国际外汇市场主要买卖的对象；（4）可自由兑换的货币。干预外汇市场的资金来源主要是各国设立的"外汇平准基金"，以及发达国家各国间的"货币互换协议"所提供的备用信贷或各国中央银行从国外的借款等。

4. 联合干预

联合干预是指西方国家货币当局在外汇市场采取联合干预措施，以影响主要储备货币汇率变化的状况和走势的联合协调行动。最早的联合干预，可追溯到 20 世纪 60 年代美元危机时西方国家建立的"黄金总库"、"互惠信贷协议"和"借款总安排"等。

第二节　外汇管制

一、外汇管制的概念

外汇管制也称外汇管理，是指一个国家为了减缓国际收支危机，减少本国黄金外汇储备的流失，而对外汇买卖、外汇资金调拨、移动以及外汇和外汇有价物等进出国境直接加以限制，以控制外汇的供给和需求，维持本国货币对外汇率的稳定所实施的政策措施。

外汇管制是当今世界各国调节外汇和国际收支的一种常用的强制性手段，其目的就是为了谋求国际收支平衡，维持货币汇率稳定，保障本国经济正常发展，以加强本国在国际市场上的经济竞争力。

二、外汇管制的机构、对象及类型

（一）外汇管制的机构

在实行外汇管制的国家中，一般都是由政府授权中央银行作为执行外汇管制的机关。法国、意大利专门设立了外汇管制机构——外汇管制局，负责外汇管制工作；英国指定财政部为决定外汇政策的权力机关，而英格兰银行代表财政部执行外汇管制的行政管理工作，并指定其他商业银行按规定办理一般正常的外汇收付业务；在日本则由大藏省负责外汇管制工作；还有一些国家是由它的中央银行指定一些大商业银行作为经营外汇业务的银行来管制外汇。

外汇管制机构负责制定和监督执行外汇管制的政策、法令和规定条例，并有权随时根据具体情况变化的需要，采取各种措施，对外汇的收、支、存、兑进行控制。利率高估，对出口不利；汇率低估，又不利于进口，汇率水平不合理会影响进出口贸易的均衡发展。

（二）外汇管制的对象

外汇管制的对象分为对人、对物、对地区三种。

1. 对人

根据外汇管制的法令，将人划分为居民和非居民。所谓居民，是指长期居住（一般在一年以上）在本国的任何人（包括本国人和外国侨民）和设立在本国境内的具有法人地位的本国和外国的机关、团体、企业以及外国派驻本国的外交、领事等机构及其工作人员。对居民和非居民一般在外汇管理政策上有所区别，大多数国家对居民的外汇管制较严，而对非居民的外汇管制较宽。

2. 对物

对物，主要是指哪些东西要受到外汇管制，它主要包括：外国纸币和铸币；用外币表示的有价证券，如政府公债、国库券、公司债券、股票、息票等；用外币表示的支付凭证，如汇票、本票、支票、银行存款凭证、邮递储蓄凭证等；贵金属，如黄金、白银等；携出、入境的本国货币。

3. 对地区

有些国家对本国的不同地区实行不同的外汇管制政策，例如，对本国的出口加工区或自由港，实行较宽松的外汇管制。另外，还有些国家对不同的国家和地区实行不同的外汇管制政策。

（三）外汇管制的类型

外汇管制的类型，主要以是否实行全面的或部分的外汇管制为标准，大致分为三种类型：

1. 严格型外汇管制的国家和地区

有些国家和地区对贸易收支、非贸易收支和资本项目收支，都实行严格的外汇管制。大多数发展中国家，如印度、赞比亚、秘鲁、巴西等均属这一类。这些国家和地区经济不发达，出口创汇有限，缺乏外汇资金，市场机制不成熟，为了有计划地使用外汇资源，加速经济发展，不得不实行严格的外汇管制。

2. 非严格型外汇管制的国家和地区

有些国家和地区对贸易和非贸易收支，原则上不加管制，但对资本项目的收支则仍加以不同程度的管制。这类国家经济比较发达，市场机制在经济活动中起主导作用，并已承诺了国际货币基金组织基金协定的第八条款，即不对经常项目的收支加以限制，不采取有歧视性的差别汇率或多重汇率，这些国家有法国、意大利、英国等。

3. 松散型外汇管制的国家和地区

有些国家对经常项目和资本项目的外汇交易不实行普遍的和经常性的限制，但不排除从政治和外交需要出发，对某些特定项目或国家采取包括冻结外汇资产和限制外汇交易等制裁手段。这些国家的汇率一般为自由浮动制，其货币也实行自由兑换。这类国家经济发达，黄金和外汇储备充足，国际收支整体情况良好，如美国、德国、加拿大等。

总之，一个国家外汇管制范围的大小和程度的宽严，主要取决于该国的经济、贸易、金融和国际收支的状况。由于世界各国的经济处于不断发展变化之中，所以其外汇管制也是在不断发展和变化的。其总趋势是：工业化国家和地区的外汇管制逐步放松，发展中国家和地区的外汇管制则有松有紧。

三、外汇管制的主要内容与措施

实行外汇管制的国家和地区，一般对贸易外汇收支、非贸易外汇收支、资本输出入、汇率、黄金和现钞的输出入等采取一定的管制办法和措施。

（一）对贸易外汇的管制

贸易收支，通常在一国的国际收支中所占的比重最大，所以，实行外汇管制的国家大多对贸易外汇实行严格管制，以增加出口外汇收入，限制进口外汇支出，减少贸易逆差，追求国际收支平衡。

1. 对出口收汇的管制

对出口实行外汇管制，一般都规定出口商须将其所得外汇及时调回国内，并结售给指定银行。也就是说，出口商必须向外汇管制机构申报出口商品价款、结算所使用的货币、支付方式和期限。在收到出口外汇后，又必须向外汇管制机构申报交验许可证，并按官方汇价将全部或部分外汇收入结售给指定银行。剩余部分既可用于自己进口，也可按自由市场的汇率转售他人。

许多国家在税收、信贷、汇率等方面采取措施，以促进本国商品出口，同时对国内供应短缺的某些商品则实行限量出口，也有些国家按其与有关国家达成的协议，对某些商品的出口实行数量限制。有些发达国家虽对出口收汇并无限制，但由于政治上的原因，对某些国家采取各种临时性的贸易制裁或禁止某些战略物资和尖端技术的出口。

2. 对进口付汇的管制

实行外汇管制的国家，除对进口外汇实行核批手续外，为了限制某些商品的进口，减少外汇支出，一般都采取下述措施：进口存款预交制，进口商在进口某项商品时，应向指定银行预存一定数额的进口货款，银行不付利息，数额根据进口商品的类别或所属的国别按一定的比例确定；购买进口商品所需外汇时，征收一定的外汇税；限制进口商对外支付使用的外币；进口商品一定要获得外国提供的一定数额的出口信贷，否则不允许进口；提高或降低开出信用证的押金额；进口商在获得批准的进口用汇以前，必须完成向指定银行的交单工作，增加进口成本；根据情况，允许（或禁止）发行特定的债券，偿付进口货款，以调节资金需求，减少外汇支出，控制进口贸易。

（二）对非贸易外汇的管制

非贸易外汇收支的范围较广，贸易与资本输出入以外的外汇收支均属非贸易收支。主要包括：与贸易有关的运输费、保险费、佣金；与资本输出入有关的股票、专利费、许可证费、特许权使用费、技术劳务费等；与文化交流有关的版权费、稿费、奖学金、留学生费用等；与外交有关的驻外机构经费；旅游费和赡家汇款。其中与贸易有关的从属费用，如运输费、保险费和佣金等，基本按贸易外汇管制办法处理，一般无须再通过核准手续，就可以由指定银行供汇或收汇。其他各类非贸易外汇收支，都要向指定银行报告或得到其核准。

实行非贸易外汇管制的目的在于集中非贸易外汇收入，限制相应的外汇支出。各个国家根据其国际收支状况，往往不同时期实行宽严程度不同的非贸易外汇管制。

（三）对资本输出入的管制

资本的输出入直接影响一国的国际收支，因此，无论是一些发达国家还是绝大多数发展中国家，都很重视对资本输出入的管制，只是根据不同的需要，实行不同程度的管制。

发展中国家由于外汇短缺，一般都限制外汇输出，同时对有利于发展本国民族经济的外国资金，则实行各种优惠措施，积极引进，例如：对外商投资企业给予减免税优惠；允许外商投资企业的利润用外汇汇出等。此外，有些发展中国家对资本输出、输入还采取如下措施：一是规定输出入资本的额度、期限与投资部门；二是从国外借款的一定比例要在一定期限内存放在管汇银行；三是银行从国外借款不能超过其资本与准备金的一定比例；四是规定接受外国投资的最低额度等。

相比较来说，发达国家较少采取措施限制资本输出、输入，即使采取一些措施，也是为了缓和汇价和储备所承受的压力。例如，20世纪70年代，日本、瑞士、德国等发达国家由于国际收支顺差，他们的货币经常遇到升值的压力，成为国际游资的主要冲击对象，并且这些国家国际储备的增长，又会加剧他们本国的通货膨胀，因此，就采取了一些限制资本输入的措施，以避免本国货币的汇率过分上浮，这些措施包括：规定银行吸收非居民存款要缴纳较高的存款准备金；规定银行对非居民存款不付利息或少付利息；限制非居民购买本国有价证券等。与此同时，这些国家还采取了鼓励资本输出的措施，例如，日本从1972年起对于居民购买外国有价证券和投资于外国的不动产基本不加限制。

（四）对汇率的管制

汇率管制是一国从本国的经济利益出发，为调节国际收支、稳定本币价值，而对本国所采取的汇率制度和汇率水平管制的方法。其主要有以下几种：

1. 直接管制汇率

一国政府指定某一部门制定、调整和公布汇率，这一官方的汇率对整个外汇交易起着决定性的作用。各项外汇收支都必须以此汇率为基础兑换本国货币。但这种汇率的形成人为因素成分较大，很难反映真实的水平，极易造成价格信号的扭曲。此外，采取这种形式的汇率管制，通常都伴之以对其他项目较严格的外汇管制。

2. 间接调节市场汇率

由市场供求决定汇率水平的国家，政府对汇率不进行直接的管制，而是通过中央银行进入市场吸购或抛售外汇，以达到调节外汇供求、稳定汇率的效果。为进行这一操作，许多国家都建立了外汇平准基金，运用基金在市场上进行干预；有的则是直接动用外汇储备进行干预。除通过中央银行在外汇市场上直接买卖外汇以外，中央银行还通过货币政策的运用，主要是利率杠杆来影响汇率。利率水平的提高和信贷的紧缩，可以减少市场对外汇的需求，同时抑制通胀，吸引国外资金流入，阻止汇率贬值；反之，则可减轻汇率上升。

3. 实行复汇率制度

复汇率是指一国货币对另一国货币的汇价因用途和交易种类的不同而规定有两种或两种以上的汇率， IMF 把一国政府或其财政部门所采取的导致该国货币对其他国家的即期外汇的买卖差价和各种汇率之间的买入与卖出汇率之间的差价超过 2% 的任何措施均视为复汇率。

一般来说，经济高度发达的市场经济国家，其汇率一般为自由浮动汇率，国家不对汇率进行直接管制，而是运用经济手段间接调控引导汇率；而那些经济欠发达、市场机制发育不健全、缺乏有效的经济调控机制和手段的国家，则采取直接的行政性的方式来管理汇率，以保证汇率为本国经济政策服务。

（五）对黄金、现钞输出入的管制

实行外汇管制的国家对黄金交易也进行管制，一般不准私自输出或输入黄金，而由中央银行独家办理。对现钞的管理，习惯的做法是对携带本国货币出入境规定限额和用途，有时甚至禁止携带本国货币出境，以防止本国货币输出用于商品进口和资本外逃，冲击本国汇率。

四、外汇管制的作用和弊端

（一）外汇管制的作用

1. 防止资本外逃

国内资金外逃是国际收支不均衡的一种表现。在自由外汇市场下，当资金大量外移时，由于无法阻止或调整，势必造成国家外汇储备锐减，引起汇率剧烈波动。因此，为制止一国资金外逃，避免国际收支危机，有必要采取外汇管制，直接控制外汇的供求。

2. 维持汇率稳定

汇率的大起大落，会影响国内经济和对外经济的正常进行，所以通过外汇管制，控制外汇供求，稳定汇率水平，使之不发生经常性的大幅度波动。

3. 维护本币在国内的统一市场不易受投机影响

实行外汇管制，可以分离本币与外币流通的直接联系，维持本币在国内流通领域的唯一地位，增强国内居民对本币的信心，抵御外部风潮对本币的冲击。

4. 便于实行贸易上的差别待遇

一国实行外汇管制，对外而言，有利于实现其对各国贸易的差别待遇或作为国际间政府谈判的手段，还可通过签订清算协定，发展双边贸易以克服外汇短缺的困难；对国内而言，通过实行差别汇率或贴补政策，有利于鼓励出口，限制进口，增加外汇收入，减少外汇支出。

5. 保护民族工业

发展中国家工业基础薄弱，一般工艺技术有待发展完善，如果不实行外汇管制及其他保护贸易政策，货币完全自由兑换，则发达国家的廉价商品就会大量涌入，从而使其民族工业遭到破坏与扼杀。实行外汇管制，一方面，可管制和禁止那些可能对本国新兴工业产品造成冲击的外国商品的输入，另一方面，可鼓励进口必需的外国先进的技术设备和原材料，具有积极发展民族经济的意义。

6. 有利于国计民生

凡涉及国计民生的必需品，在国内生产不足时，政府均鼓励进口，准其优先结汇，按较低汇率申请进口，以减轻其成本，保证在国内市场上廉价供应，而对非必需品、奢侈品则予以限制。

7. 增加货币币值，稳定物价

实行外汇管制，可集中外汇资源，节约外汇支出，一定程度上可提高货币的对外价值，增加本国货币的币值，加强一国的国际经济地位。

另外，纸币对外表现为汇率，对内表现为物价。当一国主要消费物资和生活必需品价格上涨过于剧烈时，通过外汇管制对其进口所需外汇给予充分供应，或按优惠汇率结售，则可增加资源，促进物价回落，抑制物价水平上涨，保持物价稳定。因此，外汇管制虽直接作用于汇率，但对稳定物价也有相当作用，可避免或减轻国外通货膨胀对国内物价的冲击。当然，外汇管制也可作为外交政策，当别的国家实施外汇管制而对本国经济和政治产生不利影响时，该国即可启用外汇管制作为一种报复手段。这样，外汇管制便成为一种政策工具。例如，1997 年夏天的东南亚金融危机，马来西亚为了防止国际组织和外国势力趁机进入并干预国家内政，一开始就拒绝了有附加条件的国际货币基金组织贷款，试图凭自己的力量应付危机。然而，巨额国际游资的冲击实在太强大了，区区一个小国岂能凭借一己之力招架得住？

马元和股票无法遏制地持续下滑，迫使总理马哈蒂尔最终选择了外汇管制。管制内容包括非居民的货币兑换、离岸户口转账、沽售股票所得的转出、海外投资、进出口结算以及现金的出入境。简而言之，退出游戏，关门不玩了。公布外汇管制措施的当天，马元汇价上升了 7.2% 。可见，外汇管制在特殊时期或紧急关头能够起到稳定国家金融秩序的作用。

（二）外汇管制的弊端

外汇管制从另外的角度看，对国际贸易和国家经济也会产生一定的副作用，主要表现在：

1. 不利于平衡外汇收支和稳定汇率

法定汇率的确定，虽可使汇率在一定时期和一定范围内保持稳定，但是影响汇率稳定的因素很多，单纯依靠外汇管理措施以求汇率稳定是不可能的。例如，一个国家财经状况不断恶化，财政赤字不断增加，势必增加货币发行，引起纸币对内贬值，通过外汇管制，人为高估本国币值的法定汇率，必然削弱本国商品的对外竞争力，从而影响外币收入，最后本国货币仍不得不对外公开贬值，改变法定汇率。若财政状况仍没有根本好转，新的法定汇率就不易维持，外汇收支也难以平衡。

2. 阻碍国际贸易的均衡发展

采取外汇管制措施，虽有利于双边贸易的发展，但由于实施严格的管制后，多数国家的货币无法与其他国家的货币自由兑换，必然会限制多边贸易的发展。另外，官方对汇率进行干预和控制，汇率不能充分反映供求的真实状况，常出现高估或低估的现象。而汇率高估，对出口不利；汇率低估，又不利于进口，汇率水平不合理会影响进出口贸易的均衡发展。

3. 限制资本的流入

在一定情况下，实行外汇管制不利于本国经济的发展与国际收支的改善。例如，外商在外汇管制国家投资，其投资的还本付息、红利收益等往往难以自由汇兑回国，势必影响其投资积极性，进而影响本国经济发展。

4. 价格机制失调，资源难以合理配置

外汇管制会造成国内商品市场和资本市场与国际相分离，国内价格体系与国际相脱节，使一国不能充分参加国际分工和利用国际贸易的比较利益原则来发展本国经济，资源不能有效地分配和利用。资金有盈余的国家，不能将其顺利调出；而急需资金的国家又不能得到它，资金不能在国际间有效流动。

第三节　中国的外汇管制

外汇管制在我国习惯被称为外汇管理。我国外汇管理的基本任务是：建立独立自主的外汇管理体制，正确制定国家的外汇法规和政策，保持国际收支的基本平衡和汇率的基本稳定，有效地促进国民经济的持续稳定发展。

一、中国外汇管制的历史变迁

（一）1949—1952 年，国民经济恢复时期

这一阶段，我国外汇管理的主要任务是取缔帝国主义在中国的经济、金融特权；禁止外币在市场上流通；稳定国内金融物价；利用、限制、改造私营进出口商和私营金融业；建立独立自主的外汇管理制度和汇价制度；扶植出口；鼓励侨汇；建立供汇与结汇制度；集中外汇收入和合理使用外汇，促进国民经济的恢复和发展。总之，这一阶段的外汇管理工作主要有：

1. 建立了外汇的供汇、结汇制度

在该阶段，国家规定出口货物售得的外汇、劳务所得外汇以及侨汇必须卖给或结存入国家银行，进口所需外汇和其他非贸易用汇，可按规定向外汇管理机关申请，经批准后由国家银行卖给外汇需求者。

2. 建立了独立自主、机动性较强的人民币汇价调整制度

根据当时的实际情况，对人民币汇价进行了大幅度的调整，将美元汇率从 1949 年 1 月 18 日的 1 美元合 80 元人民币，下调至 1950 年 3 月 13 日的 1 美元合 42 000 元旧人民币，后又上调至 1951 年 5 月 23 日的 1 美元合 22 380 元旧人民币，同时，准许出口商将外汇预先卖给银行。

3. 建立了外汇指定银行管理制度

全国共核准 53 家银行经营外汇业务，同时加强了对外商银行的管理，取消其特权，对于停业清理的外商银行，监督其清理负债。

4. 建立了人民币、外币和金银进出口国境的管理制度

通过人民币、外币和金银进出口国境的管理制度，严格禁止私自携带或邮寄人民

币、外币和金银出境。

上述一系列外汇管理政策的实施，使国家外汇收入大量增加，对国民经济的恢复和发展、稳定金融物价起到了积极作用。

（二）1953—1978年，实行全面计划经济时期

从1953年开始，我国进入社会主义改造和建设时期，国家加强了对国民经济的控制，实行了全面计划经济。在这一阶段，随着我国私营工商业和金融业社会主义改造的完成，对外贸易开始由国营外贸进出口公司统一经营，外汇业务也开始由中国银行统一经营，当时，中国银行是中国人民银行的一个局，对外用"中国银行"名称，是国家指定的执行外汇管理的机关。由于原来以私营工商业和金融业为重点的外汇管理制度已不能满足新的经济形势发展的需要，因此，这一阶段外汇管理的主要任务是：进一步巩固和完善各种外汇管理制度，加强对国营企业贸易外汇和非贸易外汇的管理，开源节流，努力增加外汇收入。具体管理办法是：

1. 在外汇收支方面

对外汇收支实行全面的指令性计划管理，外汇由国家计划委员会统一平衡和分配使用，统收统支，以收定支，基本平衡略有节余。一切外汇收入均须交售给国家，需用外汇由国家按计划分配或审批。

2. 在对外贸易方面

所有的对外进出口活动均由外贸部所属的国营进出口公司负责，按国家核定的指令性计划执行，统一经营，统负盈亏。在对国营贸易外汇实行计划管理的同时，用进出口报关单制度取代了进出口许可证制度和银行签证制度。

3. 在非贸易外汇管理方面

1954年4月，国家计委、财政部颁布了《关于加强非贸易外汇管理的规定》；1972年9月30日又联合发布了《关于试行非贸易外汇管理办法》。这种高度集中统一的外汇管理体制，与计划管理体制和国家垄断的外贸体制相适应，是在国家对外封闭的环境下的产物。在外汇收支数额不大的情况下，为使有限的外汇收支得到合理的使用，保证外汇收支平衡和汇率稳定，这种外汇管理体制是必要的，但这种体制集中过多，统得过死，单纯依靠计划和行政管理，存在着经济效益低、应变能力弱和缺乏灵活性的缺陷，不利于调动各方面创汇的积极性，不利于对外贸易和经济的发展。

4. 在其他方面

对外政策和外汇立法以外汇国家垄断为基础，实行"集中管理，统一经营"的方针。管理和平衡外汇主要采取行政手段，依靠指令计划和各项内部管理办法对外汇收支进行管理。人民币汇率作为计划核算标准，由国家规定，长期处于定值过高的状态。

（三）1979—1993年，实行计划的商品经济时期

党的十一届三中全会后，我国全面实行了对内搞活、对外开放的政策，并开始进行经济体制改革，建立有计划的商品经济。随着经济体制改革的逐步深入和对外开放的不断扩大。我国外汇管理体制进行一系列重大改革，使外汇管理工作跨入了一个新的里程：

1. 设立了专门的外汇管理机构——国家外汇管理局

1979年3月，国务院批准设立了国家外汇管理总局，并赋予其管理全国外汇的职能；1983年，国家外汇管理总局由中国银行划出，中国人民银行代管，成为中央银行的一个局；1988年6月，国务院决定国家外汇管理局为国务院直属总局级机构，次年升为副部级，仍由中央银行归口管理。

2. 公布并实施了《中华人民共和国外汇管理暂行条例》及一系列实施细则

1979年7月，公布了《中外合资经营企业法》；1980年12月，公布了《中华人民共和国外汇管理暂行条例》，1981年3月1日起实行；随后又公布了一系列外汇管理实施细则及其他外汇管理办法，包括：《对外驻华机构及其人员的外汇管理实施细则》、《对外汇、贵金属和外汇票据等进出国境的管理实行细则》、《经济特区外资银行、中外合资银行管理条例》、《违反外汇管理处罚实行细则》等。通过这些条例、细则、办法的颁布和实施，进一步完善和健全了我国的外汇管理制度。

3. 改革了外汇分配制度，实行了外汇留成办法

为了进一步调动企业出口创汇的积极性，增加国家的外汇收入，国务院提出在外汇由国家集中管理、统一平衡、保证重点的同时，实行贸易和非贸易外汇留成，根据不同地区、不同部门和不同行业，确定了不同的留成比例。

4. 建立了外汇调剂市场

1980年以前，我国外汇资金实行指令性计划纵向分配，没有外汇市场。实行外汇留成后，有的企业本身有留成外汇但一时不用，有的企业急需外汇而本身却又没有外汇来源，无法进口原材料和先进技术等，这就产生了调剂外汇余缺的需要。1980年10月，国家外汇管理总局、中国银行发出了试办调剂外汇工作的通知，同时制定了《调剂外汇暂行办法》；1981年又发布了《关于外汇额度调剂工作暂行办法》；1986年3月，公布了办理留成外汇调剂的12项规定，允许有留成外汇的国营和集体企业，通过中国银行（后改为外汇管理局）按照国家规定的外汇调剂价格，将多余的外汇卖给需要外汇的国营和集体企业；1986年10月允许外商投资企业之间相互调剂外汇；1988年，为了配合外贸承包责任制的实施，在全国各省、自治区、直辖市、计划单列市和经济特区及沿海的一些经济较发达的城市设立了外汇调剂中心，办理地方、部门、国营、集体企业和外商投资企业的留成外汇和自有外汇的调剂业务及调剂外汇的价格，由国家决定，随后发展到由买卖双方根据市场供求状况公开竞价成交，从1979年到1990年，全国各外汇调剂市场的总成交额已达389.64亿美元，对弥补出口企业亏损，解决外商投资企业的外汇平衡等发挥了重要的作用。

5. 建立了外债管理体制和外债统计监测系统

实行改革开放后，我国开始大规模利用外资，鼓励外商来华投资，加强了对外借债的计划管理和向外借款的窗口管理，建立了较为健全的借款审批制度、外债的统计监测制度和外债担保制度。

6. 建立了多种金融机构并存的外汇经营体制，打破了中国银行独家经营外汇的局面

1984年9月，中国工商银行深圳分行首先获得外汇业务的经营权，此后又陆续

批准各专业银行总行及分行、交通银行、建设银行、农业银行、中信实业银行、光大银行、华夏银行、上海浦东发展银行、广东发展银行、深圳招商银行、福建兴业银行、中国投资银行及民生银行等经营外汇业务。我国还批准设立了经营外汇业务的外资银行和中外合资银行。

此外，1984 年 7 月中国银行开办了个人外币储蓄存款业务，允许国内居民持有外汇。由于外汇管制放宽，居民外汇收入大幅增加，外币存款也迅速增长。

二、1994 年中国外汇管制的改革

1994 年我国对外汇管理体制进行了重大改革，与过去的改革相比，这一次的改革明确提出：外汇管理体制改革的长远目标是实现人民币的自由兑换。这就意味着对经常项目和资本项目的外汇管制将逐步取消，对国际间正常的汇兑活动和资金流动将不进行限制。这一改革目标的提出是基于我国改革开放的前景，并参照了国外的经验。具体来说，有以下主要内容：

（一）建立单一的、以市场供求为基础的有管理的浮动汇率制

1. 汇率并轨，实行单一的汇率

1994 年 1 月 1 日起，实行人民币汇率并轨，即把调剂外汇市场价与官方牌价合二为一，只保留一个汇价。1993 年 12 月底官方汇率为 1 美元 = 5.8 元人民币左右，1994 年 1 月 1 日并轨后的牌价定为 1 美元 = 8.7 元人民币。

2. 实行以市场供求为基础的、有管理的浮动汇率制度

人民币由中国人民银行根据前一日银行间外汇交易市场形成的价格，每日公布人民币对美元交易的中间价，并参照国际外汇市场变化，同时公布人民币对其他主要货币的汇率。各外汇指定银行以此为依据，在中国人民银行规定的浮动幅度范围内自行挂牌，对客户买卖外汇。

（二）实行外汇收入结汇制，取消外汇留成

境内所有企事业单位、机关和社会团体的各类外汇收入必须及时调回境内。凡属下列范围内的外汇收入（外商投资企业除外），均须按银行挂牌汇率，全部结售给外汇指定银行；出口或转口货物及其他交易行为取得的外汇；交通运输、邮电、旅游、保险业等提供服务和政府机构往来取得的外汇；银行经营外汇业务应上缴的外汇净收入，境外劳务承包和境外投资应调回境内的外汇利润；外汇管理部门规定的其他应结售的外汇。

下列范围内的外汇收入，允许在外汇指定银行开立现汇账户：境外法人或自然人作为投资汇入的外汇；境外借款和发行债券、股票取得的外汇；劳务承包公司境外工程合同期内调入境内的工程往来款项；经批准具有特定用途的捐赠外汇；外国驻华使领馆、国际组织及其他境外法人驻华机构的外汇。个人所有的外汇取消原来实行的各类外汇留成、上缴和额度管理制度。

（三）实行银行售汇制，允许人民币在经常项目下有条件可兑换

关于人民币成为可自由兑换的货币，我国要分三步走：第一步，实现人民币经常项目下有条件可兑换，这在 1994 年已实现；第二步，实现经常项目下人民币可兑换，这在 1996 年 12 月已经实现；第三步，开放资本市场，资本项目下人民币可兑换，这

样就最后达到了人民币的完全自由兑换。

1994 年实行售汇制后，取消了经常项目正常对外支付用汇的计划审批。境内企事业单位、机关和社会团体在经常项目下的对外支付用汇，持如下有效凭证，用人民币到外汇指定银行办理兑付；实行配额或进口控制的货物进口，持有关部门颁发的配额、许可证或进口证明以及相应的进口合同；除上述两项以外，其他符合国家进口管理规定的货物进口，持支付协议或合同和境外金融、非金融机构的支付通知书；非贸易项下的经营性支付，持支付协议或合同和境外金融、非金融机构的支付通知书。

非经营性支付购汇或购提现钞，按财务和外汇管理有关规定办理，对向境外投资、贷款、捐款的汇出，继续实行审批制。

（四）建立银行间外汇市场，改进汇率形成机制

保持合理及相对稳定的人民币汇率，实行银行结汇、售汇制后，建立全国统一的银行间外汇交易市场。外汇指定银行是外汇交易的主体。银行间外汇交易市场的主要职能是为各外汇指定银行相互调剂余缺和清算服务，全国统一的外汇交易市场于1994 年 4 月 1 日开始正式运行，中国人民银行通过国家外汇管理局监督管理。

在稳定境内通货的前提下，通过银行间买卖和中国人民银行向外汇交易市场吞吐外汇，保持各银行挂牌汇率的基本一致和相对稳定。

（五）强化外汇指定银行的依法经营和服务职能

外汇指定银行办理结汇所需的人民币资金，原则上应由各银行用自有资金解决。国家对外汇指定银行的结算周转外汇实行比例管理。各银行持有超过其高限比例的结算周转外汇，必须出售给其他外汇指定银行或中国人民银行；持有结算周转外汇降到低限比例以下时，应及时从其他外汇指定银行或中国人民银行购入补足。

为使有远期支付合同或偿债协议的用汇单位避免汇率风险，外汇指定银行可依据有效凭证办理人民币与外币的保值业务。

（六）对资本项目的外汇收支仍继续实行计划管理和审批制度

我国对资本项目进行管理，主要是对外债进行管理，其基本原则是：总量控制，注重效益，保证偿还。管理的主要内容如下：对境外资金的借用和偿还，国家继续实行计划管理、逐笔审批和外债登记制度。为确保国家的对外信誉，继续加强外债管理，实行"谁借谁还"的原则；境外外汇担保履约用汇，持担保合同、外汇局核发的核准证到外汇指定银行购汇，发行人须持相应的批准文件向外汇局申请，持外汇局核发的《开户通知书》到开户银行办理开户手续；对资本输出实行计划管理和审批制度。

（七）对外商投资企业外汇收支的管理

对外商投资企业外汇收支的管理基本上维持原来的办法，准许保留外汇账户，外汇收支自行平衡。

为了解决外商投资企业外汇不平衡的问题，继续保留各地外汇调剂中心，调剂外商投资企业之间的外汇余缺。

外商投资企业存在以下的情况的，一般不予批准进入调剂市场购汇：投资的资本金不到位；未按合同规定完成返销比例者；元器件国产化未达到合同规定的。但是，

为了进一步贯彻国民待遇原则，从 1996 年 4 月 1 日起外商投资企业也实行了结售汇制。

（八）停止发行外汇兑换券，取消境内外币计价结算，禁止外币在境内流通

自 1994 年 1 月 1 日起，取消任何形式的境内外币计价结算；境内禁止外币流通和指定金融机构以外的外汇买卖；停止发行外汇券，已发行流通的外汇券，在限期内逐步兑回。

三、中国现行外汇管制的主要内容

（一）对出口收汇的管理

近年来，我国外汇流失情况比较严重，特别是通过进出口渠道逃避外汇管理，把外汇存放境外的情况时有发生。为了防止外汇流失，堵塞漏洞，1991 年实行了出口收汇跟踪结汇制，要求出口单位在货物出口后，须在规定的期限内将货款调回，向外汇管理部门核销这笔外汇，其具体规定为：

（1）出口单位到当地外汇管理局领取盖有外汇局章的出口收汇核销单。

（2）在货物出口报关时，向海关交验核销单，在核销单上写明出口单位的名称、出口货物数量、出口货物总余额、收汇方式、预计收款日期、出口单位所在地以及报关日期等，海关审核后在核销单和报关单上加盖"放行"章后，将核销单和报关单退出口单位。

（3）货物出口后，出口单位将有关单据和核销单交银行收汇，同时将核销单存根、发票、报关单和有关汇票副本在规定的期限内，送原签发核销单的外汇局。

（4）银行收妥货款后，在核销单上填写有关项目并盖章，将结汇单或收账通知副联和核销单一并退出口单位。

（5）出口单位将银行确认货款已收回的核销单送当地外汇局，由其核对报关单和海关、银行签章的核销单后，核销该笔收汇。出口单位必须在最迟不超过收款日后 30 个工作日内向外汇局办理核销手续。

（6）出口单位的一切出口货款，必须在下列最迟收款日期内结汇或收账：即期信用证和即期托收项下的货款，必须从寄单之日起 20～30 天内；远期信用证或远期托收下的货款，必须从汇票规定的付款时起 30～40 天内；寄售项下的货款，不得超过自报关之日起 360 天；其他自寄单据项下的出口货款，必须在自报关之日起 50 个工作日之内。

（二）对进口用汇的管理

根据 1994 年我国外汇管理体制改革的规定，凡有进出口权的企业其进口所需外汇，不超过设备价款15%的预付款所需外汇，凭有效的政府文件和商业文件，均可向外汇指定银行购买。如果预付款超过设备价款金额的 15%，对外支付佣金超过国际惯例和国家规定的比例，以及转口贸易先支后收的外汇需要，须获得外汇管理局批准后，才可到外汇指定银行购买外汇。

进口业务中发生的索赔、保险或运输、赔款、减退货款及佣金、回扣等外汇收入应及时调回，结售给外汇指定银行。

为了防止外汇流失，制止逃套汇行为，1994 年 8 月 1 日我国开始实行进口付汇

核销制度，即进口单位在货款支付后，在合同期限内将货物运抵境内，向外汇指定银行核销这笔进口用汇。一般程序是：

（1）进口单位到当地外汇指定银行领取进口付汇核销单。

（2）预付货款项下的进口，外汇指定银行在付汇时，核对进口付汇核销单上所填项目，在核销单上加盖银行戳记后退进口单位。

（3）进口单位在合同规定期限内，把货物运抵境内，向海关报关后持进口付汇核销单等，到外汇指定银行办理核销手续。

（4）进口单位信用证、托收项下的进口付汇，由外汇指定银行办理付汇时同步核销。

（三）对金融机构开办外汇业务的管理

目前，在我国经营外汇业务的金融机构有国家专业银行、外资银行和中外合资银行、非银行金融机构三类。外汇管理局对其进行管理的基本原则是：

（1）银行和金融机构经营外汇业务须向外汇管理局申请，批准以后由外汇管理局发给"经营外汇业务许可证"。批准的大致条件是：对我国经济发展有利，具有经营外汇业务的能力，有一定数量和相当素质的外汇业务人员，有固定的经营场所，有一定数额的外汇资本金和营运资金（如全国性银行总行须有不少于 2 000 万美元的资本金）。

（2）在经营外汇业务的范围上，各类金融机构是有区别的。国家银行和综合性银行可以申请经营外汇银行的各种外汇业务；外资银行和中外合资银行可以申请经营一般商业银行的外汇业务，但只能办理外商投资企业、外国人、华侨、港澳同胞的外汇存款、汇出汇款和进口贸易的结算和押汇，不允许经营人民币业务；非银行金融机构的业务限制在信托、投资、租赁、担保、证券交易等业务上，并对吸收存款的期限和数额给予一定限制。

（3）对经营外汇业务的具体做法也有明确的规定：如规定检查和稽核制度，规定资本与债务比率，规定对一个企业的外汇放款加外汇担保总额不能超过其实收外汇资金加储备金的30％等。金融机构终止经营外汇业务，应当向外汇管理机关提出申请。金融机构经批准终止经营外汇业务的，应当依法进行外汇债权、债务的清算，并缴销经营外汇业务许可证。

（四）对境内非居民的外汇管理

非居民包括各国驻华外交机构、国际机构、民间机构、外交人员，短期在中国的外国人、留学生及旅游人员等，对他们入境携带的外汇，允许自由保留和运用，自由存入银行和提取，或卖给外汇指定银行，也可以持有效凭证汇出或者携带出境，但不能私自买卖。他们的合法人民币收入，需要汇出境外的，可以持有关证明材料和凭证到外汇指定银行兑付。

（五）对境内居民的外汇管理

境内居民包括居住在中国境内的中国人和外国侨民（居住 1 年以上者），凡居民个人存放在国内或国外的外汇，准许持有、存入或卖给银行，但不准私自买卖。个人移居境外后，其境内资产产生的收益，可以持规定的证明材料和有效凭证，向外汇指定银行汇出或者携带出境。个人因私用汇，在规定限额以内购汇，超过规定限额的个人因私用汇，应向外汇管理机构提出申请，外汇管理机构认为其申请属实的，可以购汇。个人携带外汇进境，应当向海关办理申报手续；携带外汇出境，超过规定限额的，还应当向海关出具有效凭证。居住在境内的中国公民持有的外币支付凭证、外币有价证券形式的外汇资产，未经外汇管理机构批准，不得携带或者邮寄出境。

（六）防止逃汇的管理

所谓逃汇，是指违反国家外汇管理规定，将应售于国家的外汇私自留用、转让、买卖、存放国外或将外汇私自携带、托带、邮寄出境的行为。逃汇不仅为法律所不容，而且，在国际金融市场风云突变时，留存境外的外汇资财极易遭受损失，因此，要加强对逃汇的管理。

有逃汇行为的，由外汇管理机构责令限期调回，强制收兑，并处逃汇金额30%以上、5倍以下的罚款；构成犯罪的，依法追究刑事责任。

外贸企业具体业务环节多且外汇收支频繁、金额大，进行逃汇或类似逃汇的行为易于发生，加强管理十分必要。一般应从以下几个方面防范逃汇行为：

（1）在进出口业务中，不允许少报收入，多报支出，将多余的外汇私自留用或存放境外。

（2）在三来一补贸易中，应按有关部门的合同严格执行，如实申报，不得以不正当的手段攫取国家外汇，套取进口物资。

（3）外贸企业及其在港澳地区的分支机构，未经批准不应私自经营"境外买单、国内提货"业务。

（4）外贸企业的一切外汇收入应结售给外汇指定银行。未经批准，不应截留，私设小金库或存放境外，或抵付支出，或与外商在境外设立合资企业，或为其他单位或个人支付外汇。

（5）外贸企业的驻外机构及设在境外的合营企业，从事经营所得的利润应按规定调回，未经批准不应径自存放境外或私自留用，但工程承包公司经核定可以保留一定金额的外汇周转金在国外使用。

（6）外贸企业临时出国代表团或人员返回后，必须将剩余经费或所得外汇带回境内，办理核销手续。

（7）外贸部门经营的边境小额贸易，必须严格按照国家规定的范围进行，不得将不属于边境小额贸易的国家物资，或禁止出口的货物装运出境，或换取进口物资后又转运国内贩卖。

（8）禁止外贸企业或工作人员将外汇、贵金属及其制品或与处理外汇资产有关的证件非法携带邮寄出境。

（七）防止套汇的管理

套汇是指违反国家外汇管理的规定，采取各种方式，通过第二者或第三者，用人民币或物资非法套取外汇或外汇权益，攫取国家应收外汇的行为。 根据规定，属于套汇者，由国家外汇管理机关给予警告，强制收兑，并处非法套汇金额30%以上、3倍以下的罚款，构成犯罪的，依法追究刑事责任。逃汇和套汇密切相关，很难分割。

外贸企业在经营业务的环节中，无论是组织还是个人均应按规定将属于国家的外汇结售给外汇指定银行，不应以不正当手段，从事下述套汇或近似套汇活动：

（1）未经批准，以出口物资换购进口物资或故意压低货价让对方赠送商品或自行经营易货贸易。

（2）未经批准，以人民币或其他方式偿付应以外汇支付的进口货款及其他应付境外的款项。

（3）在与境外机构的业务交往中，以人民币代境外机构或短期入境的外商支付其国内费用，而收受外汇私自留用或由对方在境外付给外汇或以物资抵偿。

（4）在境外收揽外汇，或购买物资，然后以"捐赠"的名义进口，或委托支付外汇费用，在国内以人民币或其他形式给予对方抵偿。

（5）将一般的劳务收入列入承包工程的劳务收入，计入现汇账户。

（6）临时出国代表团或人员返回后不将所余外汇办理退汇，而以人民币抵付。

（7）以人民币或其他补偿手段向外国驻华机构、外国企业单位及外国来华人员等索换外汇。

第四节　货币自由兑换

一、货币自由兑换的概念

货币的自由兑换，一般是指一个国家或某一货币区的居民，不受官方限制地将其所持有的本国货币兑换成其他国家或地区的货币，用于国际支付或作为资产持有。

一种货币之所以不能成为可自由兑换的货币，一个重要的原因就是该国实行外汇管制。外汇管制的中心内容是：凡出口和其他渠道获得的外汇必须按金融管理当局人为指定的外汇牌价全部结售给政府指定的外汇银行；所有外汇资源的分配亦集权于计划部门或金融管理当局，凡是由于进口商品和其他方面的外汇需求，都必须首先向当局申请外汇，在得到批准后，才有权用本国货币按当局指定的外汇牌价购买外汇。在外汇管制条件下，外汇是一种稀缺资源，社会公众和厂商不能够把持有的本国货币自由地兑换成外汇或外国货币。本币的流通被界定在本国范围内，本币则形成所谓的非自由兑换货币。

二、货币自由兑换的类型

（一）按货币可兑换的程度划分，可分为完全可兑换和部分可兑换

（1）完全可兑换是指一国或某一货币区的居民，可以自由地将其所持有的本国货币兑换成其他国家或地区的货币，用于经常项目和资本项目的国际支付和资金转移。

（2）部分可兑换是指一国或某一货币区的居民，可以在国际支付的部分项目下，自由地将其所持有的本国货币兑换成其他国货币，用于国际间的支付和资金转移。例如：在经常项目下自由兑换，用于国际间商品和劳务交易的支付，但此时并不一定必

须对资本项目实行自由兑换。

实行自由兑换还是实行部分自由兑换，在一定程度上取决于一个国家对资本管制的宽严程度，以及一国货币政策和财政政策的运筹能力。

（二）按货币可兑换的范围，可分为国内可兑换和国际性可兑换

（1）国内可兑换是指一国或某一货币区的居民能够自由地、不受限制地将本币兑换为外币，但这种货币并不是国际化的货币，在国际支付中接受这种货币的持有者，可以将所持有的此种货币用于向发行国支付，也可以向发行国兑换为其他国货币。目前，一些国家尽管实行了货币自由兑换，却未使本币国际化。

（2）国际性可兑换是指一国或某一货币区的货币不仅能够在国内自由兑换成为其他国货币，而且在国际市场上也能自由地兑换为其他国货币，也就是货币国际化。

三、货币自由兑换的条件

从表面上看，自由兑换是一国货币能不能自由地与其他国家货币兑换的问题，但其实质上则是一国的商品和劳务能不能与其他国家的自由交换。能否自由兑换和自由兑换的程度，是与一国经济在国际上的地位密切相关的，是受一国商品、劳务在国际国内市场上的竞争能力、资本余缺状况等许多因素制约的。因此，一国货币能否自由兑换，必须具备以下几个条件：

1. 有充分的国际清算支付能力

在不受限制的情况下，国际收支平衡体现了一国的外汇收入满足了国民对外汇的需求。国际收支平衡才能保持国家外汇储备的稳定和增加，为本币自由兑换提供基础。如果国际收支长期逆差，国家的外汇储备会很快减少甚至消失，从而失去货币自由兑换的基础。保持国际收支大体平衡和外汇储备的稳定及增长，要求该国货币有较强的交换性和替代性。

2. 具有合理的汇率水平和开放的外汇市场

货币自由兑换要求避免和取消外汇管制，任何企业和个人都可以在外汇市场上买入和卖出外汇，这就要有开放的外汇市场。同时还要求汇率能够客观地反映外汇的供求，从而正确地引导外汇资源的合理配制。

3. 具有完善有效的宏观调控系统

在财政方面，收支平衡，没有过大的财政赤字而导致国际收支逆差；在金融方面，中央银行有较强的实施货币政策的能力，具有较强的外汇市场干预政策和操作能力，包括外汇风险管理与控制，储备资产投资战略以及与这些业务有关的会计和监督能力。同时，还应具备良好的宏观经济政策环境。

4. 树立国民对本币的信心

树立国民对本币的信心，必须抑制通货膨胀，维持物价基本稳定，建立货币政策的可信性。随着上述过程的深入和国民对本币的信心的树立，对经常项目交易以及对所有外汇交易的限制即可取消，实现本币的自由兑换。

5. 具有宽松的外汇管制政策或取消了外汇管制

一国货币能否自由兑换，与一国的外汇管制程度密切相关。可以说，一国实现货币自由兑换的过程，就是一国逐渐取消外汇管制的过程。一国如果适度放宽外汇管

制，例如放宽经常项目管制，就可以说该国实现了货币在经常项目下的自由兑换；如果一国大幅度放宽或取消外汇管制，也就意味着该国货币基本实现了自由兑换或实现了完全可自由兑换。当然，一国要放松或取消外汇管制，应具备一定的条件，必须依据一国的整体经济发展状况、金融市场的成熟程度以及相应的管理水平来进行。

6. 微观经济实体能对市场价格作出迅速反应。

货币自由兑换与微观经济实体如银行、企业等关系密切，只有微观经济实体能对市场价格作出迅速反应，才会加强对外汇资源的自我约束能力，自觉参与市场竞争，提高国际市场的竞争能力，而要做到这一点，一国必须实现货币自由兑换。

四、经常项目下可兑换的标准和内容

IMF 规定，如果一国或地区解除了经常项目下支付转移的限制，即实现了经常项目下的货币可兑换，也承担了 IMF 协定第八条所规定的义务，成为 IMF 的第八条款的成员。在 IMF 协定第八条中有明确的规定，即：

1. 对经常项目下支付转移不加限制

一国对居民从国外购买经常项目下商品或劳务所需外汇要加以提供，允许其拨付转移，不以各种形式和手段加以限制、阻碍或推迟。其内容包括（但不限于）以下各项：所有有关对外贸易、其他经常性业务（包括劳务在内）以及正常短期银行信贷业务的支付；贷款利息及其他投资净收入的支付；数额不大的偿还贷款本金或摊提直接投资折旧的支付；数额不大的赠家汇款。

2. 不采取差别性的复汇率措施

IMF 认为，导致多种汇率做法的汇兑措施主要有：针对不同的交易制定不同的汇率，且不同汇率之间的汇差超过 2%；双重或多重外汇市场、留成额度以及汇兑课税、汇兑担保等。歧视性的货币措施主要是指双边支付安排，它有可能导致对非居民转移的限制以及多重货币的做法。

3. 兑换其他成员积累的本币

任何一个成员均有义务购回其他成员所持有的本国货币结存，但要求兑换的成员应说明此项货币结存系在最近经常性往来中所获得，或此项兑换系为支付经常性往来所必需。例如，成员不可限制非居民将经常性国际往来的收入进行兑换或转移，因此，不应对外商投资企业外方和非居民个人将投资所获得的利润、红利及利息换成外汇或转移进行限制。

到 1996 年 12 月，在 IMF 181 个成员中，已有 136 个接受第八条款，实现了经常项目可兑换。

五、亚洲区域货币合作和人民币区域化动向

（一）亚洲区域货币合作

1997 年东南亚金融危机后，亚洲国家意识到区域货币合作的重要意义，开始推动亚洲区域货币合作进程。东亚和东南亚国家及地区在建立区域货币合作机制或制度安排等方面有了一系列进展。自 2000 年 5 月"清迈倡议"提出后，东亚和东南亚主要国家间签署了一系列的双边或单边的货币互换协议（见表 4-1）。除此之外，东亚和东南亚各国及地区正进一步针对地区性货币金融监管体系的建立进行初步的探讨和研究。

表 4-1　　　　　　　东亚和东南亚各国双边货币互换协议部分情况

参与国家	签订日期	币种	金额（亿美元）
日本—韩国	2001 年 7 月 4 日	美元—韩元	20
日本—泰国	2001 年 7 月 30 日	美元—泰铢	30
日本—菲律宾	2001 年 8 月 27 日	美元—菲律宾比索	30
日本—马来西亚	2001 年 10 月 25 日	美元—林吉特	10
中国—泰国	2001 年 12 月 6 日	美元—泰铢	20
中国—日本	2002 年 3 月 28 日	日元—人民币	30
中国—韩国	2002 年 6 月 24 日	人民币—韩元	20
韩国—泰国	2002 年 6 月 25 日	美元—泰铢	10
韩国—马来西亚	2002 年 7 月 26 日	韩元—林吉特	10
韩国—菲律宾	2002 年 8 月 9 日	韩元—菲律宾比索	10
中国—马来西亚	2002 年 10 月 9 日	美元—林吉特	15
日本—印度尼西亚	2003 年 2 月 17 日	美元—印尼盾	15
中国—菲律宾	2003 年 8 月 30 日	美元—菲律宾比索	10

资料来源　李晓，李俊久，丁一兵．论人民币的亚洲化［J］．世界经济，2004（2）．

目前，东亚和东南亚各国经济互补性强，区域贸易投资不断强化，亚洲经济一体化程度在不断加深，为货币和汇率合作创造了条件。但在生产要素流动性、经济发展水平相似性、政策目标相似性等方面尚不具备组建以目标区为主体的货币合作机制的条件。现阶段的现实选择是：

（1）有关国家间积极加强宏观经济政策协调、货币政策协调，继续增加区域内贸易投资。

（2）东亚和东南亚各国及地区可结合自身情况与相应国家合作，逐步推进区域货币合作。

（二）人民币亚洲化

随着中国经济的高速增长，人民币已经出现区域化趋势。但国际社会在研讨东亚和东南亚区域货币合作或区域性汇率制度安排时，并没有重视人民币，大多提议将美元作为核心货币，或是主张钉住美元、日元和欧元等货币篮子制度。鉴于现阶段中国经济发展与东亚和东南亚经济关联度不断增强，以及未来中国在东亚和东南亚地区经济地位和作用的提升，中国需要参与东亚和东南亚区域的货币合作，积极同东亚和东南亚其他成员货币协调，进一步促进人民币亚洲化，进而成为国际货币。

人民币亚洲化是指人民币在中国国界外可以自由兑换、流通，并且主要在亚洲的国际贸易、国际金融、国际投资、国际储备等领域中，发挥价值尺度、支付手段、储藏手段的职能，通过参与亚洲区域货币金融领域合作，争取成为亚洲关键货币的经济过程。它是人民币国际化进程中的一个关键步骤。

1. 人民币亚洲化的必要性

当今的国际货币体系实质上是一种"美元体制"，任何国家货币的国际化都需要依赖区域货币合作才有可能实现。美元依旧是世界上最主要的国际主导货币。据经济学者研究，在银行之外流通的美元总量达到了将近 4 000 亿，其中大部分是在美国境外作为国际货币而存在的。只有 10%～15% 的美元在美国境内流通，这不仅使美国有能力承受巨额的经常收支赤字，也使美国得以建立足以影响其他国家的货币金融政策。因此，美国消极地对待国际货币体系改革，同时也反对和打压其他国家货币的国际化。

欧元的成功产生与日元国际化的失败是第二次世界大战后各国货币国际化方面的经典案例。

欧元的产生不仅为"最优货币区"理论提供了经验支持，而且为其他非霸权货币国家的货币国际化提供了一个经验模式：在美元主导的现行国际货币体系中，通过区域性制度合作，可以大幅降低成为国际货币的成本。

与之相反，日本的国际化却是一个失败的过程。日本自 1964 年正式成为 IMF "第 8 条款"国，开始承担日元自由兑换义务后，也逐渐推行日元的国际化政策，20 世纪 80 年代中期以来，日元国际化进程全面展开并取得一定成效。但自 1991 年经济泡沫破灭后，日元的国际化进程明显受阻，在各国的官方储备及国际货币和资本市场上融资工具计价货币的选择方面，日元的表现均不理想，其"经济大国、货币小国"的形象并没有得到改善，其在国际货币格局中的地位见表4-2。

表4-2　　　　　　　2001 年年末三种主要货币在国际货币格局中的地位

	美元	日元	欧元
占官方外汇储备比重（%）			
所有国家	68.3	4.9	13.0
工业国家	74.5	5.5	9.7
发展中国家	64.1	4.5	15.3
国际货币市场（10 亿美元）			
商业票据	102.7	13.5	80.5
其他工具	59.8	32.6	43.6
货币发行	162.5	46.2	124.1
国际债券市场（10 亿美元）			
浮动利率债券	906.7	97.9	666.5
固定利率债券	2 563.4	300.9	1 523.8

资料来源　李晓，李俊久，丁一兵. 论人民币的亚洲化［J］. 世界经济，2004（2）.

日元国际化失败的主要原因是：

（1）日本的金融体制本质上是一种"美元依存体制"。即由于美元国际主导地位的存在及对美元商品市场的依赖，日本不得不大量积存美元外汇储备。尽管它已成为世界主要的债权国，但其资本输出仍要以美元为主进行结算。

（2）日本政府的日元国际战略失误。一方面，日元国际化战略的实施仅注重欧洲日元市场和东京离岸金融市场的发展和建设，并没有充分改革国内金融资本市场。另一方面，该战略还忽视了促进日元稳定的地域经济基础和金融环境。在没有重视或没有条件开展区域性货币合作的情况下，直接推进日元国际化。正是由于缺乏区域化的制度基础，日元既无法真正实现国际化，也影响了其在亚洲地区地位的提高与作用的发挥。

综上所述，在当今国际货币体系中，区域因素已经成为制约一国汇率制度选择和一国货币成为国际货币的重要条件。

另外，当前东亚和东南亚区域货币合作机制不健全，对该地区的金融稳定和经济发展产生严重的消极影响。个别国家和地区在应对国际资本大规模移动方面的努力将无助于防止货币金融危机的再次发生。在1997年东南亚金融危机期间，中国确保了人民币对美元汇率的稳定，为稳定东南亚的经济局势发挥了重要作用，成为促进东南亚地区金融稳定的核心力量。但由于人民币资本项目的完全自由兑换尚未实现及日元国际化战略失败的教训，人民币直接国际化非但不能实现参与金融全球化、合理配置金融资源的目的，相反，可能会给中国经济发展带来巨大的风险和损失。为了东亚和东南亚经济的稳定发展和中国经济的持续增长，中国必须将人民币国际化纳入东亚和东南亚区域货币体系的构建中，通过人民币的亚洲化实现人民币的国际化。

2. 人民币亚洲化的可行性

人民币目前尚不具备成为完全的国际货币的条件，但从现阶段中国及东亚和东南亚地区的情况来看，人民币已经初步具备了实现区域化的一些前提条件。

（1）中国经济的总量在迅速扩张，并成为东亚和东南亚经济增长的重要稳定力量，作为东亚和东南亚地区"市场提供者"的地位日益增强，为人民币的亚洲化提供了基础条件。

（2）中国的对外开放度不断提高。无论在对外贸易比率、对外金融比率、对外投资比率，还是在综合对外开放度方面，中国已经接近或超过某些欧元区国家（如意大利和希腊）。

（3）人民币在周边国家和地区的流通不断增多，具备了一定范围内的国际可接受性（见表4-3）。中国人民银行调查结果表明，2004年年末，人民币现金在周边接壤国家和中国港澳地区的滞留量为216亿元，全年人民币现金跨境流出入的总流量为7 713亿元。

（4）东南亚金融危机爆发后，中国货币政策当局的国际公信力大幅度提高，同其他东南亚国家和地区开展双边或多边协调的能力明显增强。

（5）人民币亚洲化的国内制度环境正在逐步完善，但依然存在着许多问题。中国应将人民币亚洲化作为推进国内金融体制改革的重要力量。

表 4-3　　　　　　　　　　　人民币在周边国家和地区的流通使用情况

国家	流通情况使用
蒙古	蒙古境内大约有 50% 流通的货币是人民币。在与中国接壤的蒙古西北五省地区这一比例达到 80% ~ 90%，人民币已经普遍用于交易结算和商品计价
中国港澳地区	据估计和抽样调查，2001 年港澳地区人民币现金存量为 31.6 亿元，其中，中国香港为 25.6 亿元，中国澳门为 6 亿元
哈萨克斯坦	根据海关提供的有关资料，再考虑出入境人数和开关天数，测算出 2001 年流出人民币 2 131 万元，流入人民币 1 966 万元，净流入哈萨克斯坦的人民币为 165 万元
巴基斯坦	人民币在巴基斯坦的流通量：1999 年为 220 万元，2000 年为 230 万元，2001 年为 190 万元
缅甸	人民币在缅甸有"小美元"之称，被当做硬通货使用，流通范围较广，在中缅边贸及旅游活动中，缅甸掸邦重镇小勐拉，每年流出、流入的人民币多达几亿元
老挝	在老挝东北三省，人民币完全可以替代本币在境内流通，最远深入到老挝首都万象一带
尼泊尔	人民币为尼泊尔中央银行储备货币
越南	据云南、广西统计，2000 年中国居民赴越南旅游人数为 400 万人次，估计流出人民币在 100 亿元以上
柬埔寨	柬埔寨首相洪森鼓励国民使用人民币，因为此举有利于吸引刚刚富裕起来的中国游客
俄罗斯	2001 年黑龙江与俄罗斯边境的人民币流出量和流入量分别为 53 070 万元和 52 628 万元左右

资料来源　李晓，李俊久，丁一兵. 论人民币的亚洲化 ［J］. 世界经济，2004（2）.

3. 人民币亚洲化的策略与路径选择

为顺利实现人民币的亚洲化，需要从战略、经济政策和路径选择等方面进行必要思考，采取切实可行的策略与步骤。

（1）在战略上，应正确处理人民币同区域内主要国家货币之间的关系。应当积极开展人民币同日元的合作，妥善处理人民币与美元之间的关系。

（2）在内外经济政策上，必须深化国内金融体制改革，同时注重增强中国作为东南亚地区"市场提供者"的作用。

（3）在路径选择上，人民币的亚洲化要实现两个结合，即市场的自发演进与政府的制度协调相结合；从欧元模式中吸取经验，实行局部推进同系统整合的有机结合。

（4）必须率先推进人民币的次区域化。中国应当采取以下步骤：第一，以"中国经济圈"为核心区域创立钉住共同货币篮子制度，在此基础上逐步建立较为严格的固定汇率制度。第二，中国应当加强同东盟的全方面经济合作，推动同东盟间的货币金融领域合作，初步建立以人民币为核心的东南亚区域货币合作格局，使人民币成为区域性的关键货币之一，实现人民币的亚洲化。

六、人民币自由兑换的展望

随着我国经济的发展以及与世界经济依存度的不断提高，今后的人民币对外汇汇率制度，将从以市场供求为基础的、参考一篮子货币管理浮动起步，最终实现人民币的自由兑换，并不断推进人民币的国际化进程。

我国外汇管理体制改革的长远目标是实现人民币完全可兑换。从国际经验来看，实现资本项目完全可兑换需要具备一定的前提条件，而我国当前的国情决定了人民币资本项目可兑换还将是一个中长期的渐进过程。同时，实现资本项目可兑换是一个系统工程，涉及各种金融活动领域和大量的非金融机构，需要各部门共同参与，各项改革配套到位，逐步从有严格限制的可兑换过渡到较宽松限制的可兑换，再到基本取消限制的可兑换。

国际货币基金组织规定的43个资本项目主要分为国际直接投资和国际资本流动两大类。目前，我国已经有一半左右的资本项目交易基本不受限制或者有较少限制，在国际直接投资方面的开放程度很高，在防止境外投机资本流入上仍需监控和限制，这是维护金融市场稳定的需要。目前我国离完全放开资本项目管制还有一定的距离，未来将遵循"先流入后流出，先长期后短期，先直接投资后证券投资，先机构投资者后个人投资者"的原则，逐步放开。

从国际上货币可兑换的进程来看，在经常项目实现可兑换之后，逐步推进资本项目可兑换。而人民币的国际化进程则需要更加漫长的时间。一旦人民币成为国际货币，它将成为国际结算和支付手段，减少对美元等国际储备货币的依赖，大幅提高我国金融机构在国际市场上的竞争能力，提升我国在世界金融版图上的地位。

本章小结

1. 汇率制度是指一国货币当局对本国汇率变动的基本方式所做的一系列安排或规定。按照汇率变动的幅度，汇率制度可分为固定汇率制度和浮动汇率制度。

2. 目前世界各国汇率制度呈现多样化的局面。国际货币基金组织（IMF）将当前各国的汇率制度分为八大类。

3. 没有一种汇率制度可以在所有的时候适用于所有的国家。每一个国家（地区）都应该根据自己的实际情况选择适合自己的汇率制度。通常，影响一国汇率制度选择的主要因素有：经济规模和经济结构、对外开放程度、金融市场的发展程度、区域经济合作情况。

4. 一个国家或地区为了平衡国际收支，维持货币汇率，而对外汇买卖、外汇资金流动及外汇进出国境加以限制，控制外汇的供求而采取的一系列政策措施，就是外汇管制。

5. 外汇管制的手段是多种多样的，大体上主要是从数量管制和价格管制两方面入手的。数量管制就是对外汇交易的数量进行限制，包括对贸易外汇收支、非贸易外汇收支、资本输出入、黄金和现钞输出入的管制。价格管制主要是针对汇率的管制。

6. 改革开放以前，由于外汇资源短缺，我国一直实行比较严格的外汇管制。1978 年实行改革开放以来，外汇管理体制改革沿着逐步缩小指令性计划、培育市场机制的方向，有序地由高度集中的外汇管理体制向与社会主义市场经济相适应的外汇管理体制转变。

7. 从 1994 年 1 月 1 日起，人民币汇率进行并轨，实行以市场供求为基础的、单一的、有管理的浮动汇率制度。

8. 自 2005 年 7 月 21 日起，我国开始实行以市场供求为基础、参考一篮子货币进行调节、有管理的浮动汇率制度。人民币汇率不再钉住单一美元，形成更富弹性的人民币汇率机制。

9. 随着我国经济的发展以及与世界经济依存度的不断提高，今后的人民币对外汇率制度，将从以市场供求为基础的、参考一篮子货币管理浮动起步，最终实现人民币的自由兑换，并不断推进人民币的国际化进程。

关键概念

1. 外汇管制　2. 复汇率　3. 货币的自由兑换　4. 套汇　5. 固定汇率制　6. 钉住汇率制　7. 联合浮动　8. 浮动汇率制度　9. 自由浮动　10. 管理浮动　11. 单独浮动

复习思考题

一、单项选择题

1. 外汇管理的核心内容是(　　　)。

A. 外汇资金收入和运用的管理　　B. 货币兑换管理

C. 汇率管理　　D. 额度留成制

2. 我国实行经常项目下人民币可自由兑换，符合国际货基金组织(　　　)。

A. 第五成员方规定　　B. 第十二成员方规定

C. 第八成员方规定　　D. 第十四成员方规定

3. 目前人民币自由兑换的含义是(　　　)。

A. 经常项目的交易中实现人民币自由兑换

B. 资本项目的交易中实现人民币自由兑换

C. 国内公民个人实现人民币自由兑换

D. 经常项目和资本项目下都实现人民币自由兑换

4. 下列各种汇率安排中，对国内货币政策的独立性影响最小的是(　　)。

A. 货币局制度　　　　　　　　B. 清洁浮动制度

C. 可调整的钉住汇率制　　　　D. 汇率目标区制度

5. 下列各种汇率安排中，对国内货币政策的独立性影响最大的是(　　)。

A. 货币局制度　　　　　　　　B. 清洁浮动制度

C. 可调整的钉住汇率制　　　　D. 汇率目标区制度

二、多项选择题

1. 固定汇率制与浮动汇率制的优劣之争(　　)。

A. 实现内外均衡的自动调节效率问题

B. 实现内外均衡的政策利益问题

C. 对国际关系的影响

D. 以上说法都不对

2. 一般情况下，在固定汇率制下(　　)。

A. 财政政策无效　　　　　　　B. 货币政策有效

C. 财政政策有效　　　　　　　D. 货币政策无效

3. 下列操作中，属于冲销式干预的是(　　)。

A. 央行在外汇市场买入价值 5 亿美元的外汇，并在国债市场买入价值 5 亿美元的国债

B. 央行在外汇市场买入价值 5 亿美元的外汇，并在商业银行发行价值 5 亿美元的央行定向票据

C. 央行在外汇市场卖出价值 5 亿美元的外汇，并在国债市场买入价值 5 亿美元的国债

D. 央行在外汇市场卖出价值 5 亿美元的外汇，并将原来与商业银行订立的价值 5 亿美元的未到期国债正回购协议，转换为央行票据

4. 一国执行货币兑换管制的可能的后果包括(　　)。

A. 能够节约外汇，用于集中进口本国必需品

B. 会形成规模较大的外汇黑市

C. 为获得外汇，本国厂商会倾向于高报出口、低报进口

D. 会形成经济租金，进一步引发不公平的再分配和寻租成本。

5. 汇率采取直接标价法的国家或地区有(　　)。

A. 美国　　　　　　　　　　　B. 中国香港

C. 英国　　　　　　　　　　　D. 日本

三、简答题

1. 外汇管制有哪些作用？在何种条件下使用？

2. 经常项目下货币可兑换的标准和内容是什么？

3. 简述我国外汇体制改革的主要内容。

4. 试述逃汇与套汇的实质及相互关系。

5. 外汇倾销的利润是来自国内还是国外？

6. 为什么计划经济国家都存在外汇黑市?
7. 港元联系汇率制度属于固定汇率制类型还是浮动汇率制类型? 为什么?
8. 试述固定汇率制度和浮动汇率制度的利弊。

第五章

国际储备

引导案例

新加坡对外汇储备的管理与投资的原则

新加坡对外汇储备进行管理与投资的原则，概括起来有以下几个方面：

第一，稳中求高。根据城市资源缺乏、外资依存度较大等因素，始终维持较高的外汇储备水平。目前，新加坡的外汇储备相当于其 7 个月的进口水平，而发达国家该比例平均为 2.8 个月，发展中国家和地区平均为 5.2 个月，特里芬标准平均为 3 个月。

第二，严格控制。政府认为外汇储备是"防止经济崩溃的唯一资源"，因此，政府对动用外汇储备十分谨慎，即外汇储备只能在规定的范围内使用。一旦政府越出"规定范围"动用外汇储备（如为完成某个项目或计划时）而被总审计长发现，总审计长有职责向总统反映，以阻止该项行为。总审计长还必须在每个财政年度开始与结束时，审计储备金的状况及运作，保证其使用的合法与安全。

第三，作为货币发行的后盾。新加坡政府规定，货币发行必须有 100% 的外国资产作后盾，从而使国家对外汇储备的管理与本币发行挂起钩来。

第四，作为干预市场的工具。新加坡政府为了稳定本国货币价值和汇率，也会根据经济发展与市场变化的需要，把一部分外汇储备作为干预市场的工具。

第五，外汇储备随整体经济的发展而增加。新加坡政府把外汇储备看成是一个变动的量，随国民生产总值、进出口贸易、人民生活水平等的扩大和提高而相应增加，使它始终维持在国家经济发展所需要的水平上。据统计，新加坡的外汇储备在 1965 年为 10.69 亿美元，1970 年为 30.98 亿美元，1994 年约为 570 亿美元，2012 年为 2 436 亿美元。

第六，适度投资。新加坡对累积的外汇储备通过适度投资达到保值、增值的目的。为此，政府授权金融管理局和新加坡政府投资公司，专门开展投资活动。实行稳中求高的储备政策和对外汇储备进行适度投资，是新加坡政府管理外汇储备的两大特点。

本章将为大家详细介绍有关外汇储备、国际储备、国际储备管理的具体知识。

第一节 国际储备及其构成

一、国际储备与外汇储备的含义

国际储备作为国家重要的大型国有公共支付准备基金，是指掌握在一国货币当局（中央银行、财政部、国家外汇管理机构及外汇平准基金组织）手中的为弥补国际收支逆差、维持本国货币汇率的稳定、偿付外债以及应付各种紧急意外支付而持有的为世界各国普遍接受的资产及对外债权。 目前，世界各国的国际储备资产或对外债权一般是以黄金、外汇、在国际货币基金组织的储备头寸和特别提款权等形态存在的。

外汇储备是一国国际储备资产形态构成中的一种，是指以各种可自由兑换的货币所构成的储备资产。 截至 2013 年 6 月末，中国拥有的国际储备资产中，黄金储备为 3 389 万盎司，外汇储备为 34 966.86 亿美元。按伦敦黄金市场 2013 年每盎司黄金 1 200 美元计算，3 389 万盎司黄金约为 406.68 万亿美元，约占中国外汇储备的 1.2%。在中国国际储备资产总额中，即使考虑到中国在国际货币基金组织的储备头寸和特别提款权等因素，外汇储备也已经成为最主要的组成部分，外汇储备在中国国际储备资产中所占的比重高达 98% 以上。

国际储备资产对所有国家来说都是重要的大型国有公共基金，它一般具有如下特性：可控性，是指一国中央银行、财政部、外汇管理机构及外汇平准基金组织等机构所拥有的货币当局有权随时动用的资产；专用性，是指该种资产一般具有调节国际收支、稳定本币汇率、举借外债的信用担保和应急支付等特定用途；准备性，是指此种基金属于一种支付准备金，在未发生支付需求时，该种资产处于暂时闲置状态；可偿性，是指该种资产必须具备内在价值的稳定性、资产的流动性与普遍接受性，以保证其闲置时能够保值、增值，使用时能够顺利支付。

随着世界经济一体化和金融全球化的发展，国际间的贸易与金融往来日益密切，各国的国际收支范围和收支规模不断扩大，国际收支对一国经济发展的影响也越来越大。国际收支平衡与否的主要判别标准是交易者出于自身的交易动机和自主进行的交易是否收支平衡，而自主性交易的发生又取决于交易者自身的动机与愿望，因此用自主性交易平衡与否来判别的国际收支状况就一定是相对和暂时的平衡与绝对和长久的不平衡的交替发生。如果一国的国际收支出现长期的和巨额的失衡，那就会对该国的本币汇率、货币流通、进出口贸易、经济增长及就业状况带来诸多的影响。为了避免此种情况的发生，也为了可以有能力及时、迅速地对失衡的国际收支进行有效调节，各国政府都准备了一定数额的资产作为国际储备，用于调节国际收支、干预外汇市场，把国际收支的不平衡和汇率波动的幅度限制在国家可以接受的范围之内，以保证国家宏观经济的稳健运行。

二、国际储备的构成

国际储备的构成是指充当国际储备资产的资产种类构成。在不同的历史时期，充当国际储备资产的资产种类有所不同。在国际储备诞生之初的 16 世纪，国际储备资产几乎全部是白银，随后白银与黄金并行。19 世纪的金本位制度之后，国际储备资产几乎全部是黄金。今天，世界各国的国际储备一般由主权资产储备（即自有储备）和非主权资产储备（即借入储备）组成。二者之和被称为国际清偿力，亦称广义国际储备，即该国不需要采取任何影响本国经济正常运行的特别措施，就能平衡国际收支和维持本币汇率稳定的总体能力。

（一）自有储备

自有储备亦称狭义储备，主要包括一国的黄金储备、外汇储备、在国际货币基金组织的储备头寸和特别提款权。

1. 黄金储备

黄金作为储备资产，是指一国货币当局所持有的货币性黄金的总额剔除充当国内货币发行准备的黄金之后的剩余部分。黄金作为一种可靠的保值手段，其适于保管的特性和黄金市场所提供的便利的变现性等特点，使其一直成为国际储备资产的重要组成部分。用黄金充当国际储备的做法，可以追溯到 19 世纪中叶，当时的资本主义国家主要实行金币本位制，这是一种相对稳定的货币制度。该制度规定：币材是黄金，金币可以自由铸造、自由熔化，金币具有无限法偿能力，辅币和银行券可以兑换为金币，黄金可以自由输出和输入国界，货币储备全部是黄金。20 世纪 70 年代，《牙买加协定》签订以后，情况发生了变化，《牙买加协定》规定了黄金非货币化条款。随着国际货币流通的变化，黄金已经不符合人们对国际储备资产的要求，它既不能直接用来支撑汇率，也不能直接用于国际结算。但黄金依然是价值实体，而且具备充当国际储备的诸多优点：体积小、价值量大、化学性质稳定、质地柔软均匀、易于分割、便于保管等。加之世界上有发达的黄金市场，用黄金弥补国际收支差额、干预外汇市场时，只需要将其拿到黄金市场变成现实外汇即可。所以，目前世界上大多数国家依然不同程度地保有黄金储备（详见表 5–1）。

2. 外汇储备

外汇是目前世界各国国际储备中的主体，在全部国际储备资产总额中，外汇储备占绝对比重。与黄金储备相比，外汇储备具有保管成本小、暂时闲置时可以存入银行生息获利、可直接用于国际支付、使用频率最高等特点。但在浮动汇率制度下，汇率的不断变化也使外汇储备面临着较大的资产贬损风险。国际货币基金组织（IMF）在 2013 年 6 月 28 日公布的数据显示，全球央行已知储备中美元比重在第一季度小幅上升。美元储备在 2013 年第一季度升至 3.76 万亿美元，约占 62.2% 的份额；前一季度

表 5-1 世界官方黄金储备一览表（2012 年 9 月）

序号	国家/地区/组织	数量（吨）	黄金占外汇储备比重（%）	序号	国家/地区/组织	数量（吨）	黄金占外汇储备比重（%）
1	美国	8 133.5	75.40	16	沙特阿拉伯	322.9	2.70
2	德国	3 395.5	72.30	17	英国	310.3	15.80
3	国际货币基金组织	2 814		18	土耳其	288.9	15.10
4	意大利	2 451.8	71.90	19	黎巴嫩	286.8	28.90
5	法国	2 435.4	71.20	20	西班牙	281.6	29.30
6	中国大陆	1 054.1	1.70	21	奥地利	280	55.70
7	瑞士	1 040.1	12.10	22	比利时	227.5	39.60
8	俄罗斯	936.6	9.60	23	菲律宾	193.4	12.70
9	日本	765.2	3.10	24	阿尔及利亚	173.6	4.60
10	荷兰	612.5	60.70	25	泰国	152.4	4.50
11	印度	557.7	9.90	26	新加坡	127.4	2.70
12	欧洲央行	502.1	32.20	27	瑞典	125.7	12.80
13	中国台湾	422.7	5.60	28	墨西哥	125.2	4.00
14	葡萄牙	382.5	90.00	29	南非	125	13.20
15	委内瑞拉	365.8	68.00	30	利比亚	116.6	5.50

资料来源　佚名. 世界官方黄金储备一览表［EB/OL］.（2012-10-12）. http：//finance. sina. com. cn/money/nmetal/20121012/091013349704. shtml.

为 3.73 万亿美元，约占 61.2% 的份额。另据中国黄金网公布的数据显示，截止到 2012 年 10 月，世界各国总计黄金储备数量为 31 359 吨。世界黄金协会指出，全球央行的外汇储备规模在 2012 年达到 12 万亿美元，全球黄金储备占同期外汇储备的比重约为 10.08 %。显然，在目前世界各国的储备资产总额中，外汇储备所占的比重已达 90% 左右，外汇储备已经成为国际储备资产的主体。

3. 在国际货币基金组织的储备头寸

在国际货币基金组织的储备头寸是指成员方在国际货币基金组织的储备部分提款权余额和向国际货币基金组织提供的可兑换货币贷款余额。成员方向国际货币基金组织缴纳一定的份额，成员方缴纳的"份额"组成了国际货币基金（2009 年 4 月闭幕的 20 国集团峰会达成了一致，向国际货币基金增资 5 000 亿美元，增资后该基金可达 7 500 亿美元）。成员方缴纳一定的份额后，即可向该组织取得以本国货币为抵押申请可兑换货币贷款的权利，"份额"的多少决定了成员方从国际货币基金组织取得贷款规模的大小和在国际货币基金组织中表决权的多少。

国际货币基金组织在 2001 年 2 月 9 日宣布，执行理事会已经表决通过了提高中国缴纳份额的决议，中国在该组织中的发言权已由过去的第十三位提升为第八位。中国原本在国际货币基金组织的份额是 46.8720 亿特别提款权（SDR），相当于 61 亿美元；经过批准提高后的份额为 63.6920 亿特别提款权，相当于 83 亿美元。2008 年 IMF 改革之后，中国在国际货币基金组织的份额增至 80.9010 亿特别提款权。份额以 IMF 的记账单位特别提款权（SDR）计值。IMF 最大的成员方是美国，其份额为 421 亿特别提款权（约合 640 亿美元）；最小的成员方是图瓦卢，其份额为 180 万特别提款权（约合 270 万美元）。新一轮改革即第 14 次份额总检查将会带来意义深远的变化：一方面，IMF 份额将翻番，从约 2 384 亿 SDR 增加到约 4 768 亿 SDR，按汇率约合 7 200 亿美元；另一方面，超过 6% 的份额将从代表性过高的成员方转移到代表性不足的新兴市场和发展中国家。在该设计方案中，中国的份额将从 3.994% 大幅上升至 6.390%，跃身为 IMF 第三大份额国，比第二位的日本（6.461%）仅低 0.071 个百分点，而美国依然是第一位（17.398%）。金砖四国（巴西、中国、印度和俄罗斯）将全部跻身 IMF 份额最高的十大成员国之列。按照改革后的设计份额比重，IMF 的十大成员国将依次分别为美国、日本、中国、德国、法国、英国、意大利、印度、俄罗斯和巴西。2013 年 3 月 11 日，美国国会参议院否决这一提议，改革流产。

根据成员方缴纳的份额，成员方在国际货币基金组织中可以提用的贷款分为五个档次，每一档贷款占成员方认缴份额的 25%。由于第一档贷款的数额与规定的成员以黄金、外汇及可自由兑换货币缴纳的"份额"的数量相等，因此这部分贷款被称为储备部分提款权余额。储备部分提款权余额是成员在国际货币基金组织中的自动提款权，一国若要使用其在国际货币基金组织的储备部分提款权余额，只需要向国际货币基金组织提出申请，国际货币基金组织就会予以满足。

4. 特别提款权

特别提款权是指各成员方在国际货币基金组织获得的特别提款权余额。特别提款权是国际货币基金组织于 1969 年创设的储备资产和记账单位，它可以用于弥补成员方的国际收支差额、偿还欠国际货币基金组织的债务或充当储备资产等。1970 年，国际货币基金组织开始根据成员方认缴份额的多少，按比例向成员方无偿分配特别提款权。特别提款权具有如下特点：第一，它是国际货币基金组织分配给成员方的一种在普通提款权以外提取款项的特殊权利。创设之初，每一单位特别提款权的含金量为 0.888671 克黄金，与当时 1 美元的含金量等值。第二，特别提款权是由国际货币基金组织根据成员上年年底缴纳给国际货币基金组织份额的多少按同一比例无偿分配的。第三，国际货币基金组织以各成员的名义给各成员开立了特别提款权账户，各成员借助于该账户办理特别提款权业务。成员在发生国际收支逆差时，就可以动用特别提款权，将其转让给另一个成员，换取可自由兑换的货币，用以偿付国际收支逆差；成员还可以直接用特别提款权偿还本国欠国际货币基金组织的债务。第四，成员实际可以动用的特别提款权的数量，一般不能超过其全部额度的 70%。成员最多可以持有 3 倍于其自身分配额度的特别提款权。第五，特别提款权是一种储备手段，构成了各成员储备资产的一部分。

（二）借入储备

一国在发生国际收支逆差时，可以通过从其他国家或组织举借债务或者利用政策手段引起资金跨疆界流动的方式来弥补国际收支的不平衡，这部分资产就被称为借入储备，亦称诱导性储备。随着经济一体化和金融全球化的发展，各国之间的贸易往来日益密切、资本流动日趋频繁、相互依存度也越来越高，借入储备作为非主权性的金融资产，其跨国流动可以同自有储备一样，起到作为国际储备的作用。所以，国际货币基金组织已将具有国际储备性质的借入储备统计在一国的国际清偿力的范围之内。借入储备主要包括备用信贷协议、互惠信贷协议、本国商业银行的对外短期可兑换货币资产等。备用信贷协议是指国际货币基金组织的成员在本国的国际收支发生困难或者预计可能会发生困难时，同国际货币基金组织签订的一种借款协议。互惠信贷协议是指两个国家签订的使用对方货币的协议，按照该协议，当其中一国发生国际收支困难时，便可按协议的条件（额度、期限）自动使用对方的货币，之后在规定的期限内偿还。但是，借入储备的非主权性使其具有明显的不稳定性和不可靠性，因为借入国不具有所有权，即使借入储备可以发挥储备功效，政府也只能通过政策引导借入储备的流动，借入储备不能与政府完全可掌控、可支配的自有储备的作用等同。

第二节　国际储备的来源与职能

一、国际储备的来源

（一）购买黄金

一国的中央银行可以通过国际黄金市场及其他渠道购买黄金，以增加本国的黄金储备。例如，1999 年前后，荷兰、英国等欧洲国家的中央银行为了削减自身的黄金储备，在国际黄金市场上大量抛售黄金，导致当时的国际金价大幅下跌；与此同时，一些发展中国家鉴于自身黄金储备数量少、金价低的现实，抓住时机大量购买黄金，从而充实了自身的黄金储备。

（二）国际收支顺差的外汇流入

一般而言，一国的国际收支顺差会导致外汇流入增加。顺差包括贸易顺差和资本与金融账户的顺差。中央银行此时可以在外汇市场上大量购进外汇，以促使外汇储备资产总量的增长。中国外汇储备增长的历史就是一个很好的例证。中国本轮的国际收支顺差始于 1993 年，2000 年以后，中国的国际收支更是呈现出了双顺差的格局，大量外汇流入中国，中国人民银行在外汇市场上大量买入，形成了截止到 2012 年年末 33 115.89 亿美元的巨额外汇储备。

（三）从国际货币基金组织获得

对国际货币基金组织的成员来说，从国际货币基金组织获得更多的普通提款权和特别提款权，也会使一国的国际储备数量上升。与前两项不同的是，购买黄金、外汇是一国中央银行可以主动掌控的，国际货币基金组织的普通提款权和特别提款权却是被动获得的。近年来，随着中国黄金外汇储备的增长、缴纳基金份额的增长和在基金组织排位的前移，中国有机会从国际货币基金组织那里获得更多的普通提款权和特别提款权。

（四）干预外汇市场所得

一国外汇储备的用途之一是干预外汇市场。为此，政府可能会在必要的时候，在外汇市场上买入或卖出外汇，以调剂外汇市场的货币余缺，改变市场上的货币供求，稳定货币汇率，从而达到稳定本国经济的目的。在这个过程中，政府可能会买进某种外国货币，从而使本国的国际储备数量增长。

（五）其他途径所得

除上述途径之外，还有其他途径也可以引起一国储备资产的增长。例如，利用一国的储备资产进行投资所获得的利息、利润，或者货币性黄金贱买贵卖的收益等。

二、国际储备的职能

国际储备是体现一国金融实力的重要指标之一。各国保持一定数量的国际储备主要是出于各种经济及政治目标的考虑。国际储备的职能一般包括：

（1）调解国际收支，维持一国经济的外部平衡。国际收支是指一个国家或地区在一定时期内所发生的关于政治、经济、军事、文化往来的全部国际经济交易的货币记录。由于一国的国际收支状况受政治、经济、金融等诸多因素的影响，因此会发生收支不平衡，但无论是顺差或逆差，都会对本国经济产生影响或冲击。为此，各国都保有一定量的国际储备，作为缓解国际收支差额对国内经济冲击的调节器，在国际收支出现不平衡、对经济产生影响时，避免采取压缩进口、宏观紧缩等影响国内经济目标的措施。即使一国发生长期的、巨额的国际收支逆差，如果动用国际储备加以弥补，也可以减轻使用其他国际收支调节政策的压力，降低采用紧缩性经济政策可能带来的牺牲国内经济目标的负效应。

（2）干预外汇市场，保持本币汇率的稳定。在市场汇率制度的国家或经济体中，政府往往不制定与公布本国货币对某种外国货币的汇率，而是由外汇市场上本外币的供求关系来决定本币与某种外国货币之间的汇率。由于政治、经济、政策和突发事件等因素都会影响货币的供求关系，因此在市场汇率制度下，货币汇率将会出现频繁的甚至是较大幅度的波动，而汇率的变动将会对一国的进出口、经济增长、就业状况、政府税收及货币流通等产生影响。一旦本国货币汇率的波动幅度超出了政府所能接受和容忍的限度，使本国经济受到影响与冲击时，本国中央银行就会动用储备资产，在外汇市场上干预货币供求，改变外汇与本币的市场供求关系，从而使本国货币的汇率向政府希望的方向变动。10国集团在给国际储备的定义中，突出了国际储备作为干预资产的职能，即把它看成是："一国国际收支发生逆差时，该国金融当局能直接地或有保证地通过对其他资产的兑换，以弥补国际收支逆差和保持汇率稳定的所有资产。"对于货币实行完全自由兑换和采用市场汇率制度的国家来说，国际储备的这一作用至关重要。

（3）偿债能力的信用担保。国际借贷活动由于国别差异、额度较大、国际政治和经济情况复杂等特点，因此具有较高的风险性。贷款提供方大都十分关心借款国的资信状况与偿债能力，而国际储备数量的多少恰好反映了一国还本付息的综合能力，构成了一个国家举借外债的信用保证。一国的国际储备额度越大，说明该国偿还外债和干预外汇市场维持本币汇率稳定的能力越强，该国货币的信誉就越高。

（4）应付紧急、意外发生的支付准备。当今世界由于政治、经济、环境、气候和国际关系的不断变化，使得经济与金融活动具有了较大的不稳定性和诸多的不确定性。例如，战争、自然灾害、金融危机等，都会对经济的稳健运行构成威胁。一国保有一定额度的国际储备，可以有效应对各种紧急事件和意外风险，保障一国宏观经济的稳定运行与国家安全。

第三节　国际储备管理

一、国际储备管理的概念

国际储备管理是指一国政府或货币当局根据一定时期内本国的国际收支状况和经济发展要求，对国际储备的规模、结构和储备资产的使用进行调整、控制，从而实现储备资产的规模适度化、结构最优化和使用高效化的整个过程。一个国家的国际储备管理包括两个方面：一是国际储备规模的管理，以求得适度的储备水平；二是国际储备结构的管理，使储备资产的结构得以优化。国际储备管理一方面可以维持一国国际收支的正常进行；另一方面可以提高一国国际储备的使用效率。

二、国际储备管理的目标和原则

（一）国际储备管理的目标

国际储备管理的总体目标是服务于一国宏观经济发展的战略需要，在国际储备资产的积累水平、构成配置和使用方式上，有利于经济的适度增长和国际收支的平衡，同时在微观上保证储备资产的保值与增值。

（二）国际储备管理的原则

1. 安全性

安全性即储备资产本身价值稳定，存放可靠；储备资产不会受到其他风险的影响而遭受损失。

2. 流动性

流动性即储备资产要容易变现，可以灵活调用和稳定供给；在需要动用储备资产进行支付时，储备资产能够迅速地、及时地兑换成可自由兑换货币，完成支付需要。

3. 盈利性

盈利性即储备资产在保值的基础上有较高的收益。储备资产是支付准备金，不需要的时候是处于暂时闲置状态的，随着资产价格、利率、汇率的不断变化，储备资产所面临的风险是很大的。因此，使资产具有较高的盈利性就显得十分重要。

三、国际储备的管理

20 世纪末期以来的金融危机证明，国际储备的缺乏会使一国在外部冲击之下承担很高的调整成本。因此，在新的国际环境下，国际储备充足程度的问题便显得更为突出。

衡量国际储备充足程度的传统指标有国际储备相对进口水平的比率指标、国际储备相对货币总量的比率指标等。国际储备相对进口水平的比率指标具有直观的解释意义：在其他国际收支项目停止的情况下，一国应能在一定时期中维持当前进口水平。该指标注重经常项目的需要，因而特别适用于那些与国际资本市场接触有限的国家。国际储备相对货币总量的比率指标通常用来衡量一国的潜在资本外逃情况。在货币需求不稳定以及银行系统存在较大脆弱性的条件下，该指标相当有效；但在相反的情况下，该指标只是资本外逃的一个潜在信号，并不能表明资本实际外逃。

近年来，国际储备相对短期外债的比率指标引起了人们的高度重视。大量实证研究表明，该比率越低，发生货币危机的可能性就越大。国际货币基金组织在 2000 年公布了一份题为《外部脆弱性的外债与国际储备关联指标》的文件，该文件建议用国际储备相对短期外债的比率指标作为分析国际储备充足程度的基准。此外，需要补充考虑的因素包括汇率制度、外债的货币定值、其他宏观基础因素（特别是经常账户逆差与实际汇率）、影响私人部门债务头寸的微观基础环境（如没有资格的私人部门进入国际资本市场的程度及其短期债务的比率、居民资本外逃的可能性、居民或非居民持有衍生头寸的可能性）。从国际货币基金组织和世界银行收到的反馈情况来看，新兴市场经济国家大多支持从资本账户脆弱性的角度关注国际储备充足程度的问题。

显然，新的国际储备管理原则一方面对国际储备的充足程度给予更为充分的关注；另一方面，人们对国际储备所覆盖的风险的关注，也已从进出口、外债等狭窄的传统领域，转换到国内金融体系的健全和稳定等更为宽广的范围上。

（一）国际储备的规模管理

适度的国际储备规模应当既能满足国家经济增长和对外支付的需要，又不会因储备资产过多而形成积压浪费。

确定适度的国际储备规模应考虑的因素有：持有国际储备的成本、经济开放与对外贸易、对外资信与融资能力、金融市场的发育程度、外汇管制的宽严程度、汇率制度与外汇政策的选择、货币的国际地位等。确定适度的国际储备规模的方法包括：

1. 定性分析法

定性分析法的基本思路是：国际储备的短缺或过剩都会直接影响到某些关键的经济变量和政策倾向，因此，考察这些经济变量和政策倾向的变动，就可以判断国际储备规模是否适度。例如，表明一国国际储备不足的经济变量和政策倾向主要有下列指标：①持续的高利率政策；②外汇管制、外贸管制；③紧缩性需求管理；④持续的汇率不稳定；⑤把增加储备作为首要的经济目标；⑥新增储备主要来自信用安排。

这些客观指标产生的背景是，该国政府已经明确其适度储备量的水平，因而当该国政府采取高利率政策或奖出限入政策来改善国际收支时，便意味着该国存在国际储备不足的问题。正是由于国际储备不足，该国政府缺乏干预外汇市场的能力，从而导致了汇率不稳。于是，该国被迫通过向国外借款的方式来弥补国际储备缺口。

定性分析法不乏其合理性，但它只能粗略地反映国际储备的适度性，不能测算出一个确定的储备量。同时，用来反映国际储备适度性的经济变量和政策措施的变化可能并不是由国际储备过剩或不足引起的，而是由其他经济因素甚至政治因素引起的。

因为这种方法的前提是假定储备水平是一种重要的政策目标，政府为达到预定的储备水平目标而调整内部和外部的政策，但有些时候政府的政策调整可能是为了其他更重要的政策目标。

2. 定量分析法

定量分析法主要包括比例分析法、成本-收益分析法。

（1）比例分析法，即采用国际储备量与某种经济活动变量之间的比例关系来测算国际储备需求的最适度水平。其中，进口比例法（R/M 比例法）是目前国际上普遍采用的一种简便易行的衡量方法。这是由美国耶鲁大学的经济学家罗伯特·特里芬教授在其 1960 年出版的《黄金与美元危机》一书中提出的，其基本思路是：把国际贸易中的进口作为唯一的变量，用国际储备对进口的比例（R/M）来测算最适度储备量。一国的 R/M 比例应以 40% 为最高限，20% 为最低限。按全年国际储备对进口额的比例计算，约为 25% ~ 30%，即一国的国际储备量应以满足 3 ~ 4 个月的进口为宜。

除此之外，比例分析法常用的比例指标还有储备对外债总额的比例、储备对国民生产总值的比例等。这种方法因简单易行而被许多国家所采用，国际货币基金组织也是这一方法的支持者。但是比例分析法也有明显的缺点：首先，某一比例关系只能反映个别经济变量对国际储备需求的影响，而不能全面反映各种经济变量对国际储备需求的影响。其次，对于 R/M 比例法来说，一是它理论上存在缺陷，即国际储备的作用并不只是支付进口；二是各国的情况不同，如各国对持有国际储备的好处和付出的代价看法不同、各国在世界经济中所处的地位不同等，这些差异决定了各国储备政策的差异，因而各国对国际储备的需要量也就不同。所以，只用进口贸易这个单一指标作为决定各国国际储备需求量的依据，显得有些依据不足。

（2）成本-收益分析法，又称机会成本分析法。这是 20 世纪 60 年代以来，以海勒、阿加沃尔为首的经济学家，将微观经济学的厂商理论——边际成本等于边际收益——运用于外汇储备总量管理而得出的，即当持有国际储备的边际成本等于边际收益时，所持有的国际储备量是适度的。一般情况下，国际储备的需求量与持有国际储备的机会成本成反比，与持有国际储备的边际收益成正比。持有国际储备的机会成本是运用外汇进口资源要素以促进国内经济增长的边际产出（可采用国内投资收益率来计算）。持有国际储备的边际收益则是运用国际储备弥补国际收支逆差，避免或推迟采用政策性调节措施，减少和缓解对经济造成的不利影响，以及运用外汇购买国外有息资产的收益。只有当持有国际储备的边际收益等于持有国际储备的机会成本，从而带来社会福利最大化时，才是最适度的储备规模。

成本-收益分析法测算的准确性高于比例分析法，成本-收益分析法采用多元回归法和相关的技术建立储备需求函数，克服了比例分析法采取单一变量的片面性。但宏观经济中有些变量并不像微观经济变量一样有界限分明的成本和收益，只能测算综合成本和综合收益。这使得成本-收益分析法存在着不足之处：其计算方法比较复杂，涉及的经济变量较多，有的数据难以获得，只能凭经验主观选择或采用其他近似指标替代，这影响了计算结果的准确性，因而很难在实际生活中采用。

（二）国际储备的质量管理

国际储备的质量管理是指在对国际储备进行管理时，注重其资产的保值与增值。由于加强对国际储备的结构管理可以起到提高国际储备的资产质量和价值增值的目的，因此一些教科书上将国际储备的结构管理与国际储备的质量管理的概念混用。

1. 国际储备中各类资产的形态结构管理

黄金储备、外汇储备、普通提款权和特别提款权的形态结构管理是指上述4类资产在一国国际储备中所占的比例结构问题。由于各级各类储备资产的特点不同，因此，它们在国际储备的总量中应该保持适当的比例。例如，黄金是最后的支付手段，且适于贮藏，因此在一国的国际储备中，可以数度持有黄金储备。外汇储备由于受储备货币汇率波动的影响较大，大量持有外汇储备将面临较高的汇率风险，因此保持适度数量即可，过多持有外汇储备在汇率波动时机会成本较大。

2. 国际储备中各类资产的期限结构管理

国际储备中各类资产的期限结构管理的目标，是确保流动性和收益性的恰当结合。然而在实际的经济生活中，流动性和收益性互相排斥。这就需要在流动性与收益性之间进行权衡，兼顾二者。由于国际储备的主要作用是弥补国际收支逆差，因此各国货币当局更重视流动性。按照流动性的高低，西方经济学家和货币当局把储备资产划分为以下三级：

一级储备资产，富于流动性，但收益性较低，它包括活期储备、短期储备和短期政府债券；二级储备资产，收益性高于一级储备资产，但流动性低于一级储备资产，如2～5年期的中期政府债券；三级储备资产，收益性高于二级储备资产，但流动性低于二级储备资产，如长期公债券。

对于普通提款权，由于成员能随时从IMF提取和使用，因此它类似于一级储备资产。对于特别提款权，它只能用于其他方面的支付，成员必须向IMF提出申请，并由IMF指定参与特别提款权账户的国家提供申请国所需货币。显然，这个过程需要一定时日才能完成。因此，特别提款权可视为二级储备资产。对于黄金储备，由于各国货币当局一般只在黄金市价对其有利时，才会转为储备货币，因此它可视为三级储备资产。

一级储备资产作为货币当局随时、直接用于弥补国际收支逆差和干预外汇市场的储备资产，即作为交易性储备资产。二级储备资产作为补充性的流动资产。三级储备资产主要用于扩大储备资产的收益性。一国应当合理安排这三级储备资产的结构，以做到在保持一定流动性的前提条件下，获取尽可能多的收益。

3. 外汇储备的币种结构管理

对外汇储备的币种结构管理主要是指储备货币的币种选择，即合理地确定各种储备货币在一国外汇储备中所占的比重。确定外汇储备币种结构的基本原则是：

（1）储备货币的币种和数量要与对外支付的币种和数量大体保持一致，即外汇储备的币种结构应当与该国对外汇的需求结构保持一致，或者说取决于该国对外贸易支付所使用的货币、当前还本付息总额的币种结构和干预外汇市场所需要的外汇，这样可以降低外汇风险。

（2）排除单一货币结构，实行以坚挺的货币为主的多元化货币结构。多元化货币结构可以使外汇储备的购买力相对稳定，以求在货币汇率有升有跌的情况下，使货币结构大体保持平衡，做到在一些货币贬值时遭受的损失，能从另一些货币升值带来的好处中得到补偿，提高外汇资产的保值和增值能力。在外汇头寸上，应尽可能多地持有汇价坚挺的硬货币储备，尽可能少地持有汇价疲软的软货币储备，并要根据软硬货币的走势，及时调整和重新安排币种结构。

（3）采取积极的外汇风险管理策略，安排预防性储备货币。如果一国的货币当局有很强的汇率预测能力，那么它就可以根据无抛补的利率平价（预期汇率变动率等于两国利率差）来安排预防性储备的币种结构。例如，若利率差大于高利率货币的预期贬值率，则持有高利率货币可增强储备资产的盈利性；若利率差小于高利率货币的预期贬值率，则持有低利率货币有利于增强储备资产的盈利性。

4. 国际储备管理机构的权限与改革

一国的国际储备资产由哪个机构掌管，虽然是一个管理体制的问题，却也关系到了储备资产的管理质量。目前在世界范围内，各国所使用的国际储备管理模式可以分为央行模式和财政部模式两类。

（1）央行模式，即全部国际储备由一国的中央银行掌管，包括储备资产的购置、保管、运行、调控，相关管理政策的制定与颁布等。其中，央行购置储备资产的资金来源之一可能是货币发行，因此，该模式的最大弊端是可能造成本币的过度投放，甚至导致通货膨胀。

（2）财政部模式，即一国的储备资产在政策制定、资产管理、购置、使用等方面，财政部拥有更大的话语权。在此模式下，政府购买储备资产的资金来源是政府发行的债券，这样可以避免央行模式下的货币投放量过多和通货膨胀的发生。

5. 国际储备的风险管理

随着世界经济日益一体化和全球化的发展，金融动荡、金融危机、汇率波动、金价变化等不断发生，这给一国的储备资产带来了巨大的风险，使国际储备的管理成本不断上升，因此，对国际储备的风险管理就显得尤为重要。

为了保证储备资产的安全，各国还应建立储备资产的风险监测机制，及时监测风险；建立风险预警机制，在风险出现时，及时发出预警；建立风险防范机制，对风险实施防范和化解；建立风险评估机制，对存在的风险及其所造成的经济损失进行有效地评估等。

第四节　中国的国际储备

一、中国国际储备的发展历程

（一）计划经济体制时期（1949—1978）

1. 制度环境

新中国成立之初的三年恢复时期，中国实行外汇集中强制管理的制度，积聚外汇资金主要是通过扶植出口、鼓励侨汇、以收定支的方式，目的是鼓励出口，兼顾进口，支持国民经济的恢复与发展，繁荣经济。1953年，中国实行计划经济体制，对外贸易由国营外贸公司专管，外汇业务由中国银行统一经营，从而形成了高度集中、统一计划控制的外汇管理体制，对外汇收支实行指令性计划，一切外汇收入必须结售给国家，一切所需的外汇按国家计划分配和批给。国际收支是"以收定支，以出定进"，国家依靠计划和行政办法保持中国外汇收支的平衡。外经贸部、财政部和中国人民银行在国家规定的管理范围内，分别对贸易外汇收支、非贸易外汇收支及个人的外汇收支等规定了内部管理办法，用计划和行政相结合的方式管理全国的外汇收支及收支相抵后的国家外汇储备。

2. 制度内容

这一时期，中国的外汇储备制度包括：外汇储备形成制度、外汇储备收付管理制度、外汇储备管理的组织制度。由于该时期尚未实行改革开放，国际贸易规模较小，不举借外债，不接受外国投资，国际货币基金组织和世界银行尚未恢复中国在其中的合法席位（到1980年4月17日和1980年5月15日，国际货币基金组织和世界银行执行董事会才先后恢复了中国在国际货币基金组织和世界银行的合法席位），中国的国际收支仅包括较小规模的贸易收支和非贸易收支，人民币实行管制汇率制度。因此，调节国际收支、举债信用担保、干预汇市对外汇储备的需求微乎其微，致使该阶段的外汇储备管理集中在了对外汇储备的来源和运用的管理上。

（1）外汇储备形成制度，这主要是指外汇的供汇和结汇制度。1978年以前，中国实行外汇收支分开管理的收支两条线和全面的计划管理制度，外汇收支依据以收定支的原则进行管理，国家的外汇收支结余部分形成了国家的外汇储备。社会经济活动中的一切外汇收入都必须结售给国家或者存入国家银行，形成国家的外汇收入。一切外汇需要可以按规定向外汇管理机关提出用汇申请，由国家根据各级部门编制的用汇计划，经过国家计划经济委员会汇总和综合平衡并报请国务院批准之后方可执行。由于当时中国进出口贸易的规模较小、国际资本流动薄弱，因此该阶段的外汇收入少、外汇储备匮乏。据统计，1953—1978年的26年间，全国累计出口收汇783亿美元，进口用汇820亿美元，累计贸易逆差37亿美元。非贸易收汇109亿美元，非贸易支出35亿美元，累计顺差74亿美元。贸易与非贸易项目累计收支相抵，结余外汇37亿美元。

（2）外汇储备收付管理制度，这主要是指针对贸易外汇和非贸易外汇的收支管理制度。国家外汇收入的管理对象是国营的进出口公司，要求进出口公司一律严格按国家核定的指令性计划执行，统一经营、统负盈亏。中国人民银行依据国家进出口外汇收支计划与外贸部门签订代理收付外汇的合同，对外签订双边清算支付协定，监管贸易外汇的收支。对非贸易外汇则是依据1954—1972年国家颁布的《关于加强非贸易外汇管理的规定》、《关于非贸易外汇节约使用及增加收入的通知》、《关于试行非贸易外汇管理办法》进行管理，管理的方式与贸易外汇类似，即凡持有外汇和收入外汇的国家机关、团体、学校、企业，必须将所持有的外汇出售或存入国家银行。财政部、中国人民银行等部门负责建立、健全相关的审核制度，利用行政的方法进行监督、检查、稽核与管理。

（3）外汇储备管理的组织制度。一方面，建立了外汇指定银行制度和中国人民银行管理制度。1950—1953年，全国共核准53家银行具有经营外汇业务的资格。其中，华商35家、侨商3家、外商15家。另一方面，建立了人民币、外币和金银等贵金属进出国境的管理制度。外汇指定银行所收购的外汇，必须按相关规定出售给中国人民银行，形成国家的外汇储备。中国人民银行是中国外汇储备的管理机构，行使中央银行的职能。中国人民银行根据当时的贸易收支状况、经济状况和支持抗美援朝战争等情况引起的外汇需求，制定了中国集中使用国家外汇储备的具体方针，包括独立自主外汇管理制度、外汇储备制度和汇率制度，目的是将有限的外汇储备集中合理地安排使用。

3. 制度特点

制度刚性强、制度体系不完善和储备规模较小是该时期的主要特点。这一时期形成了与计划经济相适应的高度集中统一的外汇管理体制和外汇储备管理制度。但中国人民银行在外汇储备的管理上处于被动状态，因为外汇收支必须服从于国家计划，进出口、外汇收支、国际支付等都必须按计划进行，中国人民银行只是被动地进行外汇收付的账务管理。同时，由于中国在1980年以前尚未恢复在国际货币基金组织的合法席位，还没有在国际货币基金组织的储备头寸和特别提款权等储备资产，黄金储备也有限，对几十亿美元的外汇储备并未形成系统的数量与质量管理制度。关于储备资产的形态、币种结构与期限结构、保值与增值管理的制度都是空白，对上述制度进行监督、检查、调整、违规处罚等的实施机制在这一时期也尚未涉及。

4. 外汇储备变动情况

新中国成立之初，国家的外汇储备极其匮乏。1948年底至1949年初，国民党"中央银行"奉命将黄金、白银、贵重物品及资料装箱运往中国台湾地区。其中，在蒋经国的亲自过问之下，抢运走黄金90吨、银洋1 500万元、美钞15亿元。另据中国台湾媒体报道："1948年12月1日午夜，一艘看起来破烂不堪的船舶停靠在上海外滩边，这就是往中国台湾抢运黄金的渡船。"根据当时"中央银行"稽核处处长李立侠的回忆，这次抢运的黄金共分三批：第一批200多万两黄金；第二批52.2万两黄金；第三批19.8万两黄金，由汤恩伯亲自运走。三批总共运走黄金277万两。同时运至中国台湾的还有3 526.9万两银元，另有1 537万美元存进了美国银行的"国民党政府"账户。1950年，中国的外汇储备只有1.57亿美元。直至1978年，中国的外汇储备在规模上都没有太大的变化，基本维持在1亿到10亿美元之间（详见表5-2和图5-1）。

（二）计划经济为主、市场经济为辅时期（1979—1993）

1. 制度环境

1979年，中国经济进入到了改革开放的新阶段，发展了进出口贸易，引进了外资，增加了外汇收入，扩大了国家外汇储备规模。但1979年的外汇收支出现了支大于收的情况，为此，财政负担加重了。1980年，中国相继被恢复了在国际货币基金组织和世界银行的合法席位。1984年，中国制定了国际收支统计制度。上述变化也

表 5-2 中国历年外汇储备（1950—1978） 单位：10 亿美元

年末	外汇储备	年末	外汇储备	年末	外汇储备
1950	0.157	1960	0.046	1970	0.088
1951	0.045	1961	0.089	1971	0.037
1952	0.108	1962	0.081	1972	0.236
1953	0.090	1963	0.119	1973	−0.081
1954	0.088	1964	0.166	1974	0.000
1955	0.180	1965	0.105	1975	0.183
1956	0.117	1966	0.211	1976	0.581
1957	0.123	1967	0.215	1977	0.952
1958	0.070	1968	0.246	1978	0.167
1959	0.105	1969	0.483		

资料来源　佚名.中国历年外汇储备［EB/OL］.（2008-04-27）.http：//www.safe.gov.cn.

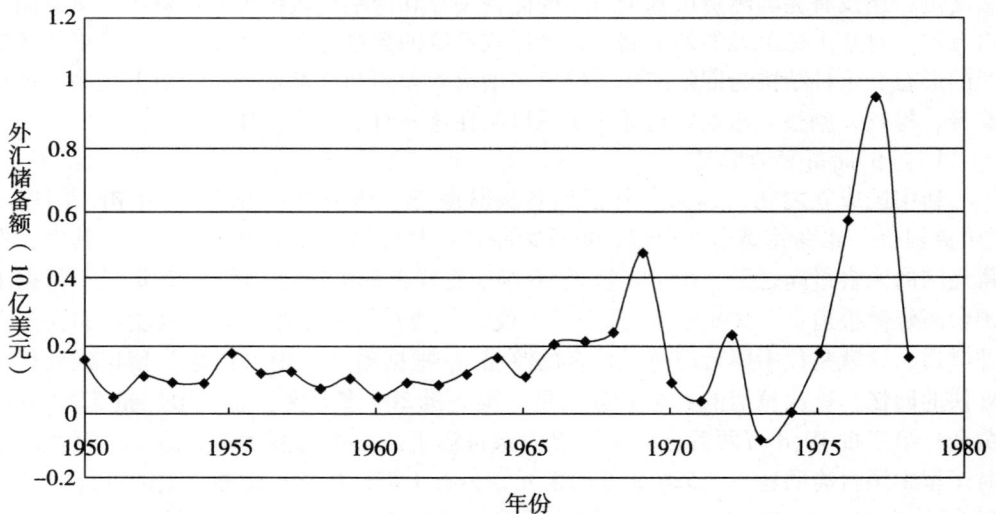

图 5-1　中国外汇储备数量变化图（1950—1978）

资料来源　佚名.中国历年外汇储备［EB/OL］.（2008-04-27）.http：//www.safe.gov.cn.

带来了外汇管理、外汇储备制度的变化，涉及外汇储备的相关法律制度相继出台，储备资产管理的宗旨和方针日益明确，外汇储备管理的组织制度不断完善、实施机制不断建立、储备规模波动增长。

2. 制度内容

（1）外汇储备管理的组织制度的建设。中国人民银行作为中央银行，负责管理国家的外汇储备。1983年9月17日，国务院颁布《关于中国人民银行专门行使中央银行职能的决定》，其中第一条规定："中国人民银行是国务院领导和管理全国金融事业的国家机关，不对企业和个人办理具体的银行业务，中心工作是研究和做好全国金融的宏观决策，加强信贷资金管理，保持货币稳定。其主要职责是：研究和拟订金融工作的方针、政策、法令、基本制度，经批准后组织执行；掌管货币发行，调节市场货币流通；统一管理人民币存贷利率和汇价；编制国家信贷计划，集中管理信贷资金；管理国家外汇、金银和国家外汇储备、黄金储备；代理国家财政金库；审批金融机构的设置或撤并；协调和稽核各类金融机构的业务工作；管理金融市场；代表我国政府从事有关的国际金融活动。"1986年1月7日，国务院颁布《中华人民共和国银行管理暂行条例》，其中第二章第五条规定，"中国人民银行是国务院领导和管理全国金融事业的国家机关，是国家的中央银行"，应当全面履行的职责中，包括"管理外汇、金银和国家外汇储备、黄金储备"。1993年12月25日，国务院颁布《关于金融体制改革的决定》，第五部分"改革外汇管理体制，协调外汇政策与货币政策"中规定："中国人民银行集中管理国家外汇储备，根据外汇储备的安全性、流动性和盈利性的原则，完善外汇储备的经营机制。"

专设国家外汇管理局，对国家外汇业务及外汇储备进行管理。1979年3月，国务院批准设立国家外汇管理局，该局在中国人民银行的领导下，专门负责管理国家外汇业务及外汇储备。国家外汇管理局内设综合司、国际收支司、经常项目管理司、资本项目管理司、管理检查司、储备管理司、人事司（内审）7个职能司，其中的储备管理司专门负责对国家外汇储备的管理。为了使管理分工更明确、具体、有效，储备管理司专门设有：综合处、战略研究处、投资一处、投资二处、风险管理处、清算处、会计处、专项业务处、技术保障处、合规性检查处、人力资源处（内审处）、行政财务处等处室。在组织制度的层面上，国家外汇管理局细化了对储备管理的具体分工，从而使国家外汇储备管理在组织上得到了保障。1982年，根据全国人民代表大会常务委员会的决议和国务院的批准，国家外汇管理局成为中国人民银行的一个局，由中国人民银行负责管理。1988年6月，国务院决定，国家外汇管理局变为国务院直属总局级机构，由中国人民银行代管。1989年12月，经国务院办公会讨论通过，全国人民代表大会常务委员会批准，国家外汇管理局由中国人民银行负责管理，但晋升为副部级单位。

（2）多种金融机构并存的体制取代了外汇指定银行的制度。1979年以前，中国银行是中国唯一的经营外汇业务的专业性金融机构；改革开放之后，随着对外贸易规模的扩大，外资额度的增加，中国银行独家办理外汇业务已经难以满足现实的需要。从1979年开始，国家放宽了对金融机构办理外汇业务的限制；1984年，专业银行的业务活动开始出现交叉；1986年以后，中国人民银行批准各家专业银行办理外汇业务。

（3）外汇储备形成制度的建设。1980年12月，国务院颁布《中华人民共和国外汇管理暂行条例》，其中第一章第一条规定："为了加强外汇管理，增加国家外汇收入，节约外汇支出，有利于促进国民经济的发展，并维护国家权益，特制定本条例。一切外汇的收入和支出都应遵守本条例的规定。"第三条规定："中华人民共和国对外汇实行由国家集中管理、统一经营的方针。"

外汇储备形成制度建设包括：首先，实行了全额即时结售汇制度。出口企业的出口外汇收入必须及时调回境内，结汇给外汇指定银行；进口用汇通过外汇指定银行办理售汇业务。其次，恢复了外汇留成制度。1979 年 8 月 13 日，国务院颁布《关于大力发展对外贸易增加外汇收入若干问题的规定》，确立了外汇留成制度，并且规定了留成的比例、留成外汇的使用等细则。外汇留成制度调动了出口企业的创汇积极性，外汇收入的增加引起了中国外汇储备的上升。再次，逐步放宽了对个人外汇的管制，居民的外汇收入、外币存款同步上升。最后，完善了对外资企业的外汇管理、外债管理及对境外投资的外汇管理等制度。国家外汇储备从 1979 年的 8.4 亿美元增长到 1993 年的 211.99 亿美元，十几年间增长了 20 多倍。但是，具体对外汇储备如何管理，中国还缺乏相应的制度约束。

（4）实施机制开始建立。中国人民银行成为了中央银行和独立的金融监管机构。1983 年 9 月 17 日，国务院发布《关于中国人民银行专门行使中央银行职能的决定》，中国人民银行与中国工商银行分家。同时，一些法律条文中还规定了相应的惩处规则。例如，《中华人民共和国银行管理暂行条例》第九章对违反条例的行为制定了相应的惩处办法；随后出台的《对个人的外汇管理实施细则》、《境外投资外汇管理办法》等对法规的有效实施也起到了保障作用。

3. 外汇储备变动情况：外汇储备波动增长

在 1979—1993 年的 15 年中，中国外汇储备的额度较上一历史时期出现了较大变化，在波动中增长成为主要特点。其中，改革开放初期的 1982—1984 年，经济发展较快，贸易顺差增加，外汇储备增长较快。1985 年，储备资产开始减少，这主要是由于资本与金融账户逆差造成的。1986 年，政策调整、价格放开、工资改革与通货膨胀相继发生，物价上涨、出口下降、经常账户逆差引起了外汇储备的大幅下降。1987—1989 年，储备资产的增加是经常账户和资本与金融账户顺差共同作用的结果。此间，中国外汇储备的变化出现了两个增长高峰和一个下降所形成的低谷，呈现波动增长的态势（详见表 5-3 和图 5-2）。

表 5-3　　　　　　　中国历年外汇储备（1979—1993）　　　　　单位：10 亿美元

年末	外汇储备	年末	外汇储备
1979	0.840	1987	2.923
1980	−1.296	1988	3.372
1981	2.708	1989	5.550
1982	6.986	1990	11.093
1983	8.901	1991	21.712
1984	8.220	1992	19.443
1985	2.644	1993	21.199
1986	2.072		

资料来源　佚名. 中国历年外汇储备［EB/OL］.（2008-04-27）. http：//www.safe.gov.cn.

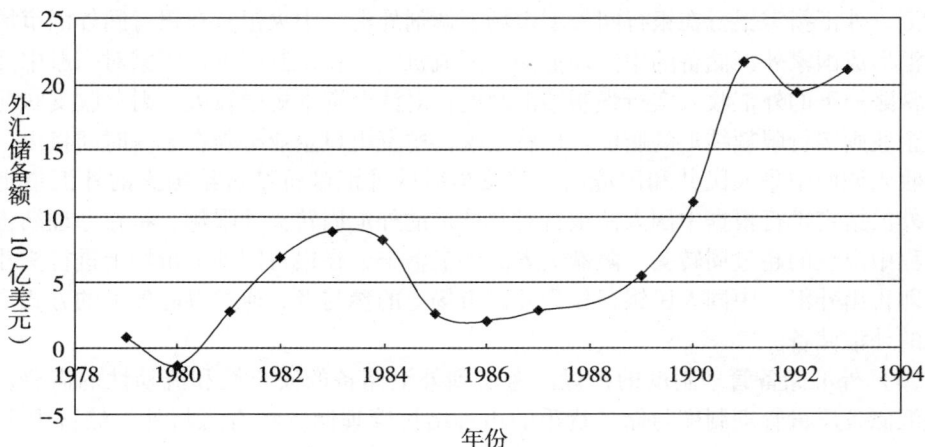

图 5-2　中国外汇储备数量变化图（1979—1993）

资料来源　佚名．中国历年外汇储备［EB/OL］．（2008-04-27）．http://www.safe.gov.cn.

（三）市场经济体制时期（1994 年以后）

1. 制度环境

1992 年，中国共产党第十四次全国代表大会召开，经济体制改革进入构建市场经济体制框架的新阶段。将社会主义经济制度与市场经济制度结合起来，是中国经济体制改革历经多年探索的结果。2003 年，以《中共中央关于完善社会主义市场经济体制若干问题的决定》为标志，中国的经济体制改革进入了一个新的历史阶段。1993 年 12 月 28 日，中国人民银行发布《关于进一步改革外汇管理体制的公告》，这标志着中国的计划性外汇管理制度开始向市场化管理制度变迁。经济体制改革后，中国实行了浮动汇率制、结售汇制度，建立了银行间外汇市场，国家通过采取经济和法律手段来控制国际收支，使外汇管理逐渐步入法制化轨道，也使外汇储备迅速增长，推动了中国外汇储备制度建设的发展。

2. 制度内容

（1）强制性制度的建设。1993 年 12 月 25 日，国务院颁布《关于金融体制改革的决定》，第五部分改革外汇管理体制，协调外汇政策与货币政策，其中：第七条规定，中国人民银行集中管理国家外汇储备，根据外汇储备的安全性、流动性和盈利性的原则，完善外汇储备的经营机制。1995 年 3 月 18 日，第八届全国人民代表大会第三次会议通过了《中华人民共和国中国人民银行法》，其中第四条中国人民银行履行职责中第六条规定持有、管理、经营国家外汇储备、黄金储备。2003 年 12 月 27 日，第十届全国人民代表大会常务委员会第六次会议审议通过了《中华人民共和国中国人民银行法（修正案）》。其中第七条规定持有、管理、经营国家外汇储备、黄金储备。以法律的形式明确规定了由中国人民银行负有对国家外汇储备具体管理的职责。

（2）外汇储备形成制度的建设。从 1994 年 1 月 1 日起，中国实行新型的结售汇制度，并且建立了全国统一的银行间外汇市场，形成了外汇指定银行对进出口企业结售外汇、外汇指定银行在银行间外汇市场上调剂外汇、中央银行在银行间外汇市场购入外汇形成国家外汇储备的中国外汇储备形成机制。在该制度下，国家对一般中资企业经常账户下的外汇收入实行强制结汇制度；对注册资本规模较大、财务收支状况良好的企业则实行限额结汇的制度。也就是说，中资出口企业必须在第一时间将出口的外汇收入调回中华人民共和国境内，并按当时的外汇牌价结售给国家的外汇指定银行；外汇指定银行根据中国人民银行对其核定的外汇周转头寸限额，将在办理结售汇的过程中出现的超过周转头寸限额买入的外汇资金，在银行间外汇市场上进行头寸平补，即售出外汇。中国人民银行作为外汇市场上的参与者，通过吞吐外汇的方式形成国家的外汇储备。

（3）外汇储备管理制度的建设。考虑到外汇储备的安全性和流动性的需要，中国外汇储备质量管理制度与储备货币的币种结构管理制度都有意将外汇储备中 70% 左右的部分以美元资产的形式保有。目前，中国定期通过国家外汇管理局网站和中国人民银行网站发布外汇储备的相关数据，但对外汇储备的构成不予公布，我们可以通过国际机构及其他国家公布的相关数据来分析中国外汇储备的大致构成。由于中国外汇储备的经营要考虑安全性和流动性，因此决定了中国的外汇储备必须投向高等级债券等安全性较高的资产。2002 年 5 月，国际清算银行发表的季度报告首次对中国银行系统外的外汇清偿力和流动状况做了分析。根据该报告的分析可知，2001 年，中国外汇储备和个人外汇存款中 80% 是美元资产。据路透社 2009 年 3 月 17 日的报道，美国财政部的最新报告显示，中国 2009 年 1 月末持有美国国债 7 396 亿美元，仍为美国第一大债权国，其中短期国债为 1 767.35 亿美元。在中国外汇储备币种的选择中，美元依然是首选货币，约占中国外汇储备总额的 65%。在中国外汇储备的数量方面，受制于强制结售汇制度、出口补贴制度、出口退税制度、出口优惠的差别利率制度、人民币的管制汇率制度等的约束，中国外汇储备呈被动无序增长态势。

（4）实施机制的建设。2003 年，中国银行业监督管理委员会正式成立。按照中国共产党第十六届中央委员会第二次全体会议审议通过的《关于深化行政管理体制和机构改革的意见》和中华人民共和国第十届全国人民代表大会第一次会议批准的国务院机构改革方案，中国成立了中国银行业监督管理委员会。对于进出口收付汇的管理，一是在出口方面，2001 年 8 月，中国正式启动了电子口岸执法系统中的"出口收汇"子系统，使海关、外汇等管理部门实现了网络系统的数据共享，可以更好地对结售汇进行监管。二是在进口方面，2002 年 8 月，中国建立了进口付汇核销备查制度；2004 年 12 月，国家外汇管理局颁布了《进口付汇差额核销管理办法》，对进口付汇实施更加严格细致的管理。三是 1998 年，监察部、人事部、中国人民银行、海关总署、国家外汇管理局共同发布了《关于骗购外汇、非法套汇、逃汇、非法买卖外汇等违反外汇管理规定行为的行政处分暂行规定》；同时，国家外汇管理局会同国务院各部委对进口的付汇业务进行了专门的检查，共查出假报关单据 13 800 多份，涉及的骗汇金额达 110 亿美元，维护了外汇储备的正常增长和完整性。

3. 外汇储备变动情况：外汇储备快速增长

1994—1997 年，外汇管理体制进行了重大改革后，国家外汇储备出现了较快的增长，1997 年年底，外汇储备余额为 1 399 亿美元，国家外汇储备进入了比较宽松的时期。1997 年，东南亚金融危机爆发，中国出口减少，外汇储备增速明显减缓。1998—2000 年，国家外汇储备开始缓慢增长，年增长额仅为 50.97 亿美元、97.15 亿美元和 108.99 亿美元。2000 年年末，外汇储备增加到 1 656 亿美元。2001—2008 年，国家外汇储备出现大幅度增长。自 2001 年起，随着出口不断扩大、资本流入上升、热钱大量流入，外汇流入猛增，外汇储备大幅度增长。2001 年年底，中国外汇储备达 2 122 亿美元；到 2009 年 3 月末，中国外汇储备已经达到了 19 537.41 亿美元（详见表5-4 和图5-3）。

表5-4　　　　　**中国历年外汇储备**（1994—2009 年 3 月）　　　　单位：10 亿美元

年末	外汇储备	年末	外汇储备
1994	51.620	2002	286.407
1995	73.597	2003	403.251
1996	105.049	2004	609.932
1997	139.890	2005	818.872
1998	144.959	2006	1 066.344
1999	154.675	2007	1 528.249
2000	165.574	2008	1 946.030
2001	212.165	2009.3	2 131.6

资料来源　佚名．中国历年外汇储备［EB/OL］．（2009-04-20）．http：//www.safe.gov.cn.

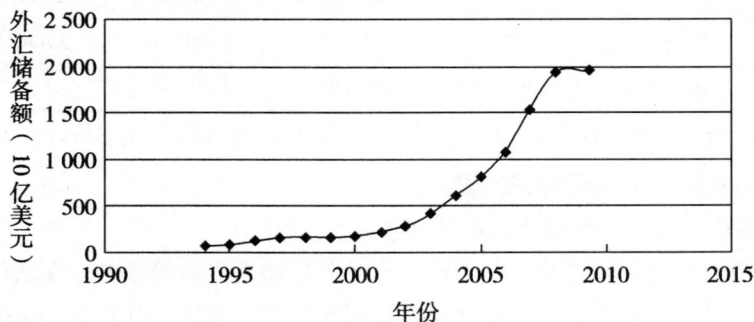

图5-3　中国外汇储备数量变化图（1994—2009 年 3 月）

资料来源　佚名．中国历年外汇储备［EB/OL］．（2009-04-20）．http：//www.safe.gov.cn.

1950—2013 年 6 月，随着中国经济的发展和改革开放的深入，中国外汇储备规模发生了翻天覆地的变化，经历了从零储备时期、十亿储备时期、百亿储备时期、千亿储备时期到万亿储备时期的发展（详见表5-5）。

表5-5　　　　　　　　　　中国历年外汇储备（1950—2013年6月）　　　　　　单位：10亿美元

时间	外汇储备	时间	外汇储备	时间	外汇储备
1950	0.157	1972	0.236	1994	51.620
1951	0.045	1973	−0.081	1995	73.597
1952	0.108	1974	0.000	1996	105.049
1953	0.090	1975	0.183	1997	139.890
1954	0.088	1976	0.581	1998	144.959
1955	0.180	1977	0.952	1999	154.675
1956	0.117	1978	0.167	2000	165.574
1957	0.123	1979	0.840	2001	212.165
1958	0.070	1980	−1.296	2002	286.407
1959	0.105	1981	2.708	2003	403.251
1960	0.046	1982	6.986	2004	609.932
1961	0.089	1983	8.901	2005	818.872
1962	0.081	1984	8.220	2006	1 066.344
1963	0.119	1985	2.644	2007	1 528.249
1964	0.166	1986	2.072	2008	1 946.030
1965	0.105	1987	2.923	2009	2 399.152
1967	0.215	1989	5.550	2010	2 847.338
1968	0.246	1990	11.093	2011	3 181.148
1969	0.483	1991	21.712	2012	3 311.589
1970	0.088	1992	19.443	2013.6	3 496.69
1971	0.037	1993	21.199		

资料来源　佚名. 中国历年外汇储备［EB/OL］.（2013-07-04）. http：//www. safe. gov. cn.

二、中国国际储备管理中的问题

（一）缺少一部完整的储备资产管理法

在中国现行的法律体系中，一方面，有关外汇储备经营管理的专项法律法规严重缺失；另一方面，现有的一些涉及我国外汇储备的法律制度还存在着一定的矛盾与冲突的地方。这种状况显然与中国外汇储备大国的地位明显不符，也不利于对中国外汇储备实施有效地管理。

中国外汇储备管理的相关法律法规严重缺失。外汇储备资产的经营与管理是一项政策性和专业性较强的复杂工作，十分必要也完全应该在法律、法规或行政规章的规范下有组织地、系统地进行。但是在中国外汇储备制度的建设中，虽然已经颁布了《中华人民共和国中国人民银行法》、《国家外汇管理暂行条例》、《中华人民共和国金银管理条例》及其施行细则、《对金银进出国境的管理办法》、《关于取缔自发黄金市场加强黄金产品管理的通知》等多个行政法规、规章和规范性文件，但是到目前为止，还没有一部专门的中国外汇储备管理法，因此，发生将外汇储备资产注资于国有大型金融机构的政府行为也就不奇怪了。法律制度的不健全既不利于维护外汇储备资产的完整性与专款专用性，也不利于外汇储备职能作用的发挥。

在涉及国家外汇储备的法律制度中存在着一些矛盾和冲突。2003 年 12 月 27 日，第十届全国人民代表大会常务委员会第六次会议发布了《关于修改〈中华人民共和国中国人民银行法〉的决定》，在《中华人民共和国中国人民银行法》第一章第四条第七款中规定，中国人民银行应履行持有、管理、经营国家外汇储备、黄金储备的职责。但是，2008 年 8 月 1 日，国务院第 20 次常务会议修订通过了《中华人民共和国外汇管理条例》，修改后的条例在第一章第十条中规定，国务院外汇管理部门依法持有、管理、经营国家外汇储备，遵循安全、流动、增值的原则。该条例赋予了中国投资有限责任公司和中央汇金公司依法持有、经营国家外汇储备的权利，但是上述两家公司与中国人民银行之间在持有和管理国家外汇储备资产上的责权划分、相互关系等方面尚无明确的法律界定。上述矛盾的存在无形中增添了储备资产管理的复杂性，可见，中国法律体系建设中的问题与矛盾也呼唤着中国外汇储备管理法的出台。

（二）中国外汇储备数量过高，国际储备结构比例不合理

中国外汇储备规模过大、无序增长和大量超额储备闲置已经成为了一个不争的事实。截止到 2013 年 6 月，中国外汇储备规模已经超过了 34 000 亿美元，已经远远超过了适度的储备规模的要求。超额外汇储备的资产闲置形成了较大的储备资产的管理成本，这是储备资产的损失和浪费。

同时，在中国国际储备的构成中，外汇储备占 98% 以上，显然外汇储备占比过高，国际储备的结构比例也欠缺合理性。

（三）管理质量有待提高

中国外汇储备资产的质量管理存在一定问题。例如，外汇储备资产投向集中；美元资产占外汇储备的比重偏高；出于对外汇储备的安全性与流动性考虑，外汇储备资产的保值与增值性较差。中国外汇储备正在遭遇多元化的改革困境与制度创新的艰难变革。

中国外汇储备资产中 30% 左右的部分投资于美国，用于购买美国政府的国债，而美国国债收益率较低。玫瑰石顾问公司董事谢国忠提出："美国国债收益率太低，近十年来，美国国债的名义回报率为 6%，考虑通货膨胀等因素后，实际收益率仅为 2.6%。"此种资产管理模式与质量管理制度不得不让我们为中国巨额外汇储备的价值保值感到担忧。

中国外汇储备的币种结构中，美元资产所占比重偏高。根据《中华人民共和国中国人民银行法》的相关规定，中国外汇储备管理应遵循流动性、安全性、盈利性的管理原则。为此，中国外汇储备的管理突出了安全性与流动性，在中国外汇储备币

种的选择中，美元当然是首选货币。在中国外汇储备的币种结构中：美元资产约占65%，欧元资产约占25%，其他10%包括英镑、日元及其他货币资产。由于外汇储备的币种结构失衡，特别是在外汇储备数量居高、币种单一、美元贬值的情况下，所造成的经济损失是不可低估的。我们假定，中国外汇储备规模为18 000亿美元，按照其中美元资产所占比重为65%计算，以美元对人民币贬值10%为例，美元每贬值10%，中国外汇储备资产就会缩水1 170亿美元。

（四）央行管理外汇储备的模式有待改革

我国的黄金储备和外汇储备都采用由中国人民银行直接负责管理的央行模式。从组织机构层面来看，单纯依靠国家外汇管理局来实施对国家巨额外汇储备资产的管理显然是不够的。目前，中国外汇储备的90%由国家外汇管理局保有，中国投资有限责任公司仅从中国外汇储备资产投资增值的角度从事活动，经营着相当于国家外汇储备全部资产10%左右的部分。此种外汇储备资产管理的组织制度显然与中国的国情不相适应，央行管理外汇储备的模式有待改革。

三、中国国际储备的管理

（一）构建强制性的法律制度

从国家法制化建设的层面来看，重要的是要研究和颁布一部专门的中国外汇储备管理法。外汇储备不同于一国的财政收入，它的使用应当具有战略性意图，即从国家的整体利益和长远的战略目标出发，在防范金融风险、稳定汇率、平衡国际收支和偿付外债等方面所需外汇的流动性得以满足之后，还应考虑资产进行金融投资的收益，再进一步考虑资产满足国家长远经济战略的要求。为了保障外汇储备专有用途的满足，就必须保证储备资产的完整性与专款专用性。

目前，中国已经制定了一些相应的法律和法规，如《中华人民共和国中国人民银行法》、《中华人民共和国外汇管理条例》、《中华人民共和国金银管理条例》、《对金银进出国境的管理办法》、《关于取缔自发黄金市场加强黄金产品管理的通知》等，中国外汇储备的制度建设正在逐步进入法制化的轨道。但是，中国目前尚缺少一部专门的中国外汇储备管理法，因此，中国外汇储备的资产性质、用途、功能、资产构成、管理目标、管理机构、各机构的管理权限、管理职责、储备的最佳规模、资产的保值与增值原则、风险监控与防范及各个管理机构责权的划分与相互关系等均无明确的法律界定，从而导致我国外汇储备的90%由国家外汇管理局单方持有与管理，其管理的难度与压力可想而知。因此，加强外汇储备的法制化管理，正确处理好外汇储备严格立法管理与适度投资的关系，正确划分财政资金与国家外汇储备的界限，颁布中国外汇储备管理法及其配套法规，以立法保障和规范外汇储备的完整与专用性，是外汇储备制度完善的重要环节。

（二）健全严格的组织管理制度

鉴于中国外汇储备的资产规模巨大、用途多样、管理复杂的特点，我们建议采取"三元复合式"的立体型外汇储备组织管理制度。此种制度的初衷是根据外汇储备的几种最主要的储备职能，将现有国家外汇储备划分为三个不同的部分，即支付性储备资产、干预性储备资产和增值性储备资产，对不同职能的储备资产划归不同的职能部门进行归口管理。建议采取"三三式"原则，即划出 30% 左右的外汇储备由中国人民银行掌控，划出 30% 左右由财政部掌控，其余的由中国投资有限责任公司负责经营。

由中国人民银行具体负责支付性储备资产的管理。从外汇储备中专门划出一部分储备资产，作为支付性储备资产，用于平衡国际收支、偿付外债和对外投资。管理的宗旨是侧重资产的安全性和流动性，主要以持有短期外国政府债券的方式保有外汇储备资产，满足对外汇储备资金的流动性需要。

由财政部负责干预性储备资产的管理。从外汇储备中专门划出另一部分储备资产，作为干预性储备资产，用于人民币自由兑换、资本账户放松管制、人民币汇率市场化，即在采用浮动汇率的前提下，用来干预外汇市场，影响市场上的货币供求，平抑货币汇率的波动，以保持本币汇率的稳定和本国进出口贸易及本国经济与金融的稳定，保障中国金融体制改革的顺利进行。此类储备资产的管理可以遵循兼顾安全与增值的要求，持有中等期限的各种金融投资工具，以满足并非经常发生的市场干预对外汇储备资金的需要。

由中国投资有限责任公司负责增值性储备资产的经营。从外汇储备中划出最后一部分储备资产，作为增值性储备资产，目的是使超额的暂时闲置的外汇储备的价值得以保全，并在保值的基础上尽可能地谋求价值的增值。当然，这是一项具有极高专业性和一定风险性的管理业务，需要专业性极强的金融队伍，建立并完善风险监测和预警机制，以保障投资的安全。

此种"三元复合式"的外汇储备组织管理制度，与 2008 年 8 月 1 日国务院第 20 次常务会议修订通过的《中华人民共和国外汇管理条例》第十条——"国务院外汇管理部门依法持有、管理、经营国家外汇储备，遵循安全、流动、增值的原则"的规定是完全吻合的，即在管理的宗旨上是符合国家对外汇储备管理的总体要求的。财政部负责管理国家外汇平准基金，从宏观上保障国家的金融安全；中国人民银行负责管理支付周转性储备，从微观上保障对外支付，兼顾外汇储备的安全性与流动性；中国投资有限责任公司负责外汇储备的保值与增值。

（三）建立外汇储备数量管理制度

一国的外汇储备作为该国对外支付的保证金，在基本可以满足其调节国际收支、保证对外支付，干预外汇市场、稳定本币汇率，维护国际信誉、提高融资能力，增强综合国力和抵抗风险的能力等各项职能的情况下，其规模应该保持在一个适度的水平上，并非储备规模越大越好。但是，由于各国的国际收支状况、国际收支的稳定机制、汇率制度安排、本国货币的国际地位、债信状况、长短期外债规模与比例、政府的对外政策目标及国际国内政治经济形势等的不同，因此在不同的历史时期，对一国的外汇储备适度水平的要求也会有所不同，而且由于上述因素（自变量）的不断变化，一国外汇储备的规模（从变量）也应该随之发生变化。由于这种变化所造成的外汇储备规模的变化不应该是自由与无序的，因此我们可以认为：在满足外汇储备基本功能的情况下，一国在一定时期的外汇储备应该被控制在一定的区间范围内才相对合理，低于该区间的储备水平将影响外汇储备功能的发挥，而高于该区间的外汇储备将带来较高的储备成本。

（四）健全外汇储备质量管理制度

如果说外汇储备数量管理制度的核心是控制外汇储备的规模，使其保持在一个适度的水平上的话，那么外汇储备的质量管理制度就是要使这种国际支付准备金在平时闲置时，做到资产价值的保值与增值。保值与增值的具体操作是通过相应的技术性的金融交易来进行的。对不同的国家来说，在不同的历史时期，由于金融市场机制的完备程度、金融交易的种类、该国的开放程度、风险预警监控机制、国际国内的经济与金融形势等的变化（自变量）不同，投资的技术性操作也应该随之发生变化。因此，此类制度的安排应该给管理者足够的可调整的弹性空间，使投资的资产组合形成相对的最佳结构，使投资收益相对最大，最终达到使外汇储备资产保值与增值的目的。

本章小结

1. 国际储备作为国家重要的大型国有公共支付准备基金，是指掌握在一国货币当局（中央银行、财政部、国家外汇管理机构及外汇平准基金组织）手中的为弥补国际收支逆差、维持本国货币汇率的稳定、偿付外债以及应付各种紧急意外支付而持有的为世界各国普遍接受的资产及对外债权。目前，世界各国的国际储备资产或对外债权一般是以黄金、外汇、在国际货币基金组织的储备头寸和特别提款权等形态存在的。

2. 国际储备的来源：购买黄金；国际收支顺差的外汇流入；从国际货币基金组织获得；干预外汇市场所得；其他途径的所得。

3. 国际储备管理是指一国政府或货币当局根据一定时期内本国的国际收支状况和经济发展要求，对国际储备的规模、结构和储备资产的使用进行调整、控制，从而实现储备资产的规模适度化、结构最优化和使用高效化的整个过程。一个国家的国际储备管理包括两个方面：一是国际储备规模的管理，以求得适度的储备水平；二是国际储备结构的管理，使储备资产的结构得以优化。国际储备管理一方面可以维持一国国际收支的正常进行；另一方面可以提高一国国际储备的使用效率。

4. 确定适度的国际储备规模应考虑的因素有持有国际储备的成本、经济开放与对外贸易、对外资信与融资能力、金融市场的发育程度、外汇管制的宽严程度、汇率制度与外汇政策的选择、货币的国际地位等。

5. 国际储备的质量管理是指在对国际储备进行管理时，注重其资产的保值与增值，包括国际储备中各类资产的形态结构管理和国际储备中各类资产的期限结构管理。

6. 中国国际储备的管理包括：构建强制性的法律制度；健全严格的组织管理制度；建立外汇储备数量管理制度；健全外汇储备质量管理制度。

关键概念

1. 国际储备　2. 借入储备　3. 自有储备　4. 特别提款权　5. 国际储备管理　6. 外汇储备

复习思考题

一、单项选择题

1. 判断一国国际清偿能力的大小，要考虑的因素有（　　）。
   A. 该国政府偿付外债或干预外汇市场的便利程度
   B. 国际储备
   C. 该国政府获得国际流动资金的可能性
   D. 以上都是

2. 世界范围的总储备来源于（　　）。
   A. 世界黄金总产量减去非货币性黄金
   B. 储备货币发行国的货币输出
   C. 国际货币基金组织创设的特别提款权
   D. 以上都是

3. 储备资产按照（　　）的高低可划分为三级储备。
   A. 安全性　　　　　B. 流动性　　　　　C. 盈利性　　　　　D. 稳定性

4. 流动性最差的储备资产是（　　）。
   A. 黄金储备　　　　　　　　　　B. 外汇储备
   C. 在国际货币基金组织的储备头寸　　D. 特别提款权

5. 根据通行的国际标准，一国持有的国际储备应能满足其（　　）个月进口的需要。
   A. 2　　　　　　　B. 3　　　　　　　C. 4　　　　　　　D. 5

二、多项选择题

1. 国际储备资产的特征有（　　）。
   A. 可得性　　　　　B. 流动性　　　　　C. 普遍接受性　　　D. 稳定性

2. 一国国际储备减少的途径主要有（　　）。
   A. 国际收支逆差　　　　　　　　B. 中央银行卖出外汇
   C. 中央银行在本国抛售黄金　　　D. 储备头寸和特别提款权的减少

3. 一国持有国际储备的作用包括（　　）。
   A. 弥补国际收支逆差　　　　　　B. 维持本国汇率稳定
   C. 维护国际资信　　　　　　　　D. 应付突发事件的需要

4. 国际储备多元化的消极影响有（　　）。
   A. 增加储备体系的不稳定　　　　B. 增加各国和世界经济的不稳定
   C. 增加储备管理的难度　　　　　D. 加剧外汇市场的波动

5. 在（　　）的情况下，一国需要持有较多的国际储备。
   A. 预期国际收支逆差规模过大　　B. 有发达的金融市场
   C. 对外贸依赖程度较高　　　　　D. 调整政策的效力较强

三、简答题

1. 简述国际储备的形式。

2. 简述国际储备的来源。
3. 简述国际储备结构管理的基本原则。
4. 简述对外贸易状况与国际储备的关系。
5. 简述决定一国外汇储备中储备货币币种的构成及其结构的主要因素。
6. 简述中国国际储备的管理。

第六章

国际资本流动

引导案例

IMF 国家破产计划

在 2000 年开始的阿根廷危机期间,就有人认为,阿根廷作为一个国家已经破产了,也许从那时开始,一个"国家破产"的设想就开始酝酿了。在 2002 年 9 月 27 日开始的 IMF 和世界银行年会上,这一设想被公布于众。经过磋商,IMF 政策委员会的各国财政部长 28 日要求该组织采取一种全新的方式宣布国家破产,以解决从亚洲到南美洲都存在的债务危机。国际金融界的一些专家称这个由 IMF 总裁兼执行董事会主席克勒宣布的"国家破产计划"就像当年尼克松宣布中国之行一样令人震惊。方案如能实施,无疑将使全球金融体制产生革命性的变化。全球著名的信用评级机构标准·普尔在 2002 年 9 月 25 日发表的报告中指出:由于全球经济低迷不振,不能按时偿还债务的国家越来越多。这份报告的结论是研究 70 多个国家和地区的债务情况得出的。该报告还指出:在 2002 年的前三个季度里,全球共有 6 个国家——阿根廷、加蓬、印度尼西亚、马达加斯加、摩尔多瓦和瑙鲁不能按时偿还到期债务,从而使全球无力偿还债务的国家总数达到了 28 个。标准·普尔认为,全球债务不履行率之所以呈上升势头,主要原因如下:一是"9·11"恐怖袭击事件后,低迷不振的全球经济打击了更多国家偿付债务的能力;二是一些发展中国家正面临国内政治和经济的双重压力,根本无力考虑偿还债务问题;三是国际社会已无力改变整体恶化的局势。世界公认的"国家破产计划"是 2002 年度 IMF 和世界银行年会所取得的最大成果。但是,人们也在怀疑这个想法的初衷是好的,实施起来却困难重重。首先,企业可以清盘,国家不可以清盘,因此对于国家来说仍是软约束;其次,IMF 如果担当国家破产的监管者,必然进一步干预破产国的主权;最后,这样做将削弱国际间资本的流动。同时，破产计划的实施也依赖于美国等西方国家是否会就此改变旧有的国际经济秩序。如果不能真正改变国际经济秩序，发展中国家就很难获得良性发展的空间和机遇，全球债务问题就不可能彻底解决。对 IMF 来说，如何制订比较容易被接受的国家破产计划，协调债权国与债务国之间的关系，有效推进全球财政系统的改革，都将是意义深远的使命。

资料来源　王仁祥，胡国晖．国际金融学［M］．武汉：武汉理工大学出版社，2005：34．

第一节　国际资本流动概述

一、国际资本流动的含义

国际资本流动是指资本跨越国界的移动过程，往往表现为一国居民（资本输出者）向另一国居民（资本输入者）提供贷款或者购买财产所有权。

国际资本流动是资本超越国家的界限而在国际范围内运动的过程，是资本要素在不同主权国家和法律体系管辖范围之间的输出和输入。资本的本质决定了资本跨国流动的本质，因此，国际资本流动是居民的一部分储蓄或社会剩余劳动积累在不同社会再生产体系、不同社会经济分配体系、不同政府宏观决策管理体系之间的运动。

二、国际资本流动的类型

（一）根据资本跨国界流动的方向，国际资本流动可以分为资本流入和资本流出

1. 资本流入

资本流入是指外国资本流入本国，也就是本国资本输入。其内容主要包括本国在外国的资产减少、本国对外国的负债增加、外国在本国的资产增加及外国对本国的负债减少。

2. 资本流出

资本流出是指本国支出外汇，是本国资本流到国外。其内容主要包括本国在外国的资产增加、本国对外国的负债减少、外国在本国的资产减少及外国对本国的负债增加。

（二）根据资本跨国界流动时间的长短，国际资本流动可以分为长期资本流动和短期资本流动

1. 长期资本流动

长期资本流动是指使用期限在一年以上，或者规定了使用期限的资本的流动。它包括对外直接投资、国际证券投资和国际贷款三种类型。

（1）**对外直接投资。它是指一国企业或个人对另一国企业部门进行的投资。**对外直接投资可以取得某一企业全部或部分的管理权和控制权，或者直接投资新建企业。根据国际货币基金组织的定义，"通过对外直接投资形成的直接投资企业是指直

接投资者进行投资的公司型或非公司型企业，直接投资者是其他经济体的居民，拥有（公司型企业）10%或10%以上的变通股或投票权，或拥有（非公司型企业）相应的股权或投票权"。其特点是投资者能控制企业的有关设施，并参与企业的管理决策。对外直接投资往往和生产要素的跨国界移动联系在一起，这些生产要素包括生产设备、技术和专利、管理人员等。因此，对外直接投资是改变资源分配的真实资本的流动。

对外直接投资通常有五种方式：①在国外创办新企业，包括创办独资企业、设立跨国公司分支机构及子公司；②与东道国或其他国家共同投资，合作建立合营企业；③投资者直接收购现有的外国企业；④购买外国企业股票，达到一定比例以上的股权；⑤以投资者在国外企业投资所获利润作为资本，对该企业进行再投资。

（2）**国际证券投资。它也称间接投资，是指通过在国际债券市场上购买外国政府、银行或工商企业发行的中长期债券，或在国际股票市场上购买外国公司股票而进行的对外投资。** 国际证券投资与对外直接投资的区别在于，国际证券投资者只能获取债券、股票回报的股息和红利，对所投资企业无实际控制权和管理权；对外直接投资者则持有足够的股权来承担被投资企业的盈亏，并享有部分或全部的管理权和控制权。

（3）国际贷款。它是指一国政府、国际金融组织或国际银行对非居民（包括外国政府、银行、企业等）进行的期限为一年以上的放款活动，包括政府贷款、国际金融机构贷款、国际银行贷款等。

2. 短期资本流动

短期资本流动是指使用期限在一年或一年以下的即期支付资本的流动。它包括贸易资本流动、保值性资本流动、银行资本流动和投机性资本流动四种类型。

（1）贸易资本流动。它是指由国际贸易引起的货币资金在国际间的融通和结算。国际贸易活动的进行必然伴随着国际结算，引起资本从一国或地区流向另一国。各国出口贸易资金的结算，导致出口国或代收国的资本流入；各国进口贸易资金的结算，则导致进口国或代付国的资本流出。

（2）保值性资本流动。它又称"资本外逃"，是指短期资本的持有者为使资本不遭受损失而在国与国之间调动资本所引起的资本国际转移。保值性资本流动产生的原因主要有国内政治动荡、经济状况恶化、加强外汇管制、新税法颁布、国际收支发生持续性逆差等，从而导致资本外逃到币值相对稳定的国家，以期保值，使资本免遭损失。

（3）银行资本流动。它是指各国外汇专业银行之间由于调拨资金而引起的资本国际转移。各国外汇专业银行在经营外汇业务的过程中，由于外汇业务或谋取利润的需要，经常不断地进行套汇、套利、掉期，外汇头寸的抛补和调拨，短期外汇资金的拆进、拆出，国际间银行同业往来的收付和结算等，这些都会产生频繁的国际短期资本流动。

（4）投机性资本流动。它是指投机者利用国际金融市场上的利率差别或汇率差别谋取利润所引起的资本国际流动。投机性资本流动的具体形式有：对暂时性汇率变动的投机；对永久性汇率变动的投机；与贸易有关的投机性资本流动；对各国的利率差别做出反应的资本流动。

三、国际资本流动的原因

促使国际资本流动的原因有很多，主要包括资本供求、利率和汇率的变动、政府的经济政策、风险防范因素和占领市场等。

（一）资本供求

国际资本市场供求的变动是影响国际资本流动的根本原因。由于发达国家的经济发展水平比较高，资本积累的规模也越来越大，因此当国内投资收益比预期的国外投资收益小的时候，就会有更多的资本向海外转移，从而使过剩的资本获得最大的效益，进而导致向国际资本市场提供的资金越来越充裕。从国际资本需求的方面分析，随着越来越多的发展中国家经济的崛起，国内资金的需求日益旺盛，为了开发本国资源、开发新产品、扩大生产能力以及引进先进技术和先进管理经验，发展中国家不得不开放本国金融市场，从而产生了供求关系下的国际资本流动。

（二）利率和汇率的变动

利率和汇率的变动对国际资本流动的规模和流向产生了十分重要的影响，而且，利率和汇率的变动也会使资本收益发生变动。按照一般的经济规律，资本总是从利率较低的国家流向利率较高的国家，直到国际间的利率大体平衡才会停止。例如，在20世纪80年代，美国实行高汇率政策，西欧、日本的资金大量流入美国；20世纪90年代，东盟实行高利率政策，国际游资大量涌入东盟。当然，由利率的差异所引起的国际资本流动，又是以各个国家间货币的可兑换性和金融的自由化程度等为前提条件的。同样，对于汇率来说原理也是如此。如果该国的货币贬值，那么以该国货币表示的金融资产的价值将会下降；反之，如果该国的货币升值，那么以该国货币表示的金融资产的价值将会上升。因此，为了避免贬值造成的损失或者为了获得升值所带来的收益，投资者会根据自己对汇率的预期，使自己的资金在不同的货币间进行交换，从而使资本从一个国家流入另一个国家。此外，汇率的变动与利率的变动经常同时对国际资本流动产生影响，并呈现正相关的联系。例如，一国的利率提高，会引起短期国际资本内流，增加外币的供给，从而使本币汇率上升，其他国家或地区的资本将会流入该国；一国的利率降低，会引起短期国际资本外流，减少外币的供给，从而使本币汇率下降，该国的资本将会流入其他国家或地区。

（三）政府的经济政策

一个国家的国际资本流动与该国的宏观经济政策也有很大关系。例如，当一国采取金融自由化政策，对资本的流出与流入不过多干预时，国际资本在该国的流出与流入往往比较频繁，规模也较大。如今，许多发展中国家为了弥补本国储蓄不足的问题，制定了许多鼓励外资流入的政策，这对于加快国际资本流动产生了极大的影响。在世界经济处于萧条或国际经济关系不稳定的时候，国家经济政策对国际资本流动的影响就更加明显。

（四）风险防范因素

影响一个国家货币资本流动的风险有政治风险和经济风险。政治风险如政局不稳、法律不健全、东道国的法律法规对外资采取不平等待遇或歧视性政策等，都有可能使资本拥有者产生意外的损失。经济风险如通货膨胀的加剧及经济状况的恶化等，都有可能使资本贬值。如果投资者感觉某地区的投资风险大，就会把资本从高风险的地区转出，从而导致大量资本从高风险的地区转向低风险的地区。

（五）占领市场

资本输出是占领市场的重要手段。有的资本输出伴随着商品输出，如出口信贷；有的资本输出是通过向其他国家或地区投资设厂，直接占领某个国家或地区的市场；有的资本输出是通过在国外设立分支机构，促进商品出口，扩大市场份额。实践表明，无论国际资本流动有多少原因，其根本原因仍然是追求利润和规避风险。因此，任何国际资本的流入流出，都是追求利润和回避风险这两种目的权衡的结果。

四、国际资本流动的特点

20 世纪 90 年代以来，世界经济形势发生了很大的变化，主要表现在：以美国为首的西方国家摆脱了经济衰退，经济开始复苏，并保持着较低的通货膨胀率，国际金融市场利率也较低；苏联解体后，东欧各国面临着经济体制的转轨，即由计划经济体制转向市场经济体制，这种转制是一个艰难而漫长的过程，资金短缺问题异常突出；国际债务危机在经过 10 年的努力后有所缓解，但仍然存在隐忧；石油输出国在石油价格持续疲软的情况下，收入锐减，贸易出现逆差，资本流入减少、流出增大。在这样的经济形势下，国际资本流动呈现以下特点：

（一）国际资本流量的增长速度远远超过国际贸易的增长速度

20 世纪 90 年代以来，世界经济发展迅猛，国际资本流量的增长速度远远超过了国际贸易的增长速度。例如，印度尼西亚、马来西亚、菲律宾和泰国在 1990—1994 年，其资本流入量是其同期经常账户赤字的 2 倍。2012 年年底，匈牙利吸引外资总额达 785 亿欧元，占国内生产总值的 80.3%。

（二）国际资本证券化，国际资本流动高速化

国际资本证券化是当前国际资本流动的一个重要趋势，它是指银团贷款迅速被各种债券（固定利率的普通债券、浮动利率债券、以证券形式出现并可以在市场上随时转让的存款单等）所取代。国际资本市场的证券化是 20 世纪 80 年代以来国际资本市场上融通机制变化的一个新趋势。它主要表现在：国际债券的实际规模和活动水平出现长期扩张的趋势；国际债券取代国际银行贷款，成为国际资本市场上占统治地位的融资方式；国际债券具有同化国际贷款的客观趋势。

伴随着国际资本证券化的是，国际资本流动速度的明显加快。由于金融技术的飞快发展，大量金融创新产品和各种金融衍生工具得到开发和普及，在国际金融市场上，巨额的资金可以迅速积聚，也可以迅速散去和转移。大规模的资金可以通过一个电话、一封邮件，便能在各个金融市场上迅速流动。

（三）国际资本流动具有越来越强的风险性和经济破坏性

国际资本流动更多地采用各种衍生工具，进行套期保值和投机。其中，以对冲基金为代表的各类机构投资者对国际资本市场起着极大的作用，其往往决定着巨额国际资本流动的方向和时机。正是由于这些国际投机者动辄以上千亿美元的资金进行十分

频繁的投机性活动，从而对国际金融市场和国际金融体系造成了巨大的冲击和压力。

对于对外借债，特别是银行借款等而言，借款人承担的利率风险和汇率风险较大，与国内投资的联系不紧密，偿债负担的弹性较小，而且东道国，尤其是发展中国家政府往往在借款中被动地充当"最后贷款人"的角色，因此，这种资本流入形式的风险相对较大。对于国际证券投资，即债券和股票投资，以及在此基础上发展起来的大量衍生金融工具，则是各种投资形式中风险最大和最难控制的一种国际资本流动形式。因此，如何处理引资和控制风险的关系成为世界各国共同的难题。

（四）发达国家在国际资本流动中仍占主导地位，流向发展中国家的资本比重逐步增加

流向发展中国家的资本主要集中在发展水平较高、能带来较高收益并且法制比较健全的国家，如巴西、泰国和中国等。资本的流向体现了各个国家传统的关系和利益所在。美国的资本主要流向拉丁美洲国家，日本的资本主要流向亚洲，西欧各国的资本主要流向欧洲。

（五）私人资本远远超越了官方资本，对外直接投资已成为国际资本流动中最主要的成分

在流入发展中国家的长期国际资本中，官方资本所占比重远远低于私人资本所占比重，对外直接投资也成为国际资本流动的主要形式。一般来说，官方资本由于条件优惠且相对比较稳定，风险较小；而私人资本流动性较强，风险较大。在国际私人资本中，对外直接投资的资金流入通常取决于一些经济基本面的因素，而这些因素一般不会迅速变动，所以对外直接投资的流量比较容易维持和控制。

（六）跨国公司并购日趋活跃，第三产业在对外直接投资中的比重增加较快

自20世纪80年代以来，随着金融市场自由化的发展，跨国公司的对外投资也迅猛增加。到了20世纪80年代末，跨国公司的境外并购已成为跨国公司海外投资的主要形式。1986—1990年，跨国公司的并购活动也有所增加，特别是美国、日本和欧洲跨国公司之间还出现了并购浪潮。跨国公司并购对投资者来说是非常有利的，投资者可以在进入市场时获得现成的资源，包括技术设备、管理经验和销售渠道等，从而使投资者能快速进入市场，取得事半功倍的效果。

20世纪90年代以来，国际资本流动在投向的产业方面发生了较大变化，第三产业在对外直接投资中的比重逐年增加。国际资本流动投向的最重要部分是高科技产业和服务业。在英国，国际资本投入的新项目中，软件、电子、汽车部件、化学和网络服务等高科技行业占了30%；在美国，最大的发展动力就是高科技行业的飞速发展。在全球金融动荡期间，高科技股带动着美国股市节节攀高，吸引了大量国际避险资金涌入美国，进一步推动了美国经济的发展。

五、国际资本流动对世界经济的影响

国际资本流动对世界经济既有积极影响，也有消极影响。

（一）国际资本流动对世界经济的积极影响

1. 促进国际贸易发展，提高全球经济效益

西方经济理论认为，资本流动对资本输出国和资本输入国，乃至整个世界经济都

是有利的，其中最重要的理由是不同生产要素通过资本流动在国际间的合理配置，对输入国与输出国的国民收入都会产生促进作用，从而促进了整个世界经济效益的提高。我们知道，资本为了追逐利润，一般是从相对过剩的地方流到相对短缺的地方。因此，资本的流动不仅能使世界贸易得到更大的发展，使资本输出国获得较高的利润，而且由于资本流动大多伴有生产要素的转移，因此有利于生产要素在全球范围内的合理配置，从而产生较高的经济效益。伴随资本流动而发生的是先进技术与管理知识的扩散与传播。资本流动还推动着国际分工在世界范围内的展开，从而有利于提高全球经济效益。需要指出的是，资本流动促进全球经济效益的提高，主要是指长期资本的流动，而短期资本的流动一般并不具有这样的作用。

2. 国际资本流动可以调整各国国际收支的不平衡

资本流动具有调节国际收支的作用。资本输出有利于本国企业利用海外相对具有价格优势的劳动力及原材料，降低生产成本，提高劳动效率，扩大国际市场份额，实现国际化经营。资本输出可以在一定程度上带动国内商品出口，增加出口收入，从而有利于实现国际收支的平衡。需要指出的是，短期资本流动的这一作用是短暂的，长期资本流动的这一作用才具有持久性。这不仅在于它们的使用期限不同，还在于长期资本流入可以增大资本输入国的投资能力，扩大生产，增加出口，从而起到改善国际收支的作用。

3. 缓和世界经济矛盾，加速经济全球化

资本输出会带动出口贸易的发展，资本输入则能使资本输入国获得进出口贸易的资金融通，因此，资本流动有利于进出口贸易的发展。出口贸易有助于分散过剩商品，有利于资本的再循环，从而缓和了经济衰退和危机，缓和了国际市场价格的大幅波动；进口贸易的正常进行与发展，有助于缓解自然灾害等造成的商品短缺。同时，资本流动的内在要求会使经济壁垒逐渐放松或消除，形成国际性的经济或货币联盟，这有助于世界经济的稳定和社会经济福利的提高，有助于世界经济生产国际化、市场国际化和资本国际化，推动了全球经济的发展。

（二）国际资本流动对世界经济的消极影响

第二次世界大战以后，国际资本的流动情况发生了重大变化，不仅资本流动的规模变得异常庞大，资本的流向和结构等方面也发生了重大变化。从实际情况来看，这种变化对资本输出国和输入国，以及整个世界的影响都是较为复杂的，国际资本流动在对世界经济产生积极影响的同时，也带来了一些不利影响。

1. 造成金融形势的动荡和不稳定

由于国际投机性资本会直接影响金融市场的货币供应量，而且其流动迅速、快捷、不容易控制，因此国际资本流动会加大国际金融市场的波动，引起汇率、利率水平的频繁变化。在资本空前膨胀的形势下，国际资本的流动尤其是短期国际资本的流动，给政府制定和执行货币金融政策增加了难度，国际资本流动已成为国际市场动荡不安的主要因素，增加了各国投资及贸易成本和效益的不确定性。

2. 资本过度输出会导致资本输出国经济发展的停滞

在高额利润的诱惑下，资本输出国趋向于不断扩大输出资本的规模，随之也会有大量投资收益汇回国内，这将使资本输出国成为"食利国"。大量资本的输出也会减少本国的就业机会，导致由投资所产生的技术改进和产品质量提高等经济效益转移到资本输入国，培养了贸易竞争对手。所有这些都会导致资本输出国经济发展的停滞。英国以及美国在第二次世界大战以后经济发展的停滞，资本过度输出无疑是一个重要原因。

3. 加重外债负担，加重资本依附

对资本吸收国来说，引进过多的外资，就背负了更多的外债。如果外债金额过大，超出了资本吸收国还本付息的能力，该国还会陷入债务困境，引发国际性的债务危机。同时，资本吸收国如果缺少正确的政策，在引进直接投资时，不能建立起自己的优势产业，还会加深该国对外国资本的依附，使经济命脉受到外国资本的控制，国家经济和政治的独立性都会受到影响。

第二节 国际资本流动的风险分析及管制

一、国际资本流动的风险分析

（一）对外直接投资的风险分析

1. 利率和汇率风险

对外直接投资可以分为外商独资、与东道国政府或企业合资、合作经营等形式。对外直接投资由于要涉及外币的兑换、资本利润的返还等经济环节，因此和其他涉及外币的经济交易一样，要承受以外币计价的资产或利润价值发生变化而蒙受损失的可能性，要经受利率风险以及外汇交易、结算、折算和国家风险等。

2. 撤资风险

通常来讲，对外直接投资的撤资风险比较低。一旦资金到位、项目开始建设，实物资产就不便轻易移动，其存量也便于维持；对外直接投资形成生产能力并取得良好收益后，会产生一定的示范效应，吸引新的后续资本流入，因此对外直接投资的流量也相对比较容易维持。但是，在对外直接投资更多地通过股票市场股权转移对一国进行投资后，资本的流动性及资金撤出风险会有所上升。近年来，由于发展中国家或地区普遍实行贸易和投资自由化，大规模推行私有化及加快相关领域对外资的开放等政策，对外直接投资更多地采取跨国并购等方式进入发展中国家。尤其是东南亚金融危机后，亚洲可供收购的企业增加，收购成本下降，这些企业成为国际资本并购的主要对象之一。因此，跨国兼并和收购在传统的设立合资、合作、独资企业等形式以外，成为大型跨国公司及大量中小企业资本流动的首选方式。跨国兼并和收购活动有效地提高了对外直接投资的流动性。尤其是在东道国的金融市场比较发达的情况下，对外直接投资者可以通过金融市场转让所有权，退出该国市场。这时，东道国就需要做好外资偿付的准备。

（二）国际银行贷款的风险分析

国际银行贷款由于涉及不同经济体之间的债权、债务关系，因此更关注资本投入国国家信用风险的变化。历次债务危机的经验表明，即使是对私人部门的贷款，国际银行也要把东道国的国家信用风险列入首要考虑范围，然后在此基础上权衡最终借款人的自身信用风险。

1. 利率和汇率风险

国际银行贷款有浮动利率贷款和固定利率贷款两种，其中，浮动利率贷款占比较大的比重。在浮动利率的情况下，国际银行贷款协议规定，贷款利率以偿还时的国际利率（如伦敦银行同业拆借利率 LIBOR）为基准上下浮动若干个百分点。一旦国际利率出现大幅度上升，债务人的偿债负担突然加重，利率风险将显著放大。在 20 世纪 80 年代拉丁美洲的债务危机中，利率风险的表现非常突出。

国际银行贷款的发放和归还一般以外币计值，汇率风险通常由借款人承担，在借款人未采取相应的规避汇率风险措施的情况下，如果贷款到期时借款人没有足够的外汇资金，或者由于本币汇率下跌导致偿债负担增加，借款人就可能因此蒙受损失，甚至引起债务危机的总爆发。对于发展中国家的借款人来说，由于金融市场不够发达，可以利用的防备汇率风险和利率风险的套期保值手段较少，一些避险工具的成本相对较高，从而影响了资金借入者有效规避和控制商业银行贷款汇率风险的积极性。在这种情况下，过度依赖国外商业银行借款十分危险。

此外，由于国际商业银行的资金往往来源于吸收存款或发行金融债券所获得的借款，因此在其借款与对外借款之间，有一个利率不匹配的问题，这种不匹配表现为浮动利率与固定利率的不匹配，也表现为利率期限的不匹配。市场利率的变化，有可能造成国际商业银行在支付借款利息和收取贷款利息两方面同时蒙受损失。因此，作为贷方的国际商业银行，其所面临的利率风险要比借方更为复杂。

2. 贷款资金流向的风险

从国外商业银行借款所获取的资金，一般不会限定用途。如果这笔资金直接用于国内投资，那么最终可以通过经济增长提高未来的偿债能力。但是，国内投资的增加可能意味着需要从外国进口相应的设备或商品，从而导致经常项目赤字上升。在 20 世纪 80 年代拉丁美洲的债务危机中，国际银行的贷款往往被发展中国家用于弥补政府或企业的预算赤字，增加国内消费。这样，以国际银行贷款形式流入的国际资本就会导致总需求的扩张，从而增加了国内通货膨胀和汇率升值的压力。

3. 偿债期限固定、流量波动的风险

银行贷款的还贷时间表一般预先规定，约定还款期临近后，无论投资项目是否盈利以及借款人的财政状况如何，借款人都必须按时偿付贷款。此外，由于国际银行贷款不允许订立提前还款条款，偿债的时间弹性较低，因此借款人享有的自由度相应较小。国际银团贷款形式的资本流动存量波动不大，但流量可能发生巨大变化。当还债高峰来临时，有可能引起国内国际的震荡，导致金融危机爆发。

（三）国际证券投资的风险分析

国际证券投资有债券和股票两种基本的形式，还有在此基础上发展起来的大量金融衍生工具。对于发展中国家来说，外国证券投资是一种风险最大、最难控制的国际资本流动形式。

1. 证券短期资本流动风险

20 世纪 80 年代，国际资本流入发展中国家主要还是采取对外直接投资的形式。但是，进入 20 世纪 90 年代以后，国际资本流动的构成发生了明显的变化，短期国际投机资本以证券投资形式的流动开始扮演越来越重要的角色。由于外国投资者普遍偏重流动性，而大多数发展中国家的公司债券市场发育不完善，因此，国际流动资本对发展中国家的证券投资中，股票投资占绝大多数。

证券投资对影响其收益的因素变化极其敏感，利率差别、汇率波动、政治的不确定性以及预期的变化都可能导致证券投资流向的逆转和流量的调整。由于证券的流动性较高，投资者完成证券交易的成本较低，易于以较低的成本脱手，因此他们一旦认为形势发生了变化，就可以很快地转移其资产。对于发展中国家来说，这意味着该国吸引的证券资本的流量和存量都可能急剧减少。

2. 价格机制风险

在完全有效率的市场上，所有的市场信息都会完全反映在市场价格中，即使是不完全有效率的市场，其价格也反映了一定的市场信息，价格会使资本市场发挥配置资本的作用，错误的价格信息会导致资本错误地分配到生产效率较低的企业。国际资本流入一国证券市场可能会给市场的效率带来一些问题，因为外国投资者的决策会受到其他市场的影响，不可能总体反映东道国国内市场的经济因素。

3. 投机资本冲击的风险

投机资本的本意就是追逐高额利润，更不要说它在精心策划和故意造势时所形成的破坏力了。国际短期证券投资在 20 世纪 90 年代以后，上升比例很快，这与国际投机资本的发展壮大是密不可分的。在许多发展中国家，共同基金是国际流动资本进入本地股票市场的主要途径（甚至是唯一途径），股票指数的某些下降可能会引起外国投资者从投资于这一股票市场的基金中抽回资金，基金管理者则可能被迫卖掉本地股票市场的部分股票，从而导致股票价格进一步下跌。

国际投机资本的高流动性和高投机性，决定了在一国经济情况发生不利转变时，国际投机资本会以很快的速度撤出。大量的国际投机资本流出，对一国宏观经济产生的影响是灾难性的。这种危害主要表现在四个方面：一是影响一国的外债清偿能力和国家信用等级水平；二是导致市场信心崩溃，从而引起更多的资本撤出，造成当事国金融市场的极度混乱；三是导致一国国际收支失衡；四是导致当事国货币汇率的巨幅波动，造成当事国货币贬值的压力。

二、国际资本流动的管制及手段

（一）国际资本流动的管制

学术界对国际资本流动的管制一直有两种截然不同的观点：一种是赞成资本自由流动；另一种是反对资本自由流动。1997 年金融危机以前，赞成派是主流，西方主流经济学家大多认为资本自由流动是资源高效配置所必需的，自由化必然会带来更高的效率和经济增长。正因为如此，直至国际货币基金组织 1997 年的年会上，主张资本项目自由化并建议将其作为国际货币基金组织成员义务的观点还占据着统治地位。但金融危机以后，整个国际经济界对此种观点进行了怀疑和反思。

1. 赞成资本自由流动

坚持这一观点的人认为，资本自由流动可以促进世界经济的发展，有助于开发尚未利用的资源；能够促进生产要素从效益低的地区和部门转移到效益较高的地区和部门；有利于资源的合理配置；能够促进先进的生产技术与管理知识的传播，使一些地区和经济部门提高资源的使用效率。资本自由流动的主张，受到了经济合作与发展组织的支持。1961 年 12 月 12 日，该组织曾通过《资本流动自由化准则》，要求其成员逐渐取消对资本流动的限制。

2. 控制资本自由流动

持这种主张的人认为，在当今，如果允许资本自由流动，不一定会产生积极的作用，反而会引起国际金融形势的混乱与不稳定，不利于国际贸易等国际经济关系的发展。因为大量的资本是在经济发展程度相同的国家之间流动，而不是流入资本短缺的地方。至于短期资本的流动，特别是投机性短期资本的流动，更会产生诸多不利影响。基于这些理由，他们认为，对资本流动应采取一定措施加以控制。《国际货币基金协定》的修改条文反映了这种主张，其中第六条规定，成员方对国际资本转移应采取必要的管制；国际货币基金组织可要求成员方在某些情况下实行资本的控制。不过这只是条文规定而已，国际货币基金组织实际上从未行使过这样的权利。但就各国政府而论，它们事实上对不同类型与方式的资本流动，都在不同程度上采用了不同的方法进行控制。

3. 1997 年金融危机后资本流动的观点

国际学术界从 1998 年中后期开始，逐渐增加了对资本项目自由化和资本自由流动的怀疑和批评，西方主流经济学家们开始逐渐改变他们的看法。美国著名国际经济学家巴格瓦蒂和哈佛大学著名教授理查德·库珀撰文对资本项目自由化的效益表示怀疑，他们都认为，自由流动的资本与金融市场上存在的信息不对称及其他缺陷相结合，会导致资源配置的扭曲，刺激道德风险和过分冒险行为，从而引发金融危机。前美国总统经济顾问弗兰克尔教授也认为，绝大多数外汇交易和资本流动都与基本经济活动无关，它们只会减少社会净福利。因此，这些经济学家都赞成对外汇交易开征托宾税。另一位美国经济学家罗德里克在做了大量的实证研究后也得出结论，资本项目自由化与经济增长速度并不相关。世界银行副行长、首席经济学家斯蒂格利茨也认为，过分的金融自由化是造成金融危机的重要原因，在某些情况下或许需要扭转金融自由化的倾向，对资本流动实施一定的控制。所有这些看法，大大改变了原先在国际金融界占据统治地位的资本项目自由化的观点，使舆论氛围出现了反思的潮流。

正是在这股反思的潮流中，对资本流动实施控制的观点不再被视为大逆不道了，至少有以下三点理由可以使资本管制继续存在：

第一，资本管制可以作为保持货币独立性的手段。因为资本项目自由化后，国内任何货币政策的调整都会因利率与国外利率水平不一致而使资金在本币与外币资产间流动，从而冲击国内货币政策。

第二，资本管制可以促进社会福利的增加。例如，信息的不对称常常使国内外资金流向表面繁荣的行业，从而出现某个产业或行业过热，最后导致该产业或行业衰退，使社会净福利受损。

第三，资本管制可以使经济维持在一个相对有效的均衡状态，而资本的巨额流动则常常使均衡状态遭到破坏。

（二）国际资本流动的管制手段

对国际资本流动采取的管制手段，取决于各国经济和金融市场的特点、国际资本流动的性质，以及各种金融工具的有效性和灵活性。归纳起来，国际资本流动的管制手段大致有以下几种：

1. 金融管制

金融市场的开放与资本管制，是大多数国家在经济发展过程中必须面对的一个重要问题。金融管制是控制资本流动风险的根本手段。对资本流动来说，金融管制主要是指资本项目的管制。第二次世界大战结束后的初期，世界上除美国等极个别国家外，其他国家均实施程度不等的资本管制。自20世纪60年代起，西欧及日本诸国开始放松资本管制，但时至今日，大多数国家仍多少保留着某种程度的资本管制。至于发展中国家，实施资本管制的就更多，管制程度也更严格。

实行资本项目的开放，至少应该具备如下条件：①较大的经济规模和开放程度；②充足的国际储备；③比较成熟的国内市场；④有效的政府管理机构和灵活机动的应变机制；⑤比较完善的法规制度。

2. 财政政策和货币政策

财政政策包括紧缩性财政政策和扩张性财政政策；货币政策包括改变存款准备金率、公开市场操作以及利率政策。

3. 外汇政策和国际信贷

外汇政策包括外汇平准基金和汇率政策；国际信贷指政府之间、国际金融组织和国际金融市场的借款。

4. 制定专门的法规条例进行直接管制

制定行政法规或命令，对国际资本流动进行行政干预，如许可证、准入证等。

5. 国际统一监管

近些年来，西方国家不仅继续单独地采取措施，而且还协调政策，共同采取上述方法和手段以限制有害的资本流动。东南亚金融危机爆发后，国际舆论普遍认为，危机的爆发与现行国际金融体系中缺乏国际监督机制、各国监管标准不一致及监管不力等密切相关。加强国际金融监督，对各国的金融监管规则进行改造并使之趋同的呼声日渐高涨。

在增强国内金融风险监控的问题上，国际舆论也越来越倾向于将与跨国资本流动相联系的国内金融风险看做国际金融风险。与国际资本流动相关的国内金融风险有三种：一是信贷风险，即海外借款人无法履约的风险；二是市场风险，即外国资产或负债的市场价格发生重大变动而引起的损失；三是流动性风险，如一家银行无法应对提存挤兑等。对于国内金融风险，监管当局不能按国内的一般标准进行监管，而是要特别重视监管银行以外币计值的资产和负债，对其外币资产和负债暴露于风险下的数额、贷给单个外国借款者的资金、跨国界的金融衍生品交易规模都应进行限制，对于不同货币资产与负债的失衡都要予以充分关注，规定期限进行调整。所有这些，都有赖于国际监管标准的协调和统一，需要国际金融机构予以重视和推动。

本章小结

1. 国际资本流动是指资本跨越国界的移动过程，往往表现为一国居民（资本输出者）向另一国居民（资本输入者）提供贷款或者购买财产所有权。根据资本跨国界流动的方向，国际资本流动可以分为资本流入和资本流出；根据资本跨国界流动时期的长短，国际资本流动可以分为长期资本流动和短期资本流动。

2. 促使国际资本流动的原因有很多，主要包括资本供求、利率和汇率的变动、政府的经济政策、风险防范因素和占领市场等。

3. 国际资本流动对世界经济既有积极影响，也有消极影响。

4. 国际银行贷款的风险分析包括：利率和汇率风险；贷款资金流向的风险；偿债期限固定、流量波动的风险。

5. 国际证券投资的风险分析包括：证券短期资本流动风险；价格机制风险；投机资本冲击的风险。

6. 对国际资本流动采取的管制手段，取决于各国经济和金融市场的特点、国际资本流动的性质，以及各种金融工具的有效性和灵活性。归纳起来，国际资本流动的管制手段大致有以下几种：金融管制；财政政策和货币政策；外汇政策和国际信贷；制定专门的法规条例进行直接管制；国际统一监管。

关键概念

1. 国际资本流动　2. 对外直接投资　3. 资本流出　4. 资本流入　5. 国际证券投资　6. 对外直接投资

复习思考题

一、单项选择题

1. 国际上公认的偿债率的警戒线是(　　)。
A. 20%　　　　　　B. 25%　　　　　　C. 50%　　　　　　D. 100%

2. 国际上公认的负债率的警戒线是(　　)。
A. 20%　　　　　　B. 25%　　　　　　C. 50%　　　　　　D. 100%

3. 短期资本流动与长期资本流动除期限不同之外，另一个重要的区别是(　　)。
A. 投资者意图不同
B. 短期资本流动对货币供应量有直接影响
C. 短期资本流动使用的是 1 年以下的借贷资金
D. 长期资本流动对货币供应量有直接影响

4. 资本流出是指本国资本流到外国，它表示(　　)。
A. 外国对本国的负债减少　　　　B. 本国对外国的负债增加
C. 外国在本国的资产增加　　　　D. 外国在本国的资产减少

5. 美国政府规定，收购国外企业的股权达到 10% 以上，一般属于（　　）。

A. 股票投资　　　　B. 证券投资　　　　C. 直接投资　　　　D. 间接投资

二、多项选择题

1. 20 世纪 70 年代以来，国际资本流动增长的原因有（　　）。

A. 巨额金融资产的积累　　　　　　B. 资本流动管制的放松

C. 收益和风险差异扩大　　　　　　D. 金融创新的发展

2. 按资本流动原因的不同，短期资本流动的类型有（　　）。

A. 贸易性资本流动　　　　　　　　B. 保值性资本流动

C. 避险性资本流动　　　　　　　　D. 投机性资本流动

3. 20 世纪 80 年代，发展中国家债务危机爆发的原因有（　　）。

A. 国际金融市场上利率和汇率的变化

B. 国内的经济政策失误

C. 世界经济形势恶化

D. 外债没有得到有效管理

4. 我国利用外资的主要形式有（　　）。

A. 外商直接投资　　　　　　　　　B. 外国贷款

C. 外商间接投资　　　　　　　　　D. 出口信贷

5. 20 世纪 70 年代以来，国际资本流动的特点有（　　）。

A. 规模越来越大　　　　　　　　　B. 越来越脱离实物经济

C. 以私人资本为主　　　　　　　　D. 以直接融资为主

三、简答题

1. 简述国际资本流动的概念及流动形式。

2. 简述国际资本流动的原因。

3. 简述 20 世纪 90 年代以来国际资本流动的特点。

4. 简述国际资本流动对世界经济的影响。

5. 简述国际资本流动对资本输出国和资本输入国的影响。

6. 按照国际收支平衡表的国际资本流动分类办法分析国际资本流动的风险。

7. 简述国际资本流动管制的两种主张。1997 年东南亚金融危机后，国际资本流动又有什么新变化？

第七章

国际金融市场

引导案例

全球资金转向高风险资产

最近，关于国际金融市场资金正在大转向的讨论越来越多。数据显示，投资者开始追逐更高的收益，资金开始避开发达国家的低收益债券，寻求高收益债券和新兴市场债券，欧洲银行债重新得到青睐；流入全球股票市场的资金开始增加，其中银行股票表现不错。与此同时，美国和日本等国的货币宽松政策已经使韩国和泰国等亚洲国家感受到热钱涌动对金融市场构成的威胁。

自 2008 年金融危机到 2012 年，全球投资资金一直向美国和德国等被视为安全的国家流入。不过，据调查统计显示，截至 2013 年 1 月中旬，资金已经连续 9 周流出美国国债基金。

欧债危机中数次冒险押注的债券经理人迈克尔·哈森斯塔布强烈呼吁，投资者不要购买美国、英国、德国等所谓"避险天堂"的政府债券。他表示，如果购买这三个国家的 10 年期国债，会在利率上涨的时候有损失本金的风险。他认为，美国债券的收益率应该会"明显走高"。

高收益债券和新兴市场债券是 2012 年表现最好的资产。同时，亚洲各国新发行的本币债券和硬通货债券也创出新的纪录。息差收窄、利率下降，加上信用质量重新评估，都刺激了人们对债券的需求。基金行业的数据显示，资金大量流入债券基金。

在亚洲许多市场（包括中国香港、中国台湾和新加坡）的共同基金中，债券基金最先重新获得投资者的追捧。在中国内地，海外基金投资市场受到 2008 年金融市场低迷的打击，即便如此，投资者最近也使用现有的海外投资配额，来配置更高收益的国际债券基金。发行强劲及散户投资者（尤其是共同基金投资者）的兴趣日益增长，都表明亚洲债市进入了新的发展阶段。

那么，什么是欧洲债券、外国债券？什么是欧洲货币、欧洲美元？国际金融市场的内容包括哪些？本章将针对这些问题展开详细介绍。

资料来源　周武英．全球资金转向高风险资产［N］．经济参考报，2013-02-01.

第一节　国际金融市场概述

一、国际金融市场的含义及形成

（一）国际金融市场的概念及特点

广义而言，国际金融市场是指进行各种国际金融业务的场所，这些业务包括资金的借贷、黄金与外汇的买卖、证券的买卖；狭义而言，国际金融市场是指在国际间经营借贷资本，即进行国际借贷活动的场所。

相对于国内金融市场而言，国际金融市场具有以下特点：一是国际金融市场业务的参加者涉及两个或两个以上国家的居民；二是国际金融市场业务不受国界的限制；三是国际金融市场中可以使用多种货币；四是国际金融市场受所在国的干预较少，其业务活动也较少或几乎不受所在国政府政策、法令的管辖和约束。

（二）国际金融市场形成的条件

国际金融市场的形成必须具备若干必要条件，这些条件主要包括：

1. 国内金融市场高度发达

具有集中的银行机构、健全的管理制度和发达的信用，在市场管理上具有丰富的经验、较熟练的技术、较高的效率和较好的服务。

2. 金融管制较松

实行自由外汇制度，对存款准备金、利率等方面无严格的管理条例，税率较低，居民与非居民参加金融活动享有同等待遇等。

3. 地理位置比较优越

具备便利的交通条件，拥有完善的国际通讯设备，能满足国际金融市场发展的需要。

4. 政治局势稳定

一国如果政局不稳，就不可能形成一个国际金融市场，已经形成的国际金融市场也会停顿或关闭。这是国际金融市场形成的一项最基本的条件。

（三）国际金融市场的形成

国际金融市场是伴随着国际商品贸易、国际支付和国际借贷的发展而形成和发展起来的。第二次世界大战以前，各国的金融市场实质上都是国内市场，它们受各国政府政策、法令的管辖，在这种市场上的借贷关系，通常是国内贷款人与国外借款人之间的交易，实际上是一种资本输出，只有从国外借款人筹款这一意义上说它是国际性的；第二次世界大战以后，生产国际化、资本国际化以及市场国际化的迅速发展，进一步推动了金融市场的国际化，一批新的、发达的国际金融市场不断产生和发展，发展中国家的金融市场纷纷建立，全球金融市场出现了一体化的趋势。因此，国际金融市场与国际经济相适应，它的形成大致经历了以下几个阶段：

1. 以伦敦为中心的国际金融市场

第一次世界大战之前，伦敦是世界上最大的国际金融市场。19 世纪 30 年代，英国率先完成了工业革命，使英国发展成为整个世界经济的中心。与此同时，英国建立了当时世界上最完善的现代银行制度，积极辅助英国进行对外经济扩张。当时的英国是世界上最大的工业品生产国和输出国，英镑自然而然地成为当时世界上最主要的结算货币。随着英国工业品不断向海外输出以及广大海外殖民地的建立，英国向外输出了大量的低息贷款，成为当时世界上最大的资本输出国。这样，英国在国际贸易和国际金融领域中都充当着举足轻重的角色。英国的首都伦敦也就从国内的工业中心、贸易中心和金融中心，发展成当时整个世界的工业中心、贸易中心和金融中心。

第一次世界大战后，英国的世界头号工业生产国和贸易输出国的地位被美国取代，同时，英镑作为主要国际结算货币和国际储备货币的地位也大大削弱了。伦敦作为国际金融中心的地位虽然也有所衰落，但伦敦仍然拥有当时世界上最发达、最完善的银行设施，仍然起着国际借贷中心、国际投资中心的作用，仍然是当时世界上最主要的国际金融中心。

1929 年，世界历史上最严重的经济危机爆发了，经济大危机的同时也引发了严重的金融危机，大批银行倒闭，世界金融体系、经济体系普遍陷入濒临崩溃的境地。当时世界上的货币体系是国际金本位制，流通中的货币可以兑换黄金。为了拯救本国危机，各国纷纷用自己国际储备中的英镑和美元到英国和美国的中央银行去挤兑黄金，致使英美两国有大量黄金外流。迫于以上压力，英国和美国相继于 1931 年和 1933 年宣布放弃金本位制，停止兑换黄金。

国际金本位制崩溃后，世界主要资本主义国家都不同程度地实行了外汇管制和资本流动的管制，并相继建立了区域性货币集团。英国于 1939 年组成了英镑集团，包括英国的殖民地国家（加拿大除外）以及与英国有密切经济往来的其他国家。美国组成了美元集团，包括加拿大、墨西哥和拉丁美洲的一些国家。其他还有法国法郎集团、比利时法郎集团、荷兰盾集团等。在每个集团内部，各成员的货币都钉住中心货币，它们的外汇储备都存放在中心国的银行。集团内部没有外汇管制和资本流动的管制，一切结算业务都用该集团的中心货币进行。当时，各个集团的货币除美元外，都不能与集团外的货币自由兑换，也就是说，只有美国没有实行外汇管制，美元仍然可以自由兑换。

封闭的、排他的区域性货币集团阻碍了国际贸易和国际资本流动的正常进行。这一时期，国际贸易发展缓慢，国际资本流动受到极大抑制。第一次世界大战前兴旺发达的国际金融市场，都在不同程度上丧失了其国际性，许多国际金融中心实际上降格为区域性的金融中心或金融市场。

2. 以纽约为中心的国际金融市场

第一次世界大战以后，美国的经济实力迅速加强，超过了英国的工业产值和贸易总额，美元在国际结算和国际储备中的地位日益加强。美国还向欧洲提供了大量的重建资金，使纽约迅速成为与伦敦并列的重要的国际金融中心。1914 年，美国联邦储备委员会成立，完善了金融制度，改善了金融环境，增强了公众对银行业、金融业的信心，巩固了纽约作为重要的国际金融中心的地位。

第二次世界大战以后，美国的经济实力迅速膨胀，成为资本主义世界的经济霸主，其工业生产总值占资本主义世界的 1/2，出口贸易额占 1/3，资本输出占 1/3，黄金储备占 2/3。当时，欧洲遭战火侵害，经济严重衰退，美国向欧洲提供了大量的复兴资本。从第二次世界大战后直至 20 世纪 50 年代，美国一直是世界上最大的资金供应者。当时的国际货币制度——布雷顿森林体系规定，美元可以按官价直接兑换黄金，进一步提升了美元的地位，使美元成为最重要的国际储备。

以上诸因素都使美元的国际地位得到加强与巩固，纽约也相应成为世界上最大的国际金融中心。20 世纪 60 年代，随着西欧、日本等国经济的恢复，国际资本的流量大大增加，伦敦、巴黎、法兰克福、苏黎世的国际金融中心的地位也在恢复，国际金融市场开始了新的发展。

3. 新兴的欧洲货币市场

随着世界经济的复兴，美国经济霸主的地位受到了动摇。进入 20 世纪 60 年代，美国出现了连年的国际收支逆差，大量美元流向海外。迫不得已，美国采取了一系列的管制措施来限制资本外流。但事与愿违，美国的跨国公司逃避这些限制，仍然纷纷把美元转移到更安全和更有利可图的地区，于是形成了以伦敦为中心的境外美元市场，被称为"欧洲美元市场"。

在欧洲美元市场形成的同时，由于各国纷纷实行浮动汇率制，并不同程度地实行了对本国货币的控制，从而使得各国货币相继超出国界，出现了境外马克、境外法国法郎、境外日元、境外荷兰盾等，并在伦敦等国际金融中心进行交易。欧洲美元市场逐渐扩大，成为能够交易众多境外货币的欧洲货币市场。

欧洲货币市场是国际金融市场发展的新阶段，至此，国际金融市场已包含了国内市场交易、国际市场交易和离岸市场交易。而离岸市场交易的总体即欧洲货币市场，是当今国际金融市场的核心。与传统的国际金融市场相比，欧洲货币市场上经营的货币已不限于市场所在国的货币，而是包括所有可以自由兑换的货币。同时，在欧洲货币市场上的交易活动既不受货币发行国的限制，也不受市场所在国的约束。欧洲货币市场遍布世界各地，它不是通常地理意义上的欧洲，先进的通讯工具已将各个金融中心的经营活动连成了一个关系紧密的整体。

（四）国际金融中心的分布

世界上主要的国际金融中心可以划分为五个区域：西欧区，包括伦敦、巴黎、苏黎世、法兰克福、卢森堡等金融中心；北美区，包括纽约以及美国有设有国际银行设施的州和加拿大的多伦多、蒙特利尔等金融中心；亚洲区，包括新加坡、中国香港和日本东京等金融中心；中东区，如巴林等；中美洲与加勒比地区，包括开曼群岛和巴拿马。

西欧区是历史最悠久的国际金融中心，伦敦是世界上最早的国际金融中心。伦敦市场上的国际金融业务种类最多、联系最广，聚集在伦敦的跨国银行也是世界上最多的。实际上，在伦敦的外国银行的数量已超过了英国本国银行的数量。

北美区是目前世界上非常重要的国际金融中心。纽约是又一大金融中心，而且随着美国于 1981 年 12 月正式允许欧洲货币在美国境内通过国际银行设施进行交易，美国各州的金融中心都日益国际化，这加强了美国与其他国际金融中心的联系。

亚洲区是重要的新兴国际金融中心。新加坡于 1968 年最早建立了国际银行设施，吸收非居民存款并对非居民发放信贷。20 世纪 70 年代，中国香港政府采取了一系列措施鼓励外国银行进入，促进国际金融业的发展。20 世纪 80 年代，日本政府逐渐放松金融管制，对外开放国内市场，使东京迅速崛起，成为继伦敦、纽约之后的重要金融中心。

位于波斯湾中部的巴林，尽管是一个仅有 67 平方千米国土面积、120 万人口的小国，却因其独特的地理位置、优厚的投资环境而闻名于世。这个由 35 个岛屿组成的海湾国家，吸引了上百家外国银行和公司，集聚了世界尤其是海湾石油富国的巨额资金，成为石油美元的主要通道和中东地区的离岸金融中心。

中美洲与加勒比地区，由于具有优越的地理位置和便利的交通、通讯设施以及金融服务条件，吸引了大量的跨国银行尤其是美国银行，在此注册设立分行。例如，在美国佛罗里达东部的巴哈马群岛，原属英国殖民地，刚独立时只有 2 家外国银行的分行，到 1978 年年底，已有 145 家外国银行在该岛设立了分行和附属机构，一时成为重要的国际金融中心。

二、国际金融市场的分类及作用

（一）国际金融市场的分类

1. 传统的国际金融市场

传统的国际金融市场形成于 19 世纪初期，是从事市场所在国货币的借贷，并受市场所在国政府政策与法令管辖的金融市场。传统的国际金融市场是以强大的工商业、对外贸易等经济实力为基础，由一国的金融中心发展为世界金融市场的。伦敦、纽约、东京、法兰克福都属于这类国际金融市场。最主要和最常见的分类，即包括货币市场、资本市场、外汇市场、黄金市场四个部分。

货币市场和资本市场的内容在本章第二节、第三节有详细介绍，外汇市场的内容详见第三章。

黄金市场是世界各国进行黄金买卖的场所。黄金买卖一般有固定的场所，这些黄金交易所设在各国的国际金融中心，是国际金融市场的重要组成部分。目前，世界上最著名的黄金市场是伦敦、苏黎世、纽约、芝加哥和香港，它们被称为世界五大黄金市场。其他黄金市场的交易规模较小，易受五大黄金市场的直接影响，如法兰克福、巴黎、米兰、东京、新加坡等。

2. 新型的国际金融市场

所谓新型的国际金融市场，是指第二次世界大战以后形成的欧洲货币市场。具体内容见本章第四节。

（二）国际金融市场的作用

国际金融市场的形成和发展，无论是对发达国家，还是对发展中国家，无论是对国际贸易，还是对世界经济，都起着举足轻重的作用。其作用主要表现在：

1. 促进国际贸易和国际投资的发展

国际金融市场的产生和发展都是国际贸易和国际投资发展的结果，反过来，国际金融市场的发展又进一步促进了国际贸易和国际投资的发展。国际金融市场在世界范围内对资金的调拨，可以调节世界范围内的资金余缺，将全球的闲置资本转化为盈利资本，资金不足的国家可以在国际金融市场上方便地获得资金，不再受制于国内的储蓄和资金的积累。这使国内收入不高、资金不足的国家获得了发展的机会。事实也证明，许多国家正是通过合理地利用国际金融市场上的资金，促成了本国经济的迅速发展。

2. 调节国际收支的不平衡

国际金融市场汇集了世界各国的盈余资金，出现国际收支逆差的国家可以从金融市场上借入所需资金弥补逆差，从而缓和逆差对国民经济的压力，这有利于经济的稳定发展。国际金融市场的这一作用在 20 世纪 70 年代油价暴涨的时期表现得尤为突出。一方面，石油输出国组织两次提高原油价格，导致石油输入国出现了高达4 000亿美元的赤字；另一方面，石油输出国的盈余高达 3 000 多亿美元。这笔国际收支盈余流向欧洲美元市场，形成了庞大的信贷资金；而贸易逆差国纷纷转向欧洲美元市场借入资金，以支付石油进口。在这里，国际金融市场使石油美元顺利回流，这是缓和国际收支世界范围内严重失调的关键。至今，国际金融市场仍是贸易逆差国解决资金问题的重要渠道。

3. 提高世界资源的分配效率

国际金融市场是一个高度竞争的市场，资金总是流向经济效益最好、资金收益率最高的国家或地区，这就使国际金融市场上的资金利用效率提高，从而促使经济资源在世界范围内的配置效率提高。另外，国际金融市场的发展使国际间资金调拨的成本大大降低，这也提高了世界经济效率。随着国际金融市场一体化的发展，各国之间的经济关系也会越来越紧密，国家之间的分工也会越来越得到优化。

国际金融市场的影响和作用总体来说是积极的，但我们也应该看到，国际金融市场在缓和国际收支严重失衡的同时，向广大贸易逆差国提供了大量贷款，从而埋下了国际债务危机的隐患。20 世纪 80 年代，拉丁美洲的债务危机给国际信贷市场带来了重大的震动。国际金融市场上巨额资金频繁而不规律的移动，对小型开放国家的国内经济政策也产生了不可忽视的影响，使一国有目的的财政政策和货币政策难以发挥应有的效果。另外，国际金融市场上的投机行为也会使汇率和利率的波动加剧，增加国际投资、国际贸易的风险和成本。日益加强的国际金融市场的一体化趋势，也使不稳定因素的国际传播更为方便和迅速，有加深世界经济动荡和危害的可能。这些都是在发展和利用国际金融市场时值得重视的问题。

第二节 国际货币市场

一、国际货币市场的含义

国际货币市场是指国际间期限在一年以内的金融工具的交易场所，也称短期资金市场。由于资金融通期限较短，因此其主要目的是以流动性为主，盈利性为辅。国际货币市场的主体是商业银行、中央银行、各国的财政部门、各种性质的公司及国际金融机构等。资金的借方主要是由于短期资金周转不灵而进行拆借，资金的贷方则主要是因为临时资金的富余而贷出。

一个理想的国际货币市场应该具备以下三个基本条件：第一，必须有一个完善的中央银行体系作为最终贷款人；第二，该市场上应该拥有种类较多的短期金融工具；第三，有关货币市场交易的法律制度应该健全。

国际货币市场资金融通的期限在一年以内，最常见的是 3~6 个月。资金的价格为短期利率，主要包括短期信贷利率、短期证券利率及贴现率。国际货币市场上的短期信贷利率以伦敦银行同业拆借利率（LIBOR）或以美国大商业银行的优惠利率（prime rate of interest）最为著名，两者常被作为制定其他中长期资金信贷利率的基础。

国际货币市场相对于其他金融市场具有以下基本特征：第一，借款期限短，金额大，成本低且风险小。第二，在众多市场中，银行同业拆借市场占主导地位，且该拆借一般为纯信用拆借，不需要签订协议及提供担保。第三，市场资金周转量大，周转速度快。第四，市场对参加者的资信要求较高，短期信贷在提供时不限定用途，可由借款者自行安排。

二、国际货币市场的构成

国际货币市场按照其主要业务，大致可以分为以下三类：

（一）短期信贷市场

短期信贷市场是银行对客户提供一年或一年以内短期贷款的市场，目的在于解决临时性的资金需要和头寸的调剂。贷款的期限最短为一天，最长为一年，也可以是一周、一个月、半年等。短期信贷市场又可以分为以下两种市场：

1. 银行同业拆借市场

银行同业拆借是指银行为弥补交易头寸的不足或准备金的不足而在相互之间进行的借贷活动，是货币市场上的重要业务。英国伦敦同业拆借市场是全球最为著名，也是世界上规模最大的同业拆借市场。它的参加者为英国的商业银行、票据交换行及外国银行等。银行间的拆借业务一部分通过货币经纪人进行，一部分在银行之间直接进行。每笔拆借金额一般都比较庞大，最少为 25 万英镑，多者甚至高达几百万英镑。使用的利率为伦敦银行同业拆借利率（LIBOR），该利率已成为制定国际贷款利率的基础。另外，美国、日本、新加坡、中国香港及欧洲大陆一些国家的银行同业拆借市场也很发达。

2. 银行短期借贷市场

银行短期借贷市场是指商业银行与各国政府、跨国公司、工商企业等客户之间开展资金存放活动的场所。商业银行一方面吸收客户的闲置资金；另一方面向客户提供一年期以下的贷款，以满足他们临时性、流动性的资金需求。比如，各国中央银行向商业银行筹措短期资金，用于弥补国际收支赤字；跨国公司向国际商业银行借入短期流动资金，维持企业正常的运营。这种业务手续简便，所使用的利率一般为伦敦银行同业拆借利率加上一个加息率。

（二）短期证券市场

短期证券市场是国际间进行短期证券交易的场所，交易对象是一年期内可流通转让的有价证券工具。各国货币市场的短期有价证券种类繁多，一般包括以下几类：

1. 国库券

国库券是一国政府为满足季节性财政需要或进行短期经济和金融调控而发行的短期政府债券。各国的政府债券都是市场上信誉最高的金融工具，而短期政府债券又因其期限短、流动性高成为一国短期资金市场的重要组成部分，也是国际货币市场上一种重要的金融工具。

国库券票面上一般不标明利率，采用折价的方式发行，即发行价格低于票面金额，到期按票面金额偿还，票面金额与发行价格之间的差额就是投资者的收益，而发行价格的高低取决于当时的市场利率水平。国库券的期限可以分为3个月、6个月、一年三种，其中3个月的国库券最多。主要发达国家政府发行的国库券信用最高，流动性最好，因而交易量也最大，具有国际金融工具的性质。特别是美国政府发行的国库券，不仅是美国投资者，而且是外国政府、跨国银行和公司以及个人投资者的重要投资对象。

2. 商业票据

商业票据是非银行金融机构或工商企业为筹措短期资金而发行的一种金融工具，期限一般为30~270天不等，而以30~60天为多。商业票据多数没有票面利率，采用贴现方式发行。除少数信誉很好的大公司可以直接向公众发售外，大多数商业票据的发行要经过证券商或商业银行等中介机构分销。商业票据由发行人担保，可以转让。其利率水平取决于市场供求状况、发行人信誉、银行借贷成本、票面面值和期限等，一般低于银行优惠利率，稍高于国库券的利率。

3. 银行承兑票据

银行承兑票据是一种已被某银行承诺负责支付并在票据上盖上"承兑"字样的定期商业票据。它的信用高于一般的商业票据。信誉一般或较差的中小企业要想进入货币市场筹资，需要借助银行的信誉，发行银行承兑票据。在发达国家的货币市场上，银行承兑票据的面额一般没有限制，期限一般为30~180天，最长的可达270天。其持有人可以在到期之前到承兑银行处贴现，或者在二级市场转售，转售时的价格按面值打一定的折扣，买价与面值之差为持票人的收益。

4. 大额可转让定期存单

大额可转让定期存单（CDs）是商业银行和金融公司为吸收大额定期存款而发行

的标明金额、期限、浮动或固定利率的存款凭证。投资者是大企业、地方政府、外国中央银行、货币市场互助基金以及一些个人投资者。银行也是存单市场的重要投资者，但是中央银行一般禁止发行银行买回它们自己的未到期存单。

大额可转让定期存单是银行定期存款的一种，但和普通的定期存款又不尽相同。普通的定期存款是记名的，所以不能流通转让，但可以提前支取，金额是不固定的，面额有大有小且利率是固定的；相比之下，大额可转让定期存单是不记名的，不能提前支取，但可以在二级市场上转让，金额固定，面额大且利率不受管制，期限较短，一般在一年以内，最常见的是 3～6 个月。所以，大额可转让定期存单既可以使投资者获取定期存款利息，又可以随时在市场上转让变成现金，是一种理想的短期投资方式。大额可转让定期存单于 20 世纪 60 年代起源于美国，后来在英国等欧洲国家以及亚洲国家和地区迅速发展起来，目前已成为全球非常重要的短期证券市场。

（三）贴现市场

所谓贴现，是指把未到期的票据按照一定的贴现率，扣除从贴现日到票据到期日的利息，向贴现公司换取现金的一种方式。贴现市场就是把未到期的票据按贴现方式进行融资的交易场所。贴现市场由贴现行、商业票据行、商业银行和作为"最后贷款者"的中央银行组成。贴现市场上交易的短期金融工具主要有商业票据、银行承兑票据、国库券和其他短期政府债券等。持票人从票据签发到获得资金，必须经过一定的时间。在此期间，持票人如果需要资金，可将未到期的票据向银行融通资金，待票据到期时，银行凭票向最初发票的债务人或背书人兑取面值现金。如果该票据还没有到期而银行又急需现金，那么该银行可将此凭证向中央银行进行再现贴。所以，对银行来说，贴现是银行用现款购进未到期的票据而向持票人提供贷款的行为。

贴现贷款跟一般贷款最大的区别是银行将利息先扣除。贴现业务是货币市场资金融通的一种重要形式，贴现率一般要略高于银行贷款利率。中央银行通常通过对再贴现率的调节来影响市场利率和控制信贷规模。

英国伦敦的贴现市场比较发达，是目前世界上最大的贴现市场。伦敦的 11 家贴现行是贴现市场的核心，主要办理已承兑的远期汇票的贴现业务。在英国的金融业中，贴现行占有十分重要的地位。在英国金融业的长期发展过程中，贴现市场逐渐成为英格兰银行与商业银行之间的桥梁。英格兰银行根据市场情况制定再贴现率，控制和调节整个金融体系中的银根状况和利率水平。

三、国际货币市场的作用

国际货币市场是国际短期货币金融资产进行交换的场所。在这个市场上，资金暂时盈余的单位可以与赤字单位相互满足需求：一方面，该市场为短期资金的需求单位提供了从隔夜到一年的各种短期资金；另一方面，一些希望利用暂时闲置的资金获取收益的资金持有人获得了投资的渠道。该市场由于跨越国界，因此可在世界范围内进行短期资金的合理配置，从而增强了货币资金的效率。但是，由于该市场上的资金数额巨大且流动性强，因此易对国际金融秩序造成猛烈的冲击，引发金融危机。

第三节　国际资本市场

一、国际资本市场的含义

国际资本市场也称长期资金市场，一般是指国际间借贷期限在一年以上的巨额资金的交易场所。

国际资本市场的资金供应者主要是各种金融机构（如商业银行、储蓄银行、投资公司、保险公司、信托公司等）、跨国公司、各国的货币当局、国际金融组织、私人投资者等。资金需求者主要是国际金融机构、各国政府机构、工商企业等。市场交易工具主要包括银行中长期贷款、政府中长期债券、公司债券、公司股票、欧洲债券、外国债券等。国际资本市场主要分布在纽约、伦敦、苏黎世、法兰克福、巴黎、东京、新加坡和香港等国际金融中心。纽约、伦敦资本市场以及欧洲货币市场是最大的国际资本市场。

国际资本市场资金的价格是中长期利率。按照其是否变动可分为固定利率和浮动利率。固定利率在整个期限内保持不变；浮动利率则是在借贷期间可根据市场的利率水平变化定期加以调整的利率，其表示方法是基础利率再加上一个加息率。基础利率用得最多的是伦敦银行同业拆借利率；加息率的高低则视贷款金额大小、贷款期限长短、市场资金供求状况、贷款所用货币风险程度及借款人资信的高低而定。

国际资本市场与国际货币市场相比具有如下特点：第一，资金融通期限长，一般在一年以上，甚至是十几年；第二，资金融通量巨大，以满足追加资本或弥补财政巨额赤字的需要；第三，金融工具的期限长，流动性差，风险大。

二、国际资本市场的构成

国际资本市场由国际中长期信贷市场和国际证券市场组成。

（一）国际中长期信贷市场

国际中长期信贷市场是各国政府、国际金融机构和国际银行业在国际金融市场上向客户提供中长期信贷的场所。国际中长期信贷是在 20 世纪 60 年代中后期形成的。20 世纪 70 年代以后，国际中长期信贷市场开始迅速发展，到 20 世纪 80 年代中期达到鼎盛。20 世纪 80 年代中后期，随着国际证券市场的发展，国际中长期信贷市场的发展势头有所减弱，但它们仍是国际资本市场中一个重要的市场。20 世纪 90 年代，国际中长期信贷市场重振雄风。

1. 国际中长期信贷的类型

国际中长期信贷按照不同的标准可以划分为不同的类型。

（1）按照贷款主体的不同，可以划分为政府贷款、国际金融机构贷款及国际商业贷款。政府贷款是指各国政府或官方金融机构利用国家财政资金相互提供的优惠贷款。国际金融机构贷款是各种性质的国际金融机构向其成员发放的贷款。国际商业贷款是指国际商业银行在国际金融市场上向某一借款人发放的一种中长期贷款。国际商业贷款是国际中长期信贷的最主要类型。

（2）按照贷款利率是否固定，可以划分为固定利率贷款和浮动利率贷款。20 世纪 60 年代之前，国际贷款主要以固定利率为主。20 世纪 70 年代以后，由于国际经济环境的变化，国际贷款以浮动利率为多。当前，在国际中长期信贷市场上，浮动利率贷款已经成为主流。

（3）按照贷款期限是否固定，可以划分为定期贷款和转期循环贷款。20 世纪 70 年代以后，由于国际金融市场的风险日益增大，许多商业银行为了改善其资产的流动性纷纷推出了期限不固定的转期循环贷款。这种贷款的最大优点在于，可以根据借款人的实际用款状况决定贷款是否延长，从而使商业银行资产的流动性增强。

（4）按照贷款银行的多少，可以划分为单家银行贷款和银团贷款。如果一笔贷款由一家银行单独承担，则这笔贷款称为单家银行贷款；如果由多家银行组成一个集团，共同向借款人提供贷款，则这笔贷款称为银团贷款。目前，银团贷款已成为国际中长期信贷市场中最主要的贷款方式。

2. 银团贷款

20 世纪 70 年代以后，国际信贷市场的贷款主要是银团贷款。银团贷款也叫辛迪加贷款或者联合贷款，它是由一家银行牵头联合几家或几十家银行组成银行集团，共同向借款人提供的贷款。银团贷款发展迅速，其主要原因在于：对借款人来说，其借款手续简单，借款金额巨大，借款期限比较长，通常一笔借款金额最低为 1 000 万美元以上；对贷款人来说，其可以分散风险，同时方便了中小银行参与国际性的业务。

（二）国际证券市场

国际证券市场是指筹资者直接到国际上发行债券或股票，以及买卖债券或股票的场所。在国际资本市场中，国际证券市场占据主要地位，特别是近十几年来，国际金融市场出现了明显的证券化现象。国际证券市场主要包括国际债券市场和国际股票市场。

1. 国际债券市场

国际债券是指一国政府或居民为筹措外币资金而在外国发行的债券。从事国际债券的发行和交易而形成的市场称为国际债券市场。国际债券市场主要包括外国债券市场和欧洲债券市场。

外国债券是指发行人在外国证券市场发行的以市场所在国的货币为面值的债券。该类债券的承销由市场所在国的承销集团承担。债券的发行及交易必须受到市场所在国法律的制约和监督。目前，美国、瑞士、德国和日本是世界上四大外国债券市场。

20 世纪 60 年代以后，一种新型的国际债券即欧洲债券开始出现。所谓欧洲债券，是指发行人在外国发行的以市场所在国以外的第三国的货币作为面值的债券，又称为境外债券。欧洲债券相对于外国债券来说具有很多优点，主要表现在：不受任何国家法律的制约；发行具有国际性；债券一般采用无记名发行而且是免税的；债券面值的币种具有多样性等。

2. 国际股票市场

国际股票市场是在国际金融市场上发行股票并从事已发行股票交易的市场的

总称。

　　国际股票市场主要包括发达国家的股票市场及新兴国家的股票市场。前者主要是指美国、日本、英国及欧洲大陆少数发达国家的股票市场；后者主要是指亚太地区的一些新兴发展中国家的股票市场。其中，美国的股票市场最发达，它拥有世界上最大的场内交易市场（纽约证券交易所）和场外交易市场（NASDAQ）。

　　作为新兴的国际资本市场，国际股票市场正在经历一个加速发展的阶段，无论在规模还是结构上都有所突破，新的国际股票市场格局正在逐步形成。

　　三、国际资本市场的作用

　　国际资本市场是国际金融市场的重要组成部分，也是国际金融市场中最活跃的领域之一。国际资本市场的主要作用有两个：一是提供一种使资本在国际间得到优化配置的机制，为剩余资本所有者提供投资机会和为资本短缺者融资提供便利；二是为已发行的证券提供具有充分流动性的二级市场，以保证一级市场的活力。

第四节　欧洲货币市场

　　一、欧洲货币市场概述

　　（一）欧洲货币市场的含义

　　欧洲货币最初仅指欧洲美元（Euro dollar），即在欧洲地区的银行存放和借贷的美元。随着国际金融市场的变化，欧洲货币所包括的内容已经不仅仅是欧洲美元，**现在的"欧洲货币"是在货币发行国境外流通而不受发行国政府法令管制的所有货币的统称**，如欧洲英镑、欧洲瑞士法郎、欧洲日元等。欧洲货币市场则是指经营欧洲货币的借贷、存放、投资业务的国际金融市场。这是一个任何政府或国际金融组织都无法轻易控制的市场，在这个市场上，任何政府或大企业都可以不受时间限制地进行有息借款或贷款，这是大银行、大公司和各国政府利用的世界货币批发市场。欧洲货币市场和欧洲货币一样发源于欧洲，但现在已发展到亚洲、北美洲、拉丁美洲及其他地区，也就是说，在地理范围上它是一个全球性的国际金融市场。

　　（二）欧洲货币市场的发展

　　欧洲货币市场的前身是产生于20世纪50年代的欧洲美元市场。当时，苏联和东欧国家担心它们在美国的美元资金会被冻结，因此将这部分资金转存到英国的银行。而当时，英国政府正需要大量资金以恢复英镑的地位，支持国内经济的发展，所以准许伦敦的各大商业银行接受境外美元存款和办理美元借贷业务。于是，欧洲美元市场便出现了。

　　具体而言，欧洲美元市场的兴起是一系列因素相互作用的结果：

　　第一，1958年以后，美国的国际收支开始出现赤字，并且规模越来越大，美元资金大量流出国外，这为欧洲美元市场提供了大量的资金。为了防止国际收支进一步恶化，美国采取了限制资本流出的措施，迫使美国境外居民的美元借贷业务转移到欧洲美元市场上来，美国银行也相应在欧洲开设了许多分支机构，这些都刺激了欧洲美元市场的发展。

第二，20世纪70年代以后，世界石油两次大幅提价。这一方面使石油输出国积累了大量的所谓"石油美元"，这些美元大多投入到欧洲美元市场，使该市场上的资金供给非常充裕；另一方面，发展中国家中的非产油国的国际收支纷纷出现赤字，它们都转向欧洲美元市场借入资金以弥补赤字，从而使得该市场上的资金需求也增加了。

第三，欧洲美元市场的发展与这一市场自身的优势也是分不开的。西方学者认为："把存款人和借款人都吸引到欧洲美元市场上来的关键因素，过去是，现在仍然是欧洲美元市场上存款利率与贷款利率之间的利差比美国市场上的小。"

造成欧洲美元市场利率优势的原因是多方面的。首先，在国内金融市场上，商业银行受到存款准备金以及利率上限等方面的限制，增加了营运成本；而在欧洲美元市场上则无此约束，银行可以自主地提供更具竞争力的利率。其次，欧洲美元市场在很大程度上是一个银行同业市场，交易数额很大，手续费及其他各项服务性费用成本较低。再次，欧洲美元市场上的贷款客户通常都是大公司或政府机构，信誉很高，贷款的风险相对较低。最后，欧洲美元市场上的竞争格外激烈，降低了交易成本。众多的金融机构要在同一地点从事国际金融业务，势必造成竞争的加剧，从而带来费用的下降。最后，与国内金融市场相比，欧洲美元市场的管制少，创新活动发展更快、应用更广，这也对降低市场参与者的交易成本有明显效果。

从20世纪60年代开始，在欧洲美元市场上交易的货币不再局限于美元，而是扩大到了德国马克、瑞士法郎等币种。同时，这一市场的地理位置也扩大了，亚洲的新加坡等地纷纷出现了对美元、德国马克等货币进行借贷的市场。这样，原有的"欧洲美元市场"便演变为"欧洲货币市场"。在这里，"欧洲"不再是一个表示地理位置的概念，而是表示"境外"。所谓欧洲货币，就是指在货币发行国境外流通的货币，如欧洲美元、欧洲日元等。而经营欧洲货币业务的银行以及市场，就可称为"欧洲银行"及"欧洲货币市场"。由此可见，欧洲货币市场既有以境外货币为媒介的1年期以内的交易，又有1年期以上的交易，两者分属货币市场和资本市场的范畴。

进入20世纪80年代，欧洲货币市场的意义又发生了变化。1981年，美国联邦储备银行批准在纽约设立国际银行业务设施（international banking facility，IBF），接受外国客户的美元或其他外币的存款，并可以免除准备金的规定及利率的限制，亦可对外国人提供信贷。显然，IBF具有可以经营非居民业务、不受货币发行国国内法令管制等特征，属于广义的欧洲货币市场。

（三）欧洲货币市场的特点

欧洲货币市场集结了大量境外美元与境外欧洲货币。大的跨国公司、企业从这个市场借取其所需要的资金。外国的中央银行与政府机构也从这个市场进行资金融通，以调节本国的金融市场。欧洲货币市场业务量之大，信贷金额增长速度之快，远超过了传统的各大国际金融市场。这个市场的发展速度与信贷规模如此之大，是与它本身具有的特点分不开的。这些特点表现如下：

1. 管制较松

欧洲货币市场的货币当局，对银行及金融机构从事境外货币的吸存贷放，一般管制都很松。例如，一国政府机构或企业筹集资金，在美国纽约市场发行美元债券或借款，美国有关当局对此审查相当严厉，一般中小型国家或企业很难获准；而它们在欧洲货币市场发行美元债券或借款，审查的手续则较简单，比较容易获得批准。因此，一些发展中国家政府或企业常常在此借取资金，以满足其经济发展的需要。

2. 调拨方便

欧洲货币市场，特别是以英国伦敦为中心的境外货币市场，银行机构林立，业务经验丰富，融资类型多样，电信联系发达，银行网遍布世界各地，资金调拨非常方便。在欧洲货币市场获得资金融通后，极容易换成各种所需货币，从而可以在最短的时间内将资金调拨到世界各地。

3. 税费负担少

欧洲货币市场税赋较轻，银行机构的各种服务费平均较低，从而降低了融资者的成本负担。

4. 可选货币多样

欧洲货币市场提供的资金并不局限于市场所在国货币，它几乎包括了所有主要西方国家的货币，从而为借款人选择借取的货币提供了方便条件。

5. 资金来源广泛

欧洲货币市场打破了资金供应者仅限于市场所在国的传统界限，使非市场所在国的资金拥有者也能在该市场上进行资金贷放。与此同时，借款人也不受国籍限制。

6. 不以经济实力为基础

欧洲货币市场的形成不以所在国强大的经济实力和巨额的资金积累为基础，只要市场所在国家或地区政治稳定、交通方便、通信发达、服务周到，并实行较为突出的优惠政策，就有可能发展为新型的国际金融市场。

（四）欧洲货币市场的分类

欧洲货币市场的交易包括两种形式：第一种是**交易双方有一方为居民而另一方为非居民，这种交易称为在岸交易**；第二种是**交易双方都是非居民，这种交易称为离岸交易。**

欧洲货币市场按其在岸业务与离岸业务的关系可分为三种类型。第一种是一体型欧洲货币市场，即本国居民参加交易的在岸业务与非居民间进行的离岸交易之间没有严格的分界，境内资金与境外资金可以随时互相转换，英国伦敦和中国香港即属于此类型。第二种是分离型欧洲货币市场，即在岸业务与离岸业务分开。分离型欧洲货币市场有助于隔绝国际金融市场的资金流动对本国货币存量和宏观经济的影响。美国纽约离岸金融市场上设立的国际银行设施、日本东京离岸金融市场上设立的海外特别账户，以及新加坡离岸金融市场上设立的亚洲货币账户，均属于此类型。第三种是走账型或避税型欧洲货币市场，这类市场没有或几乎没有实际的离岸业务交易，只是起着对其他金融市场资金交易的记账和划账作用，目的是逃避税收和管制。中美洲和中东地区的一些离岸金融中心即属于此类型。

二、欧洲货币市场的构成

欧洲货币市场由欧洲货币短期信贷市场、欧洲货币中长期信贷市场和欧洲债券市场构成。

(一) 欧洲货币短期信贷市场

欧洲货币短期信贷是欧洲货币市场最早形成的业务,欧洲货币短期信贷市场主要进行期限在 1 年以内的短期资金借贷。

1. 欧洲货币短期信贷市场的特点

(1) 主要业务是银行间同业拆放,银行以外的信贷所占比重很小,这个市场基本上是银行间的信贷市场。

(2) 信贷业务主要凭信用,不需要担保,也不需要签订贷款协议。借款金额、期限和利率在一定程度上受借款银行资信的影响。

(3) 交易方式主要采用电话、传真、互联网等电讯手段,一笔借贷业务通过传真手段顷刻间就可完成。

2. 欧洲货币短期信贷的条件

(1) 贷款金额。每笔贷款以 100 万美元或 1 000 万美元为单位。

(2) 货币。借贷的货币几乎包括所有可兑换货币,借款人可以自由选择所需货币。

(3) 期限。最常见的借贷期限是 3 个月以内的资金拆放,最短的为日拆,最长的一般不超过 1 年。

(4) 利率。利率由借贷双方具体商定,一般以伦敦银行同业拆放利率(LIBOR)为基础。

3. 欧洲货币短期信贷资金的来源

各国商业银行多余的资金;跨国公司为业务需要或出于投机目的存入的资金;各国中央银行或政府机构的外汇储备和闲置资金;石油生产国的巨额石油收入等。

4. 欧洲货币短期信贷资金的运用

跨国公司和大型工商企业对短期资金的需求;银行同业拆放;各国政府和地方政府借款;国际金融机构借款等。

(二) 欧洲货币中长期信贷市场

欧洲货币中长期信贷是指期限在 1 年以上的资金借贷。欧洲货币市场最初的业务都是短期信贷,1973 年以后,中长期信贷才得到了迅速发展。

1. 欧洲货币中长期信贷市场的特点

(1) 借贷双方需签订合同。由于中长期信贷的期限一般为 1~3 年或更长,因此要签订贷款合同,有些合同还需要借款国的官方机构或政府担保。

(2) 信贷的主要方式是银团贷款。由于贷款的金额大、期限长,因此通常由数家甚至数十家银行组成银团,共同提供贷款。

(3) 多采用浮动利率。由于这类贷款的期限较长,利率的变化趋势很难准确把握,而借贷双方又都不愿承担利率变动的风险,因此通常采用浮动利率。

2. 欧洲货币中长期信贷的条件

（1）贷款金额。金额少则数千万美元，多则数十亿美元。

（2）货币。主要货币有欧洲美元、欧洲日元、欧洲英镑和欧洲瑞士法郎。贷款使用的货币会直接影响到贷款利率，一般情况下，软币的利率较高，硬币的利率较低。

（3）期限。一般较短的期限为 1～3 年，银团贷款的期限为 5～12 年，有些投资回收期较长项目的贷款，期限可达 20 年以上。

（4）利率。大多数情况下采用浮动利率，根据市场利率的变化每 3 个月或半年调整一次。计息方式以伦敦同业拆放利率为基础，再根据借款人的资信加上一定的加息率。

（5）费用。贷款中涉及的费用主要有管理费、代理费、杂费和承担费。

（6）偿还与提前偿还。偿还方式有到期一次偿还、分次等额偿还和逐年分次等额偿还 3 种。有的贷款也可以提前偿还，但必须在协议中明确规定是否可以提前偿还。

3. 欧洲货币中长期信贷资金的来源

有关资金来源包括发放欧洲债券筹集资金、发行欧洲货币存单等。

4. 欧洲货币中长期信贷资金的运用

跨国公司和工商企业对中长期资金的需求；各国政府和中央银行借款；大型工程项目借款等。

（三）欧洲债券市场

欧洲债券（Euro bond）是指借款人在国际市场上以发行国之外的货币为面值发行的债券。债券发行人、债券的发行市场和债券的币种分别属于不同的国家。例如，我国在新加坡发行的日元债券就是欧洲日元债券。欧洲债券是 20 世纪 60 年代以后出现的一种新型债券，是国际债券市场的主体。现在，国际债券市场上几乎 60% 的债券是在欧洲债券市场上发行的，伦敦是它的交易中心。欧洲债券的借款人以欧洲国家、美国和加拿大为主。我国自 20 世纪 80 年代以来也曾多次在欧洲货币市场发行债券，筹措外资。欧洲债券发行自由，不需要得到有关国家政府的批准，一般以不记名方式发行，而且可以转让，期限灵活，不需要抵押担保，持有者获得的利息不需要缴纳所得税。由于这些优点，加之近几年受发展中国家债务危机的影响，欧洲债券的发行量大幅度上升。但总体来看，发展中国家由于受到种种限制，较难进入这个市场。

欧洲债券市场是由欧洲债券的发行人和投资人共同组成的一种长期资金市场。该市场的性质与欧洲货币市场相同，是指经营欧洲债券的市场，而不是一个地理概念。这个市场包括发行市场和流通市场两部分。前者负责债券的发行和认购，后者负责债券的上市和买卖。欧洲债券市场的特点有：

1. 它是一种境外债券市场

债券发行人属于一个国家，债券的发行在另一个或另几个国家的金融市场，债券的面值则用第三国的货币表示。

2. 债券种类多，货币选择余地大

发行欧洲债券，可在发行国以任意发行国以外的货币发行，选择余地很大。

3. 发行条件优惠

审批手续、资料提供、评级条件以及税收等都对筹资者有很强的吸引力。

4. 管制较松

欧洲债券市场不受各国金融政策法规的约束，债券的发行也不需要经过有关国家政府的批准。

三、欧洲货币市场的作用

欧洲货币市场对世界经济产生了重大影响，有积极方面的，也有消极方面的。

（一）欧洲货币市场的积极作用

1. 为各国经济发展提供资金便利

欧洲货币市场是国际资金再分配的重要渠道。在这个市场上，金融机构发达、资金规模大、借款成本较低、融资效率高，因此它成了各国获取资金的重要场所。例如，日本在 20 世纪 60 年代和 70 年代，就从该市场借入了可观的欧洲货币，从而推动了日本经济的高速发展。

2. 有利于平衡国际收支

欧洲货币市场的发展，拓展了金融市场的空间范围，也丰富了国际结算的支付手段。如果一国在国际贸易上出现逆差，就可以从欧洲货币市场上直接借入欧洲美元或其他欧洲货币来弥补，从而缓和逆差压力；反之，如果一国出现贸易顺差，过多的外汇储备也可以投入该市场，以达到平衡国际收支的目的。

3. 推动了跨国公司国际业务的发展

欧洲货币市场作为离岸金融市场，不受各国法律制度的约束，它既可以为跨国公司的国际投资提供大量的资金来源，又可以为这些资金在国际间进行转移提供便利，从而推动了跨国公司国际经营业务的国际化。

（二）欧洲货币市场的消极作用

1. 加剧了外汇市场的动荡

欧洲货币市场不受市场所在地政府法令的管理，资金具有极强的流动性，这很可能使上万亿美元的资金轻易地在国际间流窜，而且，一旦各地信贷市场和外汇市场的利率和汇率稍有变化，货币投机者便会倾巢而出，利用各种手段牟取暴利，如套利、套汇或进行黄金投机，使本来已变化不定的外汇市场更加动荡不安。

2. 削弱各国金融政策实施的效果

当一些国家为了遏制通胀而实施紧缩的财政政策时，商业银行仍可以从欧洲货币市场上借入大量资金；反之，当一些国家为了刺激经济而实施宽松的财政政策时，各国银行也可能把资金调往国外。这将使政府的宏观金融政策效力被削弱，预期目标难以实现。

3. 增加经营欧洲货币业务的银行所承担的风险

欧洲货币市场经常是国际信贷领域超级风险的根源。首先，银行发放的长期信贷资金，大部分是从客户那里吸收来的短期存款，一旦银行信用出现问题引起客户大量挤兑，银行就会陷入困境。其次，欧洲货币市场的贷款是由许多银行组成银团联合贷出的，而且贷款对象难以集中于一个国家或政府机构，如果贷款对象到期无力偿还，这些银行就会遭受损失。再次，欧洲货币市场没有一个中央机构，这使其缺乏最后融资的支持者，且该市场也没有存款保险制度。最后，欧洲货币市场本身就是一个信用创造机制，因此，在该市场上的操作是存在很大风险的。

本章小结

1. 广义而言，国际金融市场是指进行各种国际金融业务的场所，这些业务包括资金的借贷、黄金与外汇的买卖、证券的买卖；狭义而言，国际金融市场是指在国际间经营借贷资本，即进行国际借贷活动的场所。

2. 国际金融市场的特点是：其交易活动发生在本国居民与非居民之间；其业务范围不受国界限制；交易的对象不仅限于本国货币，还包括国际主要可自由兑换的货币以及以这些货币标价的基础金融工具；业务活动比较自由开放，较少受某一国政策、法令的限制。

3. 传统的国际金融市场最主要和最常见的分类，即包括货币市场、资本市场、外汇市场、黄金市场四个部分。

4. 欧洲货币市场又称为离岸金融市场。欧洲货币市场起源于欧洲美元市场。所谓欧洲美元，是指在欧洲地区的银行存放和借贷的美元。欧洲货币市场由欧洲货币短期信贷市场、欧洲货币中长期信贷市场和欧洲债券市场构成。

关键概念

1. 欧洲美元　2. 欧洲货币　3. 在岸交易　4. 离岸交易　5. 欧洲债券

复习思考题

一、单项选择题

1. 发行人在外国证券市场发行的以市场所在国货币为面值的债券是(　　)。
A. 欧洲债券　　B. 国际债券　　C. 欧洲美元　　D. 外国债券
2. 当今国际市场上的欧洲美元是指(　　)。
A. 在欧洲市场上存放和借贷的美元
B. 在美国国内存放和借贷的美元
C. 在美国以外的市场上存放和借贷的美元
D. 在英国市场上存放和借贷的美元
3. 借款人在国际市场上以发行国之外的货币为面值发行的债券是(　　)。
A. 欧洲债券　　B. 国际债券　　C. 欧洲美元　　D. 外国债券
4. 欧洲货币市场的前身是(　　)。
A. 欧洲债券市场　B. 欧洲美元市场　C. 外国债券市场　D. 欧洲贴现市场
5. 下列不属于国际资本市场构成的是(　　)。
A. 国际中长期信贷　　　　　　　B. 国际证券

C. 银团贷款   D. 贴现市场

二、多项选择题

1. 国际货币市场的构成包括(　　)。

A. 短期信贷市场   B. 短期证券市场

C. 国际中长期信贷市场   D. 贴现市场

2. 欧洲货币市场的特点包括(　　)。

A. 管制较松   B. 税费负担少   C. 可选货币多样   D. 资金来源广泛

3. 下列说法正确的有(　　)。

A. 欧洲货币市场可以为各国经济发展提供资金便利

B. 欧洲货币市场加剧了外汇市场的动荡

C. 欧洲货币市场削弱了各国金融政策实施的效果

D. 欧洲货币市场推动了跨国公司国际业务的发展

4. 在岸交易的特点是(　　)。

A. 交易双方有一方是居民,而另一方是非居民

B. 交易的双方都是非居民

C. 交易不受所在国法律制度的管制

D. 交易受到所在国法律制度的管制

5. 离岸交易的特点是(　　)。

A. 交易双方有一方是居民,而另一方是非居民

B. 交易的双方都是非居民

C. 交易不受所在国法律制度的管制

D. 交易受到所在国法律制度的管制

三、简答题

1. 简述国际金融市场的作用。

2. 简述国际货币市场的业务。

3. 简述国际资本市场的业务。

4. 简述欧洲货币市场的业务。

5. 简述欧洲货币市场的积极作用和消极作用。

第八章

国际货币制度

引导案例

从东南亚金融危机看国际货币体系

1997 年 7 月爆发于泰国的金融危机，成为自第二次世界大战以来持续时间最长、波及范围最广、影响最大的金融危机。

1992 年，泰国对外资的流入放松限制，并采取泰铢和美元挂钩的固定汇率制。1997 年 2 月，以索罗斯基金为首的国际对冲基金开始对泰铢发动进攻。同年 7 月 2 日，泰国宣布泰铢和美元脱钩，实行浮动汇率制，泰铢开始大幅贬值。金融危机拉开了序幕。随泰国之后，菲律宾、马来西亚、印度尼西亚、新加坡等国也陷入危机之中。中国台湾地区放弃对台币的保卫，台币自动和美元脱钩，台币迅速贬值。

1997 年 11 月中旬，韩国金融市场崩溃。11 月 21 日，韩国求助于国际货币基金组织，并被迫接受该组织向其提供贷款的条件。1998 年 6 月，日元大幅贬值。金融危机的波及范围再次扩大，除东南亚国家外，日元贬值造成的冲击波及拉丁美洲、欧洲和美国。1998 年 8 月，俄罗斯再次爆发严重的金融危机，并引发了政治危机。1999 年 1 月，巴西金融市场大幅动荡。国际货币基金组织及时提供 415 亿美元的资金援助，美国对巴西的金融局势也给予高度关注，力求将巴西金融危机的影响面控制在最小范围内。

不可否认，造成这场大规模金融危机的根本原因在于这些国家的经济结构存在缺陷，宏观经济发展政策存在失误。但是，在这其中，国际货币体系也难辞其咎，这突出表现在以下几个方面：第一，从整体来看，国际货币体系未能跟上经济全球化发展的步伐，不能满足国际经济与金融形势的需要；第二，国际货币体系未能很好地组织国际金融合作；第三，国际货币体系对新形势下的金融危机缺乏足够认识，对国际金融市场疏于监管，也未能建立起预警机制，不能做到"防危机于未然"；第四，国际货币基金组织面对危机反应迟缓，比如在控制危机至关重要的最初一段时间里，它只派了两个专家小组协助泰国央行处理泰铢浮动的技术性问题，从而丧失了控制危机的最好时机；第五，提供给遭遇危机国家的建议忽视了不同国家的结构问题和社会现实，从而缺乏针对性和有效性，甚至起到了反作用等。

问题：

（1）针对上述案例，结合本章所学的理论知识，分析国际货币制度改革的必要性。

（2）针对上述案例，结合本章所学的理论知识，提出对国际货币制度进行改革的若干建议。

第一节　国际货币制度概述

国际货币制度是与国际经济发展水平相适应的。一种好的国际货币制度，其汇率机制应该稳定而灵活，能使任何一个国家在平衡国际收支时付出最小的代价；其资信也应该是最好的，并且能够提供最适度的国际储备，而不至于引起国际性的通货紧缩和通货膨胀。因此，好的国际货币制度能够有效促进国际贸易和国际投资的发展，使世界各国均可从国际经贸活动中获得好处。

国际货币制度是伴随着以货币为媒介的国际经贸活动而产生的。由于早期的国际经贸往来主要是以贵金属货币为媒介的，因此，国际货币制度主要不是依靠法律的强制性及各种规章制度实施的，而是依靠贵金属货币的成色、重量及约定俗成的做法自然形成的。随着现代市场经济和信用货币的兴起，以现代信用货币为媒介的国际经贸往来不断增加，国际间的货币往来日益频繁，国际货币制度逐渐成为各经济实体在国际经贸活动中共同遵守的协议、规章及维持货币秩序的协调与监督系统。通常，一种制度、体系、秩序的形成，可以有三种渠道：一是依靠习惯缓慢发展形成；二是依靠法律、法规和行政命令建立；三是依靠习惯和法律的共同作用形成。现行的国际货币制度是习惯与法律相结合的产物。

一、国际货币制度的含义

国际货币制度，又称国际货币体系，是国际社会针对各国货币的兑换、汇率制度的确定与变化、国际收支调节方式、国际储备资产的管理等最基本的问题进行的制度安排，是协调各国货币关系的一系列国际性的规则、管理与组织形式的总和。

国际货币制度主要包括以下内容：

（1）规定汇率制度。规定一国货币与其他货币之间的汇率应如何决定和维持，能否自由兑换，是采用固定汇率制度还是采用浮动汇率制度等。

（2）规定国际收支的调节方式。规定各国政府应采取什么方法弥补国际收支的缺口，各国之间的政策措施如何互相协调等。

（3）规定国际储备资产。规定用什么货币作为国际间结算和支付的手段，国际储备资产的来源、形式、数量和运用范围如何等。

二、国际货币制度的类型

判定一种货币制度的类型，可以依据国际储备资产形式和货币合作程度两种标准划分。

（一）按照国际储备资产形式的不同，国际货币制度可分为金本位制和信用本位制

1. 金本位制

根据黄金和信用纸币充当国际储备资产及国际货币作用程度的不同，金本位制可细分为金币本位制、金块本位制、金汇兑本位制。从 19 世纪到第一次世界大战爆发，国际上通行的货币制度是金本位制；第一次世界大战后至 20 世纪 30 年代大危机的爆发，国际上通行的货币制度是金块本位制；其后至第二次世界大战结束以及 1944—1973 年通行的布雷顿森林体系是金汇兑本位制。

2. 信用本位制

1976 年至现在，国际上通行的货币制度是信用本位制。

（二）按照货币合作程度的不同，国际货币制度可分为单一货币制度和多元货币制度

国际金本位制（亦称英镑本位制时代）、布雷顿森林体系（美元本位制时代）实施的都是以某一国家的货币充当国际货币的单一货币制度。信用本位制实施以来，特别是欧元的诞生，标志着国际货币制度进入了多元货币制度的时代。

三、国际货币制度的作用

如同一国的国内经济需要以该国货币为媒介才能正常运转一样，世界经济也必须以世界货币为媒介才能正常运转。如果说世界货币是维持世界经济正常运转的血液，那么，国际货币制度正是这种血液的循环系统。建立国际货币制度的主要任务是确定以何种货币作为世界货币，从而建立国际经济秩序，促进各国经济及世界经济的发展和稳定。国际货币制度的作用具体包括：

第一，确定国际清算、国际支付和国际投资的手段、形式和数量，为世界经济的发展及各国的经贸往来提供必要和充足的国际货币，并规定国际货币与各国货币相互往来的准则，包括国际货币与各国货币的比价和兑换方式的确定等。

第二，确定国际收支的调节机制，以确保各国经济及世界经济的均衡发展。调节机制涉及对国际收支失衡的汇率调节机制、对国际收支逆差国的资金融通机制和对世界货币发行国国际收支的纪律约束机制三个方面。

第三，建立国际货币金融事务的协调、监督和执行机构，以维护国际货币制度的权威性。随着经济全球化的推进，各国间的经贸往来日益加强，参与国际货币金融业务的国家日益增多，国际经贸合作的形式、规模、范围日益复杂、深化和广阔，早期

的国际货币金融事务的双边协商已不能解决所有问题，建立多边的具有权威性的协商机制十分必要。国际货币制度是各国在国际货币往来中必须共同遵守的基本行为准则，要使它的各项机制得到落实，就必须建立一些监督和执行的具体机构，如国际货币基金组织、世界银行等。

第二节 国际金本位制度

一、国际金本位制度的含义

国际金本位制度是以黄金作为国际储备货币或国际本位货币的国际货币制度。国际金本位制度是世界经济体系形成中出现的第一个国际货币制度，它大约形成于1880 年年末，到 1914 年第一次世界大战爆发时结束。在国际金本位制度下，黄金具有货币的全部职能，即价值尺度、流通手段、贮藏手段、支付手段和世界货币。

二、国际金本位制度的类型

国际金本位制按照货币与黄金联系程度的不同，可分为金币本位制、金块本位制和金汇兑本位制三种类型。

（一）金币本位制

金币本位制是以黄金作为金属货币进行流通的货币制度，是 19 世纪后半期至1914 年间，资本主义各国普遍实行的一种货币制度。1816 年，英国颁布了《金本位制度法案》，率先实行金币本位制。19 世纪 70 年代以后，欧美各国和日本等国相继仿效，许多国家的货币制度逐步趋于一致，金币本位制也逐步由一种国内的货币制度变为统一的国际货币制度，从而促进了近代世界经济体系的形成。

在金币本位制下，黄金作为货币商品具有一般商品和特殊商品的双重性质，在商品交换中以其自身价值衡量商品的价值，这使金币本位制具有"三个自由"的特点，即金币可以自由铸造、纸币作为金币的价值符号可以与金币自由兑换、黄金可以自由输出入。在金币本位制下，货币的含金量是各国货币兑换的基础。各国货币按其含金量的实际价值进行兑换，黄金作为国际支付手段可以自由地输出入国境，具有自动调节汇率的机能，这使得金币本位制成为一种健全而稳定的国际货币制度，促进了统一的世界市场的形成和资本主义经济的发展。

第一次世界大战爆发后，帝国主义国家的军费开支猛增，纷纷禁止金币的自由铸造、自由兑换、自由输出入，金币本位制的"三个自由"的原则均遭到破坏，最终导致金币本位制彻底崩溃。

（二）金块本位制

金块本位制是以黄金作为准备金、以有法定含金量的价值符号作为流通手段的货币制度。第一次世界大战结束后，国际金融界处于一片混乱之中，汇率波动很大，一些资本主义国家受到了通货膨胀的冲击，世界货币体系重建问题引起了各国的重视。由于黄金短缺且分配极不均衡，因此恢复金币本位制已不可能。为了建立新的稳定的国际经济秩序，1925 年，英国首先实行了金块本位制，一些资本主义国家也纷纷实行这一制度。在金块本位制下，货币单位仍然规定含金量，但国家不铸造金币，黄金只作为货币发行的准备金集中于中央银行，中央银行以金块为准备金发行的钞票取代了金币的流通，银行券与黄金的兑换受到数量上的限制。黄金的输出入由中央银行掌管，禁止私人输出黄金。金块本位制实际上是一种残缺不全的金本位制，它从本质上看更像金汇兑本位制，既保持了同黄金的联系，又使黄金的使用得到了节约。但这种金块本位制并没有存在多久，在 1929—1933 年世界性经济危机的冲击下很快就崩溃了。

（三）金汇兑本位制

金汇兑本位制又称为"虚金本位制"。其特点是：国内不流通金币，只流通有法定含金量的纸币，纸币不能直接兑换黄金，只能兑换外汇。这实际上是一国货币以另一个采用金本位制（或金块本位制）国家的货币为发行标准，用法律的形式规定二者的固定比价，并在实施金本位制（或金块本位制）的国家存放外汇和黄金作为准备金的货币制度，它体现了货币弱国对货币强国、经济小国对经济大国的依附关系。

三、国际金本位制度的利弊

（一）国际金本位制度的优点

第一，可以限制政府或银行滥发纸币的权力，不易造成通货膨胀；

第二，各国汇率基本固定，有利于国际贸易和国际投资。

（二）国际金本位制度的缺点

第一，新开采黄金的供应量与世界经济增长所需的货币数量无密切关系，货币的供应缺乏灵活性；

第二，一个国家会受其他国家或地区经济衰退或通货膨胀的影响；

第三，当失业率增加或经济增长率下降时，一国的国际收支逆差需要经过长期的调整过程；

第四，当一国的国际收支失衡时，国内的经济活动常会被迫服从外部平衡的需要。

四、国际金本位制度的崩溃

（一）国际金本位制度崩溃的原因

国际金本位制度通行了约 100 年，其崩溃的主要原因有：

第一，黄金生产量增长的幅度远远低于商品生产量增长的幅度，黄金不能满足日益扩大的商品流通的需要，这极大地削弱了金币流通的基础。

第二，黄金存量在各国的分配不平衡。1913 年年末，美、英、德、法、俄五国占有世界黄金存量的三分之二。黄金存量大部分为少数强国所掌握，这必然导致金币的自由铸造和自由流通受到破坏，从而削弱了其他国家金币流通的基础。

第三，第一次世界大战爆发，黄金被参战国集中用于购买军火，并停止自由输出和银行券兑现，最终导致了国际金本位制度的崩溃。

（二）国际金本位制度崩溃的影响

国际金本位制度的崩溃，对国际金融乃至世界经济都产生了巨大的影响：

1. 为各国货币贬值、推行通货膨胀政策打开了方便之门

废除国际金本位制度后，各国为了弥补财政赤字或扩军备战，会滥发不兑换的纸币，加速经常性的通货膨胀，这不仅使各国的货币流通和信用制度遭到了破坏，而且加剧了各国出口贸易的萎缩及国际收支的恶化。

2. 导致汇价剧烈波动，冲击了世界汇率制度

在国际金本位制度下，各国货币的对内价值和对外价值大体上是一致的，货币之间的比价比较稳定，汇率制度也有较为坚实的基础。但各国流通纸币后，汇率的决定过程变得复杂了，国际收支状况和通货膨胀引起的供求变化对汇率起着决定性的作用，从而影响了汇率制度，影响了国际货币金融关系。

第三节　布雷顿森林体系

一、布雷顿森林体系的产生

第二次世界大战使资本主义国家之间的实力对比发生了巨大的变化。英国在战争期间受到了巨大的创伤，经济遭到严重破坏。1945 年，英国工业生产缩减，民用消费品生产水平只达到 1939 年的一半，出口额还不到战前水平的 1/3，国外资产损失达 40 亿美元以上，对外债务则高达 120 亿美元，黄金储备降至 100 万美元。尽管如此，英镑区和帝国特惠制仍然存在，国际贸易的 40% 左右仍用英镑结算，英镑仍然是一种主要的国际储备货币，伦敦依旧是国际金融的一个重要中心。因此，英国还想竭力保持它的国际地位。另外，战争结束时，美国的工业制成品占世界制成品的一半；对外贸易占世界贸易总额的 1/3 以上，国外投资急剧增长；黄金储备从 1938 年的 145.1 亿美元增加到 1945 年的 200.8 亿美元，约占资本主义世界黄金储备的 59%。美国已成为资本主义世界最大的债权国和经济实力最雄厚的国家，这为建立美元的霸权地位创造了必要的条件。事实上，早在 20 世纪 40 年代初，美国就积极策划取代英国，建立一个以美元为支柱的国际货币体系。

美英两国政府都从本国的利益出发，设计新的国际货币秩序，并于 1943 年 4 月 7 日分别发表了各自的方案，即美国的"怀特计划"和英国的"凯恩斯计划"。

（一）"怀特计划"

"怀特计划"是美国财政部官员怀特（White）提出的国际稳定基金方案。这个计划主要包括以下内容：

（1）采取存款原则，建议设置一个国际货币稳定基金，总额为 50 亿美元，由各成员方用黄金、本国货币和政府债券缴纳，认缴份额取决于各国的黄金外汇、国民收入和国际收支差额的变化等因素，根据各国缴纳份额的多少决定各国的投票权。

（2）基金组织发行一种名为"尤尼他"（Unite）的国际货币，作为计算单位，其含金量约为 137 格令，相当于 10 美元。"尤尼他"可以兑换黄金，也可以在成员

方之间相互转移。

（3）各国要规定本国货币与"尤尼他"之间的法定平价。平价确定后，未经国际货币基金组织同意，不得任意改动。

（4）国际货币基金组织的任务主要是稳定汇率，并帮助成员方解决国际收支不平衡，维持国际货币秩序。成员方为了应付临时性的国际收支逆差，可用本国货币向国际货币基金组织申请购买所需的外币，但是数量最多不得超过其向国际货币基金组织认缴的份额。美国设计这个方案的目的，显然是想一手操纵和控制国际货币基金组织，从而获得国际金融领域的统治权。

（二）"凯恩斯计划"

"凯恩斯计划"是由世界著名经济学家、英国财政部顾问凯恩斯制定的。他从英国的立场出发，主张采用透支原则。这个计划主要包括以下内容：

（1）设立一个名叫"国际清算联盟"的世界性中央银行。

（2）国际清算联盟发行一种以一定量黄金表示的国际货币"班珂"，并将其作为各国的基本清算单位。"班珂"等同于黄金，各国可以用黄金换取"班珂"，但不可以用"班珂"换取黄金。

（3）成员方的货币直接同"班珂"联系，并允许成员方调整汇率。

（4）"国际清算联盟采用透支原则，各国在国际清算联盟中所承担的份额，以第二次世界大战前三年进出口贸易的平均额计算，成员方并不需要缴纳黄金或现款，只是在上述清算机构中开设往来账户，通过"班珂"存款账户的转账来清算各国官方的债权债务。当一国国际收支发生顺差时，就将盈余存入账户；发生逆差时，则按规定的份额申请透支或提存，各国透支总额为300亿美元。实际上，这是将两国之间的支付扩大为国际多边清算。清算后，如果一国的借贷余额超过份额的一定比例，那么无论顺差国或逆差国，均需要对国际收支的不平衡采取措施，进行调节。

（5）国际清算联盟的总部设在伦敦和纽约两地，理事会会议在英美两国轮流举行，以便英国能与美国分享国际金融领域的领导权。这一方案反对以黄金作为主要储备，还强调顺差国和逆差国共同担负调节的责任。这对国际收支经常发生逆差的英国是十分有利的。

（三）"怀特计划"和"凯恩斯计划"的对比

美英两国的计划存在一些共同之处：

（1）都注重解决经常项目的不平衡问题，因此，都主张建立一个国际金融机构为逆差国提供融资服务。

（2）都只注重工业发达国家的资金需求问题，忽视了发展中国家的资金需求问题。

（3）都注重探求汇率的稳定，防止汇率的竞争性贬值，以改变国际金融领域的混乱局面。

（4）都想建立一个统一的世界货币作为国际清算单位，并为其设定了不同的名称。

但是，因为两国的出发点不同，所以两者在另一些重大问题上则是针锋相对的。

美国首先考虑的是要在国际货币金融领域处于统治地位；其次是避免美国对外负担过重。由于第二次世界大战后，各国重建的需要异常庞大，美国无法满足，因而坚持存款原则，主张货币体系以黄金为基础，"稳定基金"只有 50 亿美元，以免产生无法控制的膨胀性影响。英国显然考虑到本国黄金缺乏，国际收支将有大逆差，因而强调透支原则，反对以黄金作为主要储备资产，国际清算联盟要具有较大的清偿能力（300 亿美元）。另外，"怀特计划"建议由"稳定基金"确定各国汇率，反对国际清算联盟所设想的弹性汇率。不难看出，这两个计划反映了美英两国经济地位的变化和两国争夺世界金融霸权的斗争。

1943 年 9 月到 1944 年 4 月，美英两国政府在有关国际货币计划的双边谈判中展开了激烈的争论。由于美国在政治上和经济上的实力大大超过英国，因此英国被迫放弃"凯恩斯计划"计划而接受美国的方案，美国也对英国做出一些让步，最后双方达成协议。其后，经过 30 多个国家的共同商讨，《专家关于建立国际货币基金的联合声明》于 1944 年发表。同年 7 月，在美国新罕布什尔州的布雷顿森林镇召开了有44 国参加的"联合和联盟国家国际货币金融会议"，会议通过了以"怀特计划"为基础的《国际货币基金组织协定》和《国际复兴开发银行协定》，总称《布雷顿森林协议》。该协议的通过，标志着第二次世界大战后以美元为中心的国际货币体系——布雷顿森林体系的诞生。

二、布雷顿森林体系的内容

（一）以黄金为基础，以美元作为最主要的国际储备货币

美元与黄金直接挂钩，即各国确认 1934 年 1 月美国规定的 35 美元 1 盎司的黄金官价，各国政府或中央银行可用美元按官价向美国兑换黄金；其他国家的货币则与美元挂钩，把美元的含金量作为各国规定货币平价的标准，各国货币与美元的汇率可按各国货币的含金量来确定，或者不规定含金量而只规定各国货币与美元的比价。

（二）实行固定汇率制度

各国货币与美元的汇率，一般只能在平价上下 1% 的幅度内波动。超过这个界限，其中央银行就有义务在外汇市场上进行干预，以维持汇率的稳定。成员的货币平价一经确定后，不得任意改变。只有当一国的国际收支发生"根本性不平衡"，中央银行无法维持既定汇率时，才允许对本国货币进行法定贬值或升值。假如平价的变更幅度在 10% 以内，则成员可自行调整，事后只需要通知国际货币基金组织确认即可。但是，如果三年内累积调整幅度达到或超过 10%，则必须事先征得国际货币基金组织的批准方可进行。这一固定汇率制度，又称可调整的钉住汇率制，它使美元成为各国货币必须围绕的中心，从而确立了美元的霸权地位。

（三）保证提供辅助性的储备供应来源

《国际货币基金组织协定》规定，成员份额的 25% 以黄金或可兑换成黄金的货币缴纳，其余部分（份额的 75%）则以本国货币缴纳。成员需要储备货币时，可用本国货币向国际货币基金组织按规定程序购买（即借贷）一定数额的外汇，并在规定期限内以购回本国货币的方式偿还所借用的款项。成员认缴的份额越大，得到的贷款

也就越多。贷款只限于成员用于弥补国际收支逆差，即用于贸易和非贸易的经常项目的支付。

（四）成员不得限制经常项目的支付

《国际货币基金组织协定》规定，成员不得限制经常项目的支付，不得采取歧视性的货币措施，要在兑换性的基础上实行多边支付，要对现有国际协议进行磋商，这是成员的一般义务。

（五）《国际货币基金组织协定》规定了"稀缺货币条款"

当一国的国际收支持续盈余，并且该国货币在国际货币基金组织的库存下降到份额的15%以下时，国际货币基金组织可将该国货币宣布为"稀缺货币"。国际货币基金组织可按逆差国的需要实行限额分配，其他国家有权对"稀缺货币"采取临时性兑换限制，或限制进口该国的商品和劳务。

由此可见，在布雷顿森林体系中，美元可以兑换黄金和各国实行固定汇率制，是这一货币体系的两大支柱。因此，布雷顿森林体系下的国际货币体系实质上是以"黄金-美元"为基础的国际金汇兑本位制。国际货币基金组织是这一货币体系正常运转的中心机构，它具有管理、信贷和协调三个方面的职能，它的建立标志着国际协商与国际合作在国际金融领域的进一步发展。

三、布雷顿森林体系的崩溃

第二次世界大战结束初期，各国都需要从战争废墟中恢复，都需要进口美国商品，但又缺乏美元来支付。拥有美元就拥有了购买美国商品的能力，世界各国对美元的强烈需求造成了20世纪50年代的"美元荒"。为了缓解这种压力，美国、加拿大及各种国际金融组织纷纷向欧洲提供贷款和援助，其中最著名的是美国的"马歇尔计划"。通过这个计划，大量美元流入西欧各国，使得这些国家的经济逐步得到恢复。自1950年起，美国的国际收支开始出现逆差，其原因在于美国仍继续执行援外计划，以及其海外驻军费用支出庞大，美国的低利率政策也促使资本外流。但在1958年以前，国际储备状况基本上还是短缺的，各国都乐于积累美元，没有对美元产生信心问题。

（一）第一次美元危机及其拯救

第一次较大规模的美元危机是1960年爆发的。在危机爆发前，资本主义世界出现了相对美元过剩，有些国家用自己手中的美元向美国政府兑换黄金，美国的黄金储备开始外流。1960年，美国对外短期债务（衡量美元外流的重要指标）首次超过了其黄金储备额，人们纷纷抛售美元，抢购美国的黄金和其他经济处在上升阶段的国家的硬通货。为了维持外汇市场的稳定和金价的稳定，保持美元的可兑换性和固定汇率制，美国要求其他资本主义国家在国际货币基金组织的框架内与之合作，稳定国际金融市场。各国虽然与美国有利害冲突和意见分歧，但是储备货币的危机会直接影响到货币制度的稳定，也关系到各国的切身利益，因而各国采取了协调冲突、缓解压力的态度，通过国际合作制定出一系列措施来稳定美元的地位，减轻对美国黄金库存的压力，避免发生向美国挤兑黄金的风潮。

到1962年为止，美国分别与若干主要工业国家建立了"黄金总库"，并在国际货币基金组织的框架内签订了"借款总安排"和"互惠信贷协议"。

"黄金总库"是美国、英国、联邦德国、法国、意大利、荷兰、比利时和瑞士八国中央银行于1961年10月达成的共同拿出黄金以维持金价稳定和布雷顿森林体系正常运转的一项协议。该协议规定，八国共拿出相当于2.7亿美元的黄金以建立黄金总库，其中美国出50%，联邦德国出11%，英、法、意各出9.3%，瑞、荷、比各出3.7%。黄金由英国中央银行——英格兰银行代为管理。当金价上涨时，就在伦敦市场抛出黄金；当金价下跌时，就买进黄金，以此来调节市场的黄金供求，稳定金价。由于国际市场黄金吞吐量巨大，2.7亿美元的黄金实在是杯水车薪，无济于事。因此，"黄金总库"实际上在1968年美国实行"黄金双价制"后就解体了。

"借款总安排"是国际货币基金组织与10个工业国家（美国、英国、法国、加拿大、联邦德国、日本、意大利、荷兰、比利时、瑞典）于1961年11月签订，并于1962年10月生效的借款协议。当时签订该项借款协议主要是为了向美国以外的9国借入资金以支持美元，缓和美元危机，维持国际货币体系的正常运转。因此，当时向"借款总安排"借用款项的主要是美国。"借款总安排"当时的资金总额为60亿美元，后几经扩大，1983年，资金总额增加到约180亿美元。"借款总安排"有10个出资国，又称"巴黎俱乐部"。瑞士不是国际货币基金组织的成员，但于1964年参加了"借款总安排"，出资2亿美元。

除了上述主要合作性的稳定汇率、稳定金价的措施以外，美国政府在20世纪60年代还一直运用政治压力劝说外国政府不要持美元向美国财政部要求兑换黄金。例如，1967年，美国曾与联邦德国政府达成协议，联邦德国承诺不将其持有的美元向美国兑换黄金。但有些西方国家政府，如法国，对此却丝毫不买账，仍然在兑换黄金，带头冲击美元的霸主地位。

（二）第二次美元危机及其拯救

第二次较大规模的美元危机是1968年爆发的。20世纪60年代中期，随着美国侵越战争的扩大，美国的财政状况明显恶化，国内通货膨胀加剧，美元对内价值不断贬值，美元与黄金之间的固定比价又一次受到严重的怀疑。1968年3月，美国的黄金储备降至大约120亿美元，只够偿付其对外短期负债的1/3。结果，伦敦、巴黎和苏黎世的黄金市场爆发了空前规模的抛售美元、抢购黄金的危机，在半个月内，美国的黄金储备又流失了14亿美元，巴黎市场金价一度涨至44美元1盎司。于是，美国政府被迫要求英国自1968年3月15日起暂时关闭伦敦黄金市场，宣布停止在伦敦黄金市场按35美元1盎司的官价出售黄金，同时还宣布解散"黄金总库"，实行"黄金双价制"。

所谓"黄金双价制"，是指两种黄金市场实行两种不同价格的制度。在官方之间的黄金市场上，仍然实行35美元等于1盎司黄金的比价；而在私人黄金市场上，美国不再按35美元等于1盎司黄金这一价格供应黄金，金价由供求关系决定。至于各国政府或中央银行，仍可按黄金官价，以其持有的美元向美国兑换黄金，各国官方机构也按黄金进行结算。从此，自由市场的黄金价格便与黄金官价完全背离，在国际市场出现了"黄金双价制"。"黄金双价制"说明美国已经无力继续维持黄金市场的官价，布雷顿森林体系开始从根本上动摇。

第二次美元危机爆发后，各国认识到了布雷顿森林体系的缺陷和危机的性质。为了摆脱这一困境，经过长期的讨论，国际货币基金组织于 1969 年 9 月在第 24 届年会上正式通过了特别提款权方案，并从 1910 年起开始发行特别提款权。特别提款权是一种账面资产，国际货币基金组织按"份额"分配给成员，成员方可借以向国际货币基金组织提用资金，并可对其他成员方进行支付、归还国际货币基金组织的贷款，以及在成员方政府之间拨付转移，但不能用于兑换黄金，也不能用于个人一般支付。当时规定 35 个特别提款权等于 1 盎司黄金。

特别提款权的设立与分配，使日益枯竭的美国黄金外汇储备稍有增加，从而提高了其应付国际收支逆差的能力；外国政府或中央银行持有的美元，若要求美国兑换黄金，美国可用特别提款权来支付，因其与黄金等同，所以其能够减少美国黄金储备的流失，有助于美元危机的减缓和国际货币制度的维持。但是，美国的国际收支状况并未因此而改善。到 20 世纪 60 年代末期，美国的经济形势进一步恶化，越南战争连年庞大的军事开支和财政赤字使美国国内的通货膨胀率继续上升，美国产品的国际竞争力低落，国际收支状况进一步恶化。

（三）第三次美元危机及其拯救

第三次美元危机是 1971 年爆发的。1971 年，美国出现了自 1893 年以来未曾有过的全面贸易收支逆差。同年，美国的黄金储备已不及对外短期负债的 1/5。美元贬值的形势已经非常明显，国际金融市场上预期美元贬值的气氛愈加浓厚，这种预期导致大量资本逃离美国。

四、布雷顿森林体系的评价

（一）布雷顿森林体系的作用

在第二次世界大战结束后最初的 15 年里，布雷顿森林体系在许多方面运行良好。它对战后国际经济的恢复与发展，以及国际贸易的大幅度增长，都曾产生过重大影响。

第一，这一体系是以黄金为基础，以美元作为最主要的国际储备货币，美元等同于黄金。在战后黄金生产增长停滞的情况下，美元的供应可以弥补国际储备的不足，这在一定程度上解决了国际清偿能力短缺的问题。

第二，这一体系通过建立货币平价，使各国中央银行承担了维护外汇市场稳定的义务，有利于国际收支逆差的国家实施提供辅助性的国际储备融通、建立汇率变更的严格程序等措施，确实使各国的货币汇率在一个相当长的时期内呈现出较大的稳定性，从而避免了类似 20 世纪 30 年代出现的竞争性货币贬值。而汇率风险的下降对国际贸易、国际投资与信贷活动的发展，无疑是有促进作用的。此外，由于汇率可以调整，因此在调节机制方面多出了一个汇率政策机制。

第三，国际货币基金组织对成员提供各种类型的短期和中期贷款，从而使得有临时性逆差的国家仍有可能继续进行对外商品交换，而不必借助贸易管制，这有助于国际经济的稳定和增长。

第四，这一体系可以融通资金，在国际收支根本不平衡时可以变更汇率，从而保证了各成员经济政策的独立自主。

第五，作为一家国际金融机构，国际货币基金组织提供了国际磋商与货币合作的讲坛，因而在建立多边支付体系、稳定国际金融局势方面也发挥了积极作用。

第六，在金本位制下，各国注重外部平衡，从而使得国内经济往往带有紧缩倾向；而在布雷顿森林体系下，各国一般偏重内部平衡，因此国内经济情况比较稳定，与第二次世界大战以前相比，危机和失业状况都有所缓和。

总之，布雷顿森林体系是第二次世界大战以后国际合作的一个较成功的事例，它为稳定国际金融和扩大国际贸易提供了有利条件，从而增加了世界福利。

（二）布雷顿森林体系的缺陷

虽然布雷顿森林体系曾经对当时的国际经济发展起到了积极作用，但这个体系仍存在着一些重大的缺陷。在国际经济发生变化的过程中，这些重大缺陷最终导致了布雷顿森林体系的崩溃。

1. 美元的双重身份和双挂钩制度是布雷顿森林体系的根本缺陷

这一体系是建立在"黄金-美元"基础之上的，美元既是一国的货币，又是世界的货币。美元作为一国的货币，其发行必然受制于美国的货币政策和黄金储备；美元作为世界的货币，其供应又必须适应国际贸易和国际投资增长的需要。由于规定了美元与黄金挂钩及其他货币与美元挂钩的双挂钩制度，因此黄金产量和美国黄金储备的增长跟不上国际经济和国际贸易的发展，从而导致美元出现了进退两难的状况。一方面，为满足国际经济和国际贸易的发展，美元的供应必须不断地增长；另一方面，美元供应的不断增长，使美元同黄金的兑换性日益难以维持。美元的这种两难，被称为"特里芬难题"，它是美国耶鲁大学教授罗伯特·特里芬于 20 世纪 50 年代首先提出的。"特里芬难题"指出了布雷顿森林体系的内在不稳定性及危机发生的必然性，这就是美元无法按固定比价维持同黄金的兑换性，即美元的可兑换性危机。随着流出美国的美元日益增加，美元同黄金的可兑换性必将引起人们的怀疑，美元的可兑换性信誉必将被严重削弱。因此，导致布雷顿森林体系危机的是美元的可兑换性危机或人们对美元可兑换性的信心危机。

2. 国际收支调节机制的效率不高

调节机制的效率高，意味着调节成本要比较低，调节成本的分配要比较均匀，调节要有利于经济的稳定与发展。在布雷顿森林体系的固定汇率制度下，虽然汇率是可以调整的，但是由于固定汇率的多边性增加了调整平价的困难，而且汇率只允许在平价上下1%的幅度波动，从而使得汇率的体系过于僵化。这个体系的创始人显然希望顺差国和逆差国通过国际货币基金组织的融资、合理的国内政策和偶然的汇率调整恢复平衡。这就是说，成员在国际收支困难时受到双重保护：

（1）暂时性不平衡由国际货币基金组织融通资金。

（2）根本性不平衡则靠调整汇率来纠正。

实践证明，这个调节机制并不是很成功，因为它实际上注重的是国内政策的调节。从调节政策来看，一个国家很难靠一套政策的配合来恢复国际收支平衡，而不牺牲国内经济稳定与对外贸易利益。

3. 调节机制不对称，逆差国家负担过重

在名义上，国际货币基金组织规定，顺差国与逆差国对国际收支的失衡都负有调节责任。但实际上，布雷顿森林体系将更多的调节压力放在了逆差国紧缩经济之上，而不是迫使顺差国膨胀经济。就其他调节形式来看，逆差国承受的货币贬值的压力远比顺差国承受的货币升值的压力要大，逆差国加紧实施管制措施的现象与顺差国放松外汇管制、拆除贸易壁垒相比更为多见，这便是布雷顿森林体系所特有的调节机制不对称问题。产生这种不对称的根本原因是：逆差国为了弥补逆差而不得不向国际货币基金组织贷款或动用本国的国际储备，但国际货币基金组织的贷款是有条件的，并且是中、短期性质的，而本国的国际储备则是有限的，若不及时采取其他有效的措施从根本上清除国际收支不平衡的根源，中央银行的国际储备将会大量流失，甚至发生枯竭。而顺差国则不同，从理论上讲，它可以无限制地累积国际储备。当然，由于中央银行不断购进外汇，该国的货币基础会不断扩大，这容易引起通货膨胀，因此，为了稳定国内物价，顺差国往往通过在公开市场上抛售政府债券以回笼货币的方法来"蒸发"国际收支盈余对本国货币供应量的影响。其结果是，顺差国的调节压力被大大减弱了，如日本等经常有巨额盈余的国家，往往不愿意通过及时地使其货币升值来减少或消除国际收支顺差，迫不得已采取纠正措施的绝大多数都是逆差国。据统计，1970—1974 年共发生过 200 多次货币贬值，而货币升值却仅有 5 次。《国际货币基金组织协定》曾有"稀缺货币条款"，以便使国际调节过程更具有对称性。然而，令人遗憾的是，出于某种原因，这项旨在向持续顺差的国家施加调节压力的条款，在整个布雷顿森林体系时期从未被行使过。

4. 储备货币的供应缺乏有效的调节机制

从国际经济和国际贸易发展的角度来看，储备货币的供应不能太少，太少将限制国际经济和国际贸易的发展；从物价和货币稳定的角度来看，储备货币的供应又不能太多，太多会引起世界性通货膨胀和货币混乱。在浮动汇率制和多种储备货币体系下，一种储备货币的过多供应，会导致该种储备货币的汇率下浮，需求下降，因而可调节该种储备货币的供应。但在布雷顿森林体系僵化的汇率制度下，世界其他国家为了减少调节成本而倾向于不断积累美元，因而美国又可以不断地输出美元。对美元供应的唯一限制是，用美元兑换美国的黄金储备。于是，当美元的供应相对不足时，各国会拼命积累美元，从而引发美元的不断输出；当美元的供应相对过多时，各国又会抛售美元，换取美国的黄金储备，从而直接威胁到布雷顿森林体系的生存。

第四节　牙买加体系

布雷顿森林体系崩溃后，国际间为建立一个新的国际货币体系进行了长期的讨论与协商。在对国际货币体系进行改革、建立新体系的过程中，充满了各种矛盾和斗争，最终各方通过妥协，就国际货币体系的一些基本问题达成了共识，并于 1976 年 1 月在牙买加首都签署了一个协议——《牙买加协议》，该协议自 1978 年 4 月 1 日起生效。至此，国际货币体系进入了一个新的阶段——牙买加体系。

一、牙买加体系的内容

牙买加体系肯定并继承了布雷顿森林体系下的国际货币基金组织，但又摒弃了布雷顿森林体系以美元为中心的双挂钩制度。其基本内容包括以下几个方面：

（一）承认浮动汇率制的合法性

成员方可以自由选择决定汇率制度，国际货币基金组织承认固定汇率制度和浮动汇率制度同时并存；成员方的汇率政策应受国际货币基金组织的监督，并需要与国际货币基金组织协商；实行浮动汇率制的成员应根据条件逐步恢复固定汇率制，防止采取损人利己的货币贬值政策；在认为国际经济条件已经具备时，经总投票权85%的多数票通过，国际货币基金组织可以决定采用"稳定的但可调整的货币平价制度"，即恢复固定汇率制度。

（二）黄金非货币化

废除黄金条款，取消黄金官价，用特别提款权逐步代替黄金作为国际货币体系的主要储备资金；取消成员方之间及成员方与国际货币基金组织之间以黄金清算债权债务的义务；各成员方中央银行可按市价从事黄金交易，国际货币基金组织不在黄金市场上干预金价。基金组织持有的黄金应逐步加以处理：其中1/6（2 500万盎司）按市价出售，超过其官价（每盎司42.22美元）部分作为援助发展中国家资金；1/6由原缴纳的成员方按官价买回；剩余的黄金必须经总投票权85%的多数票通过，决定向市场出售或由各成员方买回。

（三）特别提款权作为主要的储备资金

在未来的货币体系中，应以特别提款权作为主要储备资金，并作为各国货币定值的基础。凡有特别提款账户的国家，可以通过账户用特别提款权进行借贷，或偿还国际货币基金组织的债务。国际货币基金组织要加强对国际清偿能力的监督。

（四）扩大对发展中国家的资金融通

用在市场上出售黄金超过官价部分的所得收入建立信托基金，向最穷困的发展中国家以优惠条件提供贷款，帮助它们解决国际收支方面的困难。同时，扩大国际货币基金组织的信用贷款总额，由占成员方份额的100%提高到145%；增加出口波动补偿贷款的比重，由占成员方份额的50%增加到75%。

（五）增加国际货币基金组织的份额

各成员方对国际货币基金组织缴纳的份额，由原来的292亿美元特别提款权增加到390亿美元特别提款权，增加33.6%。各成员方应缴份额所占的比重有所改变，主要是石油输出国组织的比重由5%增加到10%。除德国、日本外，西方主要工业国家的份额均有所降低，而英国下降最多。份额重新修订的一个重要结果是，与发展中国家的投票权相比，发达国家的投票权相对减少了。

二、牙买加体系的评价

（一）牙买加体系的优点

《牙买加协议》签订后，国际货币制度实际上是以美元为中心的多元化国际储备体系和浮动汇率制。

1. 多元化的国际储备体系

尽管在布雷顿森林体系解体后，美元在各国国际储备中的份额已减少，但它仍然是最主要的储备货币。这可以从以下两个方面得到解释：

一方面，某种储备货币国际需求的变化往往对国内经济产生影响。就美国而言，其国内经济活动占绝对优势，而日本、德国、瑞士等国则是以国际经济活动为主导。这样，任何规模的国际资本流动对美国市场的干扰远小于它对日本、德国、瑞士等国市场的干扰。因此，尽管日元、德国马克、瑞士法郎在国际市场上很受欢迎，但相应国家却拒绝本国货币在国际经济活动中起更大作用。

另一方面，美元作为国际间最主要的计值单位、交易媒介、价值贮藏手段的地位仍不可替代。在国际贸易中，很多产品以美元计价，约 2/3 的进出口贸易以美元结算；在计算和比较世界各国的 GDP、人均收入、进出口额、外汇储备等指标时，通常折合成美元；在国际金融市场上，绝大多数外汇批发业务是美元交易，各国中央银行外汇储备的很大部分也是美元。

2. 浮动汇率的长期化

1973 年，固定汇率制度崩溃后，工业发达国家都纷纷改为浮动汇率制。浮动汇率制的优点在于可以比较灵敏、准确地反映出不断变化的国际经济状况，还可以调节外汇市场的供求关系，从而促进国际贸易和世界经济的发展。浮动汇率制对国际经济的这种有利作用主要表现在：

（1）各国的汇率可以根据市场供求状况自发调整，不再长期偏离实际价值；

（2）可以解除硬通货国家在固定汇率制下维持汇率稳定的义务，不再被拖入通货膨胀；

（3）可以使一国的财政政策和货币政策更具有独立性和有效性，不再为了外部经济而牺牲内部经济；

（4）为避免汇率风险，客观上促进了国际金融业务的创新和发展。

3. 汇率安排多样化

根据国际货币基金组织的统计，到 2000 年 6 月，国际货币基金组织成员的汇率制度安排为：货币区或货币联盟（37 个国家，包括欧盟 11 国）；货币局制度（8 个国家或地区）；钉住汇率制（67 个国家），包括传统的钉住汇率制（44 个国家）、可调整的钉住汇率制（8 个国家）、爬行钉住汇率制（6 个国家）、可调整的爬行钉住汇率制（9 个国家）；浮动汇率制（73 个国家），包括管理浮动汇率制（25 个国家）和自由浮动汇率制（48 个国家）。

4. 对国际收支失衡的调节

在布雷顿森林体系下，调节成员方国际收支失衡的渠道主要是：当成员发生暂时性国际收支失衡时，通过国际货币基金组织来调节；当成员的国际收支出现根本性失衡时，通过改变货币平价、变更汇率来调节。而牙买加体系除了可以继续依靠国际货币基金组织和变动汇率外，还可以通过利率变动、国际金融市场的媒介作用、国际商业银行活动、外汇储备的变动等渠道来调节，各种调节手段还可以结合起来运用，这在一定程度上克服了布雷顿森林体系后期调节机制失灵的困难。

（二）牙买加体系的缺陷

牙买加体系是国际金融动荡的产物，自形成以来，它对国际经济的正常运转起了一定的积极作用。然而这个体系的缺陷，也随着时间的推移充分暴露出来。

1. 多元化国际储备不能完全符合世界经济均衡增长的要求

在国际储备多元化的条件下，各储备货币发行国尤其是美国，仍然享受着向其他国家征收"铸币税"的特权，并且国际清偿力仍不能完全符合世界经济均衡增长的形势，它不仅丧失了金本位条件下的自动调节机制，也没有形成国际货币基金组织对国际清偿力增长的全面控制。另外，多元化国际储备体系本身缺乏统一、稳定的货币标准，因此具有内在的不稳定性。只要对其中某一种货币的信心稍有动摇，其持有者便欲抛出该货币，兑换成别的国际储备货币。国际储备货币间的投机不可避免，这种投机使汇率波动频繁且剧烈，这不仅给国际贸易和投资带来了巨大的风险，而且给整个世界经济的发展带来了不利影响。

2. 多种汇率制度导致国际经济发展的动荡

在牙买加体系下，各国拥有了选择汇率制度的自由，但实际情况是，主要工业国基本上实行浮动汇率制，而大多数发展中国家采用钉住汇率制，大国往往只顾自身利益而独立或联合起来改变汇率，使钉住它们货币的发展中国家无论国内经济状况好坏，都不得不随之重新安排汇率，承受额外的外汇风险，最终导致发展中国家的外汇储备和外债问题更加复杂化。

3. 国际收支的多种调节机制相互间很难协调，无法全面改善国际收支失衡的状况

在牙买加体系中，国际收支的调节虽然是通过多种机制相互补充的办法来实现的，但实际上，各种调节机制自身都有局限性，且相互间很难协调，它们的作用也常常是相互矛盾、相互抵消的，从而无法全面改善国际收支失衡的状况。自 1973 年以来，国际收支失衡的局面一直没有得到改善，而且日趋严重。一些逆差国，尤其是发展中国家，只能依靠借外债来缓解，有的国家甚至成为重债国，一旦经济发展不利，极易发生债务危机。在这种情况下，逆差国往往不得不诉诸国际货币制度以外的力量，如实行各种形式的贸易保护主义来强制平衡国际收支。1994 年墨西哥金融危机和 1997 年 7 月从泰国开始爆发的东南亚、东亚、俄罗斯、巴西的金融危机都表明，牙买加体系创建 20 多年来，全球范围内的长期国际收支不平衡状况并未得以根除。

综上所述，牙买加体系已不能适应当前世界经济的发展，必须进行根本性改革。

第五节　区域性货币制度

一、区域性货币合作概述

随着世界经济尤其是区域经济一体化的发展，很多国家在经济发展水平和发展阶段上呈现出了相似性，并开始进行区域性的货币合作。1961 年，中美洲一些国家成

立了中美洲经济一体化银行；1962 年，西非六国成立了西非货币联盟；1968 年和 1977 年，拉美五国分别成立了安第斯开发公司和安第斯储备基金；1972 年，21 个阿拉伯国家建立了阿拉伯货币基金；1963 年，苏联和东欧诸国建立了以转账卢布为中心的经互会货币区；1972 年，西欧诸国实行了联合浮动汇率，进而演变为较紧密的欧洲货币体系，再发展到更紧密的欧洲货币联盟和欧元区……这些都是区域性货币合作的具体表现。从严格意义上讲，适当区分区域性货币合作、区域性货币同盟以及通货区是有益的。

区域性合作是一个最广义的概念，它覆盖了所有货币合作的形式和程度。它既可以是松散的，也可以是紧密的；既可以是暂时的，也可以是长久的；既可以局限在某个方面，也可以是全面的。因此，区域性货币合作实际上是指有关国家在货币问题上实行的协商、协调乃至共同行动。

区域性货币同盟是区域性货币合作的一种表现形式，它是指通过法律文件（共同遵守的国际协议）就货币金融的某些重大问题进行的合作。

通货区是区域性货币同盟的一种高级表现形式。它具有以下几个显著特点：第一，成员货币之间的名义汇率相互固定；第二，具有一种占主导地位的货币作为各国货币汇率的共同基础；第三，这种货币与成员方货币之间可充分地自由兑换；第四，有一个适当的协调和管理机构；第五，成员方的货币政策主权受到削弱。

区域性货币合作的本质是以削弱成员方的货币政策主权为代价来达到区域间经济协调和一体化的制度安排。由于涉及部分经济主权的让渡，因此，关于如何认定区域性货币合作的范围，以及如何判断是否加入区域性合作，经济学家进行了大量的研究和讨论，由此产生了最适度通货区理论。

二、最适度通货区理论

最适度通货区理论是关于通货区的认定、范围、成立的条件以及加入通货区的成本和收益等内容的一整套理论的统称。由于汇率、主导货币问题、货币兑换性问题都是国际货币体系中的重大课题，因此，最适度通货区理论实际上也是国际货币体系理论的一个组成部分。从实践的层面考察，该理论又是国际政策协调理论中唯一得到正式实践的部分。作为最适度通货区理论的最佳例证，欧洲货币一体化在世界范围内产生了深远的影响，其实践过程既为该理论中有关政策协调如何影响内外均衡的内容提供了现实的说明，又为未来国际货币体系的改革提供了有益的借鉴。

在通货区内，各成员方的货币相互间保持固定汇率，这就意味着各国要放弃汇率变动这一调节国际收支失衡的手段。在此情况下，如何使收支重新得到平衡而不影响国内均衡，就成为了一个关键问题。最适度通货区理论的主要思路是：在实行固定汇率政策的通货区内，找出调节国际收支的途径和条件，并将调节条件转化为具体指标，根据各国是否符合这些指标确定各国是否应该加入通货区。具体而言，最适度通货区的判断标准大致可以分为以下六种：

（一）要素流动性分析

蒙代尔在 1961 年提出，用生产要素的高度流动性作为确定最适度通货区的标准。蒙代尔认为，需求转移是一国出现外部失衡的主要原因。假定 A 国生产甲产品，

B 国生产乙产品，若对乙产品的需求现在转向甲产品，则 B 国的失业增加，A 国出现通货膨胀压力；如果两国之间的汇率是浮动的，则 B 国货币相对于 A 国货币的贬值将使乙产品相对于甲产品变得便宜，从而使乙产品的需求上升，甲产品的需求下降，这样国际收支就恢复了平衡。但在固定汇率制下，就必须另外有一个调节需求转移的机制，这个机制只能是生产要素的高度流动，即在乙产品供大于求的情况下，B 国多余的生产要素向 A 国流动，从而使乙产品的产出下降，甲产品的产出上升，这样，两类产品的供给和需求重新均衡，要素也得到了充分利用。

但这样的机制存在两个问题：第一，生产要素的高度流动可能使货币同盟中的富国越富，穷国越穷（生产要素不断从穷国流出）；第二，蒙代尔并没有对生产要素中的资本和劳动力进行区分，而劳动力的流动受到气候、生活习惯、文化和道德风俗诸方面差异的约束，成本较大，相比资本流动有较大的困难。

（二）经济开放性分析

1963 年，麦金农提出，应以经济的高度开放性作为确定最适度通货区的标准。

麦金农将社会总产品区分为可贸易商品和不可贸易商品。可贸易商品在社会总产品中的比重越高，经济越开放。他认为，一个经济高度开放的小国难以采用浮动汇率制有以下两条理由：第一，由于经济高度开放，市场汇率稍有波动就会引起国内物价的剧烈波动；第二，对一个进口在消费中占有很大比重的高度开放的小国而言，汇率波动对居民实际收入的影响非常大，这使得存在于密封经济中的货币幻觉消失，进而令汇率变动丧失了纠正对外收支失衡的作用。为此，麦金农强调，一些贸易关系密切的开放国家应该组成一个相对封闭的共同货币区，并在区内实行固定汇率制，而对与其贸易往来关系不大的地区实行浮动（或弹性）汇率制。

麦金农理论的局限性表现在以下三个方面：第一，他是以世界各国物价普遍稳定为前提来考察汇率变动后果的，但这一假设是缺乏现实依据的。因为即便在 20 世纪 60 年代中期以前世界物价水平相对稳定的情况下，发达国家也可以通过固定汇率向外传递通货膨胀和经济不稳定性。因此，如果将这个前提颠倒一下，经济高度开放的国家恰恰应以浮动汇率隔绝外来的不稳定影响。第二，麦金农的分析以经济高度开放的小国为对象。如果一个小国的贸易伙伴主要是一个大国，且其汇率钉住后者的货币，或是几个小国因彼此之间密切的贸易关系而结成货币同盟，则经济开放性标准是有意义的；但若一个小国的贸易分散于几个大国，并且这些大国的货币彼此浮动，那么麦金农的指标就失去了意义。第三，麦金农的分析重点在贸易账户方面，忽略了资本流动对汇率安排和国内经济的影响。

（三）产品多样性程度分析

凯南于 1969 年提出，应以产品多样性程度作为确定最适度通货区的标准。

与蒙代尔一样，凯南也假设国际收支失衡的主要原因是宏观经济的需求波动。他认为，一个产品相当多样化的国家，出口也是多样化的。在固定汇率制下，对一个产品多样化程度高的国家而言，由于单一产品的出口在整个出口中所占的比重不大，因此其需求的下降不会对国内就业产生太大影响；相反，对一个产品多样化程度低的国家来说，若外国对本国出口商品的需求下降，就必须对汇率进行较大幅度的变动，才能维持原有的就业水平。可见，对产品多样性程度高的国家而言，外部动荡对经济的冲击力较小，其可以承受固定汇率制的后果，而产品多样性程度低的国家则不能。

产品多样性程度分析的基本出发点在于，按照国际货币的被动性权力来划分最适度通货区，从而忽略了国际货币的主动性权力在汇率安排中的作用。事实上，世界经济的复杂性要求各国必须综合权衡其国际货币的被动性权力、主动性权力和阻止性权力，这样才能最后确定汇率安排。例如，英国是一个产品多样性程度高的国家，但它没有足够的国际货币主动性权力，因此它没有加入 1973 年的西欧联合浮动和目前的欧元体系。此外，凯南同麦金农一样，也忽视了资本流动对国际货币被动性权力的影响，没有考虑到国内经济比世界具有更大的不稳定性，因而在最适度通货区分析中犯了与麦金农类似的错误。

（四）金融一体化程度分析

针对以上实体经济的分析未能圆满解释最适度通货区标准的情况，伊格拉姆于1969 年指出，在决定通货区的最优规模时，有必要考察一国的金融特征。1973 年，他提出以国际金融一体化程度作为确定最适度通货区的标准。

伊格拉姆认为，一个区域内各国国际收支的不平衡同资金的移动状况有关，尤其同缺乏长期证券的自由交易有关。如果国际金融市场的一体化是不完全的，那么国外居民就会以短期外国证券为主要交易对象，因为买卖短期证券的外汇风险可以通过远期市场的套补来消除，但这样一来，各国长期利率的结构就会发生明显的差异，国际收支失衡就无法由资本流动来调整。相反，如果国际金融市场实现了高度一体化（尤其是长期资本市场的高度一体化），那么只要国际收支失衡导致利率发生小幅变动，就会引起均衡性资本（非投机性短期资本）的大规模流动，从而弥补国际收支失衡。

伊格拉姆的金融高度一体化标准的缺陷在于，它只强调了资本要素的流动，但资本要素的流动不一定能成为国际收支的一种有效调节机制；同时，它还忽视了经常账户的作用。此外，同蒙代尔一样，伊格拉姆是从固定汇率的维护机制来分析最适度通货区标准的，但在现实世界中，即使是货币同盟内部，顺差国也不愿意无止境地向逆差国融资。

（五）政策一体化程度分析

1970 年，托尔和威莱特提出应以政策一体化程度作为确定最适度通货区的标准。

他们认为，通货区能否成功，关键在于其成员方对于通货膨胀和失业增长的看法，以及对这两个指标之间替代能力的认识是否具有合理的一致性。换句话说，一个不能容忍失业的国家是难以同另一个不能容忍通货膨胀的国家在政策取向上保持一致的。因此他们建议，应当以政策合作作为国际收支的平衡机制，建立一个超国家的、统一的中央银行和统一的财政制度。

但是，由于各国政治主权的存在，统一的宏观经济管理机构的建立是较为困难的，而且，即使建立了这样的机构，也难以保证各个成员方的国际收支平衡，这可以由部分发达国家长期存在不发达地区的事实得到证明。

（六）通货膨胀率相似性分析

1970 年和 1971 年，哈伯勒和弗莱明分别提出以通货膨胀率的相似性作为确定最适度通货区的标准。

他们认为，国际收支失衡最可能是由于各国的发展结构不同、工会力量不同所引起的通货膨胀差异造成的，这种分析角度与当时正在形成中的国际收支货币分析法有关。根据国际收支货币分析法，国际收支失衡本质上是一种货币现象，在固定汇率安排下，如果国内的实际货币余额大于预期的货币余额（比如货币当局创造了更多的新货币从而发生通货膨胀压力），超额货币必然形成额外支出，除了购买本国货币外，还会增购进口货物和外国证券，于是，货币的出口便大于货币的进口，进而引起商品进口大于商品出口（或证券进口大于证券出口），这意味着国际收支出现恶化。因此，如果区域内各国的通货膨胀率一致，就可以在汇率固定的同时避免国际收支失衡。

不可否认，通货膨胀会使国际收支恶化，但是，把通货膨胀说成是国际收支失衡的最经常、最主要的原因也是不完全符合现实的。在国际收支货币分析法中，关于货币的需求函数是稳定的，以及市场有完善的传递超额需求的机制等假定前提都是令人怀疑的。事实证明，通货膨胀不一定是国际收支失衡的主要原因，用它作为确定最适度通货区的唯一标准是缺乏依据的。例如，20 世纪 60 年代，美国、加拿大和西欧的通货膨胀率差异非常小，但加拿大几次对美元实行浮动汇率，西欧却出现了国际收支逆差。实际上，国际收支的不平衡是由各国的经济结构差异、国际交换关系不平等、劳动生产率差异、利率差异和通货膨胀率差异等因素共同作用的结果，而且，前面几项因素有时甚至是更加重要的。因此，不能用单一的通货膨胀率指标来证明通货区的合理性。

三、欧洲货币体系

（一）欧洲货币体系产生的历史背景

为了加强政治、经济联合，西欧六国（法国、联邦德国、意大利、荷兰、比利时、卢森堡）于 1958 年 1 月 1 日成立了欧洲经济共同体。其共同目标是：在经济领域里逐步统一经济政策，建立工农业产品的统一市场，在共同体内实现资本和劳动力的自由流动，协调各成员方财政、金融、货币等方面的政策和立法，当时机成熟时，再从经济联盟发展成为政治联盟。欧洲经济共同体在建立初期，由于以美元为中心的布雷顿森林体系运转尚好，因此没有明确提出货币一体化的目标，只注意到了协调货币金融政策的问题。

20 世纪 60 年代初，布雷顿森林体系陷入危机。1960 年 10 月，第二次世界大战后第一次抛售美元、抢购黄金的风潮爆发，引起了欧洲经济共同体成员方货币汇率的波动。于是，欧洲经济共同体成员国要求协调货币政策、逐步实现货币一体化的呼声日益高涨。1965 年 4 月 8 日，六国签订了《布鲁塞尔条约》，决定将欧洲煤钢共同体、欧洲原子能共同体和欧洲经济共同体统一起来，统称"欧洲共同体"。1971 年 2 月 9 日，欧洲共同体部长理事会达成协议，决定着手建立经济和货币同盟。布雷顿森林体系崩溃后，国际金融关系错综复杂，各国之间的利益冲突甚大，短期内无法建立一个统一的、被大多数国家所接受的国际货币体系。欧洲共同体中的法国、联邦德国、荷兰、比利时、卢森堡和丹麦等国家率先建立了"联合浮动集团",并于 1973 年 3 月开始实行联合浮动,参加联合浮动的国家的货币之间仍维持固定汇率,由各国中央银行保证它们之间的波动幅度不超过 2.25%,它们对美元及其他货币则实行浮动汇率,任其根据外汇市场的供求状况自由涨落。1978 年 4 月,在丹麦哥本哈根举行的欧洲共同体首脑会议上,各成员国对建立欧洲货币体系的可能性首次交换了意见,同年 7 月和 12 月,各成员国两次讨论了欧洲货币体系的问题,并决定自 1979 年 1 月 1 日起正式建立欧洲货币体系。欧洲货币体系旨在进一步摆脱对美元的依赖及美元危机的影响,最终目的是实现欧洲共同体的经济货币联盟,其首先要解决的问题是稳定成员国的货币汇率。为此,欧洲货币体系确定了一系列主要内容。

(二) 欧洲货币体系确定的主要内容

1. 建立欧洲货币单位

欧洲货币单位 (ECU) 是欧洲货币体系的核心,它是由欧洲共同体成员国的货币,各按一定比重加权计算定值的一揽子货币。各成员国货币所占的比重取决于各自的经济实力(如外贸和国民生产总值),每隔 5 年调整一次,但如果任何一种货币的比重变动超过 25% 时,权数构成可重新调整。

2. 实行稳定汇率机制

稳定汇率机制是欧洲货币体系的核心组成部分。根据该机制的安排,汇率机制的每一个参加国都要确定本国货币同欧洲货币单位的固定比价,即确定一个中心汇率,然后依据中心汇率套算出与其他参加国货币相互之间的比价。稳定汇率机制通过各国货币当局在外汇市场上的强制性干预,将各国货币汇率的波动限制在允许的幅度以内。也就是说,如果两种货币的汇率达到允许波动幅度的上限或下限,那么弱币国货币当局必须买入本币以阻止其进一步贬值,相应地,强币国货币当局必须卖出本币以阻止其继续升值。通过这种对称性的市场干预,欧洲共同体实现了汇率机制的稳定。

3. 建立欧洲货币基金

欧洲货币基金是欧洲货币体系的基础。1973 年 4 月,欧洲共同体为稳定汇率而建立了"欧洲货币合作基金",对成员国提供信贷,但该基金总共只有 28 亿欧洲货币单位,远不足以适应干预市场的需要。1979 年 4 月,该基金又集中了当时欧洲共同体 9 个成员国 20% 的黄金、外汇储备,以及相同数额的各国本国货币。到 1981 年 4 月,该基金的总额达到了 730 亿美元。与此同时,该基金还规定了信贷体制,各成员国中央银行可以相互提供本国货币的短期信贷,数量不限,以作为干预市场能力的补充,并最终形成了实力雄厚的稳定市场所必需的共同储备。

(三) 欧洲货币体系的发展——欧洲货币联盟

进入 20 世纪 80 年代以后,欧洲共同体各国逐渐摆脱了经济的内外危机,要求积极推进欧洲联盟的建设和欧洲货币一体化的进程。1985 年 12 月,欧洲共同体卢森堡首脑会议通过了《单一欧洲法》,决定用 7 年时间,于 1992 年年底建成欧洲统一大市场,实现商品、资本、人员和服务等在成员国之间的自由流通,真正达到经济、货币一体化。1988 年 6 月第 39 届欧洲共同体首脑会议决定,成立以欧洲共同体执委会主席德洛尔为首、各成员国央行行长和专家参加的 17 人委员会,专门研究欧洲货币联盟的可行性。1989 年 6 月，共同体理事会讨论并批准了德洛尔委员会提出的《关于欧共体经济与货币联盟的报告》，该报告建议分三个阶段实现经济与货币联盟，每个阶段的具体期限没有规定，只是规定了第一个阶段最晚起始于 1990 年 7 月 1 日和各阶段的主要目标。

1991 年 12 月 9 日至 10 日，欧洲共同体 12 个成员首脑在荷兰小镇马斯特里赫特召开会议，并于 1992 年 2 月 7 日签署了《马斯特里赫特条约》，即《欧洲联盟条约》。《欧洲联盟条约》是欧洲货币一体化道路上的一个里程碑。

《欧洲联盟条约》分为《政治联盟条约》和《经济联盟条约》，并参照德洛尔计划制定了实现欧洲货币联盟的具体时间表：第一阶段从 1990 年 7 月 1 日到 1993 年年底，各成员国均应加入欧洲货币体系的汇率机制，并加强成员国货币政策和汇率政策的协调，尽可能减少中心汇率的调整次数；第二阶段从 1994 年 1 月 1 日到 1996 年年底，最迟至 1998 年年底，开始建立和建成独立的欧洲货币机构，以监督成员国的经济政策和货币政策，实现各国汇率的窄幅浮动，加强经济政策的协调，使一些主要经济指标达到规定标准；第三阶段从 1997 年起，即最早始于 1997 年年初但不晚于 1999 年 1 月 1 日，实现单一货币，同时规定于 1997 年 1 月 1 日或最迟于 1998 年 12 月 31 日成立欧洲中央银行，负责制定统一的货币政策。

《欧洲联盟条约》于 1992 年 2 月 7 日正式签订，原计划在 1993 年 1 月 1 日前完成各成员国批准的程序，但由于中间的曲折，1993 年 11 月 1 日才正式生效，比原计划拖延了 10 个月。随着《欧洲联盟条约》的正式生效，欧洲共同体更名为欧洲联盟，简称欧盟。根据《欧洲联盟条约》的规定，欧盟在 1995 年 12 月 15 日召开的欧盟马德里首脑会议上，将欧洲货币的名称正式确定为"欧元"（EURO），取代了欧洲货币体系的"埃居"（ECU），并确定了单一货币实施的时间表。按照这一时间表，欧元的启动分为以下几个阶段进行：

第一阶段：1991 年 12 月至 1998 年 12 月 31 日，此阶段为欧元实施的准备阶段。

第二阶段：1999 年 1 月 1 日至 2001 年 12 月 31 日，此阶段为欧元区内各国货币向欧元转换的过渡期，欧元汇率于 1999 年 1 月 1 日固定下来，并且不可撤销。金融批发市场的业务将以欧元进行，企业、个人可以在银行开立欧元账户，欧元的收付可以在账户之间进行，但欧元的纸币和硬币未投入流通。

第三阶段：2002 年 1 月 1 日至 2002 年 6 月 30 日，此阶段，欧元纸币和硬币将投入流通，欧元在欧元区内与各国原货币的纸币和硬币同时流通。

第四阶段：2002 年 7 月 1 日以后，欧元区内各国的原货币完全退出流通，欧元成为欧元区内唯一的货币，欧洲统一货币正式形成。

四、欧元启动对经济的影响

欧洲单一货币———欧元的实现，不仅使欧洲的面貌发生了深刻的变化，而且将在国际金融领域发挥重要的作用，对世界政治和经济的发展产生深远影响。

（一）对欧盟国家经济的影响

1. 欧元启动有利于减少外汇风险，促进欧盟的生产、贸易和投资

欧元流通后，欧元区原有的汇率波动自然消失，这大大减少了统一市场内的外汇

风险，使成员国之间的融资和投资步伐加快，使各种生产要素在整个欧元区的配置更加合理。

2. 欧元启动对欧元区国家抑制通货膨胀、稳定物价起到积极作用

抑制通货膨胀长期以来是欧盟各国政府政策的重要目标，但由于缺乏有效的配合，各国都付出了很大的代价，一个国家的货币政策往往被另一个国家的货币政策所抵消。欧元启动后，货币政策由欧洲央行统一制定，欧洲央行具有较强的独立性，并且把抑制通胀、稳定物价作为首要目标，这有可能从制度上减少恶性通货膨胀的产生。

3. 欧元启动大大降低了成员国之间经济交易的成本

欧元使用的直接结果是简化了手续，节省了时间，加快了商品的流通速度，大幅度降低了货币汇兑成本，减少了核算费用和交易费用等非生产性支出。

4. 欧元启动加速了以欧盟为核心的"大欧洲"的形成

这将有助于欧洲作为世界的一极，在国际组织和世界事务中产生更大的影响，发挥更大的作用。

（二）对世界经济的影响

1. 对世界贸易产生推动作用

由于欧元区是世界经济增长源之一，欧元区的经济增长对其他国家和地区来讲，意味着进出口市场的容量扩大，从而带动了世界其他国家和地区对外贸易的增长。

2. 对国际货币体系的影响

欧元对国际货币体系的影响主要体现在以下几方面：

（1）对国际储备的影响。欧元启动后不久便成为仅次于美元的第二大国际储备货币，它的出现对以美元为主的国际储备格局形成了重大的冲击。目前，美元在世界经济与国际金融中仍占据主导地位，但从长期前景来看，美国的经济周期变化以及欧洲经济实力与规模效益的逐渐释放，会有助于欧元竞争力的提高，欧元在各国外汇储备中的比重将逐渐增加，国际储备体系将由第二次世界大战后以美元为主导的单极格局逐渐转变为以欧元和美元为主导的双极格局。

（2）对国际汇率制度的影响。欧元作为国际货币的地位对国际汇率制度也产生了很大的影响。1999年，欧元区以外的30多个国家都不同程度地将汇率制度与欧元挂钩。除此以外，欧元还在一些国家和地区成为法定货币。

（3）对全球货币一体化的影响。欧洲货币一体化的成功有较强的示范效应，它将推动世界其他国家和地区对区域货币一体化的尝试，从而加剧全球范围内货币集团化的倾向。

3. 对国际资本市场产生重大影响

欧元的启动为欧洲资本市场的发展提供了一个良好的契机。自1999年1月1日起，在欧洲各股票交易所上市的所有股票均以欧元报价，这样就使股票市场、货币市场和银行业务融为一体，即以欧元经营。从中期看，这将改变人们的投资策略，促进跨欧洲的蓝筹股市场的建立。从长期看，欧盟将整合为一个统一的资本市场。

第六节　国际货币体系改革

20世纪70年代以来，有关国际货币体系改革的争论围绕着密切相关的三大问题：本位货币制、汇率制度和国际收支调节机制。这些问题的解决关系到国际货币体系的未来，这一节我们主要介绍关于这些问题的探讨。

一、国际货币体系改革的主要方案和建议

国际货币体系改革的方案和建议主要有以下几种：

（一）创立国际商品储备体系

由于许多发展中国家受初级产品和原材料价格剧烈波动的影响，因此国际收支状况经常恶化。一些经济学家提出了以商品为基础的国际储备货币，以解决初级产品价格波动和国际储备制度不稳定的问题。其主要内容包括：

（1）建立一个世界性的中央银行，发行新的国际货币单位，其价值由一个选定的商品篮子来决定，商品篮子由一些基本的国际贸易产品，特别是初级产品构成。

（2）现有的SDR将被融合到新的国际储备制度中，其价值重新由商品篮子决定，其他储备货币将完全由以商品为基础的新型国际货币所取代。

（3）世界性的中央银行将用国际货币来买卖构成商品篮子的初级产品，以求达到稳定初级产品价格，进而稳定国际商品储备货币的目的。

这种改革方案在理论上讲得通，但在实际中很难实施。由于此方案需要储备大量的初级产品，因此要付出高昂的成本，但由谁来分担这一成本的问题并不好解决。另外，建立世界性的中央银行是发行商品货币的前提条件，这在目前来看是无法实现的。

（二）建立国际信用储备制度

美国经济学家特里芬教授1982年在《2000年的国际货币制度》一文中提出了建立国际信用储备制度的设想。他认为，国际货币制度改革的根本出路在于建立超国家的国际信用储备制度，并在此基础上创立国际储备货币。国际储备货币不应由黄金、其他贵金属和任何国家的货币来充当。特里芬教授建议，各国应将其持有的国际储备以储备存款的形式上缴国际货币基金组织保管，国际货币基金组织将成为各国中央银行的清算机构。国际货币基金组织或其他类似的国际金融机构能将所有的国家或地区都吸收为成员，那么国际间的支付活动就反映为国际货币基金组织的不同成员方的储备存款账户金额的增减。国际货币基金组织所持有的国际储备总量应由成员方共同决定，并按世界贸易和生产发展的需要加以调整。储备的创造可以通过对成员方放款、介入各国金融市场购买金融资产，或定期分配新的特别提款权来实现，但是不应受黄金生产或任何国家收支状况的制约。

特里芬在他的著作中曾具体指出，应以SDR作为唯一的国际储备资产，以逐步取代黄金和其他储备货币。但他主张各国中央银行服从于一个超国家的国际信用储备机构，这需要很密切的国际货币合作，目前还不现实。

（三）国际货币基金组织的"替代账户"

替代账户是国际货币基金组织设立的一个专门账户，发行一种特别提款权存单，各国中央银行可将手中多余的美元储备折成特别提款权存入该账户，再由国际货币基金组织用吸收的美元投资于美国财政部发行的长期债券，所得的利息收入返还给替代账户的存款者。这个建议是在 1979 年国际货币基金组织临时委员会的年会上提出的，设想用替代账户吸收各国手中过度积累的美元资产，并使 SDR 成为主要国际储备资产。

这一建议实际上并没有实行，因为美元在 1980 年以后的一段时期异常坚挺，各国中央银行都乐于持有美元而不愿交换 SDR。只有当 SDR 或其他储备资产发展成为功能齐全，并且优于美元的真正的国际货币时，人们才会放弃手中美元资产的积累。

（四）加强各国经济政策的协调以稳定汇率

主要工业化国家货币之间汇率的剧烈波动对世界经济和国际金融的稳定产生了严重的影响，引起了各国的普遍关注。1985 年 10 月，美国、日本、联邦德国、法国和英国五国财政部长和中央银行行长会议提出要协调各国经济政策，以促进汇率的稳定。1986 年，七国集团财长会议又提出通过控制下列 10 项指标来实现各国政策的协调。这 10 项指标是 GNP 增长率、通货膨胀率、利息率、失业率、财政赤字、经常账户差额、贸易差额、货币供应增长率、外汇储备和汇率。国际货币基金组织统一对各国的这些指标进行监督，并将这些指标又划分为绩效指标、政策指标和介于两者之间的中间变量。1987 年，西方七国首脑会议对经济政策的协调做出了具体规定。如果协调宏观经济政策能够有效地实施，则非常有助于汇率的稳定。

但是，要做到真正的政策协调并非轻而易举，因为协调宏观政策会削弱各国政策的独立性，损害某些国家的利益。另外，在经济衰退时期，各国国内的严峻形势可能使政府无力顾及与其他国家的协调。

（五）设立汇率目标区

汇率目标区是指有关国家的货币当局选择一组可调整的基本参考汇率，指定出一个围绕其上下波动的幅度并加以维持。汇率目标区的种类很多，主要分为"硬目标区"和"软目标区"。"硬目标区"的汇率变动幅度很窄，不常修订，目标区的内容对外公开，一般是通过货币政策将汇率维持在目标区内。"软目标区"的汇率变动幅度较宽，而且经常修订，目标区的内容不对外公开，不要求必须通过货币政策加以维持。汇率目标区的特点是综合了浮动汇率制的灵活性和固定汇率制的稳定性，还能够促进各国宏观经济政策的协调。但汇率目标区的实施存在许多困难，如均衡参考汇率的确定、维持目标的有效方法等。设立汇率目标区的建议问世以来，各方面的褒贬不一。发展中国家希望通过实行汇率目标区来实现汇率的稳定，而发达国家认为汇率目标区不现实。

二、国际货币体系的前景展望

以上这些方案只是众多改革方案中较为重要的几个。总体看来，国际货币体系的改革方向主要集中在国际储备资产的确定和汇率制度的选择两个方面，而其中国际储备资产的改革是最基本的。

（一）国际储备货币的演变和前景

只要不是实行完全不干预的金本位制，或者完全的自由浮动汇率制，一国就必须持有国际储备资产。第二次世界大战以后，美元是主要的储备资产，美国的国际收支状况影响着国际储备增长的状况，国际间美元的过多或过少一直是国际金融形势不稳定的主要因素。但是，在找不到更好的国际储备资产来取代美元之前，各国就不得不持有美元，不得不依靠美元来从事国际商品贸易和国际金融交易。所以，许多有关国际货币改革的方案和建议，都是围绕着以什么资产来代替美元的问题。

在当今的国际经济形势下，要回到金本位制或某种形式的金汇兑本位制是不可能的。1973年以后的多元化储备制度中，美元仍居主导地位。但是随着美国经济实力的相对下降以及日本、西欧国家的崛起，资本主义国家间的发展不平衡和各种矛盾势必加剧，美元越来越不能胜任主导国际货币的地位了，于是形成了国际储备货币的多元化。在多元化的国际储备货币中，无论哪一种货币的汇率上浮或下浮，都会影响国际货币体系的稳定。因此，从长远的观点来看，还是应该发展统一的世界货币，这个观点在众多的国际储备货币改革方案中都有所反映。现在的关键问题是发行统一货币就必须建立统一的世界范围内的中央银行或类似的机构，并实行统一的世界货币政策，这个难度相当大。不过，从经济发展规律上看，随着世界经济一体化趋势的加强，经济利益的相关性会促进各国政策的协调，共同货币的理想在未来可能会实现。

（二）国际汇率制度的演变和前景

就汇率制度的改革而言，实现理论上的完全固定汇率制或完全自由浮动汇率制的可能性极小。从目前发达国家联合干预外汇市场，以及很多发展中国家实行钉住汇率制的现象来看，稳定汇率、缩小汇率波动幅度是国际社会的普遍愿望。所以，汇率制度改革的核心实际上是允许汇率波动幅度的大小，或以什么形式恢复固定但可调整的平价制的问题。纵观国际汇率制度的演变过程，先是严格的固定汇率制，然后是浮动汇率制，后来又是固定汇率制但汇率可调整（布雷顿森林体系），最后是目前的浮动汇率制。100多年来，大部分时间实行的是固定汇率制，浮动汇率制在20世纪30年代大萧条时期实行过，目前的有管理的浮动汇率制也运行了近30年，事实表明弊端很多。从已提出的汇率制度改革的主要方案来看，多数人主张建立某种形式的固定汇率制，也有人主张保持目前的各国自由选择汇率安排的混合汇率制，但要求主要国家协调政策、联合行动，以实现汇率稳定。实行固定汇率制需要有一定的客观条件，目前是行不通的。在各国通货膨胀率、经济增长率、国际收支状况和货币政策都存在很大差异的条件下，实行固定汇率制没有基础。目前，通过各国之间的政策协调和共同干预来稳定汇率、降低波动幅度的方案经过国际间的努力有可能实现，至少在一定程度上可能实现，因为合作与协调政策、相互让步对各方面都有好处。至于国际汇率制度的发展前景，一方面取决于主要国家之间货币合作的密切程度，另一方面取决于国际储备货币的发展状况。

本章小结

1. 国际货币制度，又称国际货币体系，是国际社会针对各国货币的兑换、汇率制度的确定与变化、国际收支调节方式、国际储备资产的管理等最基本的问题进行的制度安排，是协调各国货币关系的一系列国际性的规则、管理与组织形式的总和。国际货币制度主要包括三个方面的内容：规定汇率制度；规定国际收支的调节方式；规定国际储备资产。

2. 国际货币体系按不同的历史发展进程可划分为国际金本位制度、布雷顿森林体系和牙买加体系三个阶段。

国际金本位制度是以黄金作为国际储备货币或国际本位货币的国际货币制度。国际金本位制度按货币与黄金联系程度的不同，可以分为三种形式：金币本位制、金块本位制和金汇兑本位制。

布雷顿森林体系是第二次世界大战后以美元为中心的国际货币体系。布雷顿森林体系的主要内容包括：以黄金为基础，以美元作为最主要的国际储备货币；实行固定汇率制度；保证提供辅助性的储备供应来源；成员方不得限制经常项目的支付；《国际货币基金组织协定》规定了"稀缺货币条款"。在布雷顿森林体系中，美元可以兑换黄金和各国实行固定汇率制，是该货币体系的两大支柱。因此，布雷顿森林体系下的国际货币体系实质上是以"黄金–美元"为基础的国际金汇兑本位制。

牙买加体系的基本内容：承认浮动汇率制的合法性；黄金非货币化；特别提款权作为主要的储备资金；扩大对发展中国家的资金融通；增加国际货币基金组织的份额。《牙买加协议》签订后，国际货币制度实际上是以美元为中心的多元化国际储备体系和浮动汇率制。

3. 国际货币体系改革的方向主要取决于国际货币体系中本位货币的选择、汇率制度和国际收支调节机制等问题的解决。

关键概念

1. 国际货币体系　2. 国际金本位制　3. 金汇兑本位制　4. 最适度通货区理论
5. 金币本位制　6. 金块本位制

复习思考题

一、单项选择题

1. 历史上第一个国际货币体系是(　　)。
A. 国际金汇兑本位制　　　　　　　B. 国际金本位制
C. 布雷顿森林体系　　　　　　　　D. 牙买加体系

2. 第二次世界大战后为恢复国际货币秩序达成的(　　)，对建立战后货币制度起到了关键作用。
A. 《自由贸易协定》　　　　　　　B. 《布雷顿森林协定》
C. 《三国货币协定》　　　　　　　D. 《牙买加协定》

3. 布雷顿森林体系主要采纳了(　　)的建议。
A. 怀特计划　　　　　　　　　　　B. 凯恩斯计划
C. 布雷迪计划　　　　　　　　　　D. 贝克计划

4. 《布雷顿森林协议》规定，成员方汇率的波动幅度为(　　)。

A. ±1 %

B. ±2. 25%

C. ±10%

D. ±5% ～8%

5. 第一次世界大战前的国际货币体系是典型的(　　)。

A. 国际金本位制

B. 国际金汇兑本位制

C. 国际金块本位制

D. 国际金银复本位制

二、多项选择题

1. 国际货币体系一般包括(　　)。

A. 各国货币比价规定

B. 一国货币能否自由兑换

C. 结算原则的确定

D. 国际储备资产的确定

2. 维持布雷顿森林体系运转采取的措施有(　　)。

A. 《巴塞尔协议》

B. "黄金总库"

C. 《史密森协议》

D. 《货币互换协议》

E. 《华盛顿协议》

3. 构成布雷顿森林体系的两大支柱是(　　)。

A. "稀缺货币"条款

B. 美元同黄金挂钩

C. 可调整的固定汇率制

D. 取消外汇管制

E. 其他国家货币同美元挂钩

4. 牙买加体系的基本内容有(　　)。

A. 承认浮动汇率制是合法性

B. 黄金非货币化

C. 特别提款权作为主要的储备资金

D. 扩大对发展中国家的资金融通

E. 增加国际货币基金组织的份额

5. 欧洲货币体系的主要内容有(　　)。

A. 建立欧洲货币单位

B. 实行稳定汇率机制

C. 建立欧洲货币基金

D. 扩大对发展中国家的资金融通

E. 增加国际货币基金组织的份额

三、简答题

1. 简述国际货币制度的含义与内容。

2. 简述金币本位制的内容。

3. 简述布雷顿森林体系的主要内容及其缺陷。

4. 简述牙买加体系的主要内容及其缺陷。

第九章

国际金融机构

引导案例

与国际金融公司（IFC）副总裁兼司库华敬东的访谈录节选

"发展非政府债市场并为私营公司拓宽融资渠道一直以来是国际金融公司与中国政府和监管部门合作的重点。正是这些领域的成果，使中国较其他国家更好地抵御了全球性金融危机。但我们还有很多工作要做，以确保私营部门能够分享国家发展和经济增长的成果。"华敬东谈到。而国际金融公司支持中国资本市场发展的努力与中国银行间市场交易商协会的使命不谋而合。2011年11月，国际金融公司与中国国家开发银行和中国进出口银行签署了《中国银行间市场交易商协会互换交易主协议》。这一协议的签署，标志着国际金融公司又多了一个为私营部门发展提供人民币长期融资的工具。迄今，国际金融公司已经利用这一货币互换项目拨放四笔贷款，用于为中小企业拓宽融资渠道、促进小微贷款发展、支持农业养殖和增加质优价廉药品的供应。除此以外，华敬东表示，在2011年1月，国际金融公司还首次在中国香港特别行政区发行点心债券，募得1.5亿元，用于支持北京神雾科技的业务拓展。此次发债使国际金融公司成为首个成功利用离岸市场募集的人民币资金支持境内项目的国际机构。"总体来说，我们对这些人民币融资项目的表现很满意。我们也非常感谢包括国家发改委在内的各合作伙伴的大力支持。"华敬东对于国际金融公司到今天为止在中国所做的项目成果表示出了莫大的欣慰。

资料来源 连希蕊. 国际金融公司支招私营部门大发展［EB/OL］.（2013－03－12）. http://finance. sina. com. cn/leadership/mroll/20130312/153514805248. shtml.

第一节　国际金融机构概述

一、国际金融机构的概念和类型

（一）国际金融机构的概念

国际金融机构，又称国际金融组织，是指为处理国际间的金融往来而由多国共同或联合建立的金融组织。

第二次世界大战前，为了处理德国战争赔款问题，曾在欧洲建立了国际清算银行，这是最早的国际金融机构，也是地区性的国际金融机构。第二次世界大战后，为了建立一个稳定的国际货币体系和为各国的经济复兴提供资金，在英、美等国的积极策划下，正式成立了两个国际金融机构，即国际货币基金组织和国际复兴开发银行（世界银行）。国际货币基金组织和世界银行是联合国 14 个专门机构中独立经营国际金融业务的机构，是规模最大、成员最多、影响最广泛的国际金融机构，它们对加强国际经济和货币合作，稳定国际金融秩序，发挥着极为重要的作用。20 世纪 50 年代后，世界上许多地区为了加强本地区的金融合作关系和开发本地区经济，陆续建立了一些区域性国际金融结构，如欧洲投资银行、泛美开发银行、亚洲开发银行等。

（二）国际金融机构的类型

目前的国际金融机构大致可以分为三种类型：

（1）全球性的金融机构，如国际货币基金组织、世界银行、国际农业发展基金组织。

（2）洲际性或半区域性的金融机构，如国际清算银行、亚洲开发银行，它们的成员主要在区域内，但也有区域外的国家参加。

（3）区域性的金融机构，如欧洲投资银行、阿拉伯货币基金、西非发展银行，它们完全由地区内的国家组成。

二、国际金融机构的特点

众多的国际金融机构虽然类型不同，却有以下共同特点：

（一）国际金融机构是政府间的金融组织

国际金融机构是国与国之间共同组成的世界性或区域性的共同组织，是以一国政府为一个参与单位，共同组成的政治经济的联合机构。国际金融机构的活动是通过在成员方派驻代办处，以及成员方派出代表参加该机构的年会、临时磋商会议等方式进行的。国际金融机构在协调国际经济矛盾、加强金融货币合作关系以及对世界经济的干预方面有重要的作用。

（二）国际金融机构是股份公司式的企业组织

国际金融机构作为超国家的金融组织，是成员方当局共同出资、共同管理，按照股份制方式经营国际资金借贷的实体。它们的组织结构、入股方式、资金来源等和股份制企业极为相似。国际金融机构的决定权同出资成正比例关系，出资最多的国家分别委派代表组成日常业务的执行董事会。各国际金融机构的建立宗旨虽然不同，但具体业务活动基本上是经营该组织的信贷资金，为成员方进行有偿贷款，或进行经济援助活动。

（三）国际金融机构政治色彩浓厚，活动受经济大国控制

国际金融机构是一个成员方当局间进行经济和政治交往的渠道和论坛，其观点和行为往往代表该组织最大的参加国的意见，参加国在组织内的发言权是其在世界经济中的经济实力的体现。比如，国际货币基金组织和世界银行就一直处于工业发达国家特别是以美国为首的西方七国集团的控制之下。国际金融机构是发达国家与发展中国家、发达国家之间相互斗争、相互依赖的阵地。

三、国际金融机构的作用

虽然国际金融机构建立的背景和时间不同，但都是为了加强国际经济间的合作，处理国际经济、政治领域的问题，在金融货币领域里形成一些共同的法律和规则，在国与国之间形成对话和协调的机制，以此促进世界经济和贸易的发展。

（1）加强世界或地区性的经济、金融合作关系，推动生产国际化和经济一体化的进程，强化政府之间的联合和对经济、贸易的干预。

（2）制定并维护共同的货币金融制度，协助成员方达成多边支付关系，稳定汇率，保证国际货币体系的运转，促进国际贸易的增长。

（3）对国际经济、金融领域中的重大事件，召开联合会议，进行磋商和解决。

（4）提供长短期资金，为成员方提供金融信贷，协助成员方实施经济发展和改革计划；帮助发生金融危机和债务危机的国家减缓国际收支困难，为发展中国家的经济结构调整和经济、技术发展提供援助。

第二节　国际货币基金组织

一、国际货币基金组织概况

国际货币基金组织（International Monetary Fund，IMF）是联合国专门为促进国际货币与金融合作而建立的，由主权国家（地区）自愿参加的多边合作组织。 IMF 根据 1944 年 7 月在美国新罕布什尔州的布雷顿森林召开的联合国货币与金融大会通过的《国际货币基金协定》于 1945 年 12 月 27 日正式成立，其总部设在美国首都华盛顿。当时 IMF 的成员只有 29 个，经历了近 70 年的风风雨雨，IMF 不断成长壮大，目前，IMF 的成员扩大到 188 个。

（一）国际货币基金组织的宗旨

IMF 成立时，其协定的第一条就规定了机构的宗旨：

（1）通过建立一个常设机构，为开展有关国际货币问题的磋商与协作提供机制，从而促进国际货币领域的合作。

（2）促进国际贸易的扩大和平衡发展，从而有助于各成员方提高和保持高水平的就业和实际收入，以及开发生产性资源，并以此作为经济政策的首要目标。

（3）促进汇率的稳定，保持成员方之间有秩序的汇兑安排，避免竞争性通货贬值。

（4）协助在成员方之间建立经常性交易的多边支付体系，取消阻碍国际贸易发展的外汇限制。

（5）在具有充分保障的前提下，保证成员方可以暂时使用国际货币基金组织的普通资金，以增强成员方的信心，使其能够有机会在不需要采取有损本国和国际经济繁荣的措施的情况下，平衡国际收支。

（6）根据上述宗旨，缩短成员方国际收支失衡的时间并减轻失衡的程度。

通常，IMF 的各项政策和决定都是根据上述宗旨所确定的精神做出的。它的主要工作包括与所有成员方就经济政策举行对话磋商，监督成员方按照协定执行有关经济政策。同时，IMF 也讨论了有关国际货币与金融体系稳定的重大问题，包括各国对汇率制度的选择、避免国际资本流动的不稳定性、设计国际认可的有关政策和制度，以及标准和准则等。

（二）国际货币基金组织的资金来源及表决权

1. 资金来源

IMF 建立初期的资金总额仅有 88 亿美元，后来经过 8 次普遍增资和几次特别增资，截止到 2002 年 4 月 30 日，已经增加到 2 124 亿特别提款权（约合 2 800 亿美元）。IMF 的资金来源主要有三个方面：

（1）成员缴纳的份额。其性质相当于股份公司的入股金，所缴份额的大小通常参考三个标准：①经济规模、经济结构大致相同的成员的份额应具有可比性；②成员在世界经济中的相对地位；③成员持续向国际货币基金组织提供资金的潜在能力。份额单位原为美元，1969 年后改为特别提款权。所缴份额中的 25% 规定以黄金缴纳，1976 年后改为以特别提款权或外汇缴纳；另外的 75% 以成员的本币缴纳，存放在本国（地区）中央银行，在 IMF 需要时可以随时动用。

（2）向 IMF 成员借款。IMF 有权以借款形式扩大其资金来源，可以通过协商从成员的银行或金融机构筹借该国货币，可以选择任何货币和任何来源寻求所需款项，不仅可以向官方机构借款，也可以向私人组织借款，包括向商业银行借款。

（3）出售黄金，建立"信托基金"。IMF 于 1976 年 1 月将其所持有的黄金的一部分按市价分 4 年出售，用所得利润的一部分建立"信托基金"，用于发放优惠贷款。

2. 表决权

IMF 成员的份额决定了其投票权力的大小，IMF 的一切活动都与成员的份额相联系。使用资金的决定需要经过理事会 70% 的多数票通过，在重大问题上要有 80% 以上的票数才能通过；对于一些特别重大的问题，如修改章程、接受新成员、份额的调整和特别提款权的分配等，必须经理事会 85% 的多数票通过。

IMF 规定，每个成员有 250 份基本票，这部分代表国家的主权，表示承认各国主权平等，有助于加强经济规模较小国家的表决地位；然后按照成员所认缴份额的量，每 10 万特别提款权折合（增加）一票，加总即为该成员的投票数。这种份额增加的可变票表示 IMF 是以经济为基础的机构，承认因认缴份额大而做出较多资金贡献的成员有较高的地位，以保证那些在国际贸易与金融往来中占较大比重的成员的利益。因此，所缴份额越多，所获票数越多，表决权也就越大。

二、国际货币基金组织的组织机构

国际货币基金组织的成员分两种：凡参加 1944 年布雷顿森林会议，并于 1945 年 12 月 31 日前在协定上签字正式参加的国家称为创始成员，共有 39 个；在此之后参加的国家或地区，称为其他成员。中国是这个组织的创始成员国。国际货币基金组织由理事会、执行董事会、总裁和众多业务机构组成。理事会和执行董事会任命若干特定的常设委员会，理事会还可以建立临时委员会。各常设委员会向理事会提供建议，但不行使权力，也不直接贯彻执行理事会的决议。理事会和执行董事会决议的通过和执行，原则上是以各国在国际货币基金组织的表决权的多少作为依据。

（一）理事会

国际货币基金组织的最高决策机构是理事会，由各成员方选派一名理事和一名副理事组成，任期 5 年，其任免由成员方本国决定。理事通常由各国财政部部长或中央银行行长担任，副理事只是在理事缺席时才有表决权。理事会的主要职权是批准接纳新成员、修订基金条款与份额、决定成员方退出国际货币基金组织、讨论决定有关国际货币制度等重大问题。理事会每年召开一次年会，必要时可以召开特别会议。由于理事会过于庞大，无法根据国际金融形势的发展随时讨论一些重大而又具体的问题，因此，国际货币基金组织在 1974 年设立了临时委员会，由 22 个部长级成员组成，一年举行 3～4 次会议。临时委员会实际上是重要的决策机构，具有管理和修改国际货币制度和修改基金条款的决定权。在大多数情况下，临时委员会的决议就等于理事会的决定。

（二）执行董事会

理事会下设执行董事会，是国际货币基金组织总部华盛顿的常设机构。除了接纳新成员、调整基金份额和修订协定条款等重大事项以外，一般行政和政策事务均由执行董事会行使权力。执行董事会向理事会提出年度报告，与成员方进行讨论，并随时对成员方的重大经济问题以及国际金融方面的重大问题进行研究。执行董事会的成员目前是 24 人，任期 2 年，国际货币基金组织总裁任执行董事会主席。

（三）总裁

总裁是国际货币基金组织的最高行政长官，负责管理国际货币基金组织的日常工作。总裁由执行董事会推选，任期 5 年，并兼任执行董事会主席，但平时没有投票权，只有在执行董事会表决双方票数相等时，才可以投决定性的 1 票。国际货币基金组织成立以来，总裁一直由欧洲人担任。

（四）业务机构

国际货币基金组织设有 5 个地区部门（非洲、亚洲、欧洲、中东、西半球）和 12 个职能部门（行政管理、中央银行业务、汇兑和贸易关系、对外关系、财政事务、国际货币基金学院、法律事务、研究、秘书、司库、统计、语言服务局）。

三、国际货币基金组织的业务活动

（一）汇率监督与政策协调

为了使国际货币制度能够顺利运行，保证金融秩序的稳定和世界经济的增长，国际货币基金组织要检查各成员方，以保证它们和其他成员方进行合作，从而维持有秩序的汇率安排和建立稳定的汇率制度。在布雷顿森林体系下，成员方要改变汇率平价时，必须与国际货币基金组织进行磋商并得到它的批准。在目前的浮动汇率制条件下，成员方调整汇率不需要再征求国际货币基金组织的同意。但是，国际货币基金组织汇率监督的职能并没有因此而丧失，它仍然要对成员方的汇率政策进行全面估价，这种估价要考虑其对内和对外政策对国际收支的调整以及实现经济持续增长、财政稳定和维持就业水平的作用。

除了对汇率政策的监督以外，国际货币基金组织在原则上每年还要与各成员方进行一次磋商，从而对成员方的经济和金融形势以及经济政策做出评价。这种磋商的目的是使国际货币基金组织能够履行监督成员方汇率政策的责任，有助于国际货币基金组织了解成员方的经济发展状况和采取的政策措施，从而能够迅速处理成员方申请贷款的要求。国际货币基金组织每年派出经济学家组成的专家小组到成员方搜集统计资料，听取政府对经济形势的估计，并同一些特别重要的国家进行特别磋商。

（二）贷款业务

根据《国际货币基金组织协定》，当成员方发生国际收支暂时性不平衡时，国际货币基金组织要向成员方提供短期信贷。国际货币基金组织的贷款提供给成员方的财政部、中央银行、外汇平准基金等政府机构，贷款限于贸易和非贸易的经常性支付，贷款的额度与成员方所缴份额成正比例。贷款的提供方式采取由成员方用本国货币向国际货币基金组织申请换购外汇的方法，一般称为购买，即用本国货币购买外汇或提款权，成员方按缴纳的份额提取一定的资金。成员方还款的方式是以外汇或特别提款权购回本国货币，贷款无论以什么货币提供，都以特别提款款权计值，利息也用特别提款权缴付，利率随贷款期限而定，期限越长，利率越高，并对每笔贷款征收一定的手续费。

IMF 的贷款业务主要有：

（1）普通贷款及备用信贷安排。这种贷款主要解决 IMF 成员出现国际收支逆差时的短期资金需要。

（2）扩展贷款，又称中期贷款。这种贷款用以解决成员在特殊情况下出现的较长时间的国际收支困难。如果 IMF 成员的普通贷款用完了，可以再向 IMF 申请扩展贷款，但扩展贷款的条件较严于普通贷款。

（3）出口波动补偿贷款。这种贷款用于初级产品出口国家，在这些国家因初级产品大幅波动导致出口收入大幅下降和国际收支逆差时提供融资支持。

（4）缓冲库存贷款。这种贷款用于帮助依赖于初级产品出口的国家建立缓冲库存的资金需要。当国际市场上初级产品的价格发生较大波动时，可借助于缓冲库存贷款，采取在市场上抛售或购进该产品的办法来稳定价格，从而稳定出口收入。

（5）补充贷款。这种贷款主要用于弥补普通贷款和扩展贷款的不足，帮助成员解决持续的国际收支逆差的问题。

（6）信托基金贷款。资金来源是出售黄金所得利润的一部分建立的"信托基金"，这种贷款以优惠的条件用于成员中较贫穷的发展中国家。1987 年，该贷款更名为结构调整贷款，1999 年又更名为减贫与增长贷款。该贷款有两个用途：一是通过向有关成员提供优惠性资金，支持其经济结构调整规划，以期明显并持久地改善国际收支状况，促进经济增长，减少贫困和提高人民生活水平；二是用减贫与增长贷款帮助有较沉重债务负担的成员实现对外债务的可持续性。

（7）补充储备贷款。这种贷款于 1997 年年末设立，用于向那些资本账户和外汇储备受到压力、市场信心突然下降、短期融资需求骤升而国际收支恶化的成员提供资金支持。

（8）应急信贷额度。这种贷款设立的目的是防止 1999 年几个成员方受到金融危机冲击后有可能引致资本账户爆发危机而广泛传播的可能性。

（9）紧急援助贷款。这种贷款用于向面临紧急情况的成员提供资金支持。紧急状态包括两种：一是自然灾害；二是战乱后的紧急时期。

20 世纪 90 年代以来历次重大金融危机爆发后 IMF 的出资情况见表 9-1。

表 9-1　　　　　20 世纪 90 年代以来历次重大金融危机爆发后 IMF 的出资情况

危机爆发时间	国家	出资情况
1994—1995 年	墨西哥	共获融资额度 518 亿美元，其中 IMF 提供 178 亿美元，国际清算银行提供 100 亿美元，美国提供 200 亿美元，加拿大提供 10 亿美元，国际商业银行提供 30 亿美元
1996 年	泰国	IMF 提供一揽子规划总为 172 亿美元，其中 IMF 承诺 40 亿美元，日本进出口银行提供 40 亿美元，世界银行提供 15 亿美元，亚洲开发银行提供 12 亿美元，双边承诺 65 亿美元
1997 年	印尼	IMF 提供一揽子规划总为 235 亿美元，其中 IMF 承诺 105 亿美元，世界银行提供 45 亿美元，亚洲开发银行提供 35 亿美元，双边承诺 50 亿美元
1997 年	韩国	IMF 提供一揽子贷款规划总额为 580 亿美元，其中 IMF 贷款 210 亿美元，世界银行贷款 100 亿美元，亚洲开发银行贷款 40 亿美元，双边贷款承诺 230 亿美元
1998 年	俄罗斯	自 1998 年 5 月危机爆发自 7 月 20 日止，IMF 承诺贷款 125 亿美元，世界银行承诺贷款 12.5 亿美元；同时，IMF、世界银行和日本还承诺在 1999 年另外提供援助，1998—1999 年全部援助金额为 226 亿美元，其中 IMF 贷款 151 亿美元，世界银行贷款 60 亿美元，日本政府贷款 15 亿美元
1998 年、2002 年	巴西	IMF 向巴西提供为期 3 年的 176 亿美元备用贷款，世界银行提供 100 亿美元贷款，泛美开发银行提供 34 亿美元贷款；2002 年 9 月，受阿根廷金融危机的影响，IMF 批准巴西 310 亿美元备用贷款的申请
1994—2002 年	土耳其	1994—2002 年，土耳其经历了 3 次金融危机。1994 年 7 月，IMF 提供 8 亿美元贷款；1999 年 12 月，IMF 提供 117 亿美元的贷款；到 2001 年 5 月，IMF 提供贷款增加到 203 亿美元；2002 年初，IMF 批准了 173 亿美元的备用贷款
2000 年	阿根廷	危机爆发后，IMF 提供为期 3 年的 230 亿美元备用贷款，由于阿根廷没有达到 IMF 的改革要求，IMF 在 2001 年终止拨付贷款。

资料来源　葛华勇. 国际货币基金组织导读［M］. 北京：中国金融出版社，2002：156-159.

（三）储备资产的创造

国际货币基金组织在其 1969 年的年会上正式通过了十国集团提出的特别提款权方案，决定创设特别提款权，以补充国际储备的不足。特别提款权于 1970 年 1 月开始正式发行。成员方可以自愿参加特别提款权的分配，也可以不参加。目前，除了个别国家，其余成员方都是账户的参加方。特别提款权由国际货币基金组织按成员方缴纳的份额分配给各参加方，分配后即成为成员方的储备资产。成员方在发生国际收支赤字时，可以动用特别提款权将其划给另一个成员方，偿付收支逆差，或用于偿还国际货币基金组织的贷款。

四、国际货币基金组织近年来的改革

20 世纪 90 年代以来频频爆发的金融危机，突出表明金融危机与金融体系的脆弱、金融运作的不规范以及由于缺乏必要的信息披露而导致监管不力等因素之间存在着必然的联系。为此，IMF 在近年来大力推动成员方金融部门的建设和改革，所涉及的内容主要有：

（一）加强金融部门建设

1999 年，IMF 和世界银行开始对成员方的金融部门进行联合评估，即"金融部门评估规划"，以帮助它们识别实际的和潜在的问题，同时还要积极与各国政府和其他国际机构合作，以实现下列目的：

第一，加强银行的法律、法规和监管框架的建设；

第二，评价银行和其他金融机构的最低资本充足率；

第三，开发一套国际会计核心标准；

第四，确定一套良好的公司治理的核心原则；

第五，避免易受冲击的汇率体制；

第六，保证金融数据更自由、更及时地向市场发布。

（二）推动国际标准和准则在成员方实施

IMF 认为，一个国家遵守国际上普遍接受并执行良好的标准与准则，就可以使国际社会相信和认可其采取的政策和实践。对于那些尚未遵守的国家，国际标准与准则可以作为加强它们体系的指南。IMF 致力于开发和完善其职责范围内的自愿标准，包括与一个国家的统计实践有关的标准、与财政和货币政策及金融政策相关的良好行为准则，以及有关加强金融部门建设的指导原则，如银行体系监督和管理标准。其他一些国际组织，如国际清算银行、世界银行和其他标准制定机构也在努力补充 IMF 在这方面的工作，这些机构共同致力于如会计、审计、破产、公司治理、证券市场监管以及支付结算体系等领域的国家标准的制定。

（三）改进 IMF 自身的透明度和信誉

改善向市场和更广大的公众的信息提供是改革国际金融体系的中心环节之一，也是 IMF 自身持续改革的基石。20 世纪 90 年代中期以来，IMF 大大增加了其公布的信息量，包括自身活动的信息和政策信息，以及有关成员方的活动和政策信息。比如在 1999 年到 2000 年间，80% 的成员方在"第四条款磋商"结束后发布了公共信息公告；公告总结了磋商讨论情况，并提供了磋商的有关背景资料。2000 年 11 月，一项新的政策规定，成员方可自愿公布第四条款磋商报告和其使用 IMF 资金状况的报告。

（四）鼓励成员方增加透明度

IMF 认为，及时而可靠的数据的公布，以及有关成员方经济和金融政策、实践和决策的信息的发布，有助于投资者做出明智的判断，这也是保证市场有效、平稳运作所必需的。墨西哥金融危机后，IMF 于 1996 年开发了一个数据公布特殊标准，以指导那些已经进入或可能寻求进入国际资本市场的国家向公众公布经济和金融数据。1997 年，IMF 建立了数据公布通用系统，以指导那些尚不能接收数据公布特殊标准而需要改进其统计系统的国家。

（五）鼓励私人部门参与危机的预防和解决

在金融全球化环境下，国际资本流动中的绝大部分资本属于私人资本，这表明，如果私人部门在帮助预防和解决金融危机中能够发挥积极的作用，将具有重大的现实意义。如果能改进对风险的评价，并且成员方与私人投资者之间能进行更密切、更频繁的对话交流，将有助于渗透有益的影响，有助于限制"道德风险"，有助于减少私人资本国际流动的波动性，从而降低金融危机爆发的可能性。

（六）加强与其他机构的合作

IMF 更加积极地与世界银行、区域性开发银行、世界贸易组织、巴塞尔委员会等国际组织进行广泛密切的合作；IMF 还是国际金融稳定论坛的成员，为了使对金融稳定负有责任的有关国家的货币金融管理当局、国际监管机构、中央银行的专家委员会以及国际金融机构一年两次聚集在国际金融稳定论坛，共同讨论最为关注的国际金融问题，IMF 发挥了重要作用。

第三节　世界银行集团

世界银行集团（WBG）由国际复兴开发银行（IBRD）、国际开发协会（IDA）、国际金融公司（IFC）、多边投资担保机构（MIGA）、国际投资争端解决中心（ICSID）五部分组成。其中，前三个机构为集团的主要业务机构。

世界银行集团的主要任务是向成员方的发展项目提供资金，其目标是促进成员方的经济可持续增长，以减轻贫困。世界银行集团主要着眼于帮助最贫困的人民和最贫困的国家，并突出体现在以下项目上：（1）投资于人，特别是通过提供基本卫生和教育服务；（2）保护环境；（3）支持和鼓励民营企业发展；（4）加强政府的能力，提高效率，增加透明度，提供高质量的服务；（5）促进改革，创造一个有利于投资和长期规划的稳定的宏观经济环境；（6）注重社会发展、良政和机构建设，将其视为减贫的关键要素。

在世界银行集团中，不同金融机构的业务各有侧重，国际复兴开发银行（IBRD）的主要任务是通过组织发放中长期贷款，协助成员方的资源开发，促进国际贸易的长期均衡发展，维持国际收支平衡，鼓励和辅助私人对外投资，以促进成员方的经济复兴与发展。国际开发协会（IDA）的主要任务是为世界上较贫困的发展中国家筹措低成本的长期资金，以满足基础设施建设的需要，促进这些国家的经济发展。国际金融公司（IFC）的主要任务是对成员方，特别是其中的发展中国家的私人企业融通资金，以扶持这些私人企业的成长。

一、世界银行

（一）世界银行的建立及宗旨

世界银行是国际复兴开发银行的简称，在世界银行集团中，该行是成立最早、提供贷款最多的金融机构。世界银行是根据布雷顿森林会议通过的《国际复兴开发银行协定》于 1945 年 12 月成立的企业性国际金融组织。世界银行的会员初创时为 39 个，截至 2012 年年底，共有会员 186 个。世界银行的总部设在华盛顿，并在纽约、日内瓦、东京等地设有办事处。

世界银行的宗旨是：（1）对用于生产目的的投资提供便利，以协助成员方的复兴与开发，鼓励较不发达国家的生产与资源的开发；（2）保证或参加私人贷款和私人投资的方法，促进私人对外投资；（3）用鼓励国际投资以开发成员方生产资源的方法，促进国际贸易的长期平衡发展，并维持国际收支平衡；（4）在提供贷款保证时，应与其他方面的国际贷款相配合。

由此可见，世界银行的主要任务是向成员方提供长期贷款，促进第二次世界大战后的复兴建设，协助不发达国家发展生产，开发资源，并通过为私人投资提供担保或与私人资本一起联合对成员方政府进行贷款和投资，为私人资本的扩张与输出服务。

（二）世界银行的组织机构和投票权

世界银行的组织机构由理事会、执行董事会、行政管理机构组成。

理事会是其最高权力机构，由每个成员方委派理事和副理事各一人组成。理事、副理事任期 5 年，可连任。副理事在理事缺席时才有投票权。理事会每年召开一次，一般在 9 月，必要时召开特别会议。理事会的主要职权是：批准接纳新成员方；决定股本的调整；决定银行净收入的分配；批准修正银行协定及其他重大问题。

执行董事现有 24 人，其中 5 人由持股最多的美国、英国、德国、法国、日本五国指派，3 人由中国、俄罗斯和沙特阿拉伯任命，其余 16 人由其他成员方按地区分组推选。

执行董事会选举 1 人为行长，也即行政管理机构的主席。理事、副理事、执行董事和副执行董事不得兼任行长。行长无投票权，只有在执行董事会表决中赞成、反对票数相等时，可以投决定性 1 票。行长下有副行长，负责协助行长工作。行长是世界银行的最高长官，一直由美国人担任。

世界银行的办事机构很庞大，在联合国总部及世界各大金融中心，如纽约、伦敦、巴黎、东京等地设有办事处，还在 40 多个国家或地区设有地区代表处或派有常驻代表。在其总部内，按地区和专业约有 50 个局和相当于局的机构，分别由 18 名副行长领导。

同国际货币基金组织相似，在世界银行内，每个成员方均有 250 票的基本投票权；另外，每认缴 10 万特别提款权的股金，则增加 1 票。

（三）世界银行的资金来源

1. 借款

世界银行的贷款约占世界银行集团年贷款额的 3/4，其资金主要来自国际金融市场，其中提供贷款的资金有 70% 左右来自债券发行。世界银行作为世界上最审慎和管理最保守的金融机构之一，在世界各地发售 AAA 级债券和其他债券，发售对象为养老基金、保险机构、公司、其他银行及个人，发行时间为 2～25 年，发行利率在 3%～12%。随着银行贷款业务的迅速发展，通过发行债券筹措的资金也在不断增加。

2. 银行股份

世界银行也是以成员方入股方式组成的企业性金融机构。成员方政府根据其相对经济实力认购股份，但只需要缴纳认购股份额的一小部分，未缴纳的余额为待缴股金，留待世界银行亏损严重、无力兑付债券时缴纳，这种情况从未出现过。世界银行成立之初，法定资本为 100 亿美元，分为 10 万股，每股 10 万美元。1978 年 4 月 1 日以后，每股改按 10 万特别提款权计算。成员方所认缴的银行股份分两部分缴纳：成员方在加入世界银行时必须缴纳其认缴额的 20%，其中 2% 以黄金或美元支付，18% 以本国货币支付，这部分认缴额为实缴资本；其余 80% 为待缴资本。现在的资金中只有不到 6% 是成员方在加入世界银行时的认缴股金。

3. 转让债权

世界银行将贷出款项的债权转让给私人投资者，从而获得一部分资金，以扩大世界银行贷款资金的周转能力。

4. 业务净收益和收回的贷款

世界银行历年来的业务净收益和收回的贷款，不分配给股东，除赠给国际开发协会外，都留做准备金，供周转使用。

（四）世界银行的主要业务活动

世界银行建立之初，主要任务是对成员方提供和组织长期贷款和投资，以满足它们在第二次世界大战后恢复和发展经济的资金需要，当时的业务活动主要集中于欧洲国家。此后，世界银行的主要业务转为向亚、非、拉发展中国家发放贷款，以促进其经济的发展和生产力的提高。世界银行的贷款政策几十年来发生了很大的变化。20 世纪 70 年代以前，世界银行重视基础设施建设和实现工业化，特别是运输和电力方面的项目。20 世纪 70 年代以后，世界银行的贷款从基础结构转向更广泛的发展目标，将优先发展的重点放在农业和农村发展项目上。20 世纪 80 年代以后，世界银行通过提供贷款、政策咨询和技术援助，支持各种以减贫和提高发展中国家人民生活水平为目标的项目和计划。世界银行的业务计划高度重视推进可持续的社会和人类发展，高度重视加强经济管理，并越来越强调参与、治理和机构建设。

1. 贷款条件

按照世界银行协定的有关规定，成员方在办理贷款业务时必须满足以下条件：（1）贷款对象是成员方政府，公私机构贷款必须由政府担保。（2）贷款必须用于在技术和经济上是可行的工程项目，如交通、公用事业、农业及教育等项目的建设，专款专用，且有助于该国的生产发展和经济增长，同时要接受世界银行的监督。

（3）世界银行只有在申请借款国确实不能以合理的条件从其他方面获得资金时，才考虑给予贷款。（4）世界银行只向有偿还能力的成员方发放贷款，以确保贷款能按期收回。（5）贷款的利息、还本方法、期限及偿还日期均由世界银行决定。

2. 贷款特点

（1）贷款期限长，利率相对低。世界银行的贷款平均期限为 20 年，最长可达 30 年，且有 5 年宽限期。贷款实行浮动利率，随利率变化进行调整，但一般低于市场利率。世界银行对贷款收取的杂费很少，只对已订立贷款契约而未提供的部分按年征收 0.75% 的承诺费。

（2）贷款程序严密，审批时间长。世界银行的贷款 90% 以上是项目贷款，有一套科学的论证和审批程序。在项目选择、建设和管理方面积累了丰富的经验，逐步形成了一套严格的管理制度、管理程序和管理方法。世界银行的项目贷款从开始到完成必须经过选定、准备、评估、谈判、执行、总结评价六个阶段，称为"项目周期"。借款国从提出项目到最终同世界银行签订贷款协议并获得资金，一般要 1.5 ~ 2 年的时间。

（3）贷款不受贷款国份额的限制，但要承担汇价变动的风险。世界银行在提供贷款时，主要考虑贷款国是否有偿还能力，而与份额无关。款额以美元计值，借款国要承担与美元之间汇价变动的风险。

（4）世界银行贷款需要贷款国自己筹集国内的配套费用。世界银行通常对其资助的项目只提供货物和服务所需要的外汇部分，约占项目总额的 30% ~ 40%，个别项目可达 50%，其他部分需要借款国自己准备。

3. 贷款的种类

世界银行的贷款分为项目贷款、非项目贷款、联合贷款和第三窗口贷款等类型，其中项目贷款是世界银行贷款业务的主要组成部分。

（1）项目贷款和非项目贷款。这两项贷款是世界银行的传统贷款业务，属于一般性贷款。项目贷款用于资助成员方某个具体的发展项目。世界银行对农业和农村发展、教育、能源、工业、交通、城市发展等方面的大部分贷款都属于此类贷款。非项目贷款是指没有具体项目作保证的贷款。世界银行只有在特殊情况下才发放此类贷款。

1980 年设立的结构调整贷款也属于非项目贷款。此项贷款用于帮助借款国在宏观经济、部门经济和结构体制等方面进行必要的调整和改革，使其能够有效利用资金和资源，在较长时期内维持国际收支的平衡。该贷款在发放时，要让借款国进行经济调整和机构体制改革。结构调整贷款的拨付速度比项目贷款要快得多，拨付的方式也比较灵活。每笔贷款的执行期为 1 年，分两期拨付。但是，贷款的使用要受世界银行的监督。

（2）**联合贷款。这是指世界银行与借款国以外的其他贷款机构联合起来，包括官方援助、出口信贷机构、私人金融机构对世界银行的项目共同筹资和提供的贷款。**其方式有两种：一是世界银行与其他贷款机构分别承担同一项目的一部分；二是由世界银行作为介绍人，动员有关贷款机构对项目或与项目有关的建设计划提供资金。

（3）**第三窗口贷款。此类贷款设立于 1975 年 12 月，是指在世界银行发放的一般贷款和世界银行附属机构（国际开发协会）发放的优惠贷款之间新增设的一种贷款。**其贷款条件宽于前者，但又不如后者优惠。利差由工业发达国家和石油生产国自愿捐赠形成的"利息贴补基金"解决。贷款的期限为 25 年。这种贷款主要用于援助低收入国家。世界银行的贷款由于利率较高，条件严格，因此又被称为硬贷款，国际开发协会所发放的优惠贷款则被称为软贷款。

（五）世界银行与中国

中国于 1980 年恢复在世界银行的代表权，世界银行于 1981 年向中国提供第一笔贷款，用于支持大学发展项目。近年来，中国和世界银行之间的关系已发展成为成熟和重要的合作伙伴关系。

截至 2011 年 6 月 30 日，世界银行对中国的贷款总承诺额累计超过 491.5 亿美元，共支持了 337 个发展项目，目前正在执行中的项目有 73 个。世界银行支持的项目几乎遍布中国各省、市、自治区和国民经济的各个部门，基础设施项目（交通、能源、工业和城市发展等）占贷款总额的一半以上，其余为农业、教育、卫生、环保和供水等项目。所有这些项目都直接或间接地帮助中国实现消除贫困的目标，中国也是实施世界银行项目最好的国家之一。

除贷款外，通过技术援助、政策咨询、研讨会和培训活动提供非金融服务也是世界银行与中国合作的计划中极为重要的内容。世界银行通过非金融服务为中国引进世界各国的成功经验和做法，帮助中国进行国内机构和技术能力建设，协助政府推进扶贫工作，实施宏观经济管理政策，深化体制改革。

目前，世界银行对中国援助战略的核心是帮助中国实现其发展议程上的四项主要目标：（1）加强公共部门管理和责任制，包括宏观经济管理、财政货币政策和相关领域的体制改革；（2）推动向社会主义市场经济转轨，包括建立法律、机构和监管框架，深化金融体制改革和国有企业改革，促进私营部门发展，增加人力资源投资，进行辅助性基础设施建设；（3）促进农村发展，提高农民收入和生活水平，提高农业劳动生产率，开发和管理水资源，改善自然资源管理和环境保护；（4）促进城市发展，改进城市发展规划和管理，推进住房、土地和劳动力市场的改革，建立和加强社会安全网，保护城市环境。

世界银行的中国业务由世界银行驻中国代表处负责管理，代表处现有工作人员90 多人。世界银行在中国的业务主管部门是财政部，主管世界银行中国援助计划的制订和实施。

二、国际开发协会

（一）国际开发协会的建立及宗旨

国际开发协会成立于 1960 年，是由世界银行发起成立的国际金融组织。其名义上是独立的，但从人事及管理系统来看，它实际上是世界银行的一个附属机构，又叫第二世界银行。国际开发协会刚建立时只有 68 个会员，目前已有 169 个会员，会址设在华盛顿。1980 年 5 月，我国恢复了在国际开发协会的合法席位。

国际开发协会的宗旨是：给予落后国条件较宽、期限较长、负担较轻，并可用部分当地货币偿还的贷款，以促进其经济的发展、生产和生活水平的提高。这作为世界银行贷款的补充，促进了世界银行目标的实现。

（二）国际开发协会的组织机构和投票权

国际开发协会的组织机构与世界银行相同，最高权力机构为理事会，下设执行董事会，负责日常业务工作。从经理到内部机构的人员均由世界银行相应机构的人员兼任，经理、副经理由世界银行行长和副行长兼任，世界银行的工作人员也即国际开发协会的工作人员，但国际开发协会的会计账是同世界银行分开的。

成员方投票权的大小与成员方认缴的股本成正比。国际开发协会成立初期规定，每个成员方拥有基本投票权 500 个；另外，每认缴股金 5 000 美元增加 1 票。在国际开发协会第四次补充资金时，每个成员方有 3 850 票；另外，每认缴 25 美元再增加 1 票。按照各自的经济状况，成员方可分为两类：第一类为工业发达国家或收入较高的国家；第二类为发展中国家。到目前为止，第一类成员方的投票权合计数占总投票权的 62%，其中，美国的投票权最大，目前占总投票权的 15%

（三）国际开发协会的资金来源

（1）成员方认缴的股本。对于高收入的工业发达国家，其股本必须以黄金或外汇缴纳；对于亚、非、拉的发展中国家，其股本的 10% 必须以可兑换货币缴纳，90% 可用本国货币缴纳。

（2）成员方提供的补充资金。由于成员方缴纳的股本为数甚少，因此不能满足成员方的需要；同时，国际开发协会又规定，该协会不得依靠在国际金融市场发行债券来筹措资本。所以，国际开发协会不得不要求成员方政府不时地提供补充资金。

（3）世界银行从净收入中拨给国际开发协会一部分款项。

（4）国际开发协会本身经营业务的净收入。

（四）国际开发协会的主要业务活动

国际开发协会的主要业务活动是向较贫穷的发展中国家提供长期优惠性贷款。其贫穷程度的标准是不断变化的：最初定为人均国民生产总值在 250 美元以下。按 1999 年标准的规定，有资格获得贷款的国家是 1997 年人均国民生产总值低于 925 美元的成员方，但由于资金来源有限，实际上只有人均国民生产总值在 580 美元以下的国家才能获得。

贷款对象为成员方政府或公私企业，但实际上均向成员方政府发放。贷款应用于电力、交通运输、水利、港口建设之类的公共工程部门以及农业、文化教育建设方面。贷款期限为 50 年，宽限期为 10 年，第二个 10 年每年还 1%，其余 30 年每年还 3%。偿还贷款时可以全部或一部分使用本国货币，在名义上贷款免收利息，只收取 0.75% 的手续费。因此，国际开发协会的信贷具有明显的援助性质。

2010 年 12 月，中国承诺向国际开发协会第 16 次增资捐款 5 000 万美元，按照世界银行的法律条款双倍加速偿还国际开发协会借款，并在此基础上自愿额外一次性提前偿还 10 亿美元借款。

国际开发协会提供的贷款被称为开发信贷，又叫做软贷款。

三、国际金融公司

（一）国际金融公司的成立及宗旨

国际金融公司是联合国授权世界银行于 1956 年 7 月成立的国际金融组织，它实际上是世界银行的一个附属机构。国际金融公司成立的目的是扩大对成员方私人企业的国际贷款，代替世界银行参与股份投资或为成员方的私人企业提供其他种类的风险投资。按国际金融公司规定，只有世界银行的成员方才有资格成为国际金融公司的成员方。国际金融公司成立之初拥有会员 31 个，到目前为止，共有会员 174 个。我国于 1980 年 5 月恢复了在国际金融公司的合法席位。国际金融公司总部设在华盛顿。

国际金融公司的宗旨是：促进不发达国家的私人企业部门的发展；与私人资本一起为成员方的企业提供没有政府担保的风险资本，帮助发展地区资本市场，寻求促进私人资本的国际变动。

（二）国际金融公司的组织机构

国际金融公司在法律和财务上虽然是独立的国际金融组织，但实际上是世界银行的附属机构。它的管理方法和组织机构与世界银行相同。世界银行的行长兼任国际金融公司总经理，也是国际金融公司执行董事会的主席。国际金融公司内部机构和人员多数由世界银行相应的机构、人员监管。

（三）国际金融公司的资金来源

（1）成员方认缴的股金，这是国际金融公司的主要资金来源。国际金融公司最初的法定资本为 1 亿美元，分为 10 万股，每股 1 000 美元。成员方认缴股金必须以黄金或可兑换货币缴付。每个成员方的基本票为 250 票，此外，每认 1 股，增加 1 票。国际金融公司也进行了多次增资，目前的资本总额已达 29 亿美元。

（2）通过发行国际债券，在国际资本市场上借款。

（3）世界银行与成员方政府提供的贷款。

（4）国际金融公司贷款与投资的利润收入。

（四）国际金融公司的主要业务活动

国际金融公司的主要业务活动是对成员方企业提供没有政府担保的资本。国际金融公司贷款的方式为：①直接向私人生产企业提供贷款。②向私人生产企业入股投资，分享企业利润，并参与企业的管理。③上述两种方式相结合。国际金融公司一般不对大型企业投资，而以中小企业为主要投资对象。贷款期限一般为 7 ~ 15 年，并且每笔贷款一般不超过 200 万 ~ 500 万美元，贷款必须以原借款货币偿还。利息根据资金投放的风险和预期的收益等因素决定，一般为年利率为 6% ~ 7%，有的还要参与企业分红。贷款的主要对象是亚洲、非洲、拉丁美洲的不发达国家，贷款的主要部门有制造业、加工业和开采业。

国际金融公司办理贷款业务时，通常采用与私人投资者、商业银行和其他金融机构联合投资的方式。这种联合投资活动，既扩大了国际金融公司的业务范围，又促进了发达国家对发展中国家私人企业的投资。自成立以来，国际金融公司总共为 136 个发展中国家的 2 446 家公司承诺了 290 多亿美元的自有资金，并安排了 192 亿美元的银团贷款和债券承销。国际金融公司还帮助许多国家建立资本市场，为国有企业民营化提供咨询服务。

第四节　国际清算银行

一、国际清算银行的建立及宗旨

国际清算银行（BIS）是西方主要国家中央银行合办的国际金融机构。它是由美国摩根保证信托公司、纽约花旗银行和芝加哥花旗银行组成的银行团，同英国、法国、德国、意大利、比利时、日本等国的中央银行于 1930 年 2 月在荷兰海牙签订国际协议，共同出资成立的，同年 5 月 20 日开始营业。国际清算银行通过中央银行向整个国际金融体系提供一系列高度专业化的服务，是一家办理中央银行业务的金融机构，被称为"中央银行的银行"，总部设在巴塞尔。1996 年 11 月，中国人民银行成为国际清算银行的正式成员。

国际清算银行的宗旨最初是处理第一次世界大战后德国对协约国赔款的支付，以及处理同德国赔款的"杨格计划"有关的业务。现在，它的宗旨是促进各国中央银行间的合作，为国际金融业务提供便利，作为各方协议国际清算的代理人或受托人。

二、国际清算银行的组织机构及资金来源

（一）国际清算银行的组织机构

国际清算银行是股份制的企业性金融机构，它的最高权力机构是股东大会，由认缴该行股金的各国中央银行代表组成，每年召开一次股东大会。董事会负责处理日常业务，由 13 名董事组成，其中正、副董事长各 1 名。董事会中的 8 名董事由英国、法国、意大利、比利时、瑞士、荷兰、瑞典和德国的中央银行董事长或行长担任，其余的董事由上述 8 个国家提名产生。该行下设银行部、货币经济部、秘书处和法律处四个机构。

（二）国际清算银行的资金来源

（1）成员方缴纳的股金。该行初建时，法定资本为 5 亿金法郎，根据 1991 年 3 月 31 日该行公布的第 61 期年报，国际清算银行实缴资本与准备金的总额，1991 财政年度为 15.57 亿金法郎，实收资本占 25%，共分成 60 万股，每股 2 500 金法郎。金法郎是法国、瑞士、比利时等国在 1965 年成立拉丁货币同盟时发行的金币，含金量为 0.29032258 克。在国际金本位制度崩溃以后，该金币不再流通，但国际清算银行等国际机构仍以金法郎作为记账单位。国际清算银行资本的 85% 以上掌握在各国中央银行手里，私股只有在分享利润方面享有同等权利，但不得参加股东大会，也无投票权。

（2）国际清算银行向成员方中央银行的借款。

（3）吸收客户存款。

三、国际清算银行的主要业务活动

国际清算银行的主要任务是促进各国中央银行之间的合作，为国际金融业务提供

新的便利。第二次世界大战以后，它先后成为欧洲经济合作组织、欧洲支付同盟、欧洲煤钢联营、黄金总库的收付代理人，办理欧洲货币体系的账户、清算工作，充当万国邮联、国际红十字会等国际机构的金融代理机构，它还是欧洲货币基金董事会及其分委员会和专家组等机构的永久秘书。

目前，全世界约有近百家中央银行在国际清算银行拥有存款账户。国际清算银行的资金力量雄厚，是国际黄金市场和欧洲货币市场的重要参加者。国际清算银行接受各国中央银行的存款，并向中央银行发放贷款；办理各国政府国库券和其他债券贴现和买卖业务，买卖黄金、外汇，或代理各国中央银行买卖黄金、外汇；为各国政府间贷款充当执行人或受托人；同有关国家中央银行签订特别协议，代办国际清算业务。各国约 10% 的外汇储备和 3 000 多吨黄金存于该行，作为提供贷款的资金保障之一。

国际清算银行是各国中央银行合作的理想场所。很多国家的中央银行行长每年在巴塞尔国际清算银行年会上会面，讨论世界经济与金融形势，探讨如何协调宏观政策和维持国际金融市场的稳定。国际清算银行还尽力使其全部金融活动与国际货币基金组织的活动协调一致，并与其联手解决国际金融领域的一些棘手问题。

除上述业务活动外，国际清算银行还组织专家研究黄金市场、外汇市场、欧洲货币市场和欧洲货币体系，其编写的调研资料在西方金融界、学术界享有较高声誉。

四、巴塞尔银行监管委员会

1974 年，德国赫斯塔特银行和美国富兰克林国民银行的倒闭造成了国际金融市场的恐慌，最终促使银行监管的国际合作从理论探索上升到政策的实践。1975 年 2 月，来自比利时、加拿大、法国、德国、意大利、日本、荷兰、瑞典、英国和美国的代表聚会瑞士巴塞尔，商讨成立了巴塞尔银行监管委员会（简称巴塞尔委员会）。巴塞尔委员会每年定期召开 3 ~4 次会议，其历任主席通常由各成员方中央银行的副行长或高级官员担任，其中英格兰银行业务监督处主任彼得·库克任职最长（1977—1988），而且贡献颇多，因此该委员会又被称为库克委员会。巴塞尔委员会对十国集团中央银行行长理事会负责，十国集团中央银行行长定期在国际清算银行聚会。此外，巴塞尔委员会中还有非中央银行机构的代表，因此其决定中亦包括中央银行以外的各国监管当局的承诺。

巴塞尔委员会的宗旨是为国际银行业的监管问题提供一个正式的讨论场所，以加强各国金融监管当局间的合作，堵塞国际监管中的漏洞。从性质上看，巴塞尔委员会并不具备任何凌驾于国家之上的正式监管特权：其文件从不具备，亦从未试图具备任何法律效力；虽然它鼓励采用共同的监管方法和监管标准，但并不强求成员方在监管技术上的一致性。相反，它制定广泛的监管标准和指导原则，提倡最佳监管做法，期望各国根据自身情况运用具体的立法采取措施。巴塞尔委员会在工作中始终遵循两项基本原则：一是没有任何境外银行机构可以逃避监管；二是监管必须是充分有效的。

巴塞尔委员会的工作成果主要体现在以下三个方面：一是跨国银行的监管权和监管责任的分配；二是统一的资本充足率标准；三是探索有效监管的体系和方法。这些工作的成果通过巴塞尔委员会成立后公布的一系列协定和协议来体现，主要包括：

1. 1975 年的《巴塞尔协议》

这是巴塞尔委员会成立后第一个成果，被称为《神圣条约》，该协议主要对跨国银行的监管权和监管责任进行界定，规定了跨国银行的东道国与母国监管当局之间分享监管权的原则。

2. 1983 年修订的《巴塞尔协议》

1983 年 5 月，修改后的《巴塞尔协议》出台，在清偿能力、流动性、外汇交易和外汇风险、防止监管漏洞几个方面，进一步明确了监管责任的分配。

3. 资本充足性标准

1988 年颁布的《巴塞尔协议》是巴塞尔委员会推进金融监管国际合作的另一项重大成就，该协议在国际银行的资本衡量和资本标准方面提供了统一的监管范本。

4. 新资本协议框架

为了适应银行业迅猛变化的形势，加强对银行业的资本兼管，巴塞尔委员会对 1988 年的资本协议进行了修改，于 1999 年 6 月颁布了新资本协议的草案，征求各方面意见，并取代了原协议成为新的《神圣条约》。新协议旨在改进监管部门所规定的资本标准对风险的反映方式，以建立一个灵活的、能反映银行风险的资本框架，从而更好的应对风险的变化。

5. 巴塞尔协议Ⅲ

2007 年爆发的次贷危机暴露了欧美国家金融体系和金融监管的重大制度性漏洞，国际金融监管框架进行了一系列根本性的改革，以增强银行业的稳健性。在国际社会的共同努力下，2010 年 12 月 16 日，巴塞尔委员会发布了第三版巴塞尔协议（Basel Ⅲ）。巴塞尔协议Ⅲ规定，截至 2015 年 1 月，全球各商业银行的一级资本充足率下限需从现行的 4% 上调至 6%。由普通股构成的"核心"一级资本占银行风险资产的下限将从现行的 2% 提高至 4.5%。另外，各家银行应设立"资本防护缓冲资金"，总额不得低于银行风险资产的 2.5%。该规定将在 2016 年 1 月至 2019 年 1 月之间分阶段执行。

6. 有效监管的新原则

在新的国际经济环境下，由于传统的合规式的监管方式和比率式的风险管理方式已经显得难以应付，因此巴塞尔委员会结合国际银行业发展的新情况，为提高国际银行业监管的有效性进行了广泛探索。这些原则体现的监管趋势是：由面向信用风险监管转向对全面风险的监管，由静态的合规性监管转向动态的审慎性监管，由被动的监管机构的监管转向灵活有效的银行内部的主动监管。

7. 其他方面的成果

巴塞尔委员会不断关注并研究与国际金融市场各种风险相关的监管问题，发布了许多有指导意义的文件，如对银行外汇头寸、银行国际贷款、银行表外业务风险、大额风险、衍生金融工具、高负债（杠杆）融资金融机构的监管，以及利率风险管理、防止犯罪分子利用银行系统洗钱等。近年来，巴塞尔委员会更加注重与国际证监会组织（IOSCO）、国际会计师协会、国际商会、国际审计事务委员会等国际性专业组织的合作，共同致力于对金融集团监管、风险管理以及与报告、披露和会计有关问题的研究，并取得了一定的成果。

实践表明，巴塞尔委员会成立至今的工作是卓有成效的，它在促进建立全球范围内稳健的监管标准方面的作用日趋加强，所发布的规则也越来越受到包括大量非成员方在内的众多国家的重视和遵循。可以说，巴塞尔委员会已经成为国际金融领域一个不可或缺的重要国际组织。

本章小结

1. 国际金融机构，又称国际金融组织，是指为处理国际间的金融往来而由多国共同或联合建立的金融组织。

2. 目前的国际金融机构大致可以分为三种类型：（1）全球性的金融机构。（2）洲际性或半区域性的金融机构。（3）区域性的金融机构。

3. 国际货币基金组织的业务活动包括：（1）汇率监督与政策协调。（2）贷款业务。（3）储备资产的创造。

4. 世界银行集团由国际复兴开发银行、国际开发协会、国际金融公司、多边投资担保机构、国际投资争端解决中心五部分组成。其中，前三个机构为集团的主要业务机构。

5. 世界银行的贷款特点包括四个方面：（1）贷款期限长，利率相对低。（2）贷款程序严密，审批时间长。（3）贷款不受贷款国份额的限制，但要承担汇价变动的风险。（4）世界银行贷款需要贷款国自己筹集国内的配套费用。

6. 世界银行的贷款分为项目贷款、非项目贷款、联合贷款和第三窗口贷款等类型，其中项目贷款是世界银行贷款业务的主要组成部分。

关键概念

1. 国际金融机构 2. 世界银行集团 3. 第三窗口贷款 4. 国际货币基金组织
5. 国际开发协会 6. 国际金融公司 7. 国际清算银行

复习思考题

一、单项选择题

1. IMF 为帮助初级产品出口国建立缓冲库存进而稳定价格而设立的贷款是（　　）。

A. 进出口波动补偿与偶然性失衡贷款　　B. 缓冲库存贷款

C. 补充贷款　　　　　　　　　　　　　D. 扩展贷款

2. 用于以非常优惠的条件向低收入的发展中国家提供的贷款是（　　）。

A. 信托基金贷款　　　　　　　　　　　B. 缓冲库存贷款

C. 补充贷款　　　　　　　　　　　　　D. 扩展贷款

3. 对成员方的生产性私营企业进行贷款的国际金融机构是（　　）。

A. 国际金融公司　　　　　　　　　　　B. 世界银行

C. 国际开发协会　　　　　　　　　　　D. 国际货币基金组织

4. 具有"中央银行的银行"的职能的国际金融机构是(   )。

A. 国际货币基金组织   B. 世界银行

C. 国际清算银行   D. 国际金融公司

5. 世界银行最主要的资金来源是(   )。

A. 成员方缴纳的股金   B. 向国际金融市场借款

C. 转让银行债权   D. 业务净收益

二、多项选择题

1. 以下属于全球性国际金融机构的有(   )。

A. 国际货币基金组织   B. 世界银行

C. 亚洲开发银行   D. 国际清算银行

2. 以下属于区域性或半区域性国际金融机构的有(   )。

A. 国际货币基金组织   B. 世界银行

C. 亚洲开发银行   D. 国际清算银行

3. 世界银行的资金来源主要有(   )。

A. 成员方缴纳的股金   B. 向国际金融市场借款

C. 转让银行债权   D. 业务净收益

4. 国际开发协会的资金来源主要有(   )。

A. 成员方认缴的股本   B. 成员方提供的补充资金

C. 世界银行的拨款   D. 协会本身的营业收入

5. 银团贷款的特点有(   )。

A. 贷款金额大   B. 贷款期限长

C. 贷款成本较高   D. 贷款银行多

三、简答题

1. 简述国际金融机构的类型和特点。

2. 简述国际货币基金的宗旨。

3. 简述国际货币基金组织的资金来源及贷款业务。

4. 简述巴塞尔委员会的工作成果。

5. 简述国际金融公司的主要业务活动。

参考文献

[1] 王晓光. 国际金融［M］. 北京：清华大学出版社，2011.
[2] 李军燕. 国际金融［M］. 北京：电子工业出版社，2010.
[3] 谢群，王立荣，李玉曼. 国际金融［M］. 北京：经济科学出版社，2010.
[4] 原雪梅. 国际金融［M］. 济南：山东人民出版社，2010.
[5] 韩玉珍. 国际金融［M］.2版. 北京：首都经济贸易大学出版社，2009.
[6] 侯高岚. 国际金融［M］. 北京：清华大学出版社，2009.
[7] 张莲英，王未卿. 国际金融学［M］. 北京：中国社会科学出版社，2009.
[8] 杜敏. 国际金融实务［M］. 北京：对外经济贸易大学出版社，2008.
[9] 姜波克. 国际金融新编［M］.4版. 上海：复旦大学出版社，2008.
[10] 李天德. 国际金融［M］. 成都：四川大学出版社，2008.
[11] 刘舒年. 国际金融［M］.2版. 北京：中国人民大学出版社，2008.
[12] 辛清. 国际金融学［M］. 天津：天津人民出版社，2008.
[13] 李宗元. 国际金融［M］. 武汉：武汉理工大学出版社，2007.
[14] 刘惠好. 国际金融［M］. 北京：中国金融出版社，2007.
[15] 姜炳麟. 国际金融［M］. 哈尔滨：哈尔滨工程大学出版社，2006.
[16] 王丹. 国际金融理论与实务［M］. 北京：清华大学出版社，2006.
[17] 肖东生. 国际金融［M］. 武汉：武汉理工大学出版社，2006.
[18] 王春萍. 国际金融学［M］. 西安：西北工业大学出版社，2005.
[19] 王仁祥，胡国晖. 国际金融学［M］. 武汉：武汉理工大学出版社，2005.
[20] 信玉红. 国际金融学［M］. 北京：中国经济出版社，2005.
[21] 韩民春，安烨. 国际金融［M］. 北京：中国人民大学出版社，2004.
[22] 汪争平. 国际金融［M］. 北京：高等教育出版社，2003.
[23] 易纲，张磊. 国际金融［M］. 上海：上海人民出版社，1997.